U0443035

清算与破产
实务100点

主　编　李海峰
副主编　陈世鹏
　　　　季婷婷
　　　　殷晓明
　　　　刘梓轶

法律出版社
LAW PRESS·CHINA
北京

图书在版编目(CIP)数据

清算与破产实务 100 点 / 李海峰主编；陈世鹏等副主编. -- 北京：法律出版社，2025. -- ISBN 978-7-5244-0323-4

Ⅰ.D922.291.924

中国国家版本馆 CIP 数据核字第 2025GU7299 号

清算与破产实务 100 点
QINGSUAN YU POCHAN SHIWU 100 DIAN

李海峰	主　编
陈世鹏	
季婷婷	副主编
殷晓明	
刘梓轶	

策划编辑　冯雨春　张　颖
责任编辑　张　颖
装帧设计　贾丹丹

出版发行	法律出版社	开本	A5
编辑统筹	法律应用出版分社	印张 15.75	字数 434 千
责任校对	裴　黎	版本	2025 年 6 月第 1 版
责任印制	刘晓伟	印次	2025 年 6 月第 1 次印刷
经　　销	新华书店	印刷	三河市龙大印装有限公司

地址：北京市丰台区莲花池西里 7 号（100073）
网址：www.lawpress.com.cn
投稿邮箱：info@lawpress.com.cn
举报盗版邮箱：jbwq@lawpress.com.cn
版权所有·侵权必究

销售电话：010-83938349
客服电话：010-83938350
咨询电话：010-63939796

书号：ISBN 978-7-5244-0323-4　　　定价：79.00 元

凡购买本社图书，如有印装错误，我社负责退换。电话：010-83938349

序　言
Preface

传统破产法的立法目标是清理债务人的财产以清偿债权，偏重保护债权人利益；而现代破产法的目标愈发趋向多元化，挽救经营困境企业，并使之恢复营运能力，是现代破产法的基本目标之一。在企业进入生命周期最后一环时，除了应该让其"退得容易"，在符合一定条件下，还需要有较好的挽救机制，使其重获新生，这可以说是评价一国市场经济和营商环境的重要标志。

企业在多年运营中，形成了大量法律关系，牵涉了诸多主体，企业清算的主体价值应当是平衡保护各方利益，这也符合现代破产法的基本理念和目标。目前，我国破产领域法律只针对企业破产，对于个人破产的规定鲜有涉及，不过在各地实践中，我们看到越来越多个人破产的逐个试点，个人破产制度也在逐步完善中。2019年2月最高人民法院在《关于深化人民法院司法体制综合配套改革的意见——人民法院第五个五年改革纲要（2019—2023）》中，首次提出了研究推动建立个人破产制度，浙江、江苏、广东、山东等省的试点地市相继出台了"类个人破产"配套规则。2020年8月《深圳经济特区个人破产条例》公布，其是全国首个有关个人破产的地方立法。试点个人破产制度,是现实的迫切需要,有利于维护社会公共利益,提升社会经济效益。

企业清算与破产涉及面甚广,不仅破产法和公司法等与之相关,民法、民事诉讼法、劳动法、社会保障法乃至刑法、行政法等都与之有密切联系,其实务操作要依靠这些相关法律及社会配套制度的保障。但与清算与破产有关的法律、法规和司法解释等比较分散,且空白之处较多,各级地方法院就一些实务中的专门问题不断出台适用于本法院管辖范围内的审理规定、指引、纪要等。对于同一个实务问题,经常出现各省法院之间的规定不一致的情形,甚至出现同省内各法院的规定也不一致的情形,统一性问题显得日益迫切。

近年来,全国法院受理的清算与破产案件数量呈爆发式增长。面对日益增长的市场需求,我们团队整理了相关法律法规和司法解释,并对上海的地方审理规定、指引、纪要等进行重点编撰,适当参考其他省份规定,对相关案例进行总结研究,进而梳理出了清算与破产实务100个要点,这是编者团队继《民事执行实务100点》之后根据市场需求推出的又一实务汇总。总的来说,本书延续《民事执行实务100点》的撰文风格,以点带面、以案说法、以浅入深,总结了企业清算与破产实务中的要点问题,以期为读者提供更多思路。

复杂的问题总有简单的答案。我们仍然期待,在您的关注和厚爱下,《清算与破产实务100点》能够成为您的益友。

为方便阅读,本书部分法律文件使用简称:

全称	简称
《中华人民共和国企业破产法》	《企业破产法》
《中华人民共和国公司法》	《公司法》
《最高人民法院关于适用〈中华人民共和国企业破产法〉若干问题的规定(一)》	《破产法司法解释(一)》
《最高人民法院关于适用〈中华人民共和国企业破产法〉若干问题的规定(二)》	《破产法司法解释(二)》
《最高人民法院关于适用〈中华人民共和国企业破产法〉若干问题的规定(三)》	《破产法司法解释(三)》
《最高人民法院关于适用〈中华人民共和国公司法〉若干问题的规定(二)》	《公司法司法解释(二)》
《最高人民法院关于适用〈中华人民共和国公司法〉若干问题的规定(三)》	《公司法司法解释(三)》
《全国法院破产审判工作会议纪要》	《破产纪要》

目 录 Contents

**第一部分
破产申请的
提出和受理**

01 破产原因　// 003

02 破产申请主体　// 006

03 破产案件管辖　// 010

04 破产立案与受理——债权人提出申请　// 016

05 破产立案与受理——债务人提出申请　// 021

06 关联企业的实质合并破产　// 026

07 关联企业破产的协调审理　// 031

08 破产企业股东、"董监高"的权益限制　// 034

09 执行案件移送破产审查　// 039

10 公司清算转破产程序　// 043

11 破产申请的撤回和不予受理　// 048

12 破产案件受理后债权人、债务人的权利义务　// 052

13 破产案件裁定受理的法律效力　// 055

14 特殊主体的破产申请程序　// 060

15 跨境破产　// 066

第二部分
破产管理人

16　指定管理人　// 073
17　管理人回避制度　// 078
18　管理人的更换　// 081
19　管理人团队的组建　// 085
20　管理人报酬　// 092
21　管理人职责　// 096
22　管理人印章和账户　// 100
23　管理人的接管工作　// 103
24　债务人营业的继续与停止　// 109
25　合同的解除与继续履行　// 111

第三部分
债务人财产

26　债务人财产的范围　// 117
27　债务人财产的管理　// 122
28　债务人财产的处置　// 125
29　债务人财产的追收　// 129
30　未缴出资和抽逃出资的追收　// 134
31　不当财产处分的撤销　// 140
32　个别清偿的撤销　// 144
33　撤销权的行使程序　// 147
34　取回担保物　// 151
35　权利人财产取回权　// 156
36　破产抵销权　// 160

第四部分
破产费用和共益债务

37 破产费用 // 167

38 破产费用的特别认定 // 171

39 共益债务 // 175

40 破产费用和共益债务的优先支付 // 181

第五部分
债权申报

41 债权申报的通知与公告 // 187

42 破产债权的范围 // 190

43 债权申报程序 // 193

44 逾期申报与补充申报债权 // 198

45 债权审查 // 202

46 劳动债权 // 207

47 社会保险费和税收债权 // 212

48 管理人债权核查 // 216

第六部分
债权人会议

49 债权人会议的组成 // 223

50 债权人会议的职权 // 228

51 债权人会议的召集与召开 // 233

52 债权人会议的决议规则 // 238

53 债权人会议决议的效力 // 242

54 债权人委员会 // 246

55 金融机构债权人委员会 // 250

第七部分 预重整

56 预重整的申请、审查与受理 // 257
57 临时管理人 // 260
58 预重整终止 // 264

第八部分 重整

59 重整申请与审查 // 271
60 重整期间的经营管理 // 274
61 重整期间的权利限制 // 279
62 重整投资人的招募 // 283
63 重整计划草案的制订 // 287
64 重整模式 // 291
65 重整计划草案的表决程序 // 295
66 重整计划的审查与批准 // 299
67 重整计划的效力 // 303
68 重整计划的执行与监督 // 308
69 重整计划的变更 // 312
70 重整程序转破产清算程序 // 314
71 重整企业信用修复 // 317
72 上海市浦东新区关于破产重整的特殊规定 // 321

第九部分 和解

73 和解申请和受理 // 329
74 和解协议的表决和效力 // 333
75 和解协议的执行与终止 // 337

第十部分
破产清算

- 76 破产宣告及破产债权 // 345
- 77 破产财产的变价程序 // 349
- 78 破产财产网络拍卖 // 354
- 79 破产财产的分配 // 360
- 80 破产财产的清偿顺序 // 364
- 81 破产财产优先受偿权 // 369
- 82 破产程序的终结方式 // 374

第十一部分
简化破产审理程序和个人破产制度

- 83 简化破产审理程序 // 383
- 84 深圳市个人破产的申请和受理 // 387
- 85 深圳市个人破产之债务人财产 // 393
- 86 深圳市个人破产之债权申报与破产清算 // 398
- 87 深圳市个人破产之重整程序 // 404
- 88 深圳市个人破产之和解程序 // 409
- 89 类个人破产制度 // 414

第十二部分
企业清算及退出

- 90 公司解散之自行清算 // 423
- 91 公司解散之清算组 // 430
- 92 公司解散之债权申报与审查 // 434
- 93 公司解散之清算财产 // 441

94 公司解散之清算程序 // 447

95 公司解散之清算不能 // 454

96 公司解散之清算义务人的法律责任 // 461

97 公司解散之注销登记 // 466

98 合伙企业的清算程序 // 476

99 破产程序中相关主体的法律责任 // 479

100 上海市浦东新区市场主体退出规定 // 485

第一部分

破产申请的提出和受理

01 破产原因

关键词

破产原因、重整原因、连带责任人

实务要点

要点	具体内容
破产原因	1. 债务人不能清偿到期债务并且具有下列情形之一的，人民法院应当认定其具备破产原因：(1)资产不足以清偿全部债务；(2)明显缺乏清偿能力。 2. 企业法人有前款规定情形，或者有明显丧失清偿能力可能的，可以依照《企业破产法》规定进行重整。
连带责任人清偿能力不能替代债务人清偿能力	相关当事人以对债务人的债务负有连带责任的人未丧失清偿能力为由，主张债务人不具备破产原因的，人民法院应不予支持。

破产原因 = 债务人不能清偿到期债务 + 资产不足以清偿全部债务 或 明显缺乏清偿能力

债务人不能清偿到期债务	资产不足以清偿全部债务	明显缺乏清偿能力
下列情形同时存在的，人民法院应当认定债务人不能清偿到期债务： (1)债权债务关系依法成立； (2)债务履行期限已经届满； (3)债务人未完全清偿债务。	债务人的资产负债表，或者审计报告、资产评估报告等显示其全部资产不足以偿付全部负债的，人民法院应当认定债务人资产不足以清偿全部债务，但有相反证据足以证明债务人资产能够偿付全部负债的除外。	债务人账面资产虽大于负债，但存在下列情形之一的，应当认定其明显缺乏清偿能力： (1)因资金严重不足或者财产不能变现等原因，无法清偿债务； (2)法定代表人下落不明且无其他人员负责管理财产，无法清偿债务； (3)经人民法院强制执行，无法清偿债务； (4)长期亏损且经营扭亏困难，无法清偿债务； (5)导致债务人丧失清偿能力的其他情形。

破产重整原因 = 债务人具备破产原因 或 债务人有明显丧失清偿能力可能的

推荐理由

债务人是否存在破产原因，是确认当事人能否提出破产申请、法院应否受理破产案件、在清算程序中应否作出破产宣告的法定依据。立法对破产原因规定的宽严，不仅影响对债权人和债务人利益之平衡及保护力度，而且影响企业破产率的高低，进而影响失业人数，甚至影响社会经济秩序，故各国立法均予以充分重视。引发企业破产的原因比较多，既可能是外部市场的原因，也可能是企业内部管理出现问题。法律上的破产原因有时被称为破产界限，是破产开始和破产宣告的直接根据，是指认定债务人丧失清偿能力，当事人得以提出破产申请，法院据以启动破产程序的法律事实，即导致破产程序发生的原因。

法律适用

□《企业破产法》第 2 条
□《最高人民法院关于适用〈中华人民共和国企业破产法〉若干问题的规定（一）》第 1 条、第 2 条、第 3 条、第 4 条

以案析法

案件信息：广东省高级人民法院（2020）粤破终40号——某银行番禺支行、某地产公司申请债务人某市南星公司破产清算案

基本案情

某市南星公司成立于1996年1月18日，注册资本5000万元人民币。依据生效的仲裁裁决书，南星公司应向某银行番禺支行偿还借款本金7.23亿元及罚息、复利，并支付仲裁费3,301,650元。因南星公司等债务人未履行生效裁决书所确定的还款义务，某银行番禺支行依法向一审法院申请强制执行。截至2019年6月30日，南星公司仍欠某银行番禺支行债权数额合计人民币807,075,866.84元。南星公司2018年度审计报告（2019年审计报告未出）显示，截至2018年12月31日，被申请人资产总计1,614,942,501.79元，流动负债合计1,351,243,628.58元，净利润为1,232,409.12元。

债权人某银行番禺支行、某地产公司向法院申请对南星公司进行破产清算，一审法院裁定不予受理。某银行番禺支行、某地产公司提起上诉，二审裁定驳回上诉，维持原裁定。

裁判要旨

债务人账面资产虽大于负债，但经人民法院强制执行，无法清偿债务的，人民法院应当认定其明显缺乏清偿能力，但该规定只是推定债务人发生破产原因，以使债权人可以顺利提出破产申请。对于债务人的清偿能力以及资产负债等情况应进行独立评估，对债务负有的连带责任、担保责任，不应视为债务人清偿能力的延伸。

本案中，南星公司目前享有大量不动产、债权以及投资等对外权

益,具有实现和回收部分收益的现实可能性,但从目前的情况看,各项权益的处置尚需要经过一定期间,综合考量南星公司相关情况,南星公司仍然具有一定的清偿能力和资产权益。因此,目前现有证据尚不足以认定南星公司已经具备破产原因。

案例评析

破产原因的认定是法院受理案件的法定依据,对债权人和债务人利益之平衡及保护力度影响甚大,进而影响失业人数,甚至影响社会经济秩序,故我国立法及司法实践均应予以充分重视。企业不能清偿到期债务是否具有显著性、持续性、客观性,是法院判断债务人是否达到破产界限的重要标准。除此以外,法院同时应当依据申请前催告、债务的不同性质以及相应的清偿时点,审慎判断债务人究竟是属于《企业破产法》上的不能清偿,抑或只是民法上的债务不履行,从而确定是否破产立案。

02 破产申请主体

关键词

债务人、债权人、清算义务人

实务要点

要点	具体内容
债务人申请	债务人具备破产原因的,可以向人民法院提出破产清算、重整或者和解申请。

第一部分　破产申请的提出和受理

续表

要点	具体内容
债权人申请	1. 债务人不能清偿到期债务，债权人可以向人民法院提出对债务人进行重整或破产清算申请。 2. 债务人欠缴税款、社会保险费用的，税务部门、人力资源和社会保障部门可以向人民法院申请债务人破产。债务人拖欠职工工资等劳动债权的，职工可以向人民法院申请债务人破产。 3. 企业法人已解散但未清算或者未在合理期限内清算完毕，债权人申请债务人破产清算的，除债务人在法定异议期限内举证证明其未出现破产原因外，人民法院应当受理。 4. 举证责任： (1) 债权人申请债务人破产的，应当提交债务人不能清偿到期债务的有关证据。债务人对债权人的申请未在法定期限内向人民法院提出异议，或者异议不成立的，人民法院应当依法裁定受理破产申请。 (2) 受理破产申请后，人民法院应当责令债务人依法提交其财产状况说明、债务清册、债权清册、财务会计报告等有关材料，债务人拒不提交的，人民法院可以对债务人的直接责任人员采取罚款等强制措施。
清算义务人申请	1. 企业法人已解散但未清算或者未清算完毕，资产不足以清偿债务的，依法负有清算责任的人应当向人民法院申请破产清算。 2. 公司自行清算或者强制清算的清算组，发现公司财产不足清偿债务的，可以与债权人协商制作债务清偿方案。无法形成债务清偿方案，或者该方案债权人不予确认、人民法院不予认可的，清算组应当向人民法院申请对公司进行破产清算。 3. 清算义务人的外延： (1)《民法典》第70条第2款：法人的董事、理事等执行机构或者决策机构的成员为清算义务人。法律、行政法规另有规定的，依照其规定。 (2)《公司法》第232条第1款第2句：董事为公司清算义务人，应当在解散事由出现之日起15日内组成清算组进行清算。

推荐理由

有效的破产程序，可以确保当债务执行机制失效时，债权人有最后的追偿途径，就拒不偿债的债务人而言，破产也可以作为一种有效的鞭策,促使其偿还债务。申请破产是企业迫不得已的选择,一定意义上是企业经营失败的结果。不同主体申请企业破产之目的各不相同,可以向法院提出申请的主体有三类:债权人、债务人、清算义务人。

法律适用

□《企业破产法》第 7 条

□《上海市高级人民法院破产审判工作规范指引(2021)》第 28 条、第 29 条

□《最高人民法院关于适用〈中华人民共和国企业破产法〉若干问题的规定(一)》第 5 条、第 6 条

□《民法典》第 70 条

□《公司法》第 232 条

以案析法

案件信息:福建省福州市中级人民法院(2017)闽 01 破申 8 号——黄某诉福建某时代信息科技股份有限公司申请破产清算案[①]

基本案情

申请人黄某系被申请人福建某时代信息科技股份有限公司(以下简称被申请人科技公司)公司职工,2016 年 11 月与被申请人科技公

---

① 参见韩长印主编:《破产疑难案例研习报告 2020 年卷》,中国政法大学出版社 2021 年版,第 26～39 页。

司解除劳动合同,因劳动报酬发生争议,申请人黄某提起劳动仲裁。经劳动争议仲裁委员会裁决,被申请人科技公司应当支付申请人黄某工资 74,363.99 元及经济补偿 45,404 元。2017 年 7 月申请人黄某向福州市马尾区人民法院申请强制执行。

2017 年 11 月,申请人黄某以被申请人科技公司拖欠工资及经济补偿金,且经申请执行但执行不能为由,向福州市中级人民法院申请对被申请人科技公司进行破产清算。法院认为申请人黄某系以单个职工债权人身份申请被申请人科技公司破产清算,不符合《企业破产法》第 2 条、第 12 条第 1 款之规定,裁定对申请人黄某的申请不予受理。

裁判要旨

法院认为,首先,企业破产程序的启动,事关企业存亡,对此应当慎重并要求符合法定条件,同时亦应当防止相关当事人滥用破产程序启动权,避免不具备破产条件的企业被他人滥用破产申请权而影响企业正常经营,损害社会经济秩序。其次,《企业破产法》第 8 条规定了债务人申请破产时应当提交职工安置预案,以确保职工劳动权益获得保障,故从保障职工劳动就业这一合法权益出发,应当对职工债权人启动破产清算程序予以必要的限制,不能为了个别职工债权而轻易启动破产程序,从而牺牲全体职工的劳动权益。最后,职工债权作为一个整体,可以通过债权人、管理人、职工和工会代表依法履职的方式得到实现,个别职工债权人并不会直接参与到破产程序中,同理亦不应允许个别职工债权人直接申请破产清算。由代表全体职工利益的职工代表或工会代表提起申请,更符合《企业破产法》关于职工债权保障的立法本意。

📝 案例评析

笔者认为,我国《企业破产法》没有对提起破产申请的债权人进行限制,职工债权人作为有效债权人理应享有破产申请权。对职工债权人的破产申请权施加任何限制,都是对《企业破产法》的不准确认识,属于不当扩大职工债权的特殊性、不当解读破产申请主体。《企业破产法》虽然赋予了职工债权优先受偿的地位,但受偿取决于破产财产的多少,职工债权人较普通债权人更了解企业经营状况,由职工债权人提起破产申请,有利于出现破产迹象的企业尽早进入破产程序,有利于破产撤销权和追回权的行使,对增加破产财产有积极意义。是否受理破产申请,法院应当审查债务人是否具备《企业破产法》第 2 条规定的破产原因,而不能以债权人身份作为区分。

03 破产案件管辖

关键词

集中管辖、债务人劳动争议管辖、执转破、关联企业破产

实务要点

A. 集中管辖(以上海的法院为例):

第一部分　破产申请的提出和受理

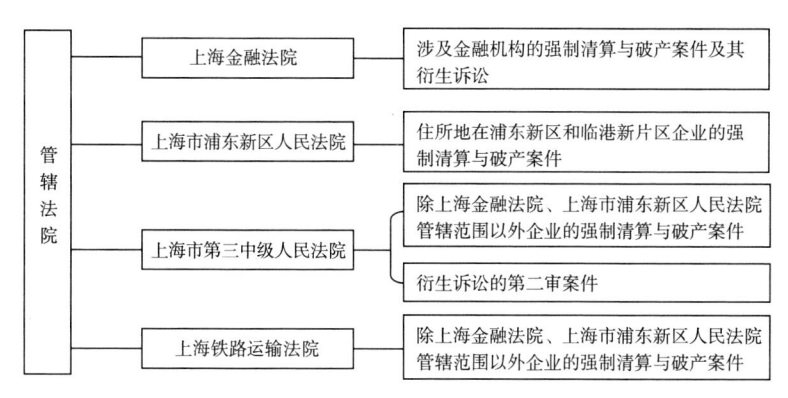

```
管辖法院 ─┬─ 上海金融法院 ── 涉及金融机构的强制清算与破产案件及其衍生诉讼
         ├─ 上海市浦东新区人民法院 ── 住所地在浦东新区和临港新片区企业的强制清算与破产案件
         ├─ 上海市第三中级人民法院 ─┬─ 除上海金融法院、上海市浦东新区人民法院管辖范围以外企业的强制清算与破产案件
         │                         └─ 衍生诉讼的第二审案件
         └─ 上海铁路运输法院 ── 除上海金融法院、上海市浦东新区人民法院管辖范围以外企业的强制清算与破产案件
```

B. 关于管辖的其他规定：

要点	具体内容
地域管辖	企业破产案件由债务人住所地人民法院管辖。债务人住所地指债务人的主要办事机构所在地。债务人无办事机构的，由其注册地人民法院管辖。
注册登记地和主要办事机构所在地不一致的处理原则	1. 申请人向债务人注册地（登记地）法院提出破产申请的，注册地（登记地）法院应当立案审查。申请人有充分证据证明债务人主要办事机构所在地与注册地（登记地）不一致，并向主要办事机构所在地法院提出破产申请的，主要办事机构所在地法院应当立案审查。 2. 债务人企业注册地（登记地）属于本院辖区的，原则上不应移送；如由债务人企业主要办事机构所在地法院受理确实更有利于案件审理和当事人合法权益保护的，经沟通协商后可以移送债务人企业主要办事机构所在地法院立案审查。 3. 债务人企业注册地（登记地）和主要办事机构所在地均不属本院辖区的，可依据《企业破产法》第10条规定裁定不予受理。 4. 执行转破产案件，在审查中发现不具有管辖权，根据《最高人民法院关于执行案件移送破产审查若干问题的指导意见》第12条规定办理，不得以没有管辖权为由裁定不予受理。
债务人劳动争议诉讼管辖	上海法院受理破产申请后，有关债务人的劳动争议诉讼案件，按照劳动争议纠纷的管辖原则，仍由用人单位所在地或劳动合同履行地的基层人民法院管辖，二审由该基层人民法院对应辖区的中级人民法院审理。

续表

要点	具体内容
执转破移送外地审查	1. 执行案件移送破产审查，由被执行人住所地人民法院管辖。在级别管辖上，为适应破产审判专业化建设的要求，合理分配审判任务，实行以中级人民法院管辖为原则、基层人民法院管辖为例外的管辖制度。中级人民法院经高级人民法院批准，也可以将案件交由具备审理条件的基层人民法院审理。 2. 上海法院的执行案件需向外地法院移送破产审查的，应向被执行人住所地中级人民法院移送。
关联企业破产案件的管辖	1. 实质合并审理的管辖原则 关联企业实质合并破产案件以关联企业中核心控制企业住所地确定管辖法院。核心控制企业不明确的，以关联企业主要财产所在地确定管辖法院。 2. 协商确定管辖 非核心控制企业的破产案件已先受理的情况下，先受理案件的法院可以与核心控制企业所在地管辖法院协商确定管辖。 3. 关联企业破产案件的协调审理与管辖原则 多个关联企业成员均存在破产原因但不符合实质合并条件的，人民法院可根据相关主体的申请对多个破产程序进行协调审理，并可根据程序协调的需要，综合考虑破产案件审理的效率、破产申请的先后顺序、成员负债规模大小、核心控制企业住所地等因素，由共同的上级法院确定一家法院集中管辖。 4. 母公司对外清收子公司资产的案件管辖 母公司进入破产或强制清算程序涉及对外投资清理时： 全资子公司也进入破产或强制清算程序 → 由受理母公司破产或强制清算案件的法院一并管辖。 对非全资的控股子公司进行资产清理时，子公司已进入破产或强制清算程序的 → 为加快程序推进和协调，母公司管辖法院可以与子公司管辖法院协商确定子公司破产、强制清算案件的受理管辖。

推荐理由

管辖是指各级人民法院之间以及同级人民法院之间受理第一审

第一部分 破产申请的提出和受理

民事案件的权限和分工。破产案件由债务人所在地人民法院管辖,与《民事诉讼法》的管辖不完全相同,债务人住所地指债务人的主要办事机构所在地;无办事机构的,由注册地法院管辖。此外,在各地成立的破产法庭也对破产案件的集中管辖审理进行了多方面的改革探索。例如,北京破产法庭对全市的破产案件进行集中管辖,成为首个集中管辖破产案件的直辖市。天津破产法庭和深圳破产法庭设立后对该市破产案件的管辖也采取此种模式。重庆破产法庭设立后,负责审理全市区县以上市场监督管理部门核准登记公司的强制清算和破产案件及相关衍生诉讼案件、跨境破产案件和其他依法由其审理的案件。上海破产法庭设立后,则考虑该市的具体情况,与原负责审理破产案件的上海铁路运输法院在破产案件的管辖方面进行了分工。

法律适用

□《企业破产法》第 3 条

□《最高人民法院关于审理企业破产案件若干问题的规定》第 1 条

□《上海市高级人民法院关于调整上海法院强制清算与破产案件集中管辖的通知》

□《上海市高级人民法院关于上海法院受理涉劳动争议破产衍生诉讼指定管辖的通知》

□《最高人民法院关于执行案件移送破产审查若干问题的指导意见》第 3 条

□《上海市高级人民法院执行转破产工作的规范指引》第 3 条

□《全国法院破产审判工作会议纪要》第 35 条、第 38 条

□《关于推进破产案件依法高效审理的意见》第4条

□《上海市高级人民法院破产审判工作规范指引（2021）》第12条、第14条

以案析法

案件信息：最高人民法院（2022）最高法执监71号——某甲公司破产管理人与杨某执行监督案

基本案情

杨某诉李某民间借贷纠纷一案，辽宁省锦州市中级人民法院（以下简称锦州中院）于2014年12月10日作出（2014）锦民一初字第00071号民事判决：李某偿还杨某130万元及利息。锦州中院于2015年2月25日立案执行。执行中，锦州中院查明，某甲公司作为担保人与李某、杨某签订担保承诺书，并约定：因债务人李某系我单位法定代表人、股东、实际出资人、控制人，李某向杨某借款系用于我单位实际生产建设投资。故此，我单位承诺用全部资产对李某拖欠杨某的全部债务无条件承担连带担保责任。协议加盖某甲公司公章，但无签署日期。辽宁省葫芦岛市中级人民法院于2018年6月8日作出（2018）辽14破申4号民事裁定，受理某甲公司破产清算申请；2018年12月28日作出（2018）辽14破5-1号民事裁定，宣告某甲公司破产。

杨某于2018年9月7日向锦州中院申请追加某甲公司为本案被执行人。锦州中院于2018年9月14日作出（2018）辽07执异158号执行裁定：追加某甲公司为本案被执行人。被执行人李某不服，向辽宁省高级人民法院（以下简称辽宁高院）申请复议。辽宁高院作出

(2018)辽执复428号执行裁定:驳回李某的复议请求。某甲公司破产管理人不服,向最高人民法院申请执行监督。最高人民法院于2022年6月20日作出(2022)最高法执监71号执行裁定:(1)撤销辽宁高院(2018)辽执复428号执行裁定;(2)撤销锦州中院(2018)辽07执异158号执行裁定。

裁判要旨

根据《企业破产法》第19条、第21条、第48条、第58条的规定,债务人进入破产程序的,执行程序应当中止,不能对债权进行个别清偿,债权人应向破产管理人申报债权,有关债务人的民事诉讼统一由破产法院进行审查。申请执行人以债务人承诺自愿为被执行人的债务承担连带保证责任为由,请求在执行程序中追加已经进入破产程序的债务人为被执行人的,本质上属于要求债务人对申请执行人进行个别清偿,与法定救济途径不符。

案例评析

申请执行人杨某主张某甲公司自愿为被执行人李某的债务承担连带保证责任,实为对某甲公司主张债权。根据《企业破产法》的规定,杨某应当以债权人身份向管理人申报债权,在管理人对债权有异议的情况下,债权人可以通过向破产受理法院提起诉讼的方式寻求救济。杨某在执行程序中申请追加某甲公司为被执行人,属于个别清偿,违反了破产程序中债权人公平受偿的基本原则。

04 破产立案与受理——债权人提出申请

关键词

债权人破产清算应提交的材料、申请重整的材料要求、债权人提出破产申请的流程、"三无企业"的破产受理、债务人无法通知的处理

实务要点

要点	具体内容
申请重整的材料要求	债权人（或债务人）申请债务人破产重整的，应当提供重整必要性和可行性报告，以及初步重整方案。
债权人提出破产申请的流程	债权人提出破产申请 → 人民法院应当自收到申请之日起5日内通知债务人 → 债务人对申请有异议的，应当自收到人民法院的通知之日起7日内向人民法院提出；债务人对债权人的申请未在法定期限内提出异议，或者异议不成立的，人民法院应当依法裁定受理破产申请；人民法院认为有必要的，可以组织债权人、债务人进行听证。
"三无企业"的破产受理	债权人对人员下落不明或者财产状况不清的债务人申请破产清算，符合《企业破产法》规定的，人民法院应依法予以受理；债务人能否向人民法院提交财产状况说明、债权债务清册等相关材料，并不影响对债权人申请的受理。

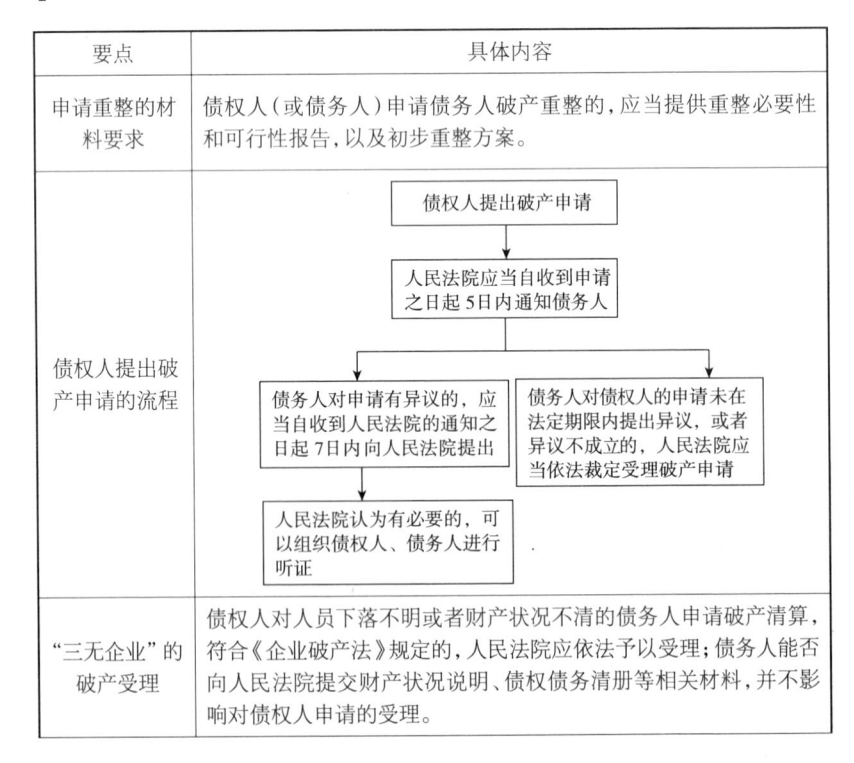

第一部分 破产申请的提出和受理

续表

要点	具体内容
债务人无法通知的处理	债权人提出破产申请,债务人下落不明的,应尽快通过查阅工商档案、相关诉讼案卷等途径获取债务人的法定代表人、实际控制人、股东、董事、高管等的联系方式并予以通知。采取上述方式后,债务人仍无法通知的,应当及时在"全国企业破产重整案件信息网"公告,公告期限以7日为宜。

破产清算申请材料清单[1]
（债权人申请债务人破产清算用）

1	□破产清算申请书[2]		
2	□申请人的主体资格证明(二选一)	□自然人	□身份证件复印件
		□法人或其他组织	□营业执照
			□法定代表人身份证明书
			□法定代表人身份证复印件
	□授权委托材料(可选)	□授权委托书	
		□律师证或被委托人证件复印件	
		□律师事务所函或劳动合同、介绍信等其他证明材料	
3	□被申请人的主体资格证明(三选一)	□企业信用报告	
		□工商档案机读材料	
		□工商内档资料	
	□被申请人股东、法定代表人、实际控制人、董事、高管信息等材料(可选材料)[3]	□自然人:户籍信息证明或身份证复印件	
		□法人或其他组织:企业信用报告或工商档案机读材料、工商内档资料	
4	□到期债权情况（二选一）	□生效法律文书	
		□无争议债权证据材料[提供债权确认函、还款协议、债务人明确承认债权的书面材料、担保的证据等及相关证据材料(如合同、支付凭证、对账单等),当事人对债权债务关系存在争议,原则上应先通过诉讼或仲裁程序解决][4]	

017

续表

5 (多选一)	□不能清偿到期债务,并且资产不足以清偿全部债务[5]	□资产负债表
		□评估报告
		□审计报告
	□不能清偿到期债务,并且明显缺乏清偿能力[6]	□因资金严重不足或者财产不能变现等原因,无法清偿债务
		□法定代表人下落不明且无其他人员负责管理财产,无法清偿债务
		□经人民法院强制执行,无法清偿债务
		□长期亏损且经营扭亏困难,无法清偿债务
		□导致债务人丧失清偿能力的其他情形
	□不能清偿到期债务,并且企业已解散的[7]	□债务人解散的证据材料
6	□送达地址确认书[8]	
7	□其他材料(可选材料)[9]	

[1]参见刘新建:《债权人申请债务人破产清算需要哪些材料?(2022年修订)》,载微信公众号"执言破语"2022年2月7日。

[2]破产清算申请书应当载明下列事项:(1)申请人、被申请人的基本情况;(2)申请目的;(3)申请的事实和理由;(4)人民法院认为应当载明的其他事项(详见《企业破产法》第8条)。

[3]详见《上海市高级人民法院破产审判工作规范指引(2021)》第34条。

[4]详见《上海市高级人民法院破产审判工作规范指引(2021)》第30条。

[5]详见《破产法司法解释(一)》第3条。

[6]详见《破产法司法解释(一)》第4条。

[7]详见《破产法司法解释(一)》第5条。

[8]详见《最高人民法院关于以法院专递方式邮寄送达民事诉讼文书的若干规定》第3条。

[9]对破产审查有益的补充材料,如债务人财产线索(有利于破产程序中管理人快速查清债务人财产状况)、债务人已知案件情况(有利于法院或管理人及时向相关法院发送通知)。

推荐理由

破产制度之于我国,部分制度属舶来品。1986年《企业破产法(试行)》颁布至今虽已逾30年,但仍缺少必要的自洽机能。应当说,任何一项法律制度的实施,都需要参与制度运作的机构和个人对相关

第一部分 破产申请的提出和受理

制度要素有着透彻理解。随着破产制度由传统的清算主义转向再建主义,在债务人不能清偿到期债务的情况下,债权人需要善于利用破产程序尤其是重整制度来实现自己的权利。

法律适用

☐《企业破产法》第 8 条、第 10 条、第 11 条

☐《最高人民法院关于债权人对人员下落不明或者财产状况不清的债务人申请破产清算案件如何处理的批复》

☐《上海市高级人民法院破产审判工作规范指引(2021)》第 30 条、第 34 条

☐《最高人民法院关于适用〈中华人民共和国企业破产法〉若干问题的规定(一)》第 3 条、第 4 条、第 5 条

☐《上海市律师协会律师承办破产程序申请业务操作指引(2017)》第 14 条、第 15 条

☐《最高人民法院关于以法院专递方式邮寄送达民事诉讼文书的若干规定》第 3 条

以案析法

案件信息:湖南省高级人民法院(2020)湘破终 9 号——魏某、严某申请正道公司破产清算案

基本案情

正道公司成立于 2017 年 2 月,注册资本为人民币 4999 万元,股东出资时间为 2050 年 10 月。因合同纠纷,魏某、严某对正道公司提

019

起诉讼，法院判决生效后，魏某、严某向法院申请执行，2019 年 11 月法院查明没有发现正道公司有可处理的财产信息，裁定执行标的金额本金为 2,253,387 元，并裁定终结本次执行程序。

魏某、严某向法院提起股东出资纠纷诉讼，请求正道公司的股东在注册资本范围内承担补充赔偿责任。与此同时，魏某、严某又向法院申请对正道公司破产清算。一审法院认为债务人正道公司尚未达到资不抵债的破产条件，对魏某、严某的破产申请不予受理。二人不服，提起上诉。二审法院裁定驳回上诉，维持原裁定。

裁判要旨

根据《全国法院民商事审判工作会议纪要》第 6 条的规定，在公司作为被执行人，人民法院穷尽执行措施无财产可供执行，已具备破产原因，但不申请破产的情况下，债权人可以请求未届出资期限的股东在未出资范围内对公司不能清偿的债务承担补充赔偿责任。现魏某、严某已通过诉讼程序请求正道公司的股东在注册资本范围内对正道公司承担补充赔偿责任，对两人债权进行个别清偿，更有利于两人债权的全部实现，成本亦更低。上述事实说明魏某、严某并非一定要求正道公司进行破产清算，只要能通过诉讼和执行程序实现其债权即可。根据本案查明的事实，正道公司的注册资本远大于债务，目前并无众多债权人要求正道公司履行清偿义务，任一股东提前履行部分出资义务即可清偿案涉债务，在魏某、严某已提出另案诉讼，通过个案诉讼程序清偿案涉债务并不损害正道公司全体债权人利益的情况下，正道公司无须进入破产清算程序。因此，一审法院基于本案的实际情况和当事人诉求的目的，裁定不予受理魏某、严某的申请，并无不当。另外，债务人的情况是一个动态变化过程，债务人是否具备破产原因的事实应根据企业发展变化和债务清偿情况重新判断。如果魏某、严某未能通过该诉讼实现债权，基于新的事实，可依法再次向法院提出对正道公司的破产申请。

案例评析

债权人既可申请追加公司股东作为被执行人又可申请债务人破产，程序如何选择、衔接，由债权人根据实际需要作出。本案严格遵循破产受理条件，保护了企业的正常主体状态，对于营商环境的优化具有一定的典型意义和参考价值。

05 破产立案与受理——债务人提出申请

关键词

债务人破产清算应提交的材料、巨额财产下落不明的处理、申请和解的材料要求

实务要点

	破产清算申请材料清单[1]（债务人申请破产清算用）	
1	□破产清算申请书[2]	
2	□债务人的主体资格证明	□债务人营业执照
		□法定代表人身份证明书
		□法定代表人身份证复印件

续表

2	□授权委托材料（可选）	□授权委托书
		□律师证或被委托人证件复印件
		□律师事务所函或劳动合同、介绍信等其他证明材料
3	□决议	□债务人公司章程[3]
		□企业权力机关同意申请破产的文件[4]
4 (二选一)	□不能清偿到期债务，并且资产不足以清偿全部债务[5]	□资产负债表
		□评估报告
		□审计报告
	□不能清偿到期债务，并且明显缺乏清偿能力[6]	□因资金严重不足或者财产不能变现等原因，无法清偿债务
		□法定代表人下落不明且无其他人员负责管理财产，无法清偿债务
		□经人民法院强制执行，无法清偿债务
		□长期亏损且经营扭亏困难，无法清偿债务
		□导致债务人丧失清偿能力的其他情形
5	□资产及债权债务情况	□财产状况说明（分门别类详细说明债务人财产状况，如银行存款、房地产、车辆、证券、对外股权投资及知识产权等情况，是否有冻结、查封、扣押、抵押、质押等权利负担）
		□债务清册（并附依据）[7]
		□债权清册（并附依据）[8]
		□有关财务会计报告[9]
6	□职工情况[10]	□职工安置预案
		□职工名单
		□工资清册及支付情况
		□社保清单及缴纳情况
7	□送达地址确认书[11]	

第一部分 破产申请的提出和受理

续表

8	□其他材料[12]

[1]参见刘新建:《债务人申请破产清算需要哪些材料?(2022年修订)》,载微信公众号"执言破语"2022年2月9日。

[2]破产清算申请书应当载明下列事项:(1)债务人的基本情况;(2)申请事项;(3)申请的事实和理由;(4)人民法院认为应当载明的其他事项(详见《企业破产法》第8条)。

[3]《公司法》第66条、第116条规定有限责任公司作出解散公司的决议需要股东会经代表2/3以上表决权的股东通过,股份有限公司作出解散公司的决议必须经出席股东会的股东所持表决权的2/3以上通过,破产作为比解散更为严重的结果,理应也需2/3以上表决权通过,同时,公司章程可以作出严于《公司法》的规定,但需提供备案于登记机构的公司章程佐证。

[4]指有限责任公司、股份有限公司的股东会决议,国有独资公司由履行出资人职责的机构决定。(详见《公司法》第59条、第172条)。

[5]详见《破产法司法解释(一)》第3条。

[6]详见《破产法司法解释(一)》第4条。

[7]债务人对外所负债务情况的汇总,包括税款债务、职工工资债务、担保债务及普通债务等,标明债务金额、依据、担保情况、诉讼及执行情况等。

[8]债务人的债权情况汇总,标明债权金额、依据、担保情况、诉讼及执行情况等。

[9]提供近3年的财务会计报告,债务人成立不足3年的,提供成立以来的所有财务会计报告。

[10]详见《企业破产法》第8条第2款。

[11]详见《最高人民法院关于以法院专递方式邮寄送达民事诉讼文书的若干规定》第3条。

[12]企业申请破产的,应当提供企业工会的意见及职工的意见和建议材料。(《公司法》第17条第3款)。

要点	具体内容
巨额财产下落不明的处理	人民法院受理债务人的破产申请后,发现债务人巨额财产下落不明且不能合理解释财产去向的,应当裁定驳回破产申请。
申请和解的材料要求	债务人申请破产和解的,应当提交和解协议草案。

推荐理由

债务人申请破产是由企业的股东会作出决定的,一旦申请破产,他们将失去企业的控制权,这种情况一般是某种诉求或目的在推动。

在我国,债务人申请破产是权利而不是义务。即便债务人申请破产,法院也要依法审查破产原因,因为破产原因的界定直接关系债权人与债务人之间的平衡、社会公共利益的协调,这是一国破产法律制度的重要内容。在判断债务人企业是否具备破产原因时,法院应当依据申请前催告、债务的不同性质,以及相应的债务清偿实际情况,审慎判断债务人究竟是属于破产法上的不能清偿,抑或只是民法上的债务不履行。

法律适用

☐《最高人民法院关于审理企业破产案件若干问题的规定》第 6 条、第 14 条

☐《企业破产法》第 8 条、第 95 条

☐《公司法》第 17 条、第 172 条

☐《最高人民法院关于适用〈中华人民共和国企业破产法〉若干问题的规定(一)》第 3 条、第 4 条

☐《上海市律师协会律师承办破产程序申请业务操作指引(2017)》第 10 条、第 11 条、第 12 条

☐《最高人民法院关于以法院专递方式邮寄送达民事诉讼文书的若干规定》第 3 条

第一部分 破产申请的提出和受理

以案析法

案件信息：广东省高级人民法院（2015）粤高法民二破终字第5号——中庸鞋业破产清算案

基本案情

中庸鞋业于2009年10月设立，注册资本为人民币10万元，自2012年起，中庸鞋业一直亏损。公司股东会于2014年9月作出股东会决议，决定向人民法院申请破产清算。一审法院裁定不予受理中庸鞋业的破产申请。中庸鞋业不服，提起上诉。二审法院裁定驳回上诉，维持原裁定。

裁判要旨

由于中庸鞋业提交的申请破产清算的材料不全，尚不足以说明中庸鞋业的基本情况，一审法院因此于2014年11月5日向中庸鞋业发出（2014）佛中法民二破字第43-2号补充举证通知书，要求中庸鞋业向一审法院补充提交债务财产状况说明、债权清册、有关财务会计报告以及职工工资的支付和社会保险费用的缴纳情况，并要求中庸鞋业法定代表人到庭接受询问，但中庸鞋业未按要求提交相关资料或做说明，法定代表人亦未到庭接受询问。从中庸鞋业二审补充提交的材料看，其财务状况说明仅是自身陈述，并未提交中介机构对其财务状况出具相关审计报告；也未有当地社保部门出具的企业缴纳职工相关社保费用的说明。由于中庸鞋业提交的申请材料不齐全，一审法院不予受理其提出的破产清算申请，二审法院裁定驳回上诉，维持原裁定。

清算与破产实务 100 点

案例评析

法院以企业申请破产材料不全,不能真实反映企业基本情况,无从对应破产受理条件为由,驳回其破产申请。因而申请人在申请企业破产之前,必须准备齐备的申请材料,在破产司法审判实务中,各地区也对破产申请应提交资料做了更为具体、明确的规定。

06 关联企业的实质合并破产

关键词

实质合并破产的审慎适用、实质合并破产的条件、实质合并破产的申请人、实质合并破产申请的审查、实质合并破产审理的法律后果

实务要点

要点	具体内容
实质合并破产的审慎适用	人民法院在审理企业破产案件时,应当尊重企业法人人格的独立性,以对关联企业成员的破产原因进行单独判断并适用单个破产程序为基本原则。实质合并破产应当审慎适用,既要通过实质合并审理方式处理法人人格高度混同的关联关系,确保全体债权人公平清偿,也要避免不当采用实质合并审理方式损害相关利益主体的合法权益。

续表

要点	具体内容
实质合并破产的条件	1. 关联企业成员之间存在法人人格高度混同。 认定公司人格与股东人格是否存在混同，根本的判断标准是公司是否具有独立意思和独立财产，主要的表现是公司的财产与股东的财产是否混同且无法区分。在认定是否构成人格混同时，应当综合考虑以下因素： （1）股东无偿使用公司资金或者财产，不作财务记载的； （2）股东用公司的资金偿还股东的债务，或者将公司的资金供关联公司无偿使用，不作财务记载的； （3）公司账簿与股东账簿不分，致使公司财产与股东财产无法区分的； （4）股东自身收益与公司盈利不加区分，致使双方利益不清； （5）公司的财产记载于股东名下，由股东占有、使用的； （6）人格混同的其他情形。 人民法院在审理案件时，关键要审查是否构成人格混同，而不要求同时具备其他方面的混同，如公司业务和股东业务混同；公司员工与股东员工混同，特别是财务人员混同，公司住所与股东住所混同。这些方面的混同可作为人格混同的补强。 2. 区分各关联企业成员财产的成本过高。 实质合并破产要综合考虑关联企业之间资产的混同程度及其持续时间，各企业之间的利益关系。 3. 关联企业人格混同的情况严重损害债权人公平清偿利益。
实质合并破产的申请人	1. 关联企业成员、关联企业成员的债权人、已经进入破产程序的关联企业成员的管理人等，可作为合并破产的申请人向人民法院提出对关联企业进行合并破产的申请。 2. 破产申请受理后，债权人通过债权人会议或者债权人委员会，要求管理人依法向次债务人、债务人的出资人等追收债务人财产，管理人无正当理由拒绝追收，个别债权人代表全体债权人提起相关诉讼，主张次债务人或者债务人的出资人等向债务人清偿或者返还债务人财产，或者依法申请合并破产的，人民法院应予受理。
实质合并破产申请的审查	人民法院收到实质合并申请后，应当及时通知相关利害关系人并组织听证，听证时间不计入审查时间。人民法院在审查实质合并申请过程中，可以综合考虑关联企业之间资产的混同程序及其持续时间、各企业之间的利益关系、债权人整体清偿利益、增加企业重整的可能性等因素，在收到申请之日起30日内作出是否实质合并审理的裁定。

续表

要点	具体内容
实质合并破产审理的法律后果	1. 人民法院裁定采用实质合并方式审理破产案件的,各关联企业成员之间的债权债务归于消灭,各成员的财产作为合并后统一的破产财产。 2. 由各成员的债权人在同一程序中按照法定顺序公平受偿。采用实质合并方式进行重整的,重整计划草案中应当制订统一的债权分类、债权调整和债权受偿方案。 3. 适用实质合并规则进行破产清算的,破产程序终结后各关联企业成员均应予以注销;适用实质合并规则进行和解或重整的,各关联企业原则上应当合并为一个企业;依据和解协议或重整计划,确有需要保持个别企业独立的,应当依照企业分立的有关规则单独处理。

推荐理由

严格来说,关联企业实质合并破产是对企业法人人格独立的否认。公司法人人格独立、有限责任制度作为现代公司法的基石,实质合并破产在现代公司法框架下饱受争议,应审慎适用。管理人提出适用实质合并规则进行破产,应当充分关注关联企业之间是否存在法人人格高度混同或其他符合实质合并规则的情形,依法进行识别、判断和妥善处理。债权人、管理人提请或法院审查涉及关联企业的破产案件时,应当将实质合并规则作为破产调查或者审查的重点,依法及时确定"单独破产、集中破产、合并破产、分别破产"的处理方案,做好协同管理、集中管辖和协调审理,保障关联企业破产案件的公平与效率,以及管理人破产撤销权等权利得以依法行使。

法律适用

☐《全国法院破产审判工作会议纪要》第 32 条、第 33 条、第 36 条、第 37 条

□《全国法院民商事审判工作会议纪要》第 10 条

□《最高人民法院关于适用〈中华人民共和国企业破产法〉若干问题的规定(二)》第 23 条

□《上海市高级人民法院破产审判工作规范指引(2021)》第 37 条

以案析法

案件信息:江苏省南京市中级人民法院(2017)苏 01 破 1、6、7、8、9、10 号——江苏省公司 A 及其五家子公司实质合并破产重整案

基本案情

2017 年 1 月,南京市中级人民法院(以下简称南京中院)根据甲公司的申请,裁定受理公司 A 破产重整案,并于同日指定乙律所担任管理人。2017 年 6 月,南京中院裁定受理公司 A 对公司 B、公司 C、公司 D、公司 E 的重整申请及公司 C 对公司 F 的重整申请(其中,公司 A 对公司 E 的重整申请经请示江苏省高级人民法院,指定由南京中院管辖)。同日,南京中院指定乙律所担任管理人,在程序上对六家公司进行协调审理。2017 年 8 月,管理人以公司 A、B、C、D、E、F 六家公司人格高度混同为由,向南京中院申请对其进行实质合并重整,法院裁定该六家公司合并重整。

合并重整程序启动后,管理人对单个企业的债权进行合并处理,同一债权人对六家公司同时存在债权债务的,经合并进行抵销后对债权余额予以确认,六家关联企业相互之间的债权债务在合并中作抵销处理,并将合并后的全体债权人合为一个整体进行分组。2017 年 12

月8日,南京中院裁定公司A、B、C、D、E、F的合并重整计划并终止合并重整程序。

📝 裁判要旨

1.《破产纪要》第32条提出了审慎适用关联企业实质合并破产,明确"应当尊重企业法人人格的独立性,以对关联企业成员的破产原因进行单独判断并适用单个破产程序为基本原则。当关联企业成员之间存在法人人格高度混同、区分各关联企业成员财产的成本过高、严重损害债权人公平清偿利益时,可例外适用关联企业实质合并破产方式进行审理"。2019年《全国法院民商事审判工作会议纪要》第10条也就审查法人人格混同明确了判断标准,即企业是否有独立的意思和独立的财产。

本案中,案涉六家公司存在人格高度混同情形,主要表现在:人员任职高度交叉,未形成完整独立的组织架构;共用财务及审批人员,缺乏独立的财务核算体系;业务高度交叉混同,形成高度混同的经营体,客观上导致六家公司收益难以正当区分;六家公司之间存在大量关联债务及担保,导致各公司的资产不能完全相互独立,债权债务清理极为困难。在此情形下,法院认为,及时对各关联企业进行实质性的合并,符合《企业破产法》关于公平清理债权债务,公平保护债权人、债务人合法权益的原则要求。

2. 合并重整程序启动后,管理人对单个企业的债权进行合并处理,同一债权人对六家公司同时存在债权债务的,经合并进行抵销后对债权余额予以确认,六家关联企业相互之间的债权债务在合并中做抵销处理,并将合并后的全体债权人合为一个整体进行分组。

第一部分　破产申请的提出和受理

✏️ 案例评析

在关联企业存在人格高度混同及不当利益输送的情形下，严重影响各关联企业的债权人公平受偿。对于关联企业的破产申请，破产受理法院一般运用实体合并规则进行审理，纠正关联企业之间不当利益输送、相互控制等违法违规行为，保障各关联企业的债权人公平实现债权，并提高破产审判工作的质效。

07 关联企业破产的协调审理

关键词

协调审理的条件、协调审理的法律后果

实务要点

要点	具体内容
协调审理的条件	多个关联企业成员均存在破产原因但不符合实质合并条件的，人民法院可依据相关主体的申请对多个破产程序进行协调审理。
协调审理的法律后果	1. 协调审理不消灭关联企业成员之间的债权债务关系，不对关联企业成员的财产进行合并，各关联企业成员的债权人仍以该企业成员财产为限依法获得清偿。 2. 关联企业成员之间不当利用关联关系形成的债权，应当劣后于其他普通债权顺序清偿，且该劣后债权人不得就其他关联企业成员提供的特定财产优先受偿。

031

推荐理由

关联企业破产协调审理是程序合并问题。程序合并是对不同法院管辖的多个破产案件的程序集中合并至一个法院进行审理,通过对多个破产案件的并案审理,统一制订各关联企业相互协调衔接的重整计划,乃至整个集团合并的整体计划,达到挽救企业的目的,或使破产企业财产实现更高的价值。在程序合并中,各关联企业仍保持法人人格的独立,每个企业的资产与债务清偿比例等分别确定。实践中,对关联企业实质合并适用较多,程序合并不够重视,由此在关联企业破产中形成了一些潜在的不良影响,如对不具备实质合并条件但可以通过程序合并处理的企业进行实质合并,或放弃程序合并,从而对企业的重整挽救造成影响。

法律适用

□《全国法院破产审判工作会议纪要》第38条、第39条

以案析法

案件信息:上海破产法庭发布的破产审判典型案例——中发开关公司破产清算转重整案

基本案情

中发开关公司是一家主要从事配电开关控制设备制造的企业。因受关联公司债务影响,资金周转困难而停止经营。依债权人申请,上海市第三中级人民法院(以下简称上海三中院)依法裁定受理中发开关公司破产清算案,并指定了管理人。经债权申报,中发开关公司

第一部分　破产申请的提出和受理

共有债权人30余户,累计负债逾9亿元。中发开关公司的核心资产是位于周浦镇的工业用房,直接处置变现将面临缴纳土地增值税等高额税费、变现周期长、价值不确定等问题,而中发开关公司在高低压电领域仍有一定的市场品牌价值。合议庭指导管理人多次研判重整可行性,最终确定了重整目标,并释明引导该公司申请从破产清算程序转入重整程序。2021年12月,上海三中院裁定破产清算程序转入重整程序。

中发开关公司及其四家关联企业相继进入破产程序,而各关联企业并不符合实质合并审理条件。重整期间,合议庭及时厘清关联企业之间的债权债务关系,综合核心控制企业及实际控制人等因素,各关联企业之间不当利用关联关系形成的债权统一被认定为劣后债权,得到了各案债权人会议的认可。中发开关公司拟定的《重整计划(草案)》经提交债权人会议表决,普通债权组以金额91%、人数82%的比例,出资人组以金额、人数均100%的比例表决通过。2022年7月,上海三中院依据《企业破产法》第86条的规定,裁定批准重整计划并终止重整程序。同年12月,重整计划执行完毕。

裁判要旨

根据《破产纪要》第32条的规定,审查关联企业实质合并程序的三项审查要件包括"法人人格高度混同、区分各关联企业成员财产的成本过高、严重损害债权人公平清偿利益"。五家关联企业的财务账册等证据显示,除已申报的关联债权外,五家关联企业无其他资金往来,且已申报的关联债权在各自财务账册中均有明确记载。从证据审查的结果来看,五家关联企业的财务制度较为规范,有独立的意思和独立的财产,不存在财产混同且无法区分或区分成本过高的问题,也不会严重损害债权人公平清偿利益。因此,本案不适用实质合并程序。

《破产纪要》第39条明确"协调审理不消灭关联企业成员之间的债权债务关系,不对关联企业成员的财产进行合并,各关联企业成员的债权人仍以该企业成员财产为限依法获得清偿。但关联企业成员之间不当利用关联关系形成的债权,应当劣后于其他普通债权顺序清偿,且该劣后债权人不得就其他关联企业成员提供的特定财产优先受偿"。该规定就如何审查认定关联债权为劣后债权明确了审查要件。

案例评析

公司人格独立是公司制度的基石,关联企业成员的破产亦应以适用单个破产程序为原则。为了高效审理关联企业成员的破产案件,法院在实践中探索采取协同审理方式,积极推进各个关联企业破产程序。虽然《破产纪要》第38条明确了关联企业破产案件的协调审理与管辖原则,但该纪要未对协调审理的事项、程序等作出细化,有待实践中就协调审理进行探索,如关联企业破产案件交由同一合议庭办理、统一识别审查标准等,以提高各个破产程序的办理效率。

08 破产企业股东、"董监高"[①] 的权益限制

关键词

股东对破产企业行使抵销权的限制、债务人重整期间股东及"董

[①] 董事、监事、高级管理人员。

监高"权益的限制、公司人格否认

实务要点

要点	具体内容
股东对破产企业行使抵销权的限制	债务人股东主张以下列债务与债务人对其负有的债务抵销,债务人管理人有权提出异议: (1)债务人股东因欠缴债务人的出资或者抽逃出资对债务人所负的债务。 (2)债务人股东滥用股东权利或者关联关系损害公司利益对债务人所负的债务。
债务人重整期间股东及"董监高"权益的限制	1.在重整期间,债务人的出资人不得请求投资收益分配。 2.在重整期间,债务人的"董监高"不得向第三人转让其持有的债务人的股权。但是,经人民法院同意的除外。
公司人格否认	1.实践中常见的过度支配与控制的情形包括: (1)母子公司之间或者子公司之间进行利益输送的。 (2)母子公司或者子公司之间进行交易,收益归一方,损失却由另一方承担的。 (3)先从原公司抽走资金,然后再成立经营目的相同或者类似的公司,逃避原公司债务的。 (4)先解散公司,再以原公司场所、设备、人员及相同或者相似的经营目另设公司,逃避原公司债务的。 (5)过度支配与控制的其他情形。 2.公司人格否认[1]: (1)纵向否认。公司股东滥用公司法人独立地位和股东有限责任,逃避债务,严重损害公司债权人利益的,应当对公司债务承担连带责任。 (2)横向否认。股东利用其控制的两个以上公司实施公司人格纵向否认行为的,各公司应当对任一公司的债务承担连带责任。 (3)一人公司。只有一个股东的公司,股东不能证明公司财产独立于股东自己的财产的,应当对公司债务承担连带责任。

[1] 公司人格否认,人民法院可视具体情形依法裁定合并破产或协调审理。若未合并破产或协调审理,债权人可在破产程序外,依据《公司法》对股东或关联公司提起股东损害公司债权人利益责任诉讼,要求承担连带责任。

推荐理由

法人人格混同虽然在实质合并破产的判断标准中起到重要的作用,且是实践中大多数关联企业实质合并的理由,但并不是唯一的判断标准,或者说不是适用实质破产必须具备的条件。这是公司法法人人格混同与破产法实质合并理论的区别。从公司法的角度看,只有在法人人格混同的情况下才可以打破法人人格独立的壁垒,适用"揭开公司面纱"规则处理。但在破产法领域探讨实质合并破产的标准时,除考虑公司法上的法人人格混同理论外,必然要从破产法的立法目的和价值角度进行考量,综合权衡企业重整挽救、破产费用、债权人保护等,才能适应破产法的特殊需要,更好地发挥实质合并的效用。联合国国际贸易法委员会《破产立法指南》第三部分将实质合并破产的标准概括为四种情形:企业集团成员的资产和债务相互混合、企业设立目的是从事欺诈图谋或进行毫无正当商业目的的活动、债权人受益标准、重整需要。前两项建议写入立法条文,也是设有实质合并破产制度的国家普遍采用的可以独立适用的实质合并标准。后两项部分国家采用或者是在非独立适用情况下考虑适用的实质合并标准。

法律适用

□《企业破产法》第 77 条
□《全国法院民商事审判工作会议纪要》第 11 条
□《公司法》第 23 条
□《最高人民法院关于适用〈中华人民共和国企业破产法〉若干问题的规定(二)》第 46 条

以案析法

案件信息：浙江省衢州市中级人民法院（2020）浙 08 民终 694 号——纯纯建材公司破产债权确认纠纷案

基本案情

柒灵益公司成立于 2006 年 12 月，股东为陈某 1 和傅某，法定代表人为傅某，于 2012 年 11 月 13 日注销。虽柒灵益公司成立清算组对柒灵益公司进行了清算，且在清算报告中载明截至 2012 年 9 月 20 日，柒灵益公司共有资产 75 万元，负债 0 万元，净资产 75 万元，但柒灵益实际并未完全清偿其所欠债务，包括欠农商银行的 200 万元、欠陈某 2 的 85 万元、欠张某的 115 万元以及欠朱某的 41.8712 万元。

纯纯建材公司成立于 2012 年 8 月，法定代表人初始为舒某，后变更为陈某 1。2018 年 6 月 21 日，龙游县人民政府拟对县域内采用烧结轮窑工艺生产的黏土砖企业关停补偿，由塔石镇人民政府与纯纯建材公司签订协议，共补偿 456 万元。2019 年 5 月 6 日，因纯纯建材公司资不抵债不能清偿到期债务，法院裁定受理申请人陈某 2 对被申请人纯纯建材公司的破产清算申请。农商银行、陈某 2、张某、朱某向管理人申报了上述债权，管理人对上述债权予以认定并在纯纯建材公司第一次债权人会议资料中的债权表中予以记载。利害关系人沈某等五个原告（以下简称五原告）对上述债权提出了异议，管理人作出了《债权核查异议的复函》，仍未采纳五原告的异议，五原告遂向法院起诉，要求确认农商银行、陈某 2、张某、朱某向管理人申报的上述债权非纯纯建材公司破产债权。庭审中，原被告一致认可柒灵益公司和纯纯建材公司的经营场所为同一地址。一审法院判决驳回五原告的诉讼请求。五原告不服,提起上诉,二审法院判决驳回上诉,维持原判。

本案争议的焦点为:柒灵益公司控制股东或实际控制人是否存在对公司过度支配与控制,造成柒灵益公司和纯纯建材公司人格上的混同?

裁判要旨

法院认为:第一,柒灵益公司和纯纯建材公司的经营地址、办公场所具有同一性,纯纯建材公司的经营地址、办公场所就是原柒灵益公司的经营地址和办公场所,且两公司之间并无相关的经营场地和办公场所的租赁合同。第二,纯纯建材公司使用原柒灵益公司所有的页岩烧结空心砖的生产设备,以及柒灵益公司和纯纯建材公司具有相似的经营目的。第三,柒灵益公司和纯纯公司的实际控制人均是陈某1。综上,可以认定,陈某1作为柒灵益公司的实际控制人,为逃避柒灵益公司债务,未对柒灵益公司进行清算,以虚假的清算报告骗取公司登记机关办理法人注销登记,并以柒灵益公司的场所、设备、人员及相似的经营目的另设纯纯建材公司,造成了柒灵益公司和纯纯建材公司边界不清、财产混同,丧失了公司法人人格的独立性。故纯纯建材公司作为柒灵益公司的关联公司,理应对柒灵益公司的债务承担连带清偿责任。纯纯建材公司管理人认定农商银行、陈某2、张某、朱某对柒灵益公司享有的债权为纯纯建材公司的破产债权,符合法律规定。

案例评析

在实践中,公司的大股东、实际控制人要特别注意股东和公司、集团公司和各子公司以及各子公司之间的边界,避免出现财产混同。司法实践中,认定公司人格与股东人格是否存在混同,主要是从资产、

第一部分 破产申请的提出和受理

财务、业务、人员及其人事任免、经营决策、组织机构、办公场所、生产经营场所、企业公示信息、债权债务、融资担保等方面进行综合考量的。本案中，从公司成立时间上来看，柒灵益公司进行公司清算后，纯纯建材公司成立，实际为"一套班子、两块牌子"，构成混同，也符合公司实际控制人过度支配与控制的情形。如果关联公司同期申请破产，人民法院亦可视具体情形依法裁定纯纯建材公司和柒灵益公司合并破产或协调审理。

09 执行案件移送破产审查

关键词

移送条件、优先移送、审慎审查情形、告知释明、执行程序的中止和终结、破产申请人的确定

实务要点

要点	具体内容
移送条件	执行案件移送破产审查，应当同时符合下列条件： （1）被执行人为企业法人； （2）符合《企业破产法》第2条规定的破产原因； （3）符合《最高人民法院关于严格规范终结本次执行程序的规定（试行）》第3条规定的执行中已穷尽财产调查措施； （4）申请执行人之一或被执行人向执行法院申请或同意将执行案件移送破产审查。

续表

要点	具体内容
优先移送	下列案件应当优先移送破产审查： (1) 被执行人具有重整、和解价值以及重整可能性； (2) 涉及多个申请执行人； (3) 经执行部门与破产审判部门前期协调，已在执行阶段完成部分财产处置或评估工作，能够快速推进破产审理进程的案件； (4) 有利于破产财产整体处置的其他情形。
审慎审查情形	执行案件有下列情形之一的，应审慎审查，原则上不移送破产审查： (1) 涉嫌非法吸收公众存款、集资诈骗、合同诈骗等刑事犯罪； (2) 被执行人为金融机构、上市公司； (3) 案件存在群体性矛盾等重大风险及不稳定因素； (4) 执行财产存在较大权属争议，相关利害关系人已经启动执行异议等执行救济程序； (5) 当事人、利害关系人对执行所依据的生效裁判已启动申诉、再审、第三人撤销之诉等司法程序； (6) 被执行人财产涉及跨境因素需要司法协助但有较大难度或已启动相关司法协助程序的。
告知释明	执行人员依照《最高人民法院关于执行案件移送破产审查若干问题的指导意见》第4条的规定，向申请执行人或被执行人征询意见时，应当释明法律依据和法律后果，并告知其在15日内作出是否同意移送的答复。申请执行人或被执行人的答复应当以书面方式提交或者记明笔录。在上述规定的期限内未作答复的，视为不同意移送。
执行程序的中止和终结	执行法院作出移送决定后，应当书面通知所有已知执行法院，执行法院均应中止对被执行人的执行程序。但是，对被执行人的季节性商品、鲜活、易腐烂变质以及其他不宜长期保存的物品，执行法院应当及时变价处置，处置的价款不作分配。受移送法院裁定受理破产案件的，执行法院应当在收到裁定书之日起7日内，将该价款移交受理破产案件的法院。案件符合终结本次执行程序条件的，执行法院可以同时裁定终结本次执行程序。
破产申请人的确定	申请执行人申请或同意移送破产审查的，裁定书中以该申请执行人为申请人，被执行人为被申请人；被执行人申请或同意移送破产审查的，裁定书中以该被执行人为申请人；申请执行人、被执行人均同意移送破产审查的，双方均为申请人。

第一部分　破产申请的提出和受理

💬 推荐理由

"执转破"措施出台的立法本意直观上看是要解决"执行难",但实质上最终仍是要解决"破产难",是要依靠破产制度来化解"执行难",只有当破产不再难时,执行才会真正的不难。所以,我们必须站在《企业破产法》的社会调整作用角度来认识、理解、执行并发展"执转破"制度,借助其实现全方位推动破产案件的依法受理,从根本上解决"执行难"。《企业破产法》规定债权人和债务人都可以申请破产,但从经济分析的角度,债权人更倾向于率先获取债务人的财产,而不是启动破产程序。一般债务人申请破产是由企业的股东作出决定,但一旦申请破产,他们将失去企业的控制权,而且还可能被限制一定的自由,这种情况下没有勇气申请破产,所以法院执行程序转破产变得现实可行。但执行程序中被执行人的财产被多家债权人查封,处于轮候查封顺序的债权人无法按照清偿顺序获得有效受偿,如果被执行人达到破产条件,债权人应当主动向执行法院申请将案件移送破产法院,以得到公平清偿。

⚖️ 法律适用

□《最高人民法院关于适用〈中华人民共和国民事诉讼法〉的解释》第511条、第512条、第513条、第514条

□《最高人民法院关于执行案件移送破产审查若干问题的指导意见》

□《上海市高级人民法院执行转破产工作的规范指引(2022年版)》

以案析法

案件信息：最高人民法院发布的全国法院破产典型案例——松晖公司执行转破产清算案

基本案情

2015年5月，松晖公司因经营不善、资金链断裂等问题被迫停业，继而引发1384宗案件经诉讼或仲裁后相继进入强制执行程序。在执行过程中，深圳市宝安区人民法院查明，松晖公司名下的财产除银行存款3483.13元和机器设备拍卖款162万元外，无其他可供执行的财产，459名员工债权因查封顺序在后，拍卖款受偿无望，执行程序陷入僵局。2017年2月23日宝安区人民法院征得申请执行人深圳市宝安区人力资源局同意后，将其所涉松晖公司执行案移送破产审查。2017年4月5日，深圳市中级人民法院（以下简称深圳中院）裁定受理松晖公司破产清算案，松晖公司其他执行案件相应中止，所涉债权债务关系统一纳入破产清算程序中处理。

裁判要旨

深圳中院受理松晖公司破产清算申请后，立即在报纸上刊登受理公告并依法指定管理人开展工作。经管理人对松晖公司的资产、负债及经营情况进行全面调查、审核后发现，松晖公司除前述资产外，已无可变现资产，而负债规模高达1205.93万元，严重资不抵债。2017年6月28日，深圳中院依法宣告松晖公司破产。按照通过的破产财产分配方案，可供分配的破产财产1,623,645.48元，优先支付破产费用685,012.59元后，剩余938,632.89元全部用于清偿职工债权11,347,789.79元。2017年12月29日，深圳中院依法裁定终结松晖公司破产清算程序。

第一部分　破产申请的提出和受理

📝 案例评析

本案是通过执行不能案件移送破产审查,从而有效化解执行积案、公平保护相关利益方的合法权益、精准解决"执行难"问题的典型案例。本案"459名员工债权因查封顺序在后,拍卖款受偿无望"的事实细节是"执转破"的重要触发条件之一,职工债权是基于劳动合同产生的,维持劳动者生存权的特种债权,在破产程序中,对工人工资债权应当优先保护,突破执行程序中查封先后顺序受偿,这一制度设计也对维护社会稳定发挥了一定的积极作用。

⑩ 公司清算转破产程序

关键词

清算组申请破产清算的义务、强制清算过程中破产申请、清算过程中的财产处分、清算中的债权申报、清算组申请破产应提交的材料

实务要点

要点	具体内容
清算组申请破产清算的义务	1. 人民法院指定的清算组在清理公司财产、编制资产负债表和财产清单时,发现公司财产不足清偿债务的,可以与债权人协商制作有关债务清偿方案。 2. 债务清偿方案经全体债权人确认且不损害其他利害关系人利益的,人民法院可依清算组的申请裁定予以认可,清算组依据该清偿方案清偿债务后,应当向人民法院申请裁定终结清算程序。

续表

要点	具体内容
清算组申请破产清算的义务	3. 债权人对债务清偿方案不予确认或者人民法院不予认可的，清算组应当依法向人民法院申请破产清算。
强制清算过程中的破产申请	公司强制清算中，有关权利人依据《企业破产法》第2条和第7条的规定向人民法院另行提起破产申请的，人民法院应当依法进行审查。权利人的破产申请符合《企业破产法》规定的，人民法院应当依法裁定予以受理。人民法院裁定受理破产申请后，应当裁定终结强制清算程序。
清算过程中的财产处分行为在破产程序中的效力	对于公司破产申请受理前财产处分行为和订立合同的效力，如果符合《企业破产法》第31条、第32条、第33条规定的欺诈性财产转让、个别清偿行为特征，即使上述行为发生在公司解散清算程序中，管理人仍需对相应行为申请予以撤销或要求确认无效。
清算中的债权申报程序对破产程序的影响	对于解散清算程序中已申报的债权，可作为破产程序中的已知债权，但不能直接作为已申报债权，管理人仍需书面通知该等债权人，而该等债权人仍需申报后方能行使破产程序中的权利。

	破产清算申请材料清单[1] （清算组申请破产清算用）	
1	☐破产清算申请书[2]	
2	☐申请人的主体资格证明	☐成立清算组文件
		☐清算组负责人身份证复印件
	☐授权委托材料（可选）	☐授权委托书
		☐律师证或被委托人证件复印件
		☐律师事务所函或清算组成员等证明材料
3	☐被申请人的主体资格证明（四选一）	☐营业执照
		☐企业信用报告
		☐工商档案机读材料
		☐工商内档资料

第一部分　破产申请的提出和受理

续表

4	□被申请人解散事由(四选一)[3]	□公司章程规定的营业期限届满或者其他解散事由出现
		□股东会或者股东大会决议解散
		□依法被吊销营业执照、责令关闭或者被撤销
		□法院判决解散
5	□被申请人资产不足以清偿债务(四选一)[4]	□资产负债表
		□评估报告
		□审计报告
		□清算报告[部分"三无"类(无资产、无人员、无场地)强制清算案件,清算组往往无法编制资产负债表,清算组根据现有资产和负债情况制作的清算报告,也可以作为资产不足以清偿债务的证明材料。]
6	□资产及债权债务情况(可选材料)[5]	□财产清单
		□债务清册
		□债权清册
		□有关财务会计报告
7	□职工情况(可选材料)[6]	□职工安置预案
		□职工名单
		□工资清册及支付情况
		□社保清单及缴纳情况
8	□送达地址确认书[7]	
9	□其他材料	

[1]参见刘新建:《清算责任人申请破产清算需要哪些材料?(2022年修订)》,载微信公众号"执言破语"2022年2月14日。

[2]破产清算申请书应当载明下列事项:(1)申请人、被申请人的基本情况;(2)申请目的;(3)申请的事实和理由;(4)人民法院认为应当载明的其他事项(详见《企业破产法》第8条)。

[3]详见《公司法》第229条。

［4］详见《破产法司法解释（一）》第3条和《公司法》第237条。

［5］清算组应当是在接管企业后进行了初步清算工作基础上申请债务人破产清算，申请材料原则上参照债务人申请的材料，但因"三无"类强制清算的清算组没有接收到任何材料，故其申请债务人破产时难以提供这些材料，因此，强制清算的清算组申请时这些仅作为可选材料。

［6］强制清算的清算组申请时这些仅作为可选材料，原因同上。

［7］详见《最高人民法院关于以法院专递方式邮寄送达民事诉讼文书的若干规定》第3条。

推荐理由

出现解散情况的公司在清算程序刚开始时，其确切的资产负债情况一般并不清楚。在经过财产和债权债务的清理之后，如发现公司资不抵债即应启动破产程序。在决定是否转向破产清算时，以下关键因素也需要考虑：如果清算组能够制订一个有效的债务清偿方案并获得全体债权人的确认，且这个方案不会损害其他利害关系人的利益，同时得到了人民法院的认可，则可能不需要直接进入破产程序；如果公司在强制清算过程中发现已经资不抵债，或者在《企业破产法》规定的特定条件下，可以通过追回财产等方式避免破产，也可以不立即转为破产程序。总结来说，当公司清算过程中发现自身无力偿还债务时，必须向法院申请宣告破产，以便通过专业的破产清算流程来解决公司的财务困境。

法律适用

□《企业破产法》第7条、第8条

□《最高人民法院关于适用〈中华人民共和国企业破产法〉若干问题的规定（一）》第3条

□《公司法》第229条、第237条

第一部分 破产申请的提出和受理

□《最高人民法院关于适用〈中华人民共和国公司法〉若干问题的规定(二)》第 17 条

□《最高人民法院关于审理公司强制清算案件工作座谈会纪要》第 32 条、第 33 条

□《上海市律师协会律师承办破产程序申请业务操作指引(2017)》第 18 条

以案析法

案件信息：北京市第一中级人民法院(2021)京 01 破申 31 号——A 公司清算组申请破产清算案

基本案情

A 公司于 2003 年成立，注册资本 200 万元。股东为自然人甲(持股比例为 70%)、公司乙(持股比例为 20%)、某档案研究所丙(持股比例为 10%)。

A 公司于 2013 年被吊销营业执照。2020 年 9 月 28 日，法院受理了档案研究所丙对 A 公司的强制清算申请，同时指定某清算事务所担任 A 公司清算组。

清算过程中，清算组以 A 公司资产不足以清偿全部债务，且无法与债权人协商制作有关债务清偿方案为由，向法院申请对 A 公司进行破产清算，法院裁定受理清算组对 A 公司的破产清算申请。

裁判要旨

法院认为，本案为申请强制清算转申请破产清算案件。根据《公司法》第 187 条第 1 款的规定，清算组在清理公司财产、编制资产负

债表和财产清单后,发现公司财产不足清偿债务的,应当依法向人民法院申请宣告破产。《公司法司法解释(二)》第 17 条第 1 款规定,人民法院指定的清算组在清理公司财产、编制资产负债表和财产清单时,发现公司财产不足清偿债务的,可以与债权人协商制作有关债务清偿方案。《最高人民法院关于审理公司强制清算案件工作座谈会纪要》第 32 条规定,公司强制清算中,清算组在清理公司财产、编制资产负债表和财产清单时,发现公司财产不足清偿债务的,除依据《公司法司法解释(二)》第 17 条的规定,通过与债权人协商制作有关债务清偿方案并清偿债务的外,应依据《公司法》第 188 条和《企业破产法》第 7 条第 3 款的规定向人民法院申请宣告破产。

✎ 案例评析

本案中,公司清算组在强制清算过程中发现 A 公司财产不足以清偿全部债务,且无法与债权人协商制作有关债务清偿方案,向法院提起破产申请,其申请符合法律规定,法院依法予以准许,体现了强制清算向破产清算的程序过渡。

⑪ 破产申请的撤回和不予受理

关键词

破产申请的撤回、破产申请的不予受理、裁定驳回破产申请的适用、"破申"阶段和解的审慎审查

第一部分　破产申请的提出和受理

实务要点

要点	具体内容
破产申请的撤回	1. 人民法院受理破产申请系表明法院认可债务人具有破产原因。因此，人民法院受理破产申请前，申请人可以请求撤回申请；受理后申请人请求撤回的，人民法院不予准许，但经查发现债务人不符合《企业破产法》第2条规定情形的，可以裁定驳回申请。 2. 人民法院准许申请人撤回破产申请的，在撤回破产申请之前已经支出的费用由破产申请人承担。
破产申请的不予受理	人民法院裁定受理破产申请前，提出破产申请的债权人的债权因清偿或其他原因消灭的，申请人不再具备申请资格，人民法院应当裁定不予受理。但该裁定不影响其他符合条件的主体再次提出破产申请。破产申请受理后，管理人以上述清偿符合《企业破产法》第31条、第32条为由请求撤销的，人民法院查实后应当予以支持。
裁定驳回破产申请的适用	人民法院裁定受理破产申请系对债务人具有破产原因的初步认可，破产申请受理后，申请人请求撤回破产申请的，人民法院不予准许。除非存在《企业破产法》第12条第2款规定的情形，即债务人不具备《企业破产法》规定的破产原因，人民法院不得裁定驳回破产申请。
"破申"阶段和解的审慎审查	执行移送破产案件中，申请人（债权人）与债务人在"破申"阶段达成和解的，人民法院应审慎审查，如有必要应通知其他已知债权人参与和解，以避免在执行转破产程序中进行偏颇性清偿。

推荐理由

当债务人不具备法定的破产原因时，法院会裁定驳回破产申请。根据《企业破产法》的规定，人民法院受理破产申请前，申请人可以请求撤回申请。我国《企业破产法》采取的是受理开始主义，即法院收到破产申请之时，程序尚未开始；只有当法院对破产申请作出受理裁定时，程序才告开始。除清算责任人外，申请人向人民法院提出破产申请是行使法律赋予的权利,其撤回申请也是行使权利。但是,申请人的撤回权是有时间限制的,即请求撤回申请只能在人民法院受理破产申请之前。在人民法院受理破产案件后,申请人请求撤回破产申请的,应予驳回。

法律适用

- 《企业破产法》第9条、第12条
- 《全国法院民商事审判工作会议纪要》第108条
- 《最高人民法院关于审理企业破产案件若干问题的规定》第11条
- 《上海市高级人民法院破产审判工作规范指引(2021)》第40条

以案析法

案件信息:上海市浦东新区人民法院发布的破产审判典型案例——某贸易公司破产清算申请案

基本案情

某贸易公司成立于2009年,注册资本人民币500万元,是一家经营服装等货物进出口的小微外贸企业。2020年起受新冠疫情影响,公司经营间断性陷入困境。尤其2022年上半年以来,更是出现了清偿困难问题。因其未能及时、足额履行法院裁判文书确定的连带付款义务10余万元,2022年3月4日,债权人某印刷公司以贸易公司无法清偿到期债务且明显缺乏清偿能力为由,向上海市浦东新区人民法院(以下简称浦东法院)申请对贸易公司破产清算。

第一部分　破产申请的提出和受理

裁判要旨

法院收到印刷公司的申请材料后,及时联系被申请人贸易公司,掌握到贸易公司现状:具有强烈的继续经营愿望、企业本身存在运营价值、未来有营业转优的可能。法院考虑到贸易公司受疫情影响经营产生困难,结合其债务金额较少且尚存运营价值的情况,审慎认定破产原因,同时积极寻找企业偿还债务的可能性。

法院经与印刷公司代理人沟通,获悉其申请目的和有关顾虑后,从当事人实际经营情况、可能涉及的法律后果等角度入手,引导当事人换位思考,促成双方签订和解协议。2022年5月27日,印刷公司向法院提出撤回破产清算申请。同日,法院裁定予以准许。

案例评析

本案系挽救受新冠疫情影响小微企业的典型案例。浦东法院根据《上海市高级人民法院关于司法服务保障疫情防控和经济社会发展的若干意见》相关规定,注重分析小微企业在疫情影响下的经营发展痛点与难点,审慎认定破产原因,结合债务人企业有可能恢复正常营业的实际情况,通过与企业沟通,向企业释明申请破产的相关法律后果,最终促成债务人与债权人达成和解,既保住了企业的正常运营,又化解了债务。

12 破产案件受理后债权人、债务人的权利义务

关键词

债权人申报债权、债务人的义务

实务要点

要点	具体内容
债权人申报债权	1. 人民法院应当自裁定受理破产申请之日起 25 日内通知已知债权人，并予以公告。 2. 管理人不得以已经发布债权申报公告为由，拒绝向已知债权人单独送达债权申报通知。
债务人的义务	1. 人民法院受理破产申请后，应当通知债务人的有关人员自人民法院受理破产申请的裁定送达债务人之日起至破产程序终结之日，履行下列义务： （1）妥善保管其占有和管理的财产、印章和账簿、文书等资料； （2）根据人民法院、管理人的要求进行工作，并如实回答询问； （3）列席债权人会议并如实回答债权人的询问； （4）未经人民法院许可，不得离开住所地； （5）不得新任其他企业的董事、监事、高级管理人员。 2. 债务人的有关人员，是指企业的法定代表人；经人民法院决定，可以包括企业的财务管理人员和其他经营管理人员，如企业的董事、监事、经理、财务总监等人员。

推荐理由

通知与公告是破产程序中债权人保护制度不可缺少的重要部分，也是破产程序得以顺利进行的重要保证，债务人的有关人员应当履行

第一部分　破产申请的提出和受理

该法定义务。公告的意义在于使未知的债权人和其他利害关系人能够尽可能地得知破产申请受理的事实及相关权利,并使破产程序在他们与债务人之间产生法律约束力。其他利害关系人包括作为本案债务人的企业、该企业财产的持有人、该企业的出资人、职工和待履行合同的相对人、对该企业占有的财产享有取回权的人,以及其他对该企业享有权利或者负有义务的人。

法律适用

☑《企业破产法》第 14 条、第 15 条
☑《上海市破产管理人协会会员执业纪律规范(试行)》第 14 条

以案析法

案件信息:重庆破产法庭发布的破产审判典型案例——重庆甲公司破产清算案中处罚公司有关人员违法行为案

基本案情

2020 年 6 月 30 日,重庆市第五中级人民法院裁定受理甲公司破产清算一案,指定了管理人。管理人多次与甲公司法定代表人王某联系,要求其向管理人移交公司财产及财务资料,王某以其在外地为由拒不配合管理人工作。

2020 年 10 月 14 日,在甲公司第一次债权人会议上,法官依法对王某进行训诫,并责令其全面配合管理人工作。

2021 年 4 月 3 日,王某置法官训诫和提醒于不顾,在未向人民法院报告的情况下,擅自离开重庆。法院遂依法对其作出拘留 15 日、罚

款 10 万元的处罚决定,并于 7 月 27 日将王某押送拘留所执行拘留决定。

裁判要旨

法院审查认为,根据《企业破产法》第 15 条第 1 款第 4 项和第 2 款第 2 句的规定:自人民法院受理破产申请的裁定送达债务人之日起至破产程序终结之日,债务人的有关人员未经人民法院许可,不得离开住所地。有关人员是指企业的法定代表人;经人民法院决定,可以包括企业的财务管理人员和其他经营管理人员。第 129 条规定:"债务人的有关人员违反本法规定,擅自离开住所地的,人民法院可以予以训诫、拘留,可以依法并处罚款。"甲公司法定代表人王某在未经法院许可的情况下,擅自离开住所地,给管理人后续履职带来不便。

案例评析

本案是法院依法对债务人的有关人员违反《企业破产法》相关规定行为进行处罚的典型案例。债务人有关人员占有和管理公司的财产、印章和账簿、文书等资料,熟悉公司经营等各项情况,应当严格遵守《企业破产法》相关规定,积极配合管理人工作。这既是债务人有关人员应当履行的法定义务,也是破产程序得以顺利进行的重要保证。债务人有关人员违反《企业破产法》相关规定,法院除可以依法对债务人有关人员的违法行为进行处罚外,如果债务人有关人员的行为导致清算程序出现瑕疵,给债权人造成了损失,债权人既可以主张其对造成的损失承担赔偿责任,亦可主张其对公司债务承担连带清偿责任。

第一部分　破产申请的提出和受理

⑬ 破产案件裁定受理的法律效力

关键词

查封措施的解除及财产移送、执行中止、执行回转、执行终结、失信惩戒措施的解除、保全措施与执行程序的恢复、个别清偿的效力、未结民事诉讼的中止与恢复、新发生民事诉讼的管辖、仲裁协议效力

实务要点

要点	具体内容
查封措施的解除及财产移送	1. 解除查封，移交财产 （1）人民法院裁定受理破产申请后，管理人可以持人民法院出具的受理破产申请裁定书和指定管理人决定书，书面通知相关部门或者单位依法解除对破产财产采取的保全措施，将财产移交给管理人接管。 （2）相关部门或者单位收到上述通知后，应当按照规定程序解除保全措施，同时将财产移交给管理人或者破产案件受理法院；认为相关财产不属于破产财产，或者依法不能解除保全措施的，应当在 5 个工作日内将相关情况反馈给管理人或者破产案件受理法院。情况反馈应当以书面形式作出，并告知具体的法律依据和事实理由。 2. 移送财产处置权 破产案件受理法院可以通知采取在先保全措施的部门或者单位依照有关规定移交财产处置权。相关部门或者单位应当在接到通知后 7 个工作日内出具函件，依法将破产财产的处置权移送破产案件受理法院。 3. 破产受理法院的督促与支持 人民法院受理破产申请后，应当督促管理人尽快通知相关法院及有关单位解除对债务人财产的保全措施。必要时可以发函要求执行法院将查封、扣押、冻结财产的处置权移交给破产案件受理法院。破产受理法院可以持执行法院的移送处置函件进行续行查封、扣押、冻结，解除查封、扣押、冻结，或者予以处置。

055

续表

要点	具体内容
执行中止、回转和终结	1. 人民法院受理破产申请后,有关债务人财产的执行程序应当中止,破产案件受理法院应当督促管理人及时通知已知执行法院中止执行。破产申请受理后,不得再对债务人财产采取新的执行措施。当事人向有关法院申请对债务人财产强制执行的,有关法院对其申请应不予受理,并告知其依法向管理人申报债权。 2. 执行回转的财产应当纳入债务人财产。破产受理法院发现需要进行执行回转的,可以发函请求原执行法院出具执行回转裁定书,执行法院拖延或拒绝出具的,破产案件受理法院可以请求执行法院的上级法院依法予以纠正。 3. 人民法院裁定宣告债务人破产,或者裁定终止和解程序、重整程序的,执行法院应当裁定终结对债务人的执行。
失信惩戒措施的解除	破产案件受理后,各执行法院要严格依法审核债务人企业的失信被执行人名单,因破产程序依法裁定对失信被执行人中止执行的,应当在3个工作日内屏蔽失信信息,但失信被执行人名单有纳入期限的除外。
保全措施与执行程序的恢复	人民法院受理破产申请后至破产宣告前裁定驳回破产申请,或者依据《企业破产法》第108条的规定裁定终结破产程序的,应当及时通知原已采取保全措施并已依法解除保全措施的单位按照原保全顺位恢复相关保全措施。
个别清偿的效力	人民法院受理破产申请后,债务人对个别债权人的债务清偿无效。
未结民事诉讼的中止与恢复	人民法院受理破产申请后,已经开始而尚未结束的有关债务人的民事诉讼或者仲裁应当中止;在管理人接管债务人的财产后,该诉讼或者仲裁继续进行。
新发生民事诉讼的管辖	人民法院受理破产申请后,当事人提起的有关债务人的一审民事诉讼,由破产案件受理法院管辖。
仲裁协议效力不受影响	当事人之间在破产申请受理前订立有仲裁条款或仲裁协议的,应当向选定的仲裁机构申请确认债权债务关系。

第一部分 破产申请的提出和受理

📝 推荐理由

人民法院裁定受理破产申请将产生相应的法律效力,这些法律效力包括对债务人的效力,对债权人的效力,以及对第三人的效力。破产案件受理裁定作出后便产生相应的法律效力,起到财产保全的作用,以保障全体债权人在破产程序中的公平受偿。我国《企业破产法》第16条至第20条、《破产纪要》以及《破产法司法解释(二)》、《破产法司法解释(三)》对破产申请受理后的法律效力做了具体的规定。

⚖️ 法律适用

□《企业破产法》第16条、第19条、第20条、第21条

□《全国法院破产审判工作会议纪要》第42条

□《关于完善破产财产解封处置机制的实施意见》第3条、第4条

□《上海市高级人民法院关于解除破产案件债务人财产保全和相关执行措施的暂行办法》

□《上海市高级人民法院破产审判工作规范指引(2021)》第47条、第48条

□《最高人民法院关于公布失信被执行人名单信息的若干规定(2017修正)》第10条

□《最高人民法院关于适用〈中华人民共和国企业破产法〉若干问题的规定(二)》第8条

□《最高人民法院关于适用〈中华人民共和国企业破产法〉若干问题的规定(三)》第8条

以案析法

案件信息：北京市高级人民法院（2011）高民终字第 853 号——深圳某贸易公司与某投资公司破产债权确认纠纷案

基本案情

1994 年深圳市某贸易公司注册成立，1998 年公司股东发生变更，注册资本从 1800 万元增加至 6600 万元。其中，某投资公司应注资 3300 万元，持有贸易公司 50% 股权。但投资公司资本金并未足额到位。

2000 年 4 月，湖北省宜昌市中级人民法院判决贸易公司等向某银行南湖支行偿还本金及利息。2001 年 9 月，宜昌市中级人民法院裁定追加投资公司为被执行人，其应在 1400 万元投资不实的范围内向申请执行人南湖支行承担责任。

2008 年 5 月，深圳市中级人民法院受理了贸易公司破产申请，2008 年 9 月裁定宣告贸易公司破产清算。2009 年 5 月，北京市第二中级人民法院（以下简称北京二中院）受理了投资公司破产申请，同年 6 月，裁定宣告投资公司破产。

2009 年 8 月，贸易公司管理人向投资公司破产管理人申报债权 33,539,111.01 元。其中，包括投资公司欠付贸易公司注册资金本金 1400 万元及利息 10,015,775 元。

2009 年 11 月，投资公司管理人出具债权复核意见书，确认贸易公司债权金额为本金 1400 万元，利息债权为 5,479,775 元，合计 19,479,775 元。投资公司管理人在扣除确认的南湖支行债权额 12,360,939.06 元后，确认贸易公司债权为 7,118,835.94 元。

第一部分　破产申请的提出和受理

2010年3月,贸易公司管理人向北京二中院提起诉讼,请求增加确认被扣除的债权。北京二中院将本案纠纷以股东出资纠纷立案,判决驳回原告的诉讼请求。贸易公司管理人不服,提起上诉,北京市高级人民法院认为本案案由应为破产债权确认纠纷,判决撤销北京二中院一审民事判决,并确认贸易公司对投资公司享有欠缴出资债权1400万元及相应的利息债权。

裁判要旨

1. 贸易公司对投资公司享有的破产债权金额

宜昌市中级人民法院裁定将贸易公司的债务人投资公司追加为被执行人,并未改变投资公司与贸易公司因出资形成的法律责任关系。现贸易公司已经进入破产清算程序,故包括未足额缴纳的公司注册资本在内的所有公司财产均应归入贸易公司破产财产,向贸易公司所有债权人进行公平清偿,不应以公司资产对个别债权人进行清偿。该1400万元欠缴出资所产生的破产债权应当由贸易公司享有,归入贸易公司破产财产后,公平分配给包括南湖支行在内的所有贸易公司的债权人。

2. 债务人和次债务人均破产时的破产财产确定

如果债权人对债务人的对外债权(次债务人)行使代位执行权,即使案件已进入执行阶段,只要尚未执行终结,在债务人及次债务人均破产的情况下,债务人的对外债权应当属于破产财产,其财产权益应由债务人的全体债权人享有,债权人对次债务人的执行行为应当中止,债权人应当向债务人申报债权,而不能向次债务人申报债权。本案中,贸易公司破产申请受理及破产公告在先,根据法律规定,从贸易公司破产申请受理之日开始,投资公司欠缴的注册资本金就应属于贸易公司破产财产。投资公司被裁定追加为被执行人,但并未执行完毕,投资公司管理人确认南湖支行债权,并从贸易公司管理人申报的债权额中扣除,明显违反法律规定,损害了贸易公司其他债权人的合法权益。

案例评析

破产程序是指债务人在不能清偿到期债务时,为满足债权人正当合理的清偿要求,就债务的总财产进行的清算分配的审判程序。破产程序是公平清偿债务的程序,必然产生对于执行程序的优先性和对一般债务清偿程序的排斥。破产债权确认是整个破产程序中一个至关重要的环节,是进行破产债务清偿的基础和前提,与债权人的实体利益密切相关。人民法院受理破产申请后,有关债务人财产的保全措施应当解除,执行程序应当中止,不应以公司资产对个别债权人进行清偿。

14 特殊主体的破产申请程序

关键词

金融机构、上市公司、外商投资企业、国家出资企业、合伙企业、个人独资企业、民办学校、城镇集体所有制企业、农民专业合作社

第一部分 破产申请的提出和受理

实务要点

要点	具体内容
金融机构	1. 破产申请的提出 金融机构符合破产原因的,国务院金融监管机构可以提出破产清算或重整申请;国务院金融监管机构委托的行政清理组可以提出破产清算申请;经国务院金融监管机构批准,金融机构或其债权人可以提出破产清算或重整申请。 2. 破产申请的审查 金融法院裁定受理破产申请前,应当将相关材料层报上级法院审查。
上市公司	1. 上市公司是指股票在证券交易所上市交易的股份有限公司。在全国中小企业股份转让系统挂牌的企业("新三板""老三板")不适用上市公司破产的特殊规定。 2. 人民法院在审查上市公司的破产重整申请时,应当组织召开听证会,对申请人的申请资格、上市公司是否发生重整事由以及重整可行性等进行听证。人民法院裁定受理破产重整申请前,应当将相关材料层报最高人民法院审查。 3. 上市公司破产清算申请是否需要上述审查受理程序,尚无明确规定,但基于该类案件的重大性和复杂性,一般也应当组织召开听证会,并报上级法院审查。
外商投资企业	1. 外商投资企业系依照中国法律在中国境内经注册登记设立的企业,组织形式、组织机构及其活动准则适用《公司法》《合伙企业法》等法律的规定。 2. 外商投资企业属于企业法人的,具备破产能力;属于其他组织形式的,应当依据相关法律规定进行清算;相关法律规定对清算没有规定的,在符合破产条件时可以参照《企业破产法》规定的程序进行清理。
国家出资企业	企业类别 / 审批程序 国有独资企业、国有独资公司 / 由履行出资人职责的机构决定[1] 国有资本控股公司[2] / 由公司股东会决议[3]
合伙企业	(1)申请破产的主体为债权人; (2)债权人可以申请破产,也可以要求普通合伙人清偿; (3)合伙企业依法被宣告破产的,普通合伙人对合伙企业债务仍应承担无限连带责任; (4)合伙企业破产清算参照适用《企业破产法》规定的程序。
个人独资企业	个人独资企业不能清偿到期债务,并且资产不足以清偿全部债务或者明显缺乏清偿能力的,可以参照适用《企业破产法》规定的破产清算程序进行清算。

061

续表

要点	具体内容
民办学校	1. 民办学校因资不抵债无法继续办学向人民法院申请清算的,参照适用《企业破产法》规定的程序。 2. 对民办学校的财产按照下列顺序清偿: (1) 应退受教育者学费、杂费和其他费用; (2) 应发教职工的工资及应缴纳的社会保险费用; (3) 偿还其他债务。 非营利性民办学校清偿上述债务后的剩余财产继续用于其他非营利性学校办学;营利性民办学校清偿上述债务后的剩余财产,依照《公司法》的有关规定处理。 3. 营利性民办学校依法登记为有限责任公司或股份有限公司的,其破产程序适用《企业破产法》的规定。
城镇集体所有制企业	集体企业财产清算后的剩余财产,按照下列办法处理: (1) 有国家、本企业外的单位和个人以及本企业职工个人投资入股的,应当依照其投资入股金额占企业总资产的比例,从企业剩余财产中按相同的比例偿还; (2) 其余财产,由企业上级管理机构作为该企业职工待业和养老救济、就业安置和职业培训等费用,专款专用,不得挪作他用。
农民专业合作社	1. 农民专业合作社接受国家财政直接补助形成的财产,在解散、破产清算时,不得作为可分配剩余资产分配给成员,具体按照国务院财政部门有关规定执行。 2. 农民专业合作社破产适用《企业破产法》的有关规定。但是,破产财产在清偿破产费用和共益债务后,应当优先清偿破产前与农民成员已发生交易但尚未结清的款项。

[1] 详见《公司法》第 172 条和《企业国有资产法》第 31 条。

[2]《企业国有资产法》第 5 条规定:"本法所称国家出资企业,是指国家出资的国有独资企业、国有独资公司,以及国有资本控股公司、国有资本参股公司。"但《公司法》第 168 条第 2 款规定:"本法所称国家出资公司,是指国家出资的国有独资公司、国有资本控股公司,包括国家出资的有限责任公司、股份有限公司。"依据新法优于旧法的原则,国家出资企业不包括国有资本参股公司。但既然国有资本控股公司的破产由公司股东会决议,国有资本参股公司亦应如此。

[3]《公司法》(2018 年修正) 第 66 条第 1 款最后 1 句规定重要的国有独资公司申请破产,应报本级人民政府批准;《企业国有资产法》第 34 条第 1 款规定重要的国有独资企业、国有独资公司、国有资本控股公司的合并、分立、解散、申请破产,应当报请本级人民政府批准。《公司法》第 7 章删除了本级人民政府批准的要求,并在第 168 条第 1 款规定,"国家出资公司的组织机构,适用本章规定,本章没有规定的,适用本法其他规定"。根据《公司法》第 59 条以及第 112 条的规定,国有资本控股公司的破产由公司股东会决议。

第一部分 破产申请的提出和受理

💬 推荐理由

金融机构、上市公司等主体的破产,在申请、审查等方面有其特殊性,《企业破产法》并未对其作出专门规定,而是散见于其他各个法律规范中。就上市公司破产重整而言,根据《最高人民法院关于审理上市公司破产重整案件工作座谈会纪要》的规定,在重整中同时启动重大资产重组的,最高人民法院向证监会发起会商,由证监会安排并购重组专家咨询委员会对会商案件进行研究并出具专家咨询意见,重整案件的审理法院应当根据重整计划草案表决通过情况并参考专家意见,确定是否批准包含重大资产重组内容的重整计划草案。依最高人民法院的观点,会商机制本身连通的是行政机关的许可审批和法院的司法裁定行为,简言之,就上市公司重整而言,专家咨询意见仅是对法院批准重整计划的行为进行指导,而非重整计划本身的制订提供指引。

⚖ 法律适用

□《企业破产法》第134条

□《上海市高级人民法院破产审判工作规范指引(2021)》第15条、第16条、第17条、第18条、第19条、第20条

□《最高人民法院关于审理上市公司破产重整案件工作座谈会纪要》

□《企业国有资产法》第31条、第33条、第34条

□《合伙企业法》第92条

□《最高人民法院关于个人独资企业清算是否可以参照适用企业破产法规定的破产清算程序的批复》

□《民办教育促进法》第58条、第59条
□《城镇集体所有制企业条例》第18条、第19条
□《农民专业合作社法》第53条、第55条
□《公司法》第59条、第112条、第168条、第169条、第172条

以案析法

案件信息：北京市第一中级人民法院（2020）京01破270号——包商银行股份有限公司破产清算案

基本案情

2020年11月17日，包商银行以无法清偿到期债务且资产不足以清偿全部债务为由向北京市第一中级人民法院申请破产清算，法院于2020年11月23日裁定受理。第一次债权人会议于2021年1月12日召开，会议核查了管理人编制的债权表，并审议通过了《债务人财产管理方案》《关于第一次债权人会议召开后书面召开会议、表决及书面核查债权的议案》两项议案。法院于同年2月4日裁定确认存款保险基金管理有限责任公司等728家债权人的729笔无争议债权，确认债权金额合计为2014亿元。天职国际会计师事务所于2020年11月20日出具的专项审计报告显示，截至2020年10月31日，包商银行净资产为-2055亿元，资产总额为4.47亿元，负债总额为2060亿元。管理人接管包商银行后，经调查审阅，包商银行在破产清算申请前已无任何生产经营，也无任何在职人员，除继续履行合同项下的相关工作，亦无其他业务，其实际资产价值较审计报告记载情况进一步降低。因此，包商银行已经明显资不抵债且无实际清偿能力。此

外,第一次债权人会议上,无人提出重整申请,且本案现已无和解之可能。故包商银行管理人请求法院依法宣告包商银行破产,法院裁定宣告包商银行破产。

裁判要旨

法院认为,根据管理人提交的工作报告以及终结破产清算程序的申请,包商银行已无财产可供分配,破产清算程序依法应予终结。依照《企业破产法》第120条之规定,裁定如下:终结包商银行股份有限公司破产清算程序。

案例评析

该案系银行金融机构破产清算的典型案例,对于通过市场化、法治化方式实施银行金融机构破产,为有效化解债务风险、维护市场稳定提供了参考样本。该案中,一是审慎论证金融机构被接管期间行政清理行为的法律性质,确保破产清算程序中对于行政接管期间交易行为效力的确认符合法律规定以及债权人利益,最终保障金融机构风险处置项目连贯、行政接管与破产清算程序有效衔接;二是批准继续履行与其他主体签订的债权资产交易和收购承接的有关协议,维护广大储户在内的债权人利益、保障市场交易秩序稳定;三是深入落实府院协调联动机制,不仅涵盖传统意义上的应急处突、职工安置保障,还覆盖专业性较高的金融风险防控;四是对于金融机构破产制度的疑难法律问题进行充分研究,填补制度和实践空白,助力完善金融机构破产规则体系。

⑮ 跨境破产

关键词

权利保护与利益平衡、内地与香港特区相互认可和协助破产程序

实务要点

要点	具体内容
权利保护与利益平衡	人民法院认可境外法院作出的破产案件的判决、裁定后,债务人境内的财产在全额清偿境内的担保权人、职工债权和社会保险费用、所欠税款等优先权后,剩余财产可以按照该境外法院的规定进行分配。
内地与香港特区相互认可和协助破产程序	1. 香港管理人向内地申请认可和协助香港破产程序 (1) 香港破产程序的清盘人或者临时清盘人可以向内地试点地区(深圳、上海、厦门)的中级人民法院申请认可依据香港特区法律进行的公司破产程序(包括公司强制清盘、公司债权人自动清盘以及由清盘人或者临时清盘人提出并经香港特区法院批准的公司债务重组程序),申请认可其管理人(包括香港破产程序中的清盘人和临时清盘人)身份,以及申请提供履职协助。 (2) 债务人在内地的主要财产位于试点地区、在试点地区存在营业地或者在试点地区设有代表机构的,香港管理人可以向试点地区的中级人民法院申请认可和协助香港破产程序。 (3) 在香港管理人申请认可和协助时,债务人主要利益中心[1]应当已经在香港特区连续存在 6 个月以上。 (4) 内地人民法院认可香港破产程序后,可以依香港管理人或者债权人的申请指定内地管理人。 (5) 内地人民法院认可和协助香港破产程序的,债务人在内地的破产财产清偿其在内地依据内地法律规定应当优先清偿的债务后,剩余财产在相同类别债权人受到平等对待的前提下,按照香港破产程序分配和清偿。

第一部分　破产申请的提出和受理

续表

要点	具体内容
内地与香港特区相互认可和协助破产程序	2. 内地管理人向香港法院申请认可和协助内地破产程序 内地破产程序的管理人可以向香港高等法院申请认可依据《企业破产法》进行的破产清算、重整以及和解程序，申请认可其管理人身份，以及申请提供履职协助。

［1］"主要利益中心"一般是指债务人的注册地。同时，内地人民法院应当综合考虑债务人主要办事机构所在地、主要营业地、主要财产所在地等因素认定。

推荐理由

跨境破产是指同时涉及境内与境外因素的破产程序。[①] 通常，影响跨境破产形成的因素包括当事人如破产债权人、债务人的国籍、行为等，关键是破产财产位于两个以上的国家（地区）或法域。在我国，承认境外破产程序的效力需要启动法院的承认程序，与承认境外法院普通民商事裁判的程序大致相同。目前，我国仅有与境外国家或者地区签订的民商事双边司法协助文件。不过由于《企业破产法》具有的特殊性，其裁判与普通民商事裁判存在区别，通常需要单独规定解决，所以一般的民商事双边司法协助文件不包括对破产裁判的承认。

法律适用

□《企业破产法》第 5 条
□《全国法院破产审判工作会议纪要》第 49 条、第 50 条
□《最高人民法院与香港特别行政区政府关于内地与香港特别行

---

① 参见王欣新：《关于破产法域外效力（跨境破产）的规定评析》，载清算网 2017 年 5 月 27 日，http://www.yunqingsuan.com/news/detail/13394。

政区法院相互认可和协助破产程序的会谈纪要》

□《最高人民法院关于开展认可和协助香港特别行政区破产程序试点工作的意见》

以案析法

案件信息：广东省深圳市中级人民法院（2021）粤03认港破1号——森信纸业有限公司清盘案[①]

基本案情

森信纸业是一家根据香港法例注册成立的有限公司，其为香港联交所上市公司森信纸业集团有限公司的子公司，并在内地持有大量资产，包括：(1)一家位于深圳的全资子公司；(2)一家位于上海的全资子公司；(3)位于北京的房地产；(4)对内地关联公司的应收账款（以下统称为内地资产）。

2021年，陷入了资不抵债状况的森信纸业根据香港法例启动债权人自动清盘程序。为促使香港清盘人能有效处置森信纸业的内地资产，清盘人向香港法院提出申请，请求向深圳市中级人民法院发出司法协助请求函，并于2021年7月20日成功获得《司法协助请求函》请求深圳市中级人民法院向清盘人提供司法认可及协助（包括准许清盘人处理森信纸业的内地资产）。

2021年8月30日，香港清盘人申请深圳市中级人民法院作出裁定，请求在内地认可清盘人的身份，并就香港清盘人在内地可以行使

[①] 节选自广东省高级人民法院发布服务保障高质量发展破产审判典型案例之六：内地首例跨境破产协助案——森信纸业有限公司清盘人申请认可和协助香港破产程序案。

的权利给予指示。

✎ 裁判要旨

根据《最高人民法院关于开展认可和协助香港特别行政区破产程序试点工作的意见》规定,合作机制仅适用于以香港为主要利益中心的公司。在此方面,森信纸业注册成立于香港,同时在香港从事纸制品贸易已有40多年及在香港拥有大量资产,因此深圳市中级人民法院认定本案属于合作机制的适用范围内。

深圳市中级人民法院就本案提供司法协助,认可森信纸业清盘程序及清盘人身份,并确认香港清盘人可在内地行使以下清盘人权利及职责:(1)接管森信纸业的财产、印章和账簿、文书等资料;(2)决定森信纸业的内部管理事务;(3)决定森信纸业的日常开支和其他必要开支;(4)管理和处置森信纸业的财产。

✎ 案例评析

随着内地对外合作的不断加强,法院跨境破产协作的需求日益迫切。本案是2021年5月14日《最高人民法院和香港特别行政区政府关于内地与香港特别行政区法院相互认可和协助破产程序的会谈纪要》签署和《最高人民法院关于开展认可和协助香港特别行政区破产程序试点工作的意见》发布后,内地法院援引《企业破产法》并适用该试点意见审理的全国首例跨境破产协助案件,是两地跨境破产协助机制从制度建立走向司法运行的首次具体司法实践。在本案中,深圳市中级人民法院在全国率先就国际上普遍关注的跨境破产承认与协助问题进行审查;准确适用该试点意见,明晰跨境破产协助案件裁判思路;同时在实践层面有力推动两地规则衔接、机制对接,促使跨境破产协作机制落地见效,稳健推进大湾区司法规则"软联通",努力为把粤港澳大湾区建设成为世界一流湾区提供高水平的司法服务和保障。

第二部分
破产管理人

(16) 指定管理人

关键词

指定时间、指定原则、金融机构破产案件的管理人指定、强制清算转破产案件的管理人指定、适用于上海市浦东新区人民法院的特殊规定

实务要点

要点	具体内容
指定管理人的时间	1. 人民法院裁定受理破产申请的,应当同时指定管理人。 2. 人民法院指定管理人应当制作决定书,并向被指定为管理人的社会中介机构或者个人、破产申请人、债务人、债务人的企业登记机关送达。决定书应与受理破产申请的民事裁定书一并公告。
指定管理人原则	1. 管理人指定方式包括随机指定、指定清算组、邀请竞争和接受推荐等,一般应采用随机指定方式,在管理人名册中摇号产生管理人。 2. 两家以上具备资质的中介机构请求联合担任同一破产案件管理人的,人民法院经审查符合自愿协商、优势互补、权责一致要求且确有必要的,可以准许。
金融机构破产案件的管理人指定	1. 对于经过行政清理、清算的商业银行、证券公司、保险公司等金融机构的破产案件,人民法院除可以指定清算组担任管理人,也可以在金融监督管理机构推荐的已编入管理人名册的一级资质社会中介机构中指定管理人。 2. 对于商业银行、证券公司、保险公司等金融机构或在本地有重大影响的企业破产案件,清算组作为管理人的,人民法院可以依法指定金融资产管理公司作为清算组成员参与破产案件。

073

续表

要点	具体内容
强制清算转破产案件的管理人指定	公司强制清算转入破产清算的,如原强制清算中的清算组由管理人名册中的中介机构或者个人组成或者参加,人民法院可以指定该中介机构或者个人作为破产案件的管理人,或者吸收该中介机构作为新成立的清算组管理人的成员。
适用于上海市浦东新区人民法院的特殊规定	1. 提名的提出 (1)债权人或者债务人提出破产申请的,可以在提出破产申请时或者破产申请审查阶段向人民法院书面提名一名管理人人选。 (2)申请人提出管理人人选时,应当提交提名申请书、接受提名确认书、承诺书等材料。 2. 管理人资质条件 (1)申请人应当在上海市企业破产案件管理人名册中提出管理人人选,且被提名人应当具有与案件复杂程度相匹配的资质和履职能力。 (2)符合上海市高级人民法院指定管理人相关规定的破产案件,申请人可以在与破产案件有较强连接点的外省市管理人名册中提出具有省级一级资质的机构作为管理人人选。经指定的外省市管理人应当与本市管理人共同履职。 (3)近3年因办理破产、清算、诉讼业务受到人民法院、行政机关、监管机构、行业自律组织惩戒,以及在该院个案履职评价中最近两个年度被评为不称职或者最近一个年度被评为基本称职的机构和人员,不得被提名。 3. 提名申请书 提名申请书应当载明下列事项: (1)申请人的基本情况; (2)被提名人的基本情况; (3)提名理由。 被提名人的主体资格材料、资质证明材料、联系方式及提名理由相关的证明材料等,应作为附件一并提交。 4. 接受提名确认书 接受提名确认书应当载明被提名人完全知悉提名事宜且自愿接受提名,由被提名人签署盖章。 5. 接受提名确认书 承诺书应当载明被提名人承诺下列事项,由被提名人签署盖章: (1)具备相关资质条件;

第二部分　破产管理人

续表

要点	具体内容
适用于上海市浦东新区人民法院的特殊规定	（2）不存在《企业破产法》第24条第3款规定的情形； （3）不存在《最高人民法院关于审理企业破产案件指定管理人的规定》第9条规定的情形； （4）不存在《最高人民法院关于审理企业破产案件指定管理人的规定》第23条、第24条规定的利害关系； （5）被提名人及其派出人员不存在其他法律法规规定的禁止性行为； （6）不存在提交虚假材料、虚假陈述、隐瞒事实及与申请人等利害关系人恶意串通损害他人利益等行为； （7）保证勤勉尽责，忠实执行职务。 被提名人在债务人进入破产程序前，仅为债务人提供过庭外重组、预重整等与企业拯救有关的中介服务，可以不认定为上述第（4）项中的利害关系，但应当在承诺书中如实说明。被提名人未以自己名义提供服务，但其所属人员曾参与中介服务的，亦应当说明。 6.提名审查 （1）提名审查采取听证审查等方式。组织听证审查的，由申请人、被提名人、债务人、主要债权人以及其他利害关系人参加。 （2）申请人无正当理由不参加听证的，视为其撤回提名申请。被提名人无正当理由不参加听证的，视为不接受提名。提名审查听证可以与受理审查听证合并进行。 7.提名冲突的处理 （1）数名债权人同时提出破产申请，或者债权人、债务人同时提出破产申请的，可以同时提名管理人。该院在立案审查破产申请时一并审查。 （2）数名申请人提出的管理人人选不一致的，经全体申请人协商一致的人选经该院审查后，指定该人选担任管理人。协商不成的，可以通过下列方式指定管理人： ①先行审查被提名人指定条件，对均符合条件的被提名人以抽签方式指定管理人； ②综合考察符合条件的被提名人的资质、业务能力、个案履职评价、报酬报价等因素，以竞争方式择优指定管理人； ③根据案件实际情况在符合条件的人选中指定数名管理人担任联合管理人； ④直接通过随机摇号方式指定管理人。

推荐理由

破产管理人是破产案件中由人民法院指定的办理破产企业破产

清算、重整或和解事务的临时性机构,是破产程序的主要推动者和破产事务的具体执行者。管理人根据法院指定而负责债务人财产的管理、处分、业务经营以及破产方案的拟定和执行,主要职责包括:接管债务人财产、登记债权、接受对债务人的债权的履行、回收债务人财产、代表债务人参加诉讼、对破产财产进行变价和分配等工作。在整个破产程序中,管理人始终处于中心地位,破产程序能否顺利进行,在很大程度上取决于管理人的设置是否合理,以及是否勤勉尽责。

法律适用

□《企业破产法》第 13 条、第 22 条

□《最高人民法院关于审理企业破产案件指定管理人的规定》第 18 条、第 19 条、第 22 条、第 27 条

□《全国法院破产审判工作会议纪要》第 5 条

□《上海市高级人民法院破产审判工作规范指引(2021)》第 58 条

□《上海市高级人民法院指定企业破产案件管理人办法》第 16 条

□《上海市浦东新区完善市场化法治化企业破产制度若干规定》第 17 条

□《关于推动和保障管理人在破产程序中依法履职进一步优化营商环境的意见》第 4 条

□《上海市浦东新区人民法院关于办理破产适用浦东新区法规的实施规则(三)》第 1 条、第 2 条、第 3 条、第 4 条、第 5 条、第 7 条、第 10 条

以案析法

案件信息：上海市浦东新区人民法院发布的破产审判典型案例——星享公司破产重整案

基本案情

星享公司于2015年6月2日注册成立，注册资本为人民币2068万元，住所地为上海市浦东新区，股东为沈某，持股100%。星享公司拥有经上海市交通管理委员会批准的经营车辆额度，其中已上牌小车50个，大车14个，都为营运车牌。经北京东方燕都资产评估有限责任公司评估，在评估时点2018年5月17日上述车牌总价为人民币1173.33万元。星享公司以不能清偿到期债务、严重资不抵债且明显缺乏清偿能力为由向上海市浦东新区人民法院（以下简称浦东法院）申请对其进行破产重整。

裁判要旨

根据《上海市高级人民法院关于调整上海法院强制清算与破产案件集中管辖的通知》，浦东法院管辖除上海金融法院管辖范围以外的企业住所地位于上海市浦东新区、中国（上海）自由贸易试验区临港新片区的强制清算与破产案件。星享公司的住所地位于上海市浦东新区，故浦东法院对本案具有管辖权。星享公司涉及多个执行案件，经人民法院强制执行后，仍无法清偿到期债务，应当认定其明显缺乏清偿能力。星享公司拥有经营车辆额度，具备重整价值。浦东法院于2023年2月6日裁定受理星享公司的重整申请，并依照《上海市浦东新区完善市场化法治化企业破产制度若干规定》第17条的规定，根据星享公司的提名，于2023年2月10日指定某律师事务所担任管理人。

清算与破产实务 100 点

案例评析

管理人的选定在司法实践中一直是债权人和债务人关注的重点,涉及债权债务的平衡处理,2021 年 10 月 31 日,国务院发布并实施《关于开展营商环境创新试点工作的意见》,指出"允许债权人等推荐选任破产管理人",并确定了北京、上海、杭州等 6 个首批试点城市。本案即债权人提名推荐管理人的案例,一定程度上可以减少在破产案件办理过程中债权人与管理人的沟通成本,助力企业破产工作的高效推进。

17 管理人回避制度

关键词

禁止担任管理人的情形、管理人的回避

实务要点

要点	具体内容
禁止担任管理人的情形	1. 因故意犯罪受过刑事处罚。 2. 曾被吊销相关专业执业证书。 3. 与本案有利害关系。具有如下情形之一,便可被认定为与本案有利害关系: (1) 与债务人、债权人有未了结的债权债务关系; (2) 在人民法院受理破产申请前 3 年内,曾为债务人提供相对固定的中介服务;

续表

要点	具体内容
禁止担任管理人的情形	（3）现在是或者在人民法院受理破产申请前3年内曾经是债务人、债权人的控股股东或者实际控制人； （4）现在担任或者在人民法院受理破产申请前3年内曾经担任债务人、债权人的财务顾问、法律顾问； （5）现在担任或者在人民法院受理破产申请前3年内曾经担任债务人、债权人的董事、监事、高级管理人员； （6）与债权人或者债务人的控股股东、董事、监事、高级管理人员存在夫妻、直系血亲、三代以内旁系血亲或者近姻亲关系； （7）人民法院认为可能影响其忠实履行管理人职责的其他情形。 4.有人民法院认为不宜担任管理人的其他情形的，包括： （1）因执业、经营中故意或重大过失行为，受到行政机关、监管机构或者行业自律组织行政处罚或者纪律处分之日起未逾3年； （2）有重大债务纠纷或因涉嫌违法行为正被相关部门调查；[1] （3）因不适当履行职务或者拒绝接受人民法院指定等原因，被人民法院从管理人名册除名之日起未逾3年； （4）缺乏担任管理人所应具备的专业能力； （5）缺乏承担民事责任的能力； （6）人民法院认为可能影响履行管理人职责的其他情形。
管理人的回避	1.在进入指定管理人程序后，社会中介机构或者个人发现与本案有利害关系的，应主动申请回避并向人民法院书面说明情况。 2.人民法院认为社会中介机构或者个人与本案有利害关系的，不应指定该社会中介机构或者个人为本案管理人。

[1]《最高人民法院关于审理企业破产案件指定管理人的规定》第9条并没有规定有重大债务纠纷不应担任管理人，但第26条有明确规定。

推荐理由

回避制度最初源于古代科举考试，主要用于防止考场官员作弊和官吏徇私。在现代法律体系中，该制度确保具有直接利害关系或其他特定关系的司法人员不参与相关案件的侦查和审理工作。在破产程序中，破产管理人作为程序的推动者，承担着兼顾债权人、债务人及其他相关方利益的重要职责，并因此被赋予较大的权力。为了公正执行其职务，破产管理人必须保持独立性和中立性。鉴于这种角色和职权的特殊性，建立和完善破产管理人的回避制度显得尤为重要。

法律适用

□《企业破产法》第 24 条

□《最高人民法院关于审理企业破产案件指定管理人的规定》第 9 条、第 23 条、第 24 条、第 25 条、第 26 条

以案析法

案件信息：江苏省南京市中级人民法院（2018）苏 01 破 13 号之一——江苏省某咨询公司破产清算案

基本案情

2018 年 7 月 23 日，南京市中级人民法院（以下简称南京中院）根据江苏省某设备公司的申请，裁定受理江苏省某咨询公司破产清算，并于同日作出决定书指定某会计师事务所（特殊普通合伙）南京分所担任管理人，由房某担任管理人负责人。

清算过程中，管理人以长期为申请人某设备公司提供财务审计、顾问服务，且设备公司是该咨询公司的股东为由，向法院申请回避。

裁判要旨

法院认为上述情形可能影响管理人忠实履行职责，管理人的申请符合法律规定，应予准许，并依法重新指定了该案的管理人。

案例评析

本案中,原法院指定管理人因存在回避情形,可能与案件处理产生利害关系,未能保持中立地位,主动向法院申请回避,管理人在履职过程中应当勤勉尽责,客观公正地清理债权债务,保护债权人和债务人的合法权益,维护社会主义市场经济秩序。

18 管理人的更换

关键词

更换申请、更换条件、更换决定、管理人的辞职

实务要点

要点	具体内容
更换申请	1. 债权人会议认为管理人不能依法、公正执行职务或者有其他不能胜任职务情形的,可以申请人民法院予以更换。债权人会议申请更换管理人,应由债权人会议作出决议并向人民法院提出书面申请。 2. 人民法院在收到债权人会议的申请后,应当通知管理人在2日内作出书面说明。
更换条件	1. 社会中介机构管理人有下列情形之一的,人民法院可以根据债权人会议的申请或者依职权径行决定更换管理人: (1) 执业许可证或者营业执照被吊销或者注销; (2) 出现解散、破产事由或者丧失承担执业责任风险的能力; (3) 与本案有利害关系; (4) 履行职务时,因故意或者重大过失导致债权人利益受到损害; (5) 有重大债务纠纷或者因涉嫌违法行为正被相关部门调查的。

续表

要点	具体内容
更换条件	清算组成员参照适用上述规定。 2. 个人管理人有下列情形之一的，人民法院可以根据债权人会议的申请或者依职权径行决定更换管理人： （1）执业资格被取消、吊销； （2）与本案有利害关系； （3）履行职务时，因故意或者重大过失导致债权人利益受到损害； （4）失踪、死亡或者丧失民事行为能力； （5）因健康原因无法履行职务； （6）执业责任保险失效； （7）有重大债务纠纷或者因涉嫌违法行为正被相关部门调查的。 清算组成员的派出人员、社会中介机构的派出人员参照适用上述规定。
更换决定	1. 人民法院认为申请更换理由不成立的，应当自收到管理人书面说明之日起10日内作出驳回申请的决定。 2. 人民法院认为申请更换管理人理由成立的，应当自收到管理人书面说明之日起10日内作出更换管理人的决定。 3. 人民法院可以依职权决定更换管理人。
管理人的辞职	1. 管理人无正当理由申请辞去职务的，人民法院不予许可。 2. 人民法院对管理人申请辞去职务未予许可，管理人仍坚持辞去职务并不再履行管理人职责的，人民法院应当决定更换管理人。

推荐理由

破产管理人一经选任，无正当理由一般不得辞去职务。如果破产管理人的行为对债务人的财产或债权人产生不利或有非法影响，解职便成为必要措施。这种规定的设立是为了促使破产管理人谨慎、勤勉并全力以赴地执行其职责。因此，各国的破产法都明确了解任破产管理人的条件和程序。

例如，根据《英国破产法》第298条的规定，破产管理人可以由法院或债权人会议解任。如果破产管理人由国务大臣委任，国务大臣也有权解任该管理人。此外，债权人会议可以根据破产管理人的请求、法院命令或持有超过 1/4 债权的债权人的要求来撤换破产管理人。

根据《日本破产法》第 167 条的规定，法院可以依据债权人会议的决定、监察委员的申请或法院自身的职权来解任破产管理人。

根据我国《企业破产法》第 22 条第 2 款的规定，债权人会议认为管理人不能依法、公正执行职务或者有其他不能胜任职务情形的，可以申请人民法院予以更换。即破产管理人的撤换最终由人民法院决定。《最高人民法院关于审理企业破产案件指定管理人的规定》第 33 条对社会中介机构担任破产管理人的更换作出了规定，管理人更换的形式分申请更换和直接更换两种。其中，申请更换又分为债权人会议提出的更换和管理人提出的更换。

法律适用

□《企业破产法》第 22 条、第 29 条

□《最高人民法院关于审理企业破产案件指定管理人的规定》第 26 条、第 31 条、第 32 条、第 33 条、第 34 条、第 35 条、第 36 条

以案析法

案件信息：湖南省岳阳市君山区人民法院（2020）湘 0611 民初 1029 号——某资产管理公司诉湖南某清算公司不尽职案

基本案情

某资产管理公司是亚龙置业公司有财产担保的优先债权人，2018 年 8 月 3 日法院裁定受理亚龙置业公司的破产清算申请并指定湖南

某清算公司为破产管理人。资产管理公司认为破产管理人未积极推进破产程序,未尽到勤勉尽职的义务,请求判令清算公司在亚龙置业公司破产清算一案中不尽职,需要更换破产管理人,重新指定破产管理人。

裁判要旨

法院认为,本案起诉人的诉讼请求主要内容是更换破产管理人。根据《最高人民法院关于审理企业破产案件指定管理人的规定》第31条、第33条的规定,人民法院可以根据债权人会议的申请或者依职权径行决定更换管理人,其中依债权人的申请决定更换管理人的情形,应由债权人会议作出决议并向人民法院提出书面申请。

而本案中系起诉人以债权人的身份向本院提出更换破产管理人的请求,但其并未提供债权人会议的决议,不符合提出申请的主体要求。另根据上述规定可知,管理人的更换不应通过民事诉讼的途径解决。

综上所述,本案不属于人民法院受理民事诉讼的范围。故对资产管理公司的起诉,裁定不予受理。

案例评析

更换管理人应当符合一定程序,在破产程序中,债权人种类不同,代表的债权内容也五花八门,债权人与债务人有天然的纠纷和矛盾,造成债权人对管理人有偏颇期待,动辄希望更换对己方债权更为"有利"的管理人,但多数情况下,管理人经过法院指定,应注重维护法院决定的权威性,个别、少数债权人无权直接提出更换申请,应先行取得多数债权人同意意见,即应由债权人会议作出决议,然后向人民法院提出书面申请。

第二部分　破产管理人

19 管理人团队的组建

关键词

名单报备、团队负责人、团队成员调整、聘用必要的工作人员

实务要点

要点	具体内容
名单报备	社会中介机构应于被指定担任管理人之日起3日内组成由本机构人员参加的工作团队，并将团队人员名单报破产案件受理法院备案。管理人工作团队组建后，应及时与破产案件受理法院面商工作。
团队负责人	1. 管理人团队须指定负责人，负责人对外代表管理人，对内全面负责管理。管理人团队实行管理人负责人（清算组组长）负责制。 2. 人民法院指定管理人决定书中应明确管理人的负责人及团队工作成员。管理人需要变更负责人的，应当向人民法院申请变更。
团队成员调整	管理人团队成员须作调整的，应及时说明原因报破产案件受理法院备案。
聘用必要的工作人员	1. 管理人认为有必要聘用管理人团队以外的机构、工作人员协助管理人履行管理人职责的，经人民法院许可，管理人可以聘用。相关费用需要列入破产费用的，应当经债权人会议通过。 2. 管理人要求债务人的有关人员进行连续性工作的，可以按照债务人与有关人员签订劳动合同的约定支付劳动报酬，也可以将债务人的有关人员作为必要的工作人员进行聘用。 3. 律师事务所、会计师事务所担任管理人聘用其他相同专业的中介机构处理本专业工作的，所需费用由管理人自行负担。清算事务所担任管理人聘用律师事务所、会计师事务所等不同专业的中介机构处理破产事务的，所需费用亦由管理人自行负担。 4. 管理人对其聘用机构及其人员的履职行为负责。管理人在聘用过程中存在过错的，应当在其过错范围内承担相应的补充赔偿责任。

推荐理由

破产管理人作为破产清算进程的重要推动者,必须具备高素质及专业化水平,管理人团队不仅需要具备法律专业知识,还要具备财务、会计、审计、评估等专业能力,这也是服务精细化的必然要求。此外,管理人团队同样需要做好以下安排:(1)明确团队目标,团队目标应该既符合公司的整体战略目标,又符合团队成员的利益需求,从而让每个团队成员都能够理解和认同这个目标。(2)制订详细的工作计划,需要根据团队目标制订出详细的工作计划,包括任务分配、工作流程、时间安排、质量标准等方面。同时,管理人员还需要根据团队成员的能力和特长来分配任务,使每个人能够在自己擅长的领域发挥最大的作用。(3)建立良好的沟通,良好的沟通机制是团队管理中必不可少的一环。管理人员需要建立起畅通的沟通渠道,让团队成员可以随时随地进行沟通交流,及时了解工作进展情况和困难点。(4)培养团队文化,良好的团队文化可以凝聚团队成员的心,提高团队的凝聚力和战斗力。

法律适用

□《上海法院企业破产案件管理人工作职责指引》第9条、第10条、第11条

□《上海市高级人民法院破产审判工作规范指引(2021)》第74条、第81条

□《上海市破产管理人协会破产案件管理人工作指引(试行)》第12条、第13条

□《企业破产法》第28条

第二部分　破产管理人

□《全国法院破产审判工作会议纪要》第 11 条
□《全国法院民商事审判工作会议纪要》第 116 条

以案析法

案件信息：最高人民法院（2021）最高法民申 1207 号——中国某银行嘉峪关市分行诉甘肃某钊律师事务所管理人责任纠纷案

基本案情

2018 年 5 月 2 日，嘉峪关市某啤酒花种植有限公司（以下简称嘉峪关市某公司）向甘肃省嘉峪关市中级人民法院（以下简称嘉峪关中院）提出破产清算申请。该院裁定受理，并指定甘肃某钊律师事务所担任嘉峪关市某公司破产管理人。管理人接受指定后，接管了公司全部资产，并对中国某银行嘉峪关市分行（以下简称某银行）的担保财产进行了审计和评估作价。2018 年 10 月 13 日，管理人在某司法拍卖网络平台上对某银行设定担保的全部财产进行了第一次公开拍卖，起拍价设为评估价，流拍后于同年 11 月 16 日进行了第二次公开拍卖，起拍价为评估价的 70%，但再次流拍。其间，管理人将拍卖信息通过微信公众号、微信朋友圈及多家媒体发布了拍卖公告信息。

2019 年 4 月 10 日，管理人就担保债权以实物进行优先受偿的事宜与某银行等四家担保权人进行面谈，并向某银行送达了（2018）兴盛破管字第 58 号《关于担保权以实物优先受偿的通知书》。在约谈笔录中，某银行明确表示同意以实物优先受偿其担保债权，但对 3 号冷库的受偿数量和 2 号冷库的抵押数量提出异议，并同意由法院对评

087

估费、审计费和管理人报酬进行确定。

2019年4月11日,管理人对某银行提出的异议作出(2018)兴盛破管字第62号告知函,并于2019年4月12日向某银行进行了送达,某银行对告知函的内容未提出异议。同日,管理人关于评估费、审计费和管理人报酬三项费用的承担问题向嘉峪关中院报告。2019年5月6日,该院作出(2018)甘02民破2号之二通知、(2018)甘02民破2号之三通知,确定某银行应承担评估费54,045.41元、审计费67,662.75元、管理人报酬98,152.16元,以上合计219,860.32元。

2019年5月9日,管理人向某银行送达(2018)兴盛破管字第65号通知书,载明"贵公司在自收到本通知书之日起5日内向管理人全额支付评估费54,045.41元、审计费67,662.75元、管理人报酬98,152.16元,合计219,860.32元。待管理人收到上述费用后15日内,贵公司应与管理人办理担保物移交手续,将上述担保财产全部受领。如贵公司未按上述期限支付相关费用,也未受领优先受偿的担保财产,本通知载明的期限届满后,将视为担保财产的所有权转移给贵公司,担保财产的风险(灭失、变质等)一并转移给贵公司,移交的数量以《嘉峪关市某公司担保财产优先受偿表》确定的数量为准,不按实际出货量为准。未能完全受偿的部分债权将作为普通债权参与后期分配,贵公司应承担的评估费、审计费、管理人报酬,管理人可随时追缴或直接从应支付给贵公司的其他债权金额中予以扣除"。同时,管理人向某银行送达(2018)甘02民破2号之二通知、(2018)甘02民破2号之三通知。某银行在收到通知书后,未缴纳上述三项费用,亦未办理担保物的移交手续。5月31日,管理人向某银行送达《关于移交担保物的告知书》,内容为:"一、自2019年5月30日起,视为担保物的所有权已全部转移给贵公司,担保物的风险(灭失、变质、数量短缺等)一并转移给贵公司承担,移交的数量以《嘉峪关市某公司担保财产分配表》中确定的分配数量为准;二、移交担保物啤酒花颗粒的数量及债权清偿情况:1.移交存放于某某村1号冷库内的啤酒花颗粒593.10吨,清偿贵公司债权6,626,462.72元;2.移交存放于某某村2号冷库内的啤酒花颗粒509.76吨,清偿贵公司债权5,695,395.56元;3.移交存放于某某村3号冷库内的啤酒花颗粒250吨,清偿贵公司债权2,793,175元。上述向贵公司移交的啤酒花颗粒共计1352.86吨,共计清偿债权15,115,033.28元,此部分债权现已归于消灭;三、剩余债权共计11,470,207.72元,将作为普通债权参与后期分配;四、贵公司应承担的评估费、审计费、管理人报酬,管理人将依法随时追缴或直接从应支付的其他债权金额中予以扣除……"某银行予以签收。2019年7月11日,管理人工作人员王某、杨某在法院工作人员的监督下,向某银行送达(2018)兴盛破管字第69号告知书,内容为"(1)自2019年5月30日起,存放于嘉峪关市某公司厂区内1、2、3号冷库内的啤酒花颗粒已全部移交给了某银行,所有权也全部归某银行所有,某银行所承担的相关责任及义务以2019年5月31日管理人向某银行送达的《关于移交担保物的告知书》载明的内容为准;(2)现管理人将上述1、2、3号冷库的3把钥匙交给某银行,由某银行对1、2、3号冷库内的全部啤酒花颗粒进行保管、处置;(3)从2019年7月起,上述1、2、3号冷库产生的全部电费由某银行自行负责缴纳,缴费时间为每月14日缴纳,如因某银行未交电费导致冷库停电,致使3个冷库的货物发生变质、损毁等一切风险责任,由某银行自行承担",并于当日将上述1、2、3号冷库的3把钥匙留置在某银行营业场所。

2020 年 1 月 20 日，管理人组织召开嘉峪关市某公司第三次债权人会议，通过了《嘉峪关市某公司破产清算案破产财产分配方案》等议案，涉案啤酒花颗粒清偿某银行的债权 15,115,033.28 元，剩余债权共计 11,470,207.72 元列为普通债权，并按照分配方案确定的清偿比例进行清偿，某银行获偿的金额为 525,798.91 元，同时扣除其应承担的评估费、审计费、管理人报酬 219,860.32 元。

某银行向嘉峪关中院起诉，请求：(1)确认管理人在未经债权人会议对破产财产分配方案进行审议通过和人民法院裁定认可的情况下直接以案涉啤酒花颗粒抵偿某银行债务违反法定程序、违反破产管理人的忠实和勤勉义务；(2)确认管理人向某银行发函抵债的行为未发生债务抵偿的法律效果；(3)确认管理人要求某银行支付评估费、审计费、管理人报酬的行为违反法律规定；(4)确认管理人怠于保管、处置案涉啤酒花的行为违反法律规定，违反破产管理人的忠实和勤勉义务；(5)确认管理人未按某银行申请提供债务人财产状况报告、破产财产变价方案、债权人会议决议等参与破产程序所必需的债务人财务和经营信息资料等供某银行查阅的行为违反法律规定；(6)确认管理人将某银行 11,470,207.72 元破产债权确认为普通债权并按照确定的清偿比例进行破产财产分配的行为违反法律规定；(7)判令管理人承担因其违法行为和违反忠实、勤勉义务给某银行造成的损失。

甘肃省嘉峪关市中级人民法院于 2020 年 6 月 15 日作出 (2020) 甘 02 民初 44 号民事判决：驳回某银行的诉讼请求。宣判后，某银行提出上诉。甘肃省高级人民法院于 2020 年 11 月 19 日作出 (2020) 甘民终 575 号民事判决：驳回上诉，维持原判。某银行不服二审判决，向最高人民法院申请再审。最高人民法院于 2021

年3月22日作出(2021)最高法民申1207号民事裁定：驳回某银行的再审申请。

📝 裁判要旨

破产管理人未能实现对设定担保的破产财产的拍卖变现，决定就担保债权以实物进行优先受偿，但未经债权人会议审议同意，债权人以此为由主张破产管理人未尽勤勉义务并请求承担赔偿责任的，参照《全国法院破产审判工作会议纪要》第25条的规定，债权人会议作出决议并非破产管理人在实现债权人的优先受偿权过程中处置担保财产的必经程序，如果破产管理人在保管、评估、拍卖、变现、移交破产财产等各环节不存在过错行为与违法情形，人民法院应当认定破产管理人没有违反勤勉义务，驳回债权人的诉讼请求。

破产程序属于特别程序，有别于一般的民事诉讼程序。要求债权人支付评估费、审计费、管理人报酬系应由受理破产案件的人民法院确认的事项，由破产管理人执行。对于人民法院在破产程序中已认定的这类事项，债权人提起民事诉讼的，人民法院不予受理。

破产管理人未能积极配合债权人查阅相关资料、行使知情权的，债权人根据《破产法司法解释（三）》第10条第1款的规定，可以向受理破产案件的人民法院请求作出司法决定，另行提起民事诉讼的，人民法院不予受理。

📝 案例评析

破产管理人在破产程序中扮演核心角色，其行为直接影响所有利害关系人的利益分配。然而，《企业破产法》中关于破产管理人的义务和责任的规定主要包含在第27条和第130条，且这些条款具有较强的概括性和模糊性。随着越来越多的关于管理人责任承担的诉讼案件出现，这些规定的不足逐渐显现。因此，进一步完善破产管理人的义务是破产管理制度改革的关键所在。此外，破产程序作为一种特别的法律程序，与常规的民事诉讼程序不同，涉及多项特殊事务，而《企业破产法》并没有赋予债权人通过民事诉讼获得救济的权利，这是另一个需要关注的问题。

20 管理人报酬

关键词

报酬标准、对担保物管理的报酬、审查报酬方案、报酬收取时间、上海破产管理人报酬专项基金

实务要点

要点	具体内容
报酬标准	1. 人民法院应根据债务人最终清偿的财产价值总额，在以下比例限制范围内分段确定管理人报酬： (1) 不超过 100 万元（含本数，下同）的，在 12% 以下确定； (2) 超过 100 万元至 500 万元的部分，在 10% 以下确定； (3) 超过 500 万元至 1000 万元的部分，在 8% 以下确定； (4) 超过 1000 万元至 5000 万元的部分，在 6% 以下确定； (5) 超过 5000 万元至 1 亿元的部分，在 3% 以下确定； (6) 超过 1 亿元至 5 亿元的部分，在 1% 以下确定； (7) 超过 5 亿元的部分，在 0.5% 以下确定。 2. 担保权人优先受偿的担保物价值，不计入财产价值总额。 3. 高级人民法院可以在 30% 的浮动范围内制订符合当地实际情况的管理人报酬比例限制范围。

第二部分 破产管理人

续表

要点	具体内容	
对担保物管理的报酬	管理人对担保物的维护、变现、交付等管理工作付出合理劳动的,有权向担保权人收取适当的报酬。管理人与担保权人就上述报酬数额不能协商一致的,人民法院应当参照上述的报酬标准确定,比例不得超出限制范围的10%。	
审查报酬方案	管理人在人民法院送达《确定管理人报酬方案的通知书》后无异议的,应当及时制作《提请债权人会议审查管理人报酬方案的报告》,并在第一次债权人会议上报告,提请债权人会议审查。	
报酬收取时间	管理人报酬原则上应当根据破产案件审理进度和管理人履职情况分期支付。案件简单、耗时较短的破产案件,可以在破产程序终结后一次性向管理人支付报酬。	
上海破产管理人报酬专项基金	上海市破产管理人协会会员个案报酬的提取比例	管理人报酬专项基金将以超额累进制的方式由会员按下列比例在上海市已结案的管理人案件报酬中提取: (1)管理人报酬不超过30万元(含本数,下同)的部分,不提取; (2)管理人报酬超过30万元但不足50万元的部分,按3%的比例提取; (3)管理人报酬超过50万元但不足100万元的部分,按5%的比例提取; (4)管理人报酬超过100万元的部分,按10%的比例提取。 上述个案提取总额不超过200万元人民币。会员应在其报酬到账后7个工作日内,主动按上述比例提取相应的管理人报酬资金汇至上海市破产管理人协会(以下简称上海市管协)管理人报酬专项基金专用账户。
	补贴申请和金额	1. 管理人在履行职务时已尽到勤勉尽职义务,但因债务人最终无财产可供清偿或破产财产价值总额过低等非管理人自身的原因,导致管理人可提取报酬低于3万元或无报酬可提取的,可向上海市管协申请予以补贴。个案补贴金额由破产管理人报酬专项基金管理委员会根据专项基金规模、案件复杂程度以及管理人勤勉尽职情况确定。纳税义务由申请人自行承担。 2. 破产清算案件、破产和解案件在法院已经给予补贴及取得少量管理人报酬的基础上,协会视情给予补贴,最高补贴至3万元。 3. 强制清算案件因一般有申请方垫付,故原则上不予补贴。如系股东破产案件引发的强制清算案件,且无垫付费用的能力,则协会给予不超过1万元的补贴。

续表

要点		具体内容
上海破产管理人报酬专项基金	补贴申请的前提	破产案件必须先向法院申请过审判工作经费垫付，并向协会提交申请证明材料。如已申请到垫付经费，则协会根据申请到的报酬垫付情况据实扣除；如还在法院申请流程中，则协会在1万元基础上予以补贴。
	补贴申请的时效要求	申请人应当在具备申请条件后的3个月内将申请材料发送至上海市管协专用邮箱。
	不予补贴	若补贴申请人存在如下情形之一欠缴管理人报酬专项基金的，则不予补贴： (1) 补贴申请人所在机构担任管理人的其他案件中有未缴付应予缴付的管理人报酬专项基金的； (2) 补贴申请人所在机构担任管理人的其他案件中有未退还应予退还的管理人报酬专项基金补贴的； (3) 其他欠缴管理人报酬专项基金的事项。

推荐理由

破产管理人的报酬是破产管理人在破产程序中提供劳动并承担相应责任的合理对价，这是其重要的权利之一。就性质而言，管理人报酬属于破产费用，最终由人民法院确定，从破产财产中优先支付。

法律适用

☐《企业破产法》第28条

☐《最高人民法院关于审理企业破产案件确定管理人报酬的规定》第2条、第6条、第13条

☐《全国法院破产审判工作会议纪要》第10条

☐《上海破产管理人报酬专项基金管理办法(试行)》第3条、第4条、第5条

第二部分 破产管理人

□《〈上海破产管理人报酬专项基金管理办法(试行)〉实施细则》第 8 条、第 15 条

以案析法

案件信息：广东省高级人民法院发布的破产审判典型案例——新绿环公司破产清算案

基本案情

新绿环公司成立于 2008 年,从事绿色环保建筑材料的生产与销售。从 2013 年起,新绿环公司因兴建厂房、生产线需大量资金,引入大量民间资金,由于资金规划不足,资金链断裂,陷入严重的财务危机。负责人付某为躲避债务下落不明,生产线被法院拍卖还债,已停止经营。债权人遂向清远市中级人民法院申请新绿环公司破产清算。2017 年 10 月 25 日,清远中院裁定受理新绿环公司破产清算申请,并依法指定管理人。

裁判要旨

管理人调查发现新绿环公司厂房、宿舍楼、办公楼虽已建成,但没有完成报建手续,厂区用地未取得国有建设用地使用权,仅与国家土地管理部门签订《国有建设用地使用权出让合同》及支付部分出让金,银行无存款,专利已过期。26 家债权人申报债权,涉及债权总额 5.8 亿余元。经法院和管理人与相关政府部门沟通协调,不动产登记部门同意对厂房、宿舍楼、办公楼依法依规补办完善有关手续并办理产权证;对于土地,政府部门同意继续履行,补缴相关出让金、税费后完善产权登记手续。为避免办证期间的房屋空置,经债权人会议同

意,管理人将空置厂房对外出租,收取900万元左右租金,并最终通过财产性权益的处置方案,全体债权人合计受偿3200万元,普通债权清偿率为5.23%。债权人十分满意,表决通过追加管理人报酬。破产财产拍卖后,经法院和管理人多方协调,房屋及土地的产权得以完善并顺利登记在竞得人名下。

案例评析

该案实现了债权人、竞得人和当地政府的"三赢"社会效果。在破产程序中,管理人需在第一次债权人会议上提交其报酬方案的报告,但此方案无须经过债权人会议的表决。鉴于管理人在处理破产案件中的努力和时间投入可能各不相同,其工作质量和效率也会有所差异,法院因此具有调整其报酬的权力。当多数债权人一致同意增加报酬时,法院应进行审查并作出决定。

21 管理人职责

关键词

管理人角色、管理人职责

实务要点

要点	具体内容
管理人角色	管理人是在破产程序中依法接管破产企业财产、管理破产事务的专门机构。

续表

要点	具体内容
管理人职责	1. 接管债务人的财产、印章和账簿、文书等资料。 管理人办理有关破产财产查询、处置、权证遗失声明、权属转移或者变更登记、财产移交接管等业务,按规定需要破产企业盖章的,以加盖管理人印章的方式予以替代;需要破产企业法定代表人签字的,由管理人的负责人签字予以替代。 2. 调查债务人财产状况,制作财产状况报告。 (1)调查范围: 管理人对债务人财产状况调查的范围,包括但不限于:债务人的出资情况,货币财产状况,债务人的债权状况,存货状况,设备状况,不动产状况,对外投资状况,分支机构的资产状况,无形资产状况,营业事务状况,与相对人均未履行完毕的合同情况,财产被其他人占有的状况。 (2)审计评估: ①管理人认为有必要并经人民法院许可,可以聘请有资质的专业机构对债务人财产进行专项审计和评估。专业机构对财产专项的审计和评估报告,可以作为管理人调查财产状况和制作债务人财产状况报告的财务依据; ②债务人在破产申请受理之前已经完成评估、审计工作的,管理人应当以节约成本、提高履职效率为原则,根据债务人实际情况考量是否采用; ③管理人应通知审计或评估机构有关责任人员列席债权人会议,接受债权人关于审计或评估报告的询问。 (3)及时提交: 管理人制作债务人财产状况报告后,应当及时地提交给人民法院、债权人会议或者债权人委员会。 3. 决定债务人的内部管理事务。 4. 决定债务人的日常开支和其他必要开支。 5. 在第一次债权人会议召开之前,决定继续或者停止债务人的营业。 6. 管理和处分债务人的财产。 7. 代表债务人参加诉讼、仲裁或者其他法律程序。 8. 提议召开债权人会议。 (1)第一次债权人会议的筹备和组织工作,管理人应当协助人民法院进行。第一次债权人会议后,管理人可以依据其职务执行需要,向债权人会议主席提议召开债权人会议。 (2)第一次债权人会议以后的债权人会议的召开,无论是否由管理人提议召开,均由管理人通知。 9. 人民法院认为管理人应当履行的其他职责。

推荐理由

在实行"破产受理主义"的国家中,法院受理破产申请并指定破产管理人,标志着管理人职责的开端。管理人需勤勉尽责,对法院进行工作汇报,同时接受债权人会议的监督。破产管理人所承担的勤勉尽责和忠实履行职务的义务本质上设定了一种较高标准的注意义务,即善良管理人的注意义务。为确保管理人能够按照善良管理人的标准执行其职务,《企业破产法》第24条第4款特别规定,个人担任管理人时,应参加执业责任保险。同时,第130条明确规定了管理人在违反勤勉尽责和忠实执行职务时所承担的法律责任。这些规定有助于确保管理人保持诚实守信的原则,忠实地履行其职责,从而在破产管理过程中发挥积极作用。

法律适用

☐《发展改革委、最高人民法院、财政部等关于推动和保障管理人在破产程序中依法履职进一步优化营商环境的意见》

☐《上海市加强改革系统集成提升办理破产便利度的若干措施》第1条

☐《企业破产法》第24条、第25条、第130条

☐《关于完善破产财产解封处置机制的实施意见》第2条

☐《中华全国律师协会律师担任破产管理人业务操作指引》第12条、第35条

☐《上海市破产管理人协会破产案件管理人工作指引(试行)》第48条、第50条

第二部分 破产管理人

以案析法

案件信息：辽宁省阜新市中级人民法院（2021）辽 09 民初 63 号——阜新某置业公司普通破产债权确认纠纷案

基本案情

2017 年 2 月 26 日，阜新某置业公司聘用杨某从事保洁工作。工作期限 1 年，自 2017 年 2 月 26 日至 2018 年 2 月 25 日。每月 25 日支付工资，工资为 1200 元。原告杨某提供《杨某 2017.8—2018.3 工资结算单》，证明自 2017 年 8 月至 2018 年 3 月，拖欠工资共计 6903 元，有置业公司公章及董事长签字。被告置业公司质证意见是拖欠工资的期间原管理人已接收了置业公司的公章，应由管理人予以认定加盖公章。该结算单上只有置业公司的公章，不能证明管理人知情杨某为阜新某置业公司提供了保洁服务。

裁判要旨

法院认为，《企业破产法》第 25 条第 1 款第 3 项规定，管理人履行接管债务人的财产、印章和账簿、文书等资料及决定债务人的内部管理事务等职责。本案中，杨某与置业公司签订聘用协议时，置业公司已经进入破产清算程序，其公司印章应由管理人接管，内部管理事务亦应由管理人决定。置业公司进入破产清算程序后无权自行决定聘用杨某从事保洁工作，杨某依据聘用协议及《杨某 2017.8—2018.3 工资结算单》向破产清算管理人主张拖欠的工资及利息无法律依据。法院判决驳回原告杨某的诉讼请求。

案例评析

在企业进入破产程序后，管理人将负责全面接管债务人的财产、印章、账簿和文书等资料,并主持企业的破产事务。经人民法院授权,管理人可聘用必要的工作人员。在本案中,杨某与置业公司签订的聘用协议并未由管理人加盖印章。因此,用章人既无代表权也无代理权,故聘用协议不能被认定为真实有效。

22 管理人印章和账户

关键词

管理人印章、管理人账户的开立和管理、账户查控、撤销企业账户、破产财产划转

实务要点

要点	具体内容
管理人印章	管理人接受指定后,凭人民法院受理破产申请裁定书、指定管理人决定书等文件申请刻制管理人印章,并交人民法院封样备案后启用。管理人依法终止执行职务后,应当将管理人印章封存。破产程序终结2年后,应当将管理人印章销毁,并将销毁的证明送交人民法院。
管理人账户的开立和管理	1. 对于债务人存在财产的案件,管理人应当开立专项管理人银行账户用于破产案件收支,不得以管理人所在机构的账户、自然人管理人个人的账户、机构管理人成员个人的账户、其他破产案件的账户等代替专项管理人账户。 2. 金融机构依据管理人提供的人民法院受理破产申请裁定书、指定管理人决定书、管理人身份证明等文件,根据管理人的申请开设管理人人民币账户和外汇账户,并开通网上银行服务,账户期限可根据管理人的申请设定和延长。管理人依法履行职责时发生的所有资金收支,均应当通过管理人账户进行。 3. 管理人不得违反报送人民法院备案的财务管理制度进行收支。未经债权人会议同意,管理人不得利用管理人账户内资金购买任何理财产品。

第二部分 破产管理人

续表

要点	具体内容
账户查控	1. 金融机构依据管理人提供的人民法院受理破产申请裁定书、指定管理人决定书及人民法院出具的协助执行通知书对破产企业账户办理止付业务。 2. 金融机构依据管理人提供的人民法院受理破产申请裁定书、指定管理人决定书查询破产企业的全部开户信息、征信报告和账户流水明细(包括历史账户和现存账户),免收手续费。
撤销企业账户	开户银行应协助管理人办理破产企业原账户撤销手续,免收撤销账户费用。
破产财产划转	金融机构依据管理人提供的人民法院受理破产申请裁定书、指定管理人决定书,及时将破产企业在该受理银行开立的账户内款项划入管理人账户。

推荐理由

在破产程序中,管理人代表企业参与诉讼、仲裁或清算等法律程序时,会涉及管理人的名称、印章及账户的使用。管理人需要根据指定管理人决定书,依据国家相关规定刻制印章,并将印章样本交至人民法院备案后才能启用。法院指定管理人后,应制订公章使用和财务管理的规定,并根据需要开设相应的银行账户。通常,破产管理人的综合组负责管理和使用破产管理人公章、合同专用章和负责人的个人名章,采取专人管理和审批登记的方式。综合组组长需对这3枚印章的管理和使用负责,并向破产管理人的负责人报告。同时,破产管理人的财务组专责管理和使用破产管理人的财务专用章,财务组组长也需要对印章的管理和使用向破产管理人的负责人负责。最后,管理人的印章仅限于处理破产相关事务。当管理人职务终止时,必须将印章交给公安机关进行销毁,并将销毁证明提交给人民法院。

法律适用

☐《最高人民法院关于审理企业破产案件指定管理人的规定》第29条

☐《上海法院企业破产案件管理人工作职责指引》第12条

☐《上海市高级人民法院破产审判工作规范指引(2021)》第77条

☐《上海市高级人民法院、中国人民银行上海分行关于合作推进企业重整优化营商环境的会商纪要》第8条、第9条、第10条、第11条、第12条

☐《上海市破产管理人协会破产案件管理人工作指引(试行)》第17条

☐《上海市破产管理人协会会员执业纪律规范(试行)》第10条、第11条

以案析法

案件信息：山东省东营经济技术开发区人民法院(2019)鲁0591破3号之六——鸿基公司破产清算案

基本案情

法院于2019年12月5日裁定受理鸿基公司破产清算一案，并于2020年6月8日指定了管理人。2021年12月6日，管理人向法院申请将鸿基公司在某银行青岛李沧支行账户余额划至管理人账户。

裁判要旨

法院认为，管理人提出扣划请求于法有据，予以支持。依照《企业破产法》第30条、《破产法司法解释(二)》第1条、第2条、第3条

之规定,裁定如下:(1)确认鸿基公司开设在某银行青岛李沧支行的账号 3805×××9160 余额 215,590.03 元、账号 3805×××3104 余额 14,588.7 元、账号 3805×××7530 余额 319.36 元为鸿基公司破产财产;(2)扣划上述三个账户余额至管理人账户,管理人账户信息为:户名鸿基公司管理人,开户行东营银行开发区支行,账号 8121×××5155。

✐ 案例评析

实践中,管理人预备扣划的债务人账户有可能受到执行法院保全,那么管理人应当及时向执行法院提交执行异议申请,同时提交破产法院出具的民事裁定书、受理破产案件通知书、指定管理人决定书、协助函、协助调款函,管理人前往债务人开户银行查询调取的账户查询信息等,待执行法院中止执行后,再完成扣划。

㉓ 管理人的接管工作

| 关键词

接管范围、一并接管、境外和港澳台资产、管理人接管规范要点、追究债务人有关人员责任、及时报告

实务要点

要点	具体内容
接管范围	管理人全面接管债务人的财产、印章、账簿和文书等资料,包括但不限于: (1)经营证照,包括法人营业执照、税务登记证、外汇登记证、经营资质等相关经营的审批文件。 (2)印鉴,包括公章、法定代表人章、财务专用章、税务登记专用章、银行账户印鉴、合同专用章、发票专用章、内设机构章、分支机构章、数字证书、电子印章等。 (3)财务会计资料,包括总账、明细账、台账、日记账等会计账簿;会计凭证、空白凭证;财务会计报告;审计、评估报告等财会资料。 (4)现金、银行存款、有价证券、债权凭证。 (5)土地、房屋等不动产及权利凭证。 (6)机器设备、交通工具、原材料、产品以及办公用品等。 (7)知识产权、对外投资、特许经营许可等无形资产。 (8)文件资料,包括章程、管理制度、股东名册、股东会决议、董事会决议、监事会决议、商业合同、劳动合同、人事档案、涉诉涉仲裁涉执行案件材料等。 (9)有关电子数据、管理系统授权密码、U盾,以及支付宝和微信等电子支付工具的账号密码。 (10)其他应当接管的财产和资料。
一并接管	1.债务人设有分支机构或被裁定纳入实质合并破产的关联企业,管理人应一并接管分支机构或关联企业。 2.融资租赁物、售后回租物等债务人占有的不属于债务人所有的财产,以及权属不明的财产,管理人应一并接管后予以妥善保管。
境外和港澳台资产	1.管理人需及时接管境外和港澳台地区的债务人财产,必要时可聘请境外专业机构提供相关协助服务。 2.管理人接管债务人财产,如需向香港特别行政区法院申请认可内地破产程序及管理人身份的,应遵循《最高人民法院与香港特别行政区政府关于内陆与香港特别行政区法院相互认可和协助破产程序的会谈纪要》的相关规定。

续表

要点	具体内容
管理人接管规范要点	1.调查财产和相关人员信息。 (1)管理人接受法院指定后须立即进行调查,查明债务人财产和相关人员信息或线索。调查途径可包括: ①信息公开平台:企业信息查询平台、裁判文书网、执行信息公开网、庭审公开网等信息公开平台。 ②档案户籍:债务人及关联企业工商登记信息;债务人的法定代表人、实际控制人、股东、董事、监事、高级管理人员的户籍和居住地信息。 ③产权登记部门和银行:不动产、船舶、机动车、有价证券、知识产权等产权登记部门,以及开户银行和相关资金往来银行。 ④实地查看:债务人注册地、主要办事机构所在地等经营场所,债务人系"三无"企业的还需向物业等周边可能知情人员询问。 ⑤涉诉涉仲裁涉执行案卷:向相关法院和仲裁机构申请查阅涉诉涉仲裁涉执行案件卷宗,必要时可申请破产案件受理法院协助。 破产受理前六个月内相关执行程序中已经进行的调查,管理人可直接沿用调查结果,但有证据或线索显示确有重新调查必要的除外。 ⑥其他途径:第三方线上支付平台、线索征集、悬赏等途径。 (2)管理人调查发现债务人资产与负债规模过度失衡的,应责令债务人对重大资产去向作出说明,严格审查债务人的财产状况,切实防止"逃废债"。 2.审核占有债务人财产的合法性。 债务人有关人员或第三人占有债务人财产合法的,管理人根据相应法律关系依法处理。占有缺乏合法依据的,管理人应依法及时接管。 3.制订接管方案。 法院根据案情明确接管完成时间。对于债务人财产分布于不同地区,难以短期内完成接管的,管理人应制订接管方案,并按方案完成接管工作。管理人应及时向法院报告阶段性接管情况。 4.释明配合接管要求。 管理人凭破产受理裁定书和指定管理人决定书,要求债务人法定代表人、实际控制人、股东、董事、监事、高级管理人员,以及财务管理人员、直接保管人员等责任人员配合接管,通过约谈、书面、电话、电邮、通信群组等方式,告知以下内容: (1)破产案件受理和指定管理人情况; (2)接管的时间、范围等事项安排; (3)责任人员应配合接管的法律规定; (4)无正当理由不配合接管的法律后果; (5)管理人联系方式;

续表

要点	具体内容
管理人接管规范要点	（6）其他需告知事项。 5.现场接管。 接管过程应制作接管笔录、工作记录，或视情况进行摄影摄像，实行全程留痕。管理人应注意邀请债权人代表现场参与、见证接管过程。 6.制作接管清单。 （1）管理人需审查所接管财产的真实性和完整性，清点核对后制作接管清单。数量众多、难以清点的原材料或者半成品等财产，可以采用存储箱／柜等方式计数，并留存相关影像资料； （2）接管完成时，债务人有关人员和管理人均应在接管清单上签字确认，债权人代表参与见证接管的，一并签字确认，上述人员拒绝签字或无法签字的，管理人应在清单上记明情况和原因； （3）接管清单应提交法院存卷。
追究债务人有关人员责任	1.债务人拒不移交的，人民法院可以根据管理人的申请或者依职权对直接责任人员处以罚款，并可以就债务人应当移交的内容和期限作出裁定。 2.债务人不履行裁定确定的义务的，人民法院可以依照民事诉讼法执行程序的有关规定采取搜查、强制交付等必要措施予以强制执行。
及时报告	管理人应及时向法院书面报告接管工作。一次性接管难以完成的，管理人须提交接管进展的定期或专项工作报告。报告一般应包括：接管措施、进度、困难和对策意见，并附接管清单、笔录、影像、录音等材料。若附件材料系复制件的，须与原件核对无误，原件由管理人妥善保管。

推荐理由

在破产程序中，接管工作是标志破产管理人开始实质性履行职责的关键环节。接管的资料完整性和工作的有效执行直接关系债权人的债权是否能公平有效地得到偿还，以及债务人是否能依法、有序地退出市场或实现重整。在破产管理人接管之后，债务人保留对破产财产的所有权，但会失去对该财产的占有、控制和处置权，同时也无法以个人名义就这些财产开展民事活动。此时，破产管理人获得了以其名义对破产财产进行必要民事活动的权利。具体而言，破产管理人可以依法执行多项活动,包括聘任必要的工作人员,以清算为目的继续经营债务人的商业活动,参与诉讼、和解或仲裁,以及决定是否解除或继续履行未完成的合同,同时也可以对债务人进行必要的询问等。

法律适用

☐《企业破产法》第 23 条、第 25 条

☐《上海破产法庭关于规范破产案件接管工作办法》第 4 条、第 5 条、第 11 条、第 12 条、第 15 条

☐《最高人民法院关于推进破产案件依法高效审理的意见》第 8 条

以案析法

案件信息:江苏省淮安经济技术开发区人民法院(2022)苏 0891 民申 9 号——肖某、高某诉淮安某置业公司等商品房销售合同纠纷案

基本案情

法院于 2020 年 8 月 5 日裁定受理置业公司破产清算案,并于 2020 年 9 月 3 日指定了管理人,置业公司负责人陈某在经管理人告知后未将公司印章进行移交,且无权处分公司财产的情况下,于 2020 年 9 月 25 日以置业公司名义与肖某、高某签订商品房买卖合同,并依约向陈某支付 140 万元并实际取得房屋,该款项大部分用于归还置业公司所欠李某的欠款。

管理人于 2021 年 7 月 2 日代表置业公司提起诉讼,请求确认置

业公司与肖某、高某签订的商品房买卖合同无效。法院判决案涉合同对置业公司不生效,应由行为人陈某承担责任,涉案的房屋网签应当办理注销手续。一审判决生效后,肖某、高某认为原判决判陈某就该款项承担责任是错误的,请求撤销原判,确认商品房买卖合同合法有效。再审法院裁定驳回肖某、高某的再审申请。

裁判要旨

再审法院认为,管理人依法接管置业公司的财产、印章和账簿、文书等资料,有权处分置业公司的财产,管理人对陈某的无权处分行为不予追认,根据《合同法》(已失效)第48条第1款之规定,"行为人没有代理权、超越代理权或者代理权终止后以被代理人名义订立的合同,未经被代理人追认,对被代理人不发生效力,由行为人承担责任",故涉案商品房买卖合同应当由被申请人陈某承担相应赔偿责任,原审判决并无不当,裁定驳回肖某、高某的再审申请。

案例评析

在管理人接管破产企业实务中,经常发生印章拒不移交等情形,此后,若发生新签协议等行为,管理人作为破产企业的代表人,只要未进行追认,该协议行为就不发生法律效力,相关的法律后果由用章行为人自行承担。

第二部分　破产管理人

24 债务人营业的继续与停止

关键词

继续或停止营业的决定和审批、为继续营业的借款和清偿规定

实务要点

要点	具体内容
继续或停止营业的决定和审批	债务人继续还是停止经营的决定权人为人民法院和债权人会议，以召开债权人会议为界。管理人虽然有履行破产企业是否经营的职责权限，但是管理人没有决定权，管理人作出决定需向法院提出报告，最终由人民法院经过审查作出许可。召开第一次债权人会议后，管理人就不再向法院报告，而是向债权人会议提出，由债权人会议许可。
为继续营业的借款和清偿规定	1.破产申请受理后，经债权人会议决议通过，或者第一次债权人会议召开前经人民法院许可，管理人或者自行管理的债务人可以为债务人继续营业而借款。提供借款的债权人主张按照共益债务优先于普通破产债权清偿的，人民法院应予支持，但其主张优先于此前已就债务人特定财产享有担保的债权清偿的，人民法院不予支持。 2.管理人或者自行管理的债务人可以为前述借款设定抵押担保，抵押物在破产申请受理前已为其他债权人设定抵押的，债权人主张按照物权法定的顺序清偿，人民法院应予支持。

推荐理由

债务人企业进入破产程序后，仍可继续经营。继续经营的考量因素应包括：有利于提高债务人的清偿率，有助于破产财产的保值和增值，促进职工就业，以及维护当地社会的稳定。为此，应制订一个切实可行的继续经营方案。

法律适用

□《企业破产法》第25条、第61条
□《最高人民法院关于适用〈中华人民共和国企业破产法〉若干问题的规定(三)》第2条

以案析法

案件信息：江苏法院破产审判典型案例——某防护公司破产重整案

基本案情

某防护公司是一家研发、生产防护服装、医用纺织品的企业，2019年12月18日，法院裁定受理债权人对防护公司的破产清算申请。2020年年初，受新冠疫情影响，口罩等防护用品成为紧缺物资。根据管理人的申请，2020年1月28日，吴江区人民法院复函许可防护公司恢复营业。2月7日，防护公司正式投入生产，日均生产口罩7万余只，均由属地政府定向采购用于疫情防控。

裁判要旨

随着防护公司的复产，其重整价值日益显现。2020年2月25日，根据债务人申请，吴江区人民法院裁定防护公司自即日起进行重整，通过网络公开拍卖的方式确定了重整投资人。

案例评析

本案是借鉴"假马"竞标规则[1]，创新适用"线下承诺出价＋线上

---

[1] 一种在破产拍卖中使用的策略，旨在通过设定一个初步的竞标价格来吸引更多的竞购者参与竞拍，从而获得更高的出售价格。

拍卖竞价"确定重整投资人的典型案例。本案中,关于《企业破产法》第 26 条的适用范围和标准,在保障债权人权益的基础上,兼顾社会公共利益,在第一次债权人会议前许可防护公司恢复生产防疫物资,维护债务人营运价值的同时,助力疫情防控。

25 合同的解除与继续履行

关键词

决定继续履行合同的权限和程序、判断继续履行合同的标准、通知继续履行合同的时限、通知继续履行合同的法律后果

实务要点

要点	具体内容
决定继续履行合同的权限和程序	1. 在人民法院受理破产申请后、第一次债权人会议召开之前,对于债务人与对方当事人在破产申请受理前成立而均未履行完毕的合同,管理人认为有必要继续履行的,管理人应当经人民法院许可。 2. 第一次债权人会议召开之后,对于债务人与对方当事人在破产申请受理前成立而均未履行完毕的合同,管理人认为有必要继续履行的,管理人应当作出继续履行合同的决定,并及时报告债权人委员会。未设立债权人委员会的,管理人应当及时报告人民法院。 3. 决定解除或者继续履行均未履行完毕合同的事项,如果与决定停止或者继续债务人营业的事项直接相关,则决定解除或者继续履行均未履行完毕合同的事项,视同于决定停止或者继续债务人营业的事项,管理人应当按照决定停止或者继续债务人营业的法定程序报告人民法院或债权人会议决定。

续表

要点	具体内容
判断继续履行合同的标准	管理人判断是否决定继续履行尚未履行完毕的合同的标准一般应当以继续履行有利于提高债务人财产价值及债权人清偿比例为原则。
通知继续履行合同的时限	管理人应自人民法院受理破产申请之日起2个月内通知对方当事人继续履行合同;未通知对方当事人解除或者继续履行合同的,或者自收到对方当事人催告之日起30天内未答复的,视为解除合同。
通知继续履行合同的法律后果	1. 对于管理人通知对方当事人继续履行的合同,对方当事人可以要求管理人提供继续履行合同的担保;管理人无法提供担保的,或者管理人提供的担保对方当事人不接受的,视为合同解除。 2. 管理人决定继续履行双方均未履行完毕的合同所产生的债务为共益债务,由债务人的财产随时清偿。 3. 对方当事人因合同解除而产生的对债务人的损害赔偿请求权,对方当事人可以申报债权;对方当事人因合同解除而产生的对债务人的债务,管理人应当要求对方当事人清偿。

推荐理由

考虑企业破产后主体即行消灭,主体消灭后不可能再具备履行义务的能力,因此,《企业破产法》第18条概括性地赋予了破产管理人对所有"双方均未履行完毕合同"的任意解除权。同时,为了平衡债务人和与其成立双务合同的对方当事人之间的合法权益,《企业破产法》也赋予对方当事人一定的权利,主要表现在两个方面:第一,法律规定管理人有通知的义务和对方当事人有催告的权利,如果管理人自破产申请受理之日起2个月内未通知对方当事人的,视为合同解除;对方当事人在得知破产受理后,有权向管理人提出解除或者履行合同的催告,管理人在收到后30日内未答复的,也视为解除合同。第二,管理人决定继续履行合同的,对方当事人有要求管理人提供担保的权利,如果管理人不提供担保,视为解除合同。

法律适用

- 《企业破产法》第18条、第42条、第53条、第69条
- 《中华全国律师协会律师担任破产管理人业务操作指引》第16条
- 《上海市破产管理人协会破产案件管理人工作指引(试行)》第34条

以案析法

案件信息：山东省潍坊市中级人民法院(2022)鲁07民终9415号——吴某、诸城市某机械公司确认合同效力纠纷案

基本案情

2020年11月1日,诸城市某机械公司(以下简称机械公司)作为甲方(出租人)与吴某乙方(承租人)签订场地租赁合同一份,约定机械公司将南场地租赁给乙方。租赁合同期限为11年,自2020年11月1日起至2031年11月1日止；合同约定11年租金共计176,000元,租金一次性付清,先交款后使用。关于租金缴纳情况,机械公司称根据查询企业账目,未查询到吴某向机械公司缴纳租金情况,吴某称租金以货款抵顶的方式已经支付机械公司。2022年6月25日债权人葛某向法院提出对机械公司破产清算申请,法院于2022年7月4日裁定受理,同日指定管理人。2022年7月5日,机械公司管理人通知吴某解除租赁协议,要求吴某10日内搬离租赁场所,但吴某没有搬离,机械公司遂诉至法院。对于机械公司要求解除合同及搬离租赁场

地与平房的诉求请求,一审法院予以支持。吴某不服,提起上诉。二审法院判决驳回上诉,维持原判。

裁判要旨

法院认为,《企业破产法》第 18 条第 1 款规定,人民法院受理破产申请后,管理人对破产申请受理前成立而债务人和对方当事人均未履行完毕的合同有权决定解除或者继续履行,并通知对方当事人。根据该条规定,破产管理人有权决定解除机械公司与吴某破产申请受理前成立而双方尚未履行完毕的场地租赁合同。关于吴某主张的因合同不能继续履行对其造成的损失,法院已向其释明可通过向破产管理人申报债权或提起诉讼的方式,维护自己的合法权益,充分保障了吴某的诉讼权利。

案例评析

本案中,管理人综合考虑合同履行的实际情况以及履行成本,决定解除租赁合同,因此,法院依法判决解除吴某与机械公司签订的场地租赁合同,并责令吴某搬离所占用的机械公司的场地,适用法律正确。对于因合同解除造成的损失,合同相对方可以申报债权。

第三部分

债务人财产

26 债务人财产的范围

关键词

债务人财产的内涵及外延、债务人占有但不归债务人所有的财产、国有划拨土地使用权、特殊财产的权利归属、执行财产与债务人财产的界定、上海市浦东新区破产案件查控债务人财产的特别规定、建立破产信息"一网通查"机制

实务要点

要点	具体内容
债务人财产的内涵及外延	1. 破产申请受理时属于债务人的全部财产,以及破产申请受理后至破产程序终结前债务人取得的财产,为债务人财产。债务人财产包括债务人在国内外的财产。 2. 除债务人所有的货币、实物外,债务人依法享有的可以用货币估价并可以依法转让的债权、股权、知识产权、用益物权等财产和财产权益,人民法院均应认定为债务人财产。
债务人占有但不归债务人所有的财产	1. 债务人基于仓储、保管、承揽、代销、借用、寄存、租赁等合同或者其他法律关系占有、使用的他人财产。 2. 债务人在所有权保留买卖中尚未取得所有权的财产。 3. 所有权专属于国家且不得转让的财产。 4. 其他依照法律、行政法规不属于债务人的财产。
国有划拨土地使用权	破产企业以划拨方式取得的国有土地使用权不属于破产财产,在企业破产时,有关人民政府可以予以收回,并依法处置。但是经政府部门批准,已经作为企业注册资本登记的,应属于破产财产。

续表

要点	具体内容
特殊财产的权利归属	债务人依法设定担保物权的特定财产,债务人与他人按份共有财产中的相关份额、共同共有财产中的相应权利,执行回转财产、破产撤销行为、无效破产行为追回的财产属于债务人财产。
执行财产与债务人财产的界定	1. 执行法院收到破产案件受理法院的通知或受理裁定时,已通过拍卖程序处置且成交裁定已送达买受人的拍卖财产,通过以物抵偿还债务且抵债裁定已送达债权人的抵债财产,已完成转账、汇款、现金交付的执行款,因财产所有权已经发生变动,不属于被执行人的财产,不再移交破产处理。 2. 人民法院裁定受理破产申请前,执行法院已经扣划至执行法院账户,但尚未支付给申请人执行的款项,仍属于被执行人财产,该企业进入破产程序的,执行法院应当中止执行并应移交破产程序处理。
上海市浦东新区破产案件查控债务人财产的特别规定	1. 破产案件受理后,管理人可以申请通过人民法院执行网络查控系统查询、控制债务人的存款、车辆、不动产、证券、对外投资等财产,人民法院应当于收到结果反馈之日起 2 日内将财产查控情况告知管理人。 2. 需要采取保全措施的,人民法院应当于收到申请之日起 5 日内作出裁定并执行,情况紧急应立即开始执行。
建立破产信息"一网通查"机制	上海市有关部门将整合联通"一网通办"平台、上海法院和相关政府部门及企事业单位的信息数据系统,在上海市"一网通办"平台建设破产案件涉案信息在线查询系统,便利管理人一网通查破产企业及相关涉案主体身份、不动产、车辆、银行账户、证券、企业登记原始档案、税务、社会保险、住房公积金等信息。

推荐理由

债务人财产是破产程序进行的基础,也是债权人通过破产程序得到清偿的物质保障。债务人财产与破产财产有着直接的关系,当债务人被宣告破产后,债务人财产即被称为破产财产。可以分为两部分:(1)破产案件受理时属于债务人的全部财产。包括货币、生产资料、经营场所、知识产权等。就国有企业而言,国家授予企业经营管理的财产即为破产财产。(2)破产案件受理后至破产程序终结前债务人取得的财产。包括破产企业的债务人主动偿还或者经催讨后取得的财产、归还的财产、因履行合同而获得的收益、因投资产生的利润、接受的捐赠以及获得的赔款等。

法律适用

☐《企业破产法》第5条、第30条、第34条

☐《最高人民法院关于适用〈中华人民共和国企业破产法〉若干问题的规定(二)》第1条、第2条、第3条、第4条、第5条

☐《最高人民法院关于破产企业国有划拨土地使用权应否列入破产财产等问题的批复》

☐《上海市高级人民法院破产审判工作规范指引(2021)》第83条、第88条

☐《上海市浦东新区完善市场化法治化企业破产制度若干规定》第10条

☐《上海市加强改革系统集成提升办理破产便利度的若干措施》第7条

以案析法

案件信息：最高人民法院(2021)最高法执复78号——南通某集团有限公司与日照某有限公司、日照某分公司执行复议案

基本案情

南通某集团有限公司与日照某有限公司、日照某分公司建设工程

施工合同纠纷一案,山东省高级人民法院(以下简称山东高院)作出民事判决,判令日照某有限公司、日照某分公司给付南通某集团有限公司工程欠款156,608,486.95元、逾期付款滞纳金,南通某集团有限公司对平远某建设工程享有优先受偿权等。

案件进入执行后,山东高院对日照某分公司名下的土地使用权(非建设工程所涉土地)进行评估并拍卖。第一次拍卖流拍后,经南通某集团有限公司申请,山东高院于2020年6月18日作出(2019)鲁执34号之八执行裁定(以下简称以物抵债裁定):将案涉土地使用权作价9,507,600元,交付南通某集团有限公司抵偿部分建设工程施工款。该裁定于2020年6月24日向南通某集团有限公司邮寄,南通某集团有限公司于2020年6月28日签收。

山东省威海市中级人民法院(以下简称威海中院)于2020年6月18日作出(2020)鲁10破申3号民事裁定(以下简称破产受理裁定),受理某税务局对日照某有限公司的破产清算申请。该裁定书载明"本裁定自即日起生效"。2020年7月7日,日照某有限公司破产管理人向山东高院提出书面申请,请求中止本案执行程序,并解除对涉案财产的查封措施。2020年7月24日,山东高院作出执行裁定,中止该案执行,解除对登记在日照某分公司名下财产的查封、冻结。

针对上述以物抵债裁定,日照某有限公司、日照某分公司提出异议称,山东高院在向南通某集团有限公司送达以物抵债裁定时,日照某有限公司已被人民法院裁定破产清算,执行送达行为应当中止,以物抵债裁定依法应予纠正。

山东高院经审查,于2021年6月10日作出(2021)鲁执异105号执行裁定,撤销以物抵债裁定。南通某集团有限公司不服,向最高人民法院申请复议。最高人民法院于 2023 年 6 月 26 日作出（2021）最高法执复 78 号执行裁定，驳回南通某集团有限公司的复议请求，维持山东高院（2021）鲁执异 105 号执行裁定。

裁判要旨

在破产程序中的破产受理裁定与执行程序中的以物抵债裁定同一天作出的情形下，应根据法律、司法解释规定，明确两份法律文书的生效时间，进而判断以物抵债裁定所涉财产是否属于破产财产。因破产受理裁定作出即生效，而以物抵债裁定送达后生效，且标的物所有权自以物抵债裁定送达买受人或者接受抵债物的债权人时转移，故虽然破产受理裁定与以物抵债裁定同一天作出，但以物抵债裁定晚于该日才送达的，应根据《企业破产法》第 19 条、《破产法司法解释（二）》第 5 条之规定，撤销已经作出的以物抵债裁定。

案例评析

人民法院受理破产申请后，有关债务人财产的保全措施应当解除，执行程序应当中止。通过以物抵债偿还债务且以物抵债裁定已送达债权人的抵债财产，已完成转账、汇款、现金交付的执行款，因财产所有权已经发生变动，不属于被执行人的财产，不再移交破产处理，但以财产所有权在破产受理裁定生效前已经发生变动为前提。

㉗ 债务人财产的管理

关键词

制作财产管理方案、出租债务人财产、债务人未到期债权、中介机构的选聘、办理保险

实务要点

要点	具体内容
制作财产管理方案	1. 管理人应当拟订债务人财产管理方案,提交债权人会议审查,并向人民法院报告。 2. 债务人财产管理方案的内容包括但不限于:财产管理、维护措施和费用预算,债务人继续营业的计划和费用预算,财产清收的计划安排和费用预算等。 3. 债权人会议表决没有通过的财产管理方案,管理人可以请求人民法院裁定认可,并在人民法院裁定认可后执行。
出租债务人财产	债务人的财产闲置并具备对外出租条件的,经债权人会议同意,管理人可以对外出租,债权人会议召开前,应当书面报人民法院备案;出租期限应当采取不定期租赁方式,租金不得低于市场价格并应当全额支付至管理人账户,出租方式以有利于资产将来价值最大化为原则;合同中应当包括如下条款: (1)不允许租赁人对租赁房产或财产进行改造、重大装修; (2)出租人对租赁期中承租人的装修、添附等不承担赔偿义务,承租人在债务人财产上所作的装修、添附等在合同终止或解除后归债务人所有; (3)承租人必须在财产、房产变价成交后立即无条件交付买受人; (4)违约责任条款; (5)其他保护债权人及债务人利益、保障破产程序不受阻碍的条款等。

第三部分　债务人财产

续表

要点	具体内容
债务人未到期债权	未到期的债权在破产申请受理时视为到期,属于债务人财产,在破产案件受理时停止计息。
中介机构的选聘	1. 选聘原则。管理人选聘破产案件审计、评估、拍卖机构等中介机构时,应当遵循公开、公平、公正原则。未经债权人会议或股东会决议,以及人民法院同意,管理人不得选聘或直接委托与管理人及管理人成员具有关联关系的机构。 2. 独立性。管理人不得损害审计、评估、拍卖等各中介机构的独立性工作原则,干涉审计、评估结论或拍卖结果等。 3. 利害关系人的查阅权。债权人、股东或者其他利害关系人以书面形式提出查阅审计或评估报告请求的,管理人不得未经审查或无正当理由径行拒绝查阅。
办理保险	债务人的财产需要办理保险的,管理人应当办理保险手续。

推荐理由

债务人进入破产程序后,企业的管理制度可能会失灵,导致债务人的财产无法得到妥善管理。考虑到财产种类繁多,包括固定资产、流动资产、无形资产及其他资产等,管理人接管后需要对这些财产进行分类,实施全面的管理策略,旨在尽可能地保障其价值最大化。为此,可以采取以下措施:(1)集中管理:对于如运输工具等易于流失的资产,应采取集中管理措施。(2)适时维护:对易损的机械设备,应组织留守人员定期进行维护,以避免在处理过程中发生损坏。(3)发挥效用:对于房屋等资产,如果清算周期较长,可以在征得债权人同意的情况下将其出租,这不仅有助于财产的适度增值,同时也起到了维护和保养的作用。

法律适用

□《上海市破产管理人协会破产案件管理人工作指引(试行)》第39条、第41条

□《上海市高级人民法院破产审判工作规范指引(2021)》第86条

□《上海市破产管理人协会会员执业纪律规范(试行)》第12条、第13条

□《中华全国律师协会律师担任破产管理人业务操作指引》第17条

以案析法

案件信息：上海市浦东新区人民法院发布的破产审判典型案例——某物业经营公司破产清算案

基本案情

某物业经营公司成立于2007年，注册资本人民币100万元，主要从事物业管理、房屋租赁等业务。后因经营不善，导致该公司处于亏损状态，已无任何员工。2022年5月25日，债务人以其无力清偿到期债务且严重资不抵债为由，向上海市浦东新区人民法院(以下简称浦东法院)申请破产清算。浦东法院于2022年6月16日裁定受理破产清算申请，6月21日，通过上海市高级人民法院摇号指定了管理人。

裁判要旨

2022年7月28日，浦东法院通过线上方式组织召开第一次债权人会议，审议表决通过了《破产财产管理方案》《破产财产变价方案》，确定了债务人应收账款打包拍卖和固定资产拍卖的快速处置方案，由债权人会议授权管理人确定了应收账款打包处置的起拍价，管理人通

过询价方式确定了固定资产的起拍价,并优先通过网络平台进行拍卖。8月25日,管理人完成了对破产财产的拍卖处置工作,破产财产经过网络拍卖,两项资产的拍卖溢价率分别为150%和161%。经管理人申请,浦东法院于9月9日裁定宣告破产和认可分配方案。9月15日,管理人按照分配方案将财产分配完毕。同日,浦东法院裁定终结破产清算程序。

案例评析

《上海市浦东新区完善市场化法治化企业破产制度若干规定》第12条规定"处置破产财产时,经债权人会议同意可以直接变价处理,不适用拍卖程序。确需进行拍卖的,由债权人会议自行确定或者授权管理人确定起拍价,并优先通过网上拍卖平台进行",本案通过适用上述规定中的破产财产快速变价机制,以实现破产财产价值最大化为目标,坚持公开、公平、公正原则,推动了破产财产的快速处置,实现了较高的溢价率,让市场资源配置更加高效,维护了债权人合法权利,为小微企业的高效市场退出提供了有力保障。

28 债务人财产的处置

关键词

易变质易贬值高费用财产的处置、处分债务人重大财产、对外投资的处置、共有财产的处置

实务要点

要点	具体内容
易变质、易贬值、高费用财产的处置	债务人财产存在季节性、鲜活、易腐败变质、易损易贬值、保管和管理费用过高等情形的,管理人不得以债权人会议尚未召开或变价方案尚未表决通过为由拒绝或故意拖延处置。
处分债务人重大财产	1. 管理人处分债务人重大财产的[1],应当经债权人会议逐项表决通过。债权人会议表决未通过,也未经人民法院裁定认可的,管理人不得处分。 2. 管理人实施处分前,应当根据《企业破产法》第69条的规定,提前10日书面报告债权人委员会或者人民法院。
对外投资的处置	1. 管理人根据对外股权投资的具体情况,可通过拍卖或其他变价出售方式、标的公司自行清算、简易注销等行政退出方式、依法申请公司强制清算、依法申请破产、核销等途径进行处置。 2. 管理人在清理债务人对外投资时,不得以投资价值为负或者为零而不予清理。经债权人会议决议通过予以核销或不予清理的,可不予清理。
共有财产的处置	1. 人民法院宣告债务人破产清算,属于共有财产分割的法定事由。 2. 因分割共有财产导致其他共有人损害产生的债务,其他共有人请求作为共益债务清偿的,人民法院应予支持。 3. 对于债务人与他人共同共有的财产,管理人应当代表债务人与共有人协商,先分割财产再变价出售。对于债务人与他人按份共有的财产,管理人可以直接将债务人享有的财产份额变价出售。 4. 债务人与他人共有的物、债权、知识产权等财产和财产权,应当在破产清算中予以分割,债务人分割所得属于债务人财产;不能分割的,应当其应得部分转让,转让所得属于债务人财产。

[1] 详见《企业破产法》第69条。

推荐理由

管理人接管以后,要对债务人财产实施全面管理,并依法负有谨慎管理和处分的职责,在保证财产价值最大化的前提下进行财产处分与变现,为破产财产的分配创造条件。破产财产的处置,应当以价值最大化、兼顾处置效率为基本原则。要实现这一原则,就必须依法、合理、公开、公正。实践中,处置首选方式为拍卖尤其是网络拍卖,还包括特定群体内竞价出售、协议出售、变价出售、以物抵债、实物分配等。管理人应当根据财产类别选择合适的处置方式,对于不适宜网络拍卖,或者拍卖款不足以支付拍卖费用,或者拍卖不成的,经债权人会议决议,可以采取实物分配或变卖处置。实践中,对于无形资产、专用设备、瑕疵物品,需要管理人采取多种办法,借助各方力量协助处理。

法律适用

□《上海市破产管理人协会会员执业纪律规范(试行)》第23条

□《最高人民法院关于适用〈中华人民共和国企业破产法〉若干问题的规定(三)》第15条

□《上海市优化营商环境条例》第72条

□《上海破产法庭关于规范债务人对外股权投资处置工作办法(试行)》第9条

□《最高人民法院关于适用〈中华人民共和国企业破产法〉若干问题的规定(二)》第4条

□《上海市高级人民法院破产审判工作规范指引(2021)》第84条、第85条

以案析法

案件信息：浙江省温州市中级人民法院发布的法治化营商环境司法保障典型案例——某农业公司重整案

基本案情

某农业公司成立于 2005 年，主要是靠对外投资农业项目，申请政府农业补贴维持企业运营。后公司经营者以该公司为融资平台向社会拆借高利陷入债务困局，加上投资亏损，致使公司负债急剧上升。公司因资金链断裂，不能清偿到期债务，永嘉县人民法院裁定受理该公司破产清算一案，并指定了管理人。

裁判要旨

管理人接手公司后，共计 200 余户债权人申报债权，经处置，公司财产共 739 万余元。因该公司作为一家农业企业，在当前国家扶持的大背景下，具有一定挽救价值。而且，该公司对外投资设立诸多子公司，若宣告破产则子公司均需进行清算，某农业公司可能还要承担完成清算等义务。为提升该公司财产处置效益，提高债权人清偿比例，同时通过重整的方式解决对外投资清理和对外追收债权的难题，可以使公司财产价值最大化。2021 年 8 月，在组织重整投资意向人之间的竞价后，重整投资人注资 478 万元。永嘉县人民法院裁定对该公司进行重整，并批准该公司重整计划。通过重整，该案的普通债权清算清偿比例提升 91.35%。

案例评析

破产程序中，破产企业资产中往往存在应收类账款类对外债权以及对外股权投资，此系破产企业可行使的财产权利，属于破产企业财产的组成部分,管理人应根据不同情况,拟定相应的追收和清理策略。本案中,重整使公司财产价值最大化,大幅度提升了普通债权清算清偿比例,实现了法律效果与社会效果的统一。

29 债务人财产的追收

关键词

债务人财产追收的一般规定、"董监高"非正常收入的追收、"董监高"侵占财产的追收、无效行为涉及财产的追收、对外债权的诉讼时效、不予追收的决定权

实务要点

要点	具体内容
债务人财产追收的一般规定	1. 人民法院应当在破产申请受理后发布的通知和公告中,告知债务人的债务人或者财产持有人应当向管理人清偿债务或者交付财产;管理人接管债务人财产后,应当书面通知债务人的债务人或财产持有人及时向管理人清偿债务、交付财产。 2. 债务人的债务人或者财产持有人故意向个别债权人清偿债务或者交付财产,使其他债权人受到损失的,不免除其清偿债务或者交付财产的义务。

续表

要点	具体内容
"董监高"非正常收入的追收	1. 债务人的董事、监事和高级管理人员获取的非正常收入,属于债务人财产,应当返还给债务人。 2. 债务人不能清偿到期债务,并且资产不足以清偿全部债务或者明显缺乏清偿能力时,"董监高"利用职权获取的以下收入,人民法院应当认定为非正常收入: (1)绩效奖金; (2)普遍拖欠职工工资情况下获取的工资性收入; (3)其他非正常收入。 债务人的董事、监事和高级管理人员因返还上列第(1)项、第(3)项非正常收入形成的债权,可以作为普通破产债权清偿。因返还上列第(2)项非正常收入形成的债权,依照该企业职工平均工资计算的部分作为拖欠职工工资清偿;高出该企业职工平均工资计算的部分,可以作为普通破产债权清偿。
"董监高"侵占财产的追收	债务人的董事、监事和高级管理人员利用职权侵占的企业财产属于债务人财产,管理人应当追回。
无效行为涉及财产的追收	涉及债务人财产的下列行为无效: (1)为逃避债务而隐匿、转移财产的; (2)虚构债务或者承认不真实的债务的。
对外债权的诉讼时效	1. 一般规定。债务人对外享有债权的诉讼时效,自人民法院受理破产申请之日起中断。[1] 2. 受理前诉讼时效已届满。债务人无正当理由未对其到期债权及时行使权利,导致其对外债权在破产申请受理前一年内超过诉讼时效期间的,人民法院受理破产申请之日起重新计算上述债权的诉讼时效期间。 3. 程序终结后追加分配的除斥期间。 在破产程序因债务人财产不足以支付破产费用而终结,或者因破产人无财产可供分配或破产财产分配完毕而终结时,自终结之日起2年内,有下列情形之一的,债权人可以请求人民法院按照破产财产分配方案进行追加分配:

续表

要点	具体内容
对外债权的诉讼时效	（1）发现在破产案件中有可撤销行为、无效行为，或者债务人的董事、监事和高级管理人员利用职权从企业获取非正常收入和侵占企业的情况（《企业破产法》第31条、第32条、第33条、第36条规定的情形），应当追回财产的； （2）发现破产人有应当供分配的其他财产的。
不予追收的决定权	管理人认为难以追收或者追收成本过高的，应提请债权人会议或者债权人委员会决定是否予以追收。

［1］该条款仅规定了诉讼时效的中断，却未明确中断后时效何时重新起算。这在司法实践中引发了两种主要观点：一种认为时效应从中断之日起重新计算；另一种观点则认为应从破产程序终结之日起重新计算。通过案例检索发现，高级法院和最高人民法院的判例支持这两种观点。例如，安徽省高级人民法院在（2022）皖民终60号案中支持前者，认为涉案债权的时效自受理日中断并重新起算。而最高人民法院在（2018）最高法民申1646号案中支持后者，认为破产受理虽中断诉讼时效，但鉴于破产程序是持续性过程，程序期间亦应视为时效中断，因此笔者认为诉讼时效应自破产程序终结之日重新起算。

推荐理由

法院受理破产案件后，债务人的"董监高"如果在生产经营中，存在利用职权从债务人处获取非正当收入、侵占企业财产的，必须依法退还企业。管理人在查明情况后，应当向"董监高"发出催缴通知，对于拒不返还的，可以依据《企业破产法》第36条的规定，起诉追回。实践中，管理人对于债务人财产的追收，应不局限于财产本身，可以进一步丰富追收对象内涵，包括"财产性权益"，如此对于债权人权益保护更为全面。

法律适用

- 《企业破产法》第33条、第36条、第123条
- 《最高人民法院关于适用〈中华人民共和国企业破产法〉若干问题的规定(二)》第19条、第24条
- 《上海法院企业破产案件管理人工作职责指引》第25条

以案析法

案件信息：浙江省慈溪市人民法院（2017）浙0282民初8159号——浙江某批发公司破产管理人诉浙江某置业公司公司决议效力确认纠纷案

基本案情

2009年11月4日，被告浙江省置业公司（以下简称置业公司）以股权受让方式出资10,378万元，成为批发公司的唯一股东。同年11月9日，被告置业公司将批发公司的实收资本从10,378万元增至24,878万元。2015年6月、7月，批发公司分别以往来款形式支付被告置业公司161,350,000元、65,007,016.83元，合计226,357,016.83元，计入其他应收款科目。2016年10月17日，被告置业公司作出减资决定，将批发公司的注册资本由24,878万元减至1000万元。2017年2月3日，慈溪市人民法院立案审查案外人陈某申请批发公司破产清算纠纷一案，并于同年2月21日裁定受理陈某对批发公司的破产清算申请，同时指定了管理人。2018年1月15日，慈溪市人民法院裁定确认中国建设银行股份有限公司慈溪支行等34位债权人的38笔无争议债权。2018年1月25日，慈溪市

人民法院裁定宣告批发公司破产。

管理人向法院对置业公司提起诉讼,认为被告在作出减资决定时明知批发公司负债已经远远超过注册资本,且被告对批发公司负债约2.20亿元,其是以减资的合法形式掩盖违法抵销债务的目的,该行为损害了债权人利益,应当确认无效。法院判决确认被告置业公司于2016年10月17日作出的将工批公司的注册资本由24,878万元减至1000万元的股东决定无效。

裁判要旨

法院经审理认为,被告置业公司于2016年10月17日作出的将批发公司的注册资本从24,878万元减至1000万元的股东决定无效。理由如下:第一,被告置业公司是以减资的形式逃避债务。批发公司对被告置业公司享有债权,被告置业公司作出减资决定是为了获得对批发公司的减资债权,从而进行账面抵销,以达到转移财产的目的,该行为严重侵害了减资前债权人利益。从法院查明的事实看,被告置业公司作出减资决定时,批发公司负有大量债务且严重资不抵债,已经符合申请破产的条件,但被告置业公司作为批发公司唯一股东,在明知批发公司已明显缺乏偿债能力的情况下,仍作出重大且不合常理的减资决定,应当认定其存在逃避债务、转移财产的目的。第二,依照《公司法》有关规定,公司减资应当依法通知债权人并根据债权人要求清偿债务或提供担保。但从法院裁定确认的批发公司的负债情况看,其并未履行此等程序,而批发公司对债权人的联系方式是知情的,由此也能说明被告置业公司减资系为逃避债务。

案例评析

《企业破产法》第33条规定,为逃避债务而转移债务人财产的行为为无效。公司负有大量债务且存在资不抵债情形,股东明知减资行为会进一步降低公司的偿债能力,仍进行减资应当认定有逃避债务、转移财产的目的,减资行为无效,这也是公平清偿原则和入库规则的要求。因此,管理人有权要求股东缴纳相应出资,此时追回的财产应归于全体债权人,管理人依据《企业破产法》第113条之规定依法进行清偿。

30 未缴出资和抽逃出资的追收

关键词

出资缴纳期限和诉讼时效、未缴出资的追收、抽逃出资的追收、追回财产应归入债务人财产

实务要点

要点	具体内容
出资缴纳期限和诉讼时效	管理人代表债务人提起诉讼,主张出资人向债务人依法缴付未履行的出资或者返还抽逃的出资本息,出资人以认缴出资尚未届至公司章程规定的缴纳期限或者违反出资义务已经超过诉讼时效为由抗辩的,人民法院不予支持。

续表

要点	具体内容
未缴出资的追收	1. 发起人应承担的责任。 （1）为设立公司而签署公司章程、向公司认购出资或者股份并履行公司设立职责的人，应当认定为公司的发起人，包括有限责任公司设立时的股东。 （2）股东在公司设立时未履行或者未全面履行出资义务，公司、其他股东提起诉讼，请求公司的发起人与被告股东承担连带责任的，人民法院应予支持；公司的发起人承担责任后，可以向被告股东追偿。 2. 董事、高管应承担的责任。 （1）董事的资本充实责任。 有限责任公司成立后，董事会应当对股东的出资情况进行核查，发现股东未按期足额缴纳公司章程规定的出资的，应当由公司向该股东发出书面催缴书，催缴出资。 未及时履行前款规定的义务，给公司造成损失的，负有责任的董事应当承担赔偿责任。 （2）董事、高管的增资责任。 股东在公司增资时未履行或者未全面履行出资义务，由公司、其他股东提起诉讼，请求未尽忠实义务和勤勉义务而使出资未缴足的董事、高级管理人员承担相应责任的，人民法院应予支持；董事、高级管理人员承担责任后，可以向被告股东追偿。 3. 股权转让时的责任承担。 （1）未到期的股权转让。 股东转让已认缴出资但未届满出资期限的股权的，由受让人承担缴纳该出资的义务；受让人未按期足额缴纳出资的，转让人对受让人未按期缴纳的出资承担补充责任。 （2）瑕疵股权转让。 未按照公司章程规定的出资日期缴纳出资或者作为出资的非货币财产的实际价额显著低于所认缴的出资额的股东转让股权的，转让人与受让人在出资不足的范围内承担连带责任[1]；受让人不知道且不应当知道存在上述情形的，由转让人承担责任。

续表

要点	具体内容
抽逃出资的追收	1. 抽逃出资的形式。 公司成立后,公司、股东或者公司债权人以相关股东的行为符合下列情形之一且损害公司权益为由,请求认定该股东抽逃出资的,人民法院应予支持: (1)制作虚假财务会计报表虚增利润进行分配; (2)通过虚构债权债务关系将其出资转出; (3)利用关联交易将出资转出; (4)其他未经法定程序将出资抽回的行为。 2."董监高"对抽逃出资的连带责任。 公司成立后,股东不得抽逃出资。 违反上述规定的,股东应当返还抽逃的出资;给公司造成损失的,负有责任的董事、监事、高级管理人员应当与该股东承担连带赔偿责任。[2]
追回财产应归入债务人财产	管理人依据公司法的相关规定代表债务人提起诉讼,主张公司的发起人和负有监督股东履行出资义务的董事、高级管理人员,或者协助抽逃出资的其他股东、董事、高级管理人员、实际控制人等,对股东违反出资义务或者抽逃出资承担相应责任,并将财产归入债务人财产的,人民法院应予支持。

[1]一方在承担责任后,能否向另一方追偿,《公司法》并未明确。根据《公司法司法解释(三)》第18条的规定,当事人有约定的按约定,没有约定的,受让人承担责任后,有权向转让人追偿。

[2]此为《公司法》第53条第2款的规定,与《公司法司法解释(三)》第14条第1款的规定存在以下变化:一是责任主体去掉了实际控制人和其他股东,但增加了监事;二是承担责任的前提有变化,后者要求"协助抽逃出资",前者要求"负有责任",尚需进一步明确。

💬 推荐理由

股东的出资是公司的重要资产,公司股东以其出资为限对公司承担责任。法院受理破产说明债务人具备破产原因,存在不能清偿到期债务或者资产不足以清偿全部债务,或者明显缺乏清偿能力,股东认缴出资的,出资期限应当加速到期,管理人有权依法提起破产衍生诉讼,追收未缴出资。

第三部分 债务人财产

📝 法律适用

- 《企业破产法》第35条
- 《最高人民法院关于适用〈中华人民共和国企业破产法〉若干问题的规定(二)》第20条
- 《公司法》第51条、第53条、第88条
- 《最高人民法院关于适用〈中华人民共和国公司法〉若干问题的规定(三)》第1条、第12条、第13条、第14条、第18条

以案析法

案件信息：安徽省滁州市中级人民法院(2019)皖11民终3138号——滁州甲公司诉赵某某等追收未缴出资纠纷案

基本案情

2014年1月15日，滁州甲公司成立，注册资本3000万元。其中，赵某某认缴出资额1650万元、持股比例为55%，郑某某认缴出资额1350万元、持股比例为45%，二人实缴出资额均为0元。滁州甲公司的章程载明，出资3000万元由全体股东于2034年11月12日前缴足。因滁州甲公司对滁州乙公司和安徽某某公司负有债务，2014年11月17日、12月17日，赵某某、郑某某分别与张某某(滁州乙公司指定的股权代持人)、安徽某某公司签订《股权转让协议》，约定将二人持有的滁州甲公司股权全部转让给张某某(占股55%)、安徽某某公司(占股45%)作为滁州甲公司所负债务的担保，并都办理了股权变更登记。滁州乙公司、安徽某某公司承诺在赵某某、郑某某还清欠

款后将股权全部归还给原股东。

2017年9月19日,安徽省滁州市南谯区人民法院(以下简称滁州南谯法院)作出民事裁定,受理申请人滁州某贷款有限公司对被申请人滁州甲公司的破产清算申请。同日,该院指定了管理人。经管理人委托中介机构审计,滁州甲公司实缴注册资本为0元。管理人代表滁州甲公司向滁州南谯法院提起诉讼,认为赵某某、郑某某作为公司的发起人,应对全体股东认缴的出资3000万元承担连带责任;同时张某某、滁州乙公司、安徽某某公司在受让股份时明知道原股东未履行出资义务就受让该股份且未履行出资义务,应对其受让的股份额承担连带责任。请求判令:(1)赵某某、郑某某分别补缴出资1650万元、1350万元,并互负连带责任;(2)张某某、滁州乙公司对第一项诉讼请求中的1650万元承担连带责任;(3)安徽某某公司对第一项诉讼请求中的1350万元承担连带责任。

滁州南谯法院作出(2018)皖1103民初2331号民事判决,判决:(1)赵某某于判决生效后10日内向滁州甲公司支付出资1650万元;张某某对其中907.5万元承担连带清偿责任,安徽某某公司对其中742.5万元承担连带清偿责任;(2)郑某某于判决生效后10日内向滁州甲公司支付出资1350万元;张某某对其中742.5万元承担连带清偿责任,安徽某某公司对其中607.5万元承担连带清偿责任;(3)驳回滁州甲公司其他诉讼请求。宣判后,安徽某某公司不服,向安徽省滁州市中级人民法院提起上诉。该院于2019年12月30日作出(2019)皖11民终3138号民事判决,判决:(1)撤销滁州南谯法院(2018)皖1103民初2331号民事判决;(2)赵某某于判决生效后10日内向滁州甲公司补缴出资1650万元,郑某某于判决生效后10日内向滁州甲公司补缴出资1350万元;赵某某、郑某某对上述3000万元出资款互负连带责任;(3)驳回滁州甲公司的其他诉讼请求。

裁判要旨

债务人或第三人与债权人订立合同,约定将股权形式上转让至债权人名下,债务人到期清偿债务,债权人将该股权返还给债务人或第三人;债务人到期没有清偿债务,债权人可以对股权进行拍卖、变卖、折价偿还债务。该合同名为股权转让,但其真实意思表示为股权让与担保,应当以当事人的真实意思表示确定双方之间权利义务关系。双方虽然已办理股权变更登记,但债权人实质上并不是股东,公司以发起人股东未全面履行出资义务为由,主张名义上的股权受让人对转让人出资不足的部分承担连带缴纳义务的,法院不予支持。

案例评析

为设立公司而签署公司章程、向公司认购出资或者股份并履行公司设立职责的人,应当认定为公司的发起人,包括有限责任公司设立时的股东。股东在公司设立时未履行或者未全面履行出资义务,公司可以提起诉讼,要求公司的发起人与被告股东承担连带责任。本案涉及股权让与担保问题。股权让与担保是指债务人或者第三人与债权人订立合同,约定将股权形式上转让至债权人名下,债务人到期清偿债务,债权人将该股权返还给债务人或第三人,债务人到期没有清偿债务,债权人可以对股权进行拍卖、变卖、折价偿还债权的一种非典型担保。股权让与担保外观上的股权过户登记与设定担保的真实意思表示不一致,股权变更登记只是债权人保全自己权利的手段,就当事人之间的内部关系而言,应根据真实意思表示认定股权让与担保中的权利人享有的是有担保的债权,而非股权。故本案公司的发起人应缴纳所认缴的出资额,并应负连带责任,而股权让与担保权人不承担股东责任。

31 不当财产处分的撤销

关键词

无偿转让财产、以明显不合理的价格进行交易、对没有财产担保的债务提供财产担保、对未到期的债务提前清偿、放弃债权

实务要点

要点	具体内容
无偿转让财产	债务人在人民法院受理破产申请前一年内无偿加入他人债务的,将导致债务人责任财产减少,属于广义的无偿转让财产,管理人请求人民法院予以撤销的,应予支持。
以明显不合理的价格进行交易	1. 包括以明显不合理的高价买入和明显不合理的低价卖出两种行为,一般可将高于正常市场价30%或者低于正常市场价的70%作为认定明显不合理价格的参考。但转让对价的合理性并非唯一标准,还应当参考债务人与相对人的关系、债务人的交易动机和目的、交易是否为债务人的经营范围等其他因素。 2. 因撤销该交易,对于债务人应返还受让人已支付价款所产生的债务,受让人请求作为共益债务清偿的,人民法院应予支持。
对没有财产担保的债务提供财产担保	1. 该行为的构成要件为: (1)可撤销的担保是指为债务人自有债务提供财产担保,不包括为他人债务提供的担保; (2)可撤销的担保是为已有债务提供担保,包括对已有的不足额担保追加担保的部分,而非为新设债务提供担保; (3)可撤销的担保是在破产申请受理前一年内设立的担保物权,而非担保合同订立。 2. 以偿还债务为目的签订新借款合同,债务人为新借款合同提供物的担保,所偿还的债务没有担保物或虽有担保物但价值低于新借款合同担保物的,管理人可以对新设或增设担保主张撤销权。

第三部分 债务人财产

续表

要点	具体内容
对未到期的债务提前清偿	破产申请受理前一年内债务人提前清偿的未到期债务,在破产申请受理前已经到期,管理人请求撤销该清偿行为的,人民法院不予支持。但是,该清偿行为发生在破产申请受理前6个月内且有企业已经不能清偿到期债务,并且资产不足以清偿全部债务或者明显缺乏清偿能力的除外。
放弃债权	相关债权人放弃债权。

推荐理由

破产撤销权是指破产管理人对债务人在破产申请受理前的法定期间内实施的欺诈债权人或损害全体债权人利益的行为,有申请人民法院予以撤销的权利。管理人要坚决打击破产欺诈逃债行为,恢复因破产债务人不当处分而失去的利益,保护全体债权人公平受偿的机会。实际上,破产法上的撤销权制度是民法上债权人撤销权制度在破产法上的延伸。在不当财产处分中,《企业破产法》第31条第1项之"无偿转让财产"属于无偿行为的一种,然而除典型的赠予财产外,债务免除、放弃权利、对消灭时效完成后的债权清偿之承认、无偿设定用益物权、不为诉讼时效的中断、撤回诉讼、对诉讼标的之舍弃等,均属于无偿行为之列。因此,各国破产法通常采用"无偿行为"的表述,而不限定于"转让财产"这一形式,尤其不以列举的方式对可撤销的无偿行为作出过分限制。

法律适用

□《企业破产法》第31条
□《最高人民法院关于适用〈中华人民共和国企业破产法〉若干问

题的规定(二)》第 11 条、第 12 条

□《上海市高级人民法院破产审判工作规范指引(2021)》第 92 条、第 93 条、第 94 条

以案析法

案件信息：江苏省无锡市中级人民法院(2021)苏 02 民终 488 号——L 公司管理人诉甲银行等破产撤销权案

基本案情

2017 年 9 月 6 日，甲银行与 W 集团签订综合授信额度合同，约定由甲银行向 W 集团提供 5000 万元最高授信额度，授信期间为 2017 年 9 月 6 日至 2018 年 9 月 5 日。同日，L 公司与甲银行签订最高额抵押合同，约定 L 公司以其名下的房地产为上述授信合同提供抵押担保，担保金额 5000 万元，并于之后办理了抵押登记。2017 年 9 月 21 日，甲银行与 W 集团签订流动资金借款合同。同日，甲银行向 W 集团发放贷款本金 5000 万元。

2018 年 8 月 11 日，一审法院裁定受理对 L 公司的破产清算申请。L 公司管理人认为，一审法院裁定受理 L 公司破产清算前一年内，L 公司以其名下房产为 W 集团的 5000 万元贷款提供抵押担保，属于《企业破产法》第 31 条规定情形，遂向一审法院提起诉讼，请求撤销甲银行与 L 公司签订的最高额抵押合同及所涉房产的抵押登记。

一审法院于 2020 年 8 月 17 日作出(2020)苏 0214 民初 54 号民事判决：撤销甲银行与 L 公司签订的最高额抵押合同及所涉 23 处房地产的抵押登记手续。甲银行对上述判决不服，提起上诉。二审判决

撤销原审判决,改判驳回 L 公司管理人的全部诉讼请求。

📝 裁判要旨

二审法院认为:本案不属于《企业破产法》第 31 条规定的管理人享有破产撤销权的情形。

第一,本案不属于"无偿转让财产"。L 公司为 W 集团向甲银行贷款 5000 万元提供房产抵押担保并非无担保对价,集团在承担 5000 万元贷款债务的同时拥有 5000 万元现金贷款,L 公司基于抵押担保可能享有的担保追偿权有所依赖的基础。

第二,本案不属于"对没有财产担保的债务提供财产担保"。《企业破产法》第 31 条规定的"对没有财产担保的债务提供财产担保",是指债务人对自身的既存债务追加财产担保的行为。如果债务人自身负担债务的行为与其提供财产担保的行为同时发生,则债务人提供财产担保的行为实际上获得了相应担保对价,如银行贷款。本案 L 公司在受理破产申请前一年内,因 W 集团向甲银行贷款 5000 万元提供房产抵押,L 公司提供房产抵押的行为显然不是对 L 公司或者 W 集团既存债务追加的财产担保,属于事先担保或同时担保,不属于《企业破产法》第 31 条规定的"对没有财产担保的债务提供财产担保"可撤销情形。

📝 案例评析

本案中所涉担保行为与贷款行为几乎同时发生,不构成后置担保或者追加担保等情形,破产程序中的撤销权是债权撤销权在破产法上的延伸。有别于债权撤销权的情形,破产程序中的撤销权既保留了撤销权的基本特征,同时又结合破产法法益保护的特殊性作出了不同的制度设计和安排。因担保权具有优先受偿性质,故为了防止债务人不当追加担保损害债权人公平受偿秩序,赋予管理人对债务人的不当财产处分享有撤销权。实践中应准确理解法律规定的立法意旨,避免作扩大化理解。

㉜ 个别清偿的撤销

关键词

个别清偿的撤销、个别清偿撤销的例外、银行自动抵扣到期债权的撤销

实务要点

要点	具体内容
个别清偿的撤销	人民法院受理破产申请前六个月内,债务人已经不能清偿到期债务,并且资产不足以清偿全部债务或者明显缺乏清偿能力,但债务人仍对个别债权人进行清偿的,管理人有权请求人民法院予以撤销。但是,个别清偿使债务人财产受益的除外。
个别清偿撤销的例外	1. 债务人对以自有财产设定担保物权的债权进行的个别清偿,管理人请求撤销的,人民法院不予支持。但是,债务清偿时担保财产的价值低于债权额的除外。 2. 债务人经诉讼、仲裁、执行程序对债权人进行的个别清偿,管理人请求撤销的,人民法院不予支持。但是,债务人与债权人恶意串通损害其他债权人利益的除外。 3. 债务人对债权人进行的以下个别清偿,管理人请求撤销的,人民法院不予支持: (1)债务人为维系基本生产需要而支付水费、电费等的; (2)债务人支付劳动报酬、人身损害赔偿金的; (3)使债务人财产受益的其他个别清偿。

第三部分 债务人财产

续表

要点	具体内容
银行自动抵扣到期债权的撤销	破产受理前六个月内,银行自动扣划债务人账户内存款偿还到期债权,如扣划时债务人已经不能清偿到期债务,并且资产不足以清偿全部债务或者明显缺乏清偿能力的,管理人可以行使撤销权。

推荐理由

　　破产个别清偿行为撤销权行使的前提在于存在破产债务人个别清偿行为损害其他破产债权人公平受偿权的客观事实,具体而言可以从两个方面进行判断,一是该可撤销行为减少了破产债务人的一般责任财产;二是该可撤销行为使个别债权人得到偏颇性受偿。破产法允许对偏颇行为的撤销或许是"撤销权制度"最能彰显破产程序颠倒乾坤的威力所在。美国学者也提出,可撤销交易制度是破产法对商法最重要的贡献,该制度不仅促进了破产法平等分配原则的适用,而且减少了对债权人从"智力竞争"中得益的刺激,增进了商业活动的合理性。

法律适用

　　□《企业破产法》第32条
　　□《最高人民法院关于适用〈中华人民共和国企业破产法〉若干问题的规定(二)》第14条、第15条、第16条
　　□《上海市高级人民法院破产审判工作规范指引(2021)》第90条、第92条

以案析法

案件信息：上海破产法庭发布的典型案例——天新公司管理人诉浦晨公司请求撤销个别清偿行为案

基本案情

天新公司与浦晨公司签订两份加工合同，约定由天新公司委托浦晨公司加工制作相应产品，后天新公司拖欠款项未付。2019年12月4日，锅炉公司向天新公司出具商业承兑汇票。同日，天新公司将该汇票背书转让给浦晨公司。2019年12月11日，上海市第三中级人民法院（以下简称上海三中院）裁定受理天新公司破产清算案并指定了管理人。2020年5月7日，浦晨公司承兑汇票遭银行退票而要求锅炉公司付款，并于6月10日获得锅炉公司支付的汇票票面金额款项。浦晨公司在其与天新公司之间的债权中扣除锅炉公司付款之后的余额申报债权。天新公司管理人以天新公司在破产受理前六个月内对债权人浦晨公司的汇票背书转让行为构成个别清偿为由，起诉请求法院予以撤销，要求浦晨公司返还该汇票款项。一审判决撤销天新公司2019年12月4日对浦晨公司的清偿行为，浦晨公司应返还汇票票面金额的款项，归入破产程序后统一清偿给全体债权人。浦晨公司不服判决，提起上诉，二审维持原判。

裁判要旨

法院认为，浦晨公司取得涉案款项是基于天新公司转让的票据权利，包括付款请求权和票据追索权，浦晨公司在退票后要求锅炉公司付款，行使的是票据追索权，锅炉公司向浦晨公司付款是履行票据责任，故交付涉案款项是债务人向浦晨公司进行的清偿行为，使不具有

续表

法定优先受偿权的浦晨公司提前获偿,客观上也导致了债务人可供清偿的资产减少,损害了其他债权人的合法权益,不符合《企业破产法》全体债权人公平受偿的宗旨,故依法应予撤销。

案例评析

个别清偿撤销权制度,作为破产法撤销权制度的一个重要分支,有其独特的功能价值。我国《企业破产法》第31条、第32条及《破产法司法解释(二)》第14条至第16条构成了我国个别清偿撤销权制度基本框架。本案中债务人的个别清偿行为使不具有法定优先受偿权的被告的债权得以提前获偿,损害了其他债权人的合法权益,违背了《企业破产法》全体债权人公平受偿的宗旨,依法应予撤销,被告因此获得的个别清偿款项应向管理人即本案原告返还,原告收到款项后应将其归入天新公司破产财产,在破产程序中进行分配。

33 撤销权的行使程序

关键词

撤销权的行使期间、撤销权诉讼的当事人、民事撤销权和破产撤销权的竞合、可撤销行为的特殊起算点

实务要点

要点	具体内容
撤销权的行使期间	1. 破产案件受理后,破产程序终结前,管理人可以行使破产撤销权。在破产程序中行使破产撤销权是管理人应尽的职责,无须债权人会议表决或授权,若放弃行使,应当由债权人会议同意。 2. 破产程序终结前,债权人会议可以就是否授权管理人在破产程序终结后有权提起撤销权诉讼或放弃追诉作出决议,在破产程序终结之日起2年内,发现有应当行使撤销权予以追回的财产的,由得到授权的管理人行使破产撤销权,追回财产追加分配。
撤销权诉讼的当事人	管理人向人民法院提起破产撤销权之诉,列管理人为原告,相对人及其他利害关系人为被告,不列债务人为被告。
民事撤销权和破产撤销权的竞合	破产申请受理后,管理人无法依照《企业破产法》第31条、第32条规定行使撤销权,管理人代表债务人依据《民法典》关于可撤销法律行为的规定请求撤销并追回财产的,人民法院应当受理。在管理人未提起撤销权诉讼的情况下,债权人可以在破产程序中行使《民法典》规定的撤销权,但必须遵守"入库规则",即在起诉中说明"因此追回的财产归入债务人财产"。
可撤销行为的特殊起算点	1. 债务人经过行政清理程序转入破产程序的,《企业破产法》第31条和第32条规定的可撤销行为的起算点,为行政监管机构作出撤销决定之日。 2. 债务人经过强制清算程序转入破产程序的,《企业破产法》第31条和第32条规定的可撤销行为的起算点,为人民法院裁定受理强制清算申请之日。

推荐理由

在程序上,行使撤销权的主体是管理人,即管理人作为原告,不是作为债务人的诉讼代表人,请求法院撤销被告债务人和行为相对人的损害债权人之不当行为。破产撤销权制度并未否定债权人在破产程序中可能享有的普通撤销权,普通撤销权是对破产程序中通过破产撤销权保护债权人利益的补充救济。实际上,破产法上的撤销权制度是民法上债权人撤销权制度在破产法上的延伸,但破产撤销权的行使又优先于普通撤销权。

第三部分 债务人财产

法律适用

□《最高人民法院关于适用〈中华人民共和国企业破产法〉若干问题的规定(二)》第10条

□《上海市高级人民法院破产审判工作规范指引(2021)》第89条、第90条

以案析法

案件信息：安徽省黄山市中级人民法院(2021)皖10民终165号——某金属制品公司管理人诉张某某等请求撤销个别清偿行为纠纷案

基本案情

2017年11月28日，黄山市某金属制品有限公司(以下简称某金属制品公司)与张某某、邵某某签订股东合作协议书，欲投资设立黄山市某某公司。2017年12月2日，某金属制品公司向张某某、邵某某出具承诺函，以某旅游汽车公司应付给某金属制品公司的3年租金共计99.9万元作为履约保证，如某金属制品公司违约，由某旅游汽车公司将3年租金一次性支付给张某某、邵某某。因某金属制品公司未能履行股东合作协议书，张某某、邵某某持承诺函向某旅游汽车公司主张赔偿。2018年10月11日，某旅游汽车公司依照承诺函约定将2018年度的租金支付给张某某、邵某某各161,700元，合计323,400元。2019年3月15日，安徽省休宁县人民法院裁定受理昌辉公司申请某金属制品公司破产清算案，并于2019年3月20日指定了管理人。管理人发现某旅游汽车公司向张某某、邵某某支付赔偿金的时间

149

在法院受理破产清算前六个月内,故向法院诉请撤销前述个别清偿行为。

安徽省休宁县人民法院于 2020 年 12 月 29 日作出(2020)皖 1022 民初 1269 号民事判决:(1)撤销某旅游汽车公司于 2018 年 10 月 11 日向张某某、邵某某支付 323,400 元的支付行为。(2)张某某、邵某某于本案判决生效后 20 日内返还某金属制品公司管理人 323,400 元,其中张某某返还 161,700 元,邵某某返还 161,700 元。(3)驳回某金属制品公司管理人其他诉讼请求。宣判后,张某某提出上诉。安徽省黄山市中级人民法院于 2021 年 3 月 2 日作出(2021)皖 10 民终 165 号作出民事判决,驳回上诉,维持原判。

裁判要旨

人民法院受理破产申请前六个月内,第三人根据事先约定将应支付给债务人的应付账款代债务人用于个别清偿,对其他债权人的清偿利益造成损害的,管理人根据《企业破产法》第 32 条的规定请求人民法院予以撤销的,人民法院应予支持。

案例评析

破产制度规定撤销权的目的在于恢复因债务人不当处分而失去的财产利益,以保护全体债权人公平受偿的机会。某旅游汽车公司依承诺函付款的行为导致本应由某金属制品公司收回的租金被用于个别清偿,该清偿未能使某金属制品公司财产受益,对其他债权人的清偿利益造成损害。管理人提出撤销个别清偿行为的诉请符合法律规定,法院支持了这一请求,维护了债权人的公平受偿权益。

34 取回担保物

关键词

取回方法、担保物的市场价值、重大财产处分要求

实务要点

要点	具体内容
取回方法	人民法院受理破产申请后,管理人可以通过清偿债务或者提供为债权人接受的担保,取回质物、留置物。
担保物的市场价值	管理人为取回质物、留置物而进行的清偿债务或者提供为债权人接受的替代担保,在质物或者留置物的价值低于被担保的债权额时,以该质物或者留置物当时的市场价值为限。
重大财产处分要求	管理人拟通过清偿债务或者提供担保取回质物、留置物,或者与质权人、留置权人协议以质物、留置物折价清偿债务等方式,进行对债权人利益有重大影响的财产处分行为的,应当及时报告债权人委员会。未设立债权人委员会的,管理人应当及时报告人民法院。

推荐理由

管理人可以通过清偿债务或提供债权人同意的担保方式取回质押物或留置物,但必须遵循公平原则,确保拥有财产担保的债权人不因担保物的价值获得超出普通债权的优先清偿权。

法律适用

□《企业破产法》第 37 条
□《最高人民法院关于适用〈中华人民共和国企业破产法〉若干问题的规定（二）》第 25 条

以案析法

案件信息：江苏省高级人民法院（2020）苏民终 996 号——徐州港务公司、徐州港务公司万寨港分公司与某律所请求撤销个别清偿行为纠纷案

基本案情

徐州兰花公司成立于 2007 年 6 月，系山西兰花公司的全资子公司，注册资本为 1000 万元。自 2014 年以来，企业生产经营困难，连年亏损，2018 年 3 月基本停止生产经营活动。2019 年 9 月 16 日，经山西某会计师事务所审计，截至 2019 年 8 月 31 日，徐州兰花公司资产总额 206 万元，负债 12,429 万元，严重资不抵债，已不具有清偿到期债务的能力。2019 年 9 月 29 日，徐州市中级人民法院裁定受理徐州兰花公司的破产申请。

2019 年 2 月 18 日，徐州港务公司万寨港分公司与徐州兰花公司签订《港口货物作业合同》。2019 年 9 月 20 日，双方签订《关于在港煤炭堆存费及后续处理的协议》，载明因徐州兰花公司煤炭在港存煤时间较长，根据双方签订的港口作业合同及《港口货物作业规则》(已失效)，该批煤炭在港口产生堆存费用 55 万元。2019 年 10 月 14 日，山西兰花公司通过银行向徐州港务公司转款 55 万元，2019 年 9 月 23

日,徐州兰花公司指示万寨港分公司将该批货物转给山西兰花公司。

徐州兰花公司管理人于 2020 年 3 月提起诉讼,请求撤销徐州兰花公司在破产受理前六个月内对万寨港分公司支付 55 万元的个别清偿行为。一审法院判决撤销徐州兰花公司 2019 年 10 月 14 日通过山西兰花公司向徐州港务公司清偿 55 万元的行为,并判决徐州港务公司返还徐州兰花公司管理人 55 万元。徐州港务公司和万寨港分公司不服一审判决,提起上诉。二审法院判决撤销一审判决,驳回徐州兰花公司管理人的诉讼请求。

裁判要旨

1. 山西兰花公司于 2019 年 10 月 14 日向徐州港务公司转款 55 万元,实际是徐州兰花公司向万寨港分公司履行支付堆存费的义务,属于徐州兰花公司向万寨港分公司的个别清偿行为。

2. 尽管涉案清偿行为属于个别清偿,但不属于可撤销之列。

首先,本案中,徐州兰花公司和万寨港分公司之间存在保管合同关系,万寨港分公司在徐州兰花公司欠付其保管费用的情况下,对案涉煤炭享有法定留置权。

其次,依据《企业破产法》第 32 条的规定,对破产申请受理前六个月内的个别清偿行为的撤销,也存在例外情形,即个别清偿使债务人财产受益的除外。本案中,虽然在 2019 年 9 月时徐州兰花公司已处于严重资不抵债状态,但万寨港分公司对案涉煤炭享有法定留置权,徐州兰花公司通过山西兰花公司代为支付堆存费系为了获得煤炭的处置权,以将煤炭进行销售变现,此并不构成对徐州兰花公司其他债权人利益的损害。且根据《企业破产法》第 37 条第 1 款关于"人民法院受理破产申请后,管理人可以通过清偿债务或者提供为债权人接受的担保,取回质物、留置物"的规定,在管理人接手徐州兰花公司要对案涉煤炭进行处置时,也需以结清所欠万寨港分公司的堆存费为前提。

据此,徐州兰花公司的涉案清偿行为不在可撤销行为之列。

案例评析

本案中,涉案煤炭虽然因欠付堆费被留置在港务公司,但其所有权仍归徐州兰花公司所有,管理人有权通过清偿债务或者提供债权人接受的担保,行使取回权。在进行债务清偿或者替代担保时,如果留置物的价值低于被担保的债权额,以该留置物当时的市场价值为限。

附:管理人要求取回担保物通知书

通知书(要求取回担保物用)

××:

您好!

公司(下称债务人)因不能清偿到期债务,且资产不足以清偿全部债务,于　　年　　月　　日向　　　　人民法院提出破产申请,人民法院于　　年　　月　　日以(　　　　)民破字第号裁定书依法受理××(破产申请人名称)的破产申请,并依法指定破产管理人,负责债务人财产的清理。

根据管理人掌握的材料,债务人所有的　　　　(担保物名称)因　　　　(简述设定质押或者被留置的原因),尚在你处质押(或留置)。

根据《企业破产法》第三十七条第一款之规定,管理人拟通过以下方式,取回上述担保物:

1. 清偿债务,　　　　　　　　　　　　　(简述清偿内容);

2. 提供替代担保,　　　　　　　　　　　(替代担保方式,简述替代担保物的名称、价值、现状等情况)。

你公司/你应当在接到本通知书之日起　　　日内,与本管理人共同办理替代担保的设定手续,并在替代担保设定后立即解除对原担保物的质押(或留置),返还本管理人
(列明财产交付地点和方式,质押办理登记的,应当要求质权人协助办理质押登记注销手续)。

你公司/你如对本通知涉及的主债务、担保物等情况有异议,可于接到本通知书之日起　　　日内向本管理人提出,并附相关合法、有效的证据,配合管理人核实。

特此通知。

公司破产管理人(盖章):

年　　月　　日

(35) 权利人财产取回权

关键词

一般取回权、行使时间、费用支付、取回应符合事先约定、在途货物、占有财产被转让给第三人、代偿取回权、所有权保留买卖合同

实务要点

要点	具体内容
一般取回权	人民法院受理破产申请后,债务人占有的不属于债务人的财产,该财产的权利人可以通过管理人取回。
行使时间	权利人行使取回权,应当在破产财产变价方案或者和解协议、重整计划草案提交债权人会议表决前向管理人提出。权利人在上述期限经过后主张取回相关财产的,应当承担延迟行使取回权增加的相关费用。
费用支付	权利人行使取回权时未依法向管理人支付相关的加工费、保管费、托运费、委托费、代销费等费用,管理人拒绝其取回相关财产的,人民法院应予支持。
取回应符合事先约定	债务人重整期间,权利人要求取回债务人合法占有的权利人的财产,不符合双方事先约定条件的,人民法院不予支持。但是,因管理人或者自行管理的债务人违反约定,可能导致取回物被转让、毁损、灭失或者价值明显减少的除外。
在途货物	1. 人民法院受理破产申请时,出卖人已将买卖标的物向作为买受人的债务人发运,债务人尚未收到且未付清全部价款的,出卖人可以通过通知承运人或者实际占有人中止运输、返还货物、变更到达地,或者将货物交给其他收货人等方式,取回在运途中的标的物。 2. 出卖人对在运途中的标的物主张了取回权但未能实现,或者在货物未达管理人前已向管理人主张取回在运途中的标的物,在买卖标的物到达管理人后,出卖人向管理人主张取回的,按申请取回在途货物处理。

第三部分 债务人财产

续表

要点	具体内容
	3. 管理人可以支付全部价款,请求出卖人交付标的物。 4. 出卖人对在运途中的标的物未及时行使取回权,在买卖标的物到达管理人后向管理人行使在运途中的标的物的取回权的,管理人不应准许。
占有财产被转让给第三人	1. 第三人构成善意取得,原权利人无法取回该财产的,若转让行为发生在破产申请受理前,原权利人因财产损失形成的债权,作为普通破产债权清偿;若转让行为发生在破产申请受理后,因管理人或者相关人员执行职务导致原权利人损害产生的债务,作为共益债务清偿。 2. 第三人不构成善意取得,但已向债务人支付转让价款的,原权利人可依法追回转让财产。对因第三人已支付对价而产生的债务,若转让行为发生在破产申请受理前,作为普通破产债权清偿;若转让行为发生在破产申请受理后,作为共益债务清偿。
代偿取回权	1. 债务人占有的他人财产毁损、灭失,因此获得的保险金、赔偿金、代偿物尚未交付给债务人,或者代偿物虽已交付给债务人但能与债务人财产予以区分的,权利人主张取回就此获得的保险金、赔偿金、代偿物的,人民法院应予支持。 2. 保险金、赔偿金已经交付给债务人,或者代偿物已经交付给债务人且不能与债务人财产予以区分的,若财产毁损、灭失发生在破产申请受理前,权利人因财产损失形成的债权,作为普通破产债权清偿;若财产毁损、灭失发生在破产申请受理后,管理人或者相关人员执行职务导致权利人损害产生的债务,作为共益债务清偿。 3. 债务人占有的他人财产损害、灭失,没有获得相应的保险金、赔偿金、代偿物,或者保险金、赔偿物、代偿物不足以弥补其损失的部分,按照上述规则处理。
所有权保留买卖合同	买卖合同双方当事人在合同中约定标的物所有权保留,在标的物所有权未依法转移给买受人前,一方当事人破产的,该买卖合同属于双方均未履行完毕的合同,管理人有权决定解除或者继续履行合同。

推荐理由

破产取回权允许财产的合法所有者,无须通过破产程序,直接从管理人控制下的债务人财产中取回本不属于债务人的财产。破产取回权的法律依据是民法中的物权返还请求权。

法律适用

□《企业破产法》第38条、第39条

□《最高人民法院关于适用〈中华人民共和国企业破产法〉若干问题的规定（二）》第26条、第28条、第30条、第31条、第32条、第34条、第39条、第40条

以案析法

案件信息：上海铁路运输法院（2020）沪7101民初74号——上海市住房保障事务中心、上海市住宅建设发展中心诉被告铭鼎房地产公司取回权纠纷案

基本案情

长沙市城市建设开发公司于2012年6月11日全资设立铭鼎房地产公司，开展某E2、E3保障性住房建设项目建设。2012年10月31日，上海市宝山区住房保障和房屋管理局、长沙市城市建设开发公司与铭鼎房地产公司、上海市住宅建设发展中心签订协议书，约定项目销售价格与建房价格之间的差额，扣除应缴纳的相关税费后，将余额纳入财政专户管理，统筹专用。此后，铭鼎房地产公司、上海市住房保障事务中心、中国农业银行上海市宝山区支行签订资金监管协议。2019年7月5日，上海市大型居住社区建设推进办公室向长沙市城市建设开发公司、铭鼎房地产公司发出通知，要求长沙市城市建设开发公司、铭鼎房地产公司于2019年7月20日前将E2地块已售共有产权保障住房销售差额资金137,738,569.16元，E3地块已售共有产权保障住房销售差额资金101,869,210.59元缴付至住宅发展中

心,统一纳入财政专户管理。

上海铁路运输法院于 2019 年 8 月 2 日裁定受理铭鼎房地产公司破产清算一案后,两原告向铭鼎房地产公司管理人提出取回保障住房专项资金的申请。但管理人以原告申请取回的款项属于被告财产为由,不同意两原告提出的取回申请。为此,两原告起诉要求取回住房保障住房专项资金。上海铁路运输法院于 2022 年 1 月 28 日判决被告铭鼎房地产公司向原告上海市住宅建设发展中心(上海市住宅修缮工程质量事务中心)返还共有产权保障住房专项资金 149,186,163.96 元。一审判决后,双方均未提起上诉。

裁判要旨

原告主张行使取回权的对象为保障住房专项资金。保障住房专项资金纳入财政专户管理后,统筹用于政府收购共有产权保障住房房源、政府优先购买、回购共有产权保障住房以及保障性住房及其相关配套设施建设等,目的在于解决低收入人群住房困难的民生问题,具有社会公共利益属性。铭鼎房地产公司知道保障住房专项资金应归政府所有,销售差额资金只是暂存于其监管账户内,所有权不因其占有而发生变动。

案涉保障住房专项资金自销售差额资金在铭鼎房地产公司监管账户进行资金监管后,已特定化,属于货币"占有即所有原则"的例外情形,即涉案保障住房专项资金的占有与所有相分离。原告上海市住宅建设中心作为政府授权的职能主体,有权在破产程序中向铭鼎房地产公司管理人主张取回保障住房专项资金。

案例评析

该案系全国首例涉共有产权保障住房专项资金取回的破产领域

衍生案件。一般来说，货币为种类物，占有即所有，但以特户、封金、保证金等形式可以将货币特定化，所有权不发生转移，此时货币才可以作为破产取回权的行权对象。专项资金在由铭鼎公司监管账户进行资金监管后，已被特定化，上海市住宅建设中心作为政府授权的职能主体，有权在破产程序中向铭鼎公司管理人主张行使取回权。

36 破产抵销权

关键词

抵销权的行使、抵销的生效、抵销的禁止、抵销权异议、抵销无效诉讼

实务要点

要点	具体内容
抵销权的行使	1. 债权人在破产申请受理前对债务人负有债务的，无论是否已到清偿期限、双方互负债务标的物的种类和品质是否相同，均可在破产财产最终分配确定前向管理人主张相互抵销。债权人行使抵销权，应当向管理人提出抵销主张，无须提起诉讼。 2. 管理人不得主动抵销债务人与债权人的互负债务，但抵销使债务人的财产受益的除外。
抵销的生效	管理人收到债权人提出的主张债务抵销的通知后，经审查无异议的，抵销自管理人收到通知之日起生效。

续表

要点	具体内容
抵销的禁止	1.《企业破产法》第40条规定不得抵销的情形。 债权人在破产申请受理前对债务人负有债务的,可以向管理人主张抵销。但是,有下列情形之一的,不得抵销: (1)债务人的债务人在破产申请受理后取得他人对债务人的债权的; (2)债权人已知债务人有不能清偿到期债务或者破产申请的事实,对债务人负担债务的;但是,债权人因为法律规定或者出于破产申请1年前所发生的原因而负担债务的除外; (3)债务人的债务人已知债务人有不能清偿到期债务或者破产申请的事实,对债务人取得债权的;但是,债务人的债务人因为法律规定或者出于破产申请1年前所发生的原因而取得债权的除外。 2.危机期内抵销的认定。 破产申请受理前六个月内,债务人有破产原因,债务人与个别债权人以抵销方式对个别债权人的清偿,原则上有效,但其抵销的债权债务属于法定不得抵销的情形之一(《企业破产法》第40条第2项、第3项规定情形),管理人在破产申请受理之日起3个月内向人民法院提起诉讼,主张该抵销无效的,人民法院应予支持。 3.对债务人特定财产享有优先受偿权的债权的抵销。 如果存在不得抵销情形,债权人主张以其对债务人特定财产享有优先受偿权的债权,与债务人对其不享有优先受偿权的债权抵销,债务人的财产管理人以抵销存在不得抵销情形提出异议的,人民法院不予支持;但用以抵销的债权大于债权人享有优先受偿权的财产的价值的除外。 4.股东抵销权的限制。 债务人的股东主张以下列债务与债务人对其负有的债务抵销,债务人的管理人有权提出异议: (1)债务人的股东因欠缴债务人的出资或者抽逃出资而对债务人所负的债务; (2)债务人的股东滥用股东权利或者关联关系损害公司利益对债务人所负的债务。 5.劣后债权的抵销。 清偿顺序在普通债权之后的债权,债权人主张与其对债务人的债务抵销的,人民法院不予支持。

续表

要点	具体内容
抵销权异议	1. 管理人对抵销主张有异议的,应当在约定的异议期内或者自收到主张债务抵销的通知之日起3个月内向人民法院提起诉讼。无正当理由逾期提起的,人民法院不予支持。人民法院判决驳回管理人提起的抵销无效诉讼请求的,该抵销自管理人收到主张债务抵销的通知之日起生效。 2. 人民法院对管理人的以下异议不予支持: (1) 管理人无正当理由逾期向人民法院提起抵销无效的诉讼请求的; (2) 管理人以破产申请受理时债务人对债权人负有的债务尚未到期或债权人对债务人负有的债务尚未到期为由的; (3) 管理人以双方互负债务标的物种类、品质不同为由的。
抵销无效诉讼	管理人提起破产抵销无效诉讼,列管理人为原告,主张抵销的债权人为被告。管理人无正当理由未行使异议权导致抵销生效,给债务人造成损失的,应当承担赔偿责任。

💬 推荐理由

破产抵销权是破产债权人的法定权利。在实践中,破产管理人应当遵循公正清理债权债务的原则,保护债权人和债务人的合法权益,并正确行使破产抵销权。这样做可以避免对特定债权人的个别清偿,从而维护破产法公平清偿的宗旨。此外,正确行使破产抵销权有利于简化破产程序,提高程序效率。

债务人的债权人在明知破产债务人面临无法清偿到期债务或破产申请的情况下,如果仍直接与债务人交易而取得债权,并且该交易存在恶意串通或显失公平等无效或可撤销的事由,那么该债权不适用抵销规定。此类债权还可能被视为无效或可撤销的债权,从而丧失破产债权的地位。

法律适用

☐《企业破产法》第 40 条
☐《最高人民法院关于适用〈中华人民共和国企业破产法〉若干问题的规定(二)》第 41 条、第 42 条、第 43 条、第 44 条、第 45 条、第 46 条
☐《上海市高级人民法院破产审判工作规范指引(2021)》第 99 条、第 101 条、第 103 条

以案析法

案件信息:河南省高级人民法院发布的关于防范和打击利用破产程序逃废债务典型案例——郑州恒天桥梁公司破产清算案件

基本案情

2020 年 12 月 24 日,申请人郑州恒天桥梁公司以其不能清偿到期债务,且资产不足以清偿全部债务为由,向郑州高新技术产业开发区人民法院申请破产清算。2020 年 12 月 30 日,该院裁定受理恒天桥梁公司的破产清算申请。2021 年 7 月 13 日,该院依法宣告恒天桥梁公司破产。2021 年 12 月 3 日,该院裁定终结恒天桥梁公司的破产程序。

在案件办理过程中,管理人发现,恒天桥梁公司在已不能清偿到期债务并且资产不足以清偿全部债务时,置大多数债权人利益于不顾,通过与恒天重工公司签订买卖合同,向恒天重工公司出售 191 台设备,价款合计共 2247.47 万元,但恒天重工公司并未向恒天桥梁公

司支付设备购买款,而是以恒天桥梁公司之前欠付的借款抵销设备款,且该抵销行为发生在法院受理破产清算前六个月内。2021年3月17日,管理人向法院提起诉讼,请求确认恒天桥梁公司以应收恒天重工公司的设备款2247.47万元与欠付恒天重工公司借款进行的抵销无效。一审法院判决抵销无效,判决后双方均未上诉。

裁判要旨

法院认为,恒天桥梁公司在自身已经具备破产情形的情况下,通过签订买卖合同向恒天重工公司交付设备,并以此主张债权债务抵销,其行为实质上是对债权人的个别清偿,依照《企业破产法》第2条、第32条、第40条,2017年《民事诉讼法》第64条,《破产法司法解释(二)》第44条之规定,确认恒天桥梁公司以应收恒天重工公司设备款2247.47万元与恒天重工公司向其出借的等额借款进行的抵销无效。

案例评析

在破产程序中,一方面,债务人个别清偿的方式越来越隐蔽,对此人民法院和管理人要加大审查力度,防范和避免债务人的个别清偿行为;另一方面,债权人行使抵销权应遵循严格的主体要求,应当向管理人提出抵销主张,不得擅自对破产企业提出抵销主张,否则会导致该抵销实质被认定为个别清偿,因而抵销无效,不仅如此,因该行为损害了其他债权人的利益,法院还可以视情况对债务人企业的法定代表人作出罚款的处罚决定。

第四部分

破产费用和共益债务

③⑦ 破产费用

关键词

破产案件的诉讼费用、处理债务人财产的费用、管理人执行职务的费用、聘用工作人员的费用

实务要点

要点	具体内容
破产案件的诉讼费用	1. 破产案件申请费:依据破产财产总额计算,按照财产案件受理费标准减半收取,最高不超过30万元;简化审理的破产案件在此基础上可再减半收取;破产申请费于企业清算后交纳。 2. 财产保全费、证据保全费、鉴定费、勘验费、公告费、翻译费等按需支出的费用。
处理债务人财产的费用	1. 费用包括: (1)债务人财产的运输、保管、保养、修缮、保险等按需支出的费用; (2)对债务人财产评估、拍卖、变卖以及权属变更等产生的税收等费用; (3)分配债务人财产的公告、通知、提存等按需支出的费用; (4)破产衍生诉讼和相关仲裁中应当由债务人负担的诉讼、仲裁费用; (5)召开债权人会议的场地租赁、材料、安保等按需支出的费用; (6)债权人委员会及其成员履行职责按需支出的费用; (7)其他经债权人会议通过和人民法院许可的必要费用。 2. 关于破产衍生诉讼案件诉讼费的缓交。仅限于破产案件受理后,破产企业(管理人)作为原告或者上诉人依《企业破产法》相关规定新提起的有关破产企业的民事诉讼。破产案件受理时已经开始的民事诉讼被撤回后,在破产案件受理后再提起诉讼的,一般不再适用缓交。破产企业有破产财产可支付诉讼费用的,不适用缓交。

续表

要点	具体内容
管理人执行职务的费用、聘用工作人员的费用	1. 关于管理人执行职务的费用。包括刻制管理人印章、开户、差旅、调查、通信等必要费用。但债权人参加破产程序的费用不列入破产费用。 2. 关于管理人聘请其他中介机构或人员的费用。聘请本专业的其他中介机构协助履职的,所需费用从管理人报酬中支出;聘请非本专业的中介机构协助履职的,或经人民法院许可聘用企业经营管理人员协助履职的,经债权人会议同意,相关费用列入破产费用。

推荐理由

破产费用是指在破产程序中为全体债权人的共同利益而支出的旨在保障破产程序顺利进行所必需的程序上的费用,即破产程序本身耗费的需在破产程序中进行支出的成本。破产财产在优先清偿破产费用和共益债务后,再用于清偿各项破产债权。同时,应当随时清偿,即应按其应予支付和清偿的期限,由债务人财产随时拨付,予以清偿。在破产程序中,如果发现债务人财产不足以清偿破产费用,表明各债权人已不能从破产财产中获得任何清偿,再进行破产程序已经无实际意义,为此管理人应当提请法院终结破产程序。

法律适用

□《企业破产法》第41条

□《诉讼费用交纳办法》第14条、第20条

□《上海市高级人民法院关于破产衍生诉讼案件诉讼费缓交相关问题的通知》

□《上海市高级人民法院破产审判工作规范指引(2021)》第104

条、第 106 条、第 107 条、第 108 条

以案析法

案件信息：最高人民法院发布的司法积极稳妥推进碳达峰碳中和典型案例——杭州某球拍公司破产清算案

基本案情

杭州某球拍公司于 1993 年成立，主要业务为生产经营网球拍及相关产品，后陷入债务危机并歇业。2021 年 11 月，浙江省杭州市富阳区人民法院依据债权人的申请，裁定受理球拍公司破产清算一案，并指定了管理人。管理人在清产核资过程中发现，该公司厂区内残存了大量废油漆、废磷酸、废有机溶剂等危废物。这些危废物具有易燃、腐蚀、剧毒等特点，如不妥善处置，不仅严重影响企业破产财产安全和变现价值，使破产财产处置陷入被动，且极易发生泄漏事故等，污染周边生态环境。为妥善处理破产企业所涉环境问题，浙江省杭州市富阳区人民法院通过"破产智审"智联应用（破产府院联动数字化系统）将破产案件信息推送给杭州市生态环境局富阳分局；杭州市生态环境局富阳分局再将核查出的破产企业涉环境问题及时反馈给人民法院和管理人，并对危废物处置工作提供专业指导和帮助。随后管理人委托有资质的处置机构对危废物进行分类处置，杭州市生态环境局富阳分局组织进行现场验收。管理人共处置废油漆、废磷酸、废有机溶剂等 7 个品类的危废物 43 余吨，处置费用合计 26 万余元，经债权人会议同意，该处置费用被列为破产费用。管理人依法向破产法院申请确认该处置费用为破产费用。

裁判要旨

根据"谁污染,谁治理"原则,实施环境污染的破产企业是治理污染的义务主体,环境污染治理工作也是破产程序中不可或缺的一环。管理人在清产核资过程中,应当增强责任意识,积极排查涉环保隐患,科学制订危废物应急、处置预案,稳妥推进生态环境治理工作,从而充分保护生态环境,保障人民群众的生态环境权益。本案中管理人对于危废物的处置行为,属于其全面履行涉环境污染事项处置职责的范畴;生态环境治理费用是管理人在管理破产企业财产过程中产生的费用。根据《企业破产法》的相关规定,将涉案危废物处置费用认定为破产费用的做法合法、合理。浙江省杭州市富阳区人民法院遂裁定认可将涉案危废物处置费用作为破产费用列支。

案例评析

人民法院将生态环境保护理念延伸到破产案件审理中,引导破产企业积极排查涉环保隐患、科学安全处置危废物,既有利于实现破产财产价值最大化,又提高了对破产企业债权人权利的保护力度,实现了生态环境保护、破产财产价值最大化、债权人权利保护的有机统一。经债权人会议同意,该处置费用被列为破产费用。

第四部分　破产费用和共益债务

38　破产费用的特别认定

关键词

破产前费用、资不抵费、企业破产工作经费的申请和使用

实务要点

要点	具体内容
破产前费用	1. 人民法院裁定受理破产申请的，此前债务人尚未支付的公司强制清算费用、未终结的执行程序中产生的评估费、公告费、保管费等执行费用，可以参照《企业破产法》关于破产费用的规定，以债务人财产随时清偿。清算组中的中介机构成员担任管理人的，不得重复收取报酬。 2. 此前债务人尚未支付的案件受理费、执行申请费，可以作为破产债权清偿。
资不抵费	债务人财产不足以支付破产费用的，管理人应当提请人民法院宣告债务人破产并终结破产程序。但是，债权人、管理人、债务人的出资人等利害关系人垫付破产费用的，或者符合人民法院垫付破产工作经费条件的，破产程序应当继续进行。垫付款项或工作经费作为破产费用随时清偿。
企业破产工作经费的申请和使用	充分发挥企业破产工作经费和管理人报酬专项基金保障作用，切实做好"无产可破"案件的办案经费保障。 1. 申请条件。 同时符合下列条件的破产案件，管理人可以向破产案件受理法院申请垫付企业破产工作经费： （1）人民法院依法受理的破产清算申请和执行转破产案件； （2）债务人无财产支付破产费用，或者债务人财产在5万元以下，不足以支付破产费用的； （3）在破产清算程序中无利害关系人垫付费用，或者垫付费用严重不足的。

171

续表

要点	具体内容
企业破产工作经费的申请和使用	2. 经费垫付标准和限额。 (1) 一般每件垫付额不超过 4 万元; (2) "三无"案件,每件垫付额不超过 2 万元; (3) 破产案件特别复杂、财产线索特别分散,或者审计、评估费用较高,垫付额度可以适当提高,但最高不超过 8 万元; (4) 关联企业合并破产的案件,每家企业的垫付额度不超过 4 万元,全案垫付总额最高不超过 20 万元。 3. 经费垫付顺序和管理人报酬限额。 (1) 经费应当优先垫付管理人报酬以外的破产费用; (2) 经费用于管理人报酬的,每件案件垫付额不超过 1 万元;特别复杂、财产线索特别分散的案件,每件案件垫付额不超过 2 万元;关联企业合并破产的案件,全案垫付总额在 5 万元范围内确定。 4. 经费垫付顺序和管理人报酬限额。 (1) 经费应当优先垫付管理人报酬以外的破产费用; (2) 经费用于管理人报酬的,每件案件垫付额不超过 1 万元;特别复杂、财产线索特别分散的案件,每件案件垫付额不超过 2 万元;关联企业合并破产的案件,全案垫付总额在 5 万元范围内确定。 5. 工作经费的申请时间。 企业破产工作经费的申请,由依法指定的管理人在破产程序终结后的 10 日内向破产案件受理法院提出。无客观原因逾期未申请的,法院不再接受申请。 6. 工作经费的预支。 管理人认为符合经费申请条件,且有紧急预支必要的,可以在接管企业后向法院书面申请预支部分费用。预支费用一般不得超过限额的 1/2。预支费用不得用于管理人报酬。

💬 推荐理由

破产程序启动前发生的某些特定费用,可以参照破产费用的规定,从债务人财产中随时清偿,但不能突破法定的破产费用范围,违反法律规定,若仅为普通债权,应按普通债权进行申报受偿。

第四部分　破产费用和共益债务

法律适用

☐《最高人民法院关于适用〈中华人民共和国企业破产法〉若干问题的规定(三)》第1条

☐《上海市高级人民法院破产审判工作规范指引(2021)》第110条

☐《最高人民法院关于审理企业破产案件确定管理人报酬的规定》第12条

☐《企业破产工作经费管理办法(试行)》第6条、第7条、第8条、第11条、第12条

☐《上海市加强改革系统集成提升办理破产便利度的若干措施》第5条

以案析法

案件信息：广东省高级人民法院(2018)粤民终2114号——惠信公司破产债权确认纠纷案

基本案情

惠信公司及其关联企业因经营困难,于2015年2月2日全面停产。员工集体提起劳动仲裁,其中,惠信公司应向521名工人支付解除劳动关系经济补偿金共30,756,786.19元。其他债权人也纷纷提起民事诉讼主张债权。惠州市惠城区人民法院根据当事人的申请于2015年2月、3月对惠信公司财产进行了诉前保全和诉讼保全。2015年3月4日惠州仲恺高新技术产业开发区成立区应急处理领导小组并于当日进驻惠信公司开展应急处理工作。

2014年6月5日,惠州市惠城区人民法院就富绅集团诉惠信公

173

司房屋租赁合同纠纷一案,判决惠信公司向富绅集团支付2014年4月至2015年4月15日拖欠的租金及管理费人民币6,815,628.5元,此后的房屋占用费用按721,250.28元／月计算至租赁厂房实际返还给富绅集团之日止。

2017年6月22日,惠州市中级人民法院根据劳动争议案327名债权人的申请,裁定受理对惠信公司的破产清算申请,并指定了管理人。其间,富绅集团公司在债权申报中将惠州仲恺高新技术产业开发区应急处理领导小组保护破产人惠信公司资产期间占用债权人房产发生的占用费、电费本金及利息4,806,023.29元(其中本金为4,605,856.37元)申报为共益债权。惠信公司管理人将富绅集团申报的金额为4,605,856.37元的债权确认为普通债权,富绅集团就此债权性质的认定提交了异议书。惠信公司管理人在《关于富绅集团有限公司债权异议的答复》中不支持富绅集团的主张。富绅集团提起诉讼,一审法院判决确认富绅集团申报的房产占用费4,271,447.16元债权属于普通破产债权,申报的垫付电费334,409.21元债权参照破产费用优先清偿。惠信公司管理人不服,提起上诉,二审法院判决驳回上诉,维持原判。本案焦点问题是:富绅集团申报的垫付电费334,409.21元债权可否参照破产费用优先清偿。

裁判要旨

关于涉案债权中垫付电费334,409.21元债权性质的认定,法院认为上述电费是执行法院为实现惠信公司资产的保管、变现所产生的必要费用,应视为执行费用。依据《最高人民法院关于执行案件移送破产审查若干问题的指导意见》第15条的规定,受移送法院裁定受理破产案件的,在此前的执行程序中产生的评估费、公告费、保管费等执行费用,可以参照破产费用的规定,从债务人财产中随时清偿。本案涉诉电费为惠信公司被依法裁定受理破产前在执行程序中产生的费用,一旦债务人进入破产程序,若执行费用不依据《最高人民法院关于执行案件移送破产审查若干问题的指导意见》的相关规定优先受偿,仅确认为普通破产债权,参与最后的财产分配,使执行费用清偿顺位靠后,极可能导致执行费用无法清偿的后果,该风险的转嫁明显对支付执行费用的当事人不公,亦不符合《企业破产法》公平实现财产分配的立法精神。

案例评析

破产法领域对破产费用设置了比较明确的范围,对于破产受理前发生的费用,是否可以参照《企业破产法》关于破产费用的规定,应当从是否能够符合为全体债权人共同利益支出的目的,避免突破法定的破产费用或参照破产费用随时清偿的范围。

39 共益债务

关键词

共益债务的范围、应当列为共益债务的情形、应参照共益债务清偿的情形

实务要点

要点	具体内容
共益债务的范围	人民法院受理破产申请后发生的下列债务,为共益债务: (1)因管理人或者债务人请求对方当事人履行双方均未履行完毕的合同所产生的债务; (2)债务人财产受无因管理所产生的债务; (3)因债务人不当得利所产生的债务; (4)为债务人继续营业而应支付的劳动报酬和社会保险费用以及由此产生的其他债务; (5)管理人或者相关人员执行职务致人损害所产生的债务; (6)债务人财产致人损害所产生的债务。
应当列为共益债务的情形	1.分割债务人共有财产导致其他共有人损害产生的债务,应当认定为共益债务。 2.因撤销涉及债务人财产以明显不合理的价格进行的交易,对于债务人应返还受让人已支付价款所产生的债务,应当认定为共益债务。 3.债务人占有的他人财产被违法转让给第三人,第三人已善意取得财产所有权,原权利人无法取回该财产的,如转让行为发生在破产申请受理后,因管理人或者相关人员执行职务导致原权利人损害产生的债务,应当认定为共益债务。 4.债务人占有的他人财产被违法转让给第三人,第三人已向债务人支付了转让价款,但未取得财产所有权,原权利人依法追回转让财产的,对因第三人已支付对价而产生的债务,如转让行为发生在破产申请受理后,应当认定为共益债务。 5.债务人占有的他人财产毁损、灭失,因此获得的保险金、赔偿金、代偿物,已经交付给债务人,或者代偿物已经交付给债务人且不能与债务人财产予以区分,发生在破产申请受理后的,管理人或者相关人员执行职务导致权利人损害产生的债务。 6.出卖人破产,其管理人决定解除所有权保留买卖合同,并要求买受人向其交付买卖标的物。买受人依法履行合同义务并将买卖标的物交付出卖人管理人后,买受人已支付因价款损失形成的债权,应当认定为共益债务。 7.买受人破产,其管理人决定继续履行所有权保留买卖合同,原买卖合同中约定的买受人支付价款或者履行其他义务的期限在破产申请受理时视为到期,买受人管理人应当及时向出卖人支付价款或者履行其他义务。对买受人未支付价款或者未履行完毕其他义务,以及买受人管理人将标的物出卖、出质或者作出其他不当处分导致出卖人损害产生的债务,应当认定为共益债务。

续表

要点	具体内容
应当列为共益债务的情形	8. 买受人破产，其管理人决定解除所有权保留买卖合同，出卖人有权主张取回买卖标的物。出卖人取回买卖标的物的价值明显减少给出卖人造成损失的，出卖人可用买受人已支付价款优先予以抵扣后，将剩余部分返还给买受人；对买受人已支付价款不足以弥补出卖人标的物价值减损而形成的债权，应当认定为共益债务。 9. 管理人或者相关人员在执行职务过程中，故意或者重大过失不当转让他人财产或者造成他人财产毁损、灭失，导致他人损害产生的债务，应当认定为共益债务。
应参照共益债务清偿的情形	破产申请受理后，经债权人会议决议通过，或者第一次债权人会议召开前经人民法院许可，管理人或者自行管理的债务人可以为债务人继续营业而借款。提供借款的债权人主张参照《企业破产法》第42条第4项的规定（人民法院受理破产申请后发生的为债务人继续营业而应支付的劳动报酬和社会保险费用以及由此产生的其他债务，为共益债务）优先于普通破产债权清偿的，人民法院应予支持，但其主张优先于此前已就债务人特定财产享有担保的债权清偿的，人民法院不予支持。

推荐理由

共益债务主要是指在破产程序中为债权人的共同利益而发生的债务。共益债务和破产费用既有联系又有区别，共同之处在于均为债权人利益发生，都应当在债务人财产中随时优先拨付。不同之处在于破产费用是为了破产程序的进行，为管理变价和分配债务人财产而必须支付的费用，如果不能支付破产费用，将终结破产程序。共益债务则是管理人因法院受理破产申请后发生了《企业破产法》第42条规定的情形，而应由债务人财产承担的债务。

法律适用

☐《企业破产法》第42条

☐《最高人民法院关于适用〈中华人民共和国企业破产法〉若干问题的规定(二)》第4条、第11条、第30条、第31条、第32条、第33条、第36条、第37条、第38条

☐《最高人民法院关于适用〈中华人民共和国企业破产法〉若干问题的规定(三)》第2条

以案析法

案件信息：安徽省高级人民法院(2021)皖民再104号——霍山某科技公司与安徽某竹业公司破产债权确认纠纷案

基本案情

霍山某科技公司与安徽某竹业公司签订系列买卖合同，约定竹业公司购买科技公司的碳化重竹单板等半成品原材料。买卖合同约定，标的物所有权自合同生效时转移，但买方未履行支付价款义务的，标的物属于卖方所有。涉案系列买卖合同签订后，科技公司分批次履行了供货义务。至2019年4月，竹业公司已累计支付1102万元，尚欠124万元。2019年4月，某涂料公司申请竹业公司破产清算，2019年5月，法院裁定受理该破产清算申请。同年7月，科技公司向管理人申报债权，管理人审查确认科技公司享有普通债权124万元。管理人自破产申请受理之日起2个月内未通知科技公司是否解除或继续履行案涉合同。涉案标的物在破产申请前已加工成产品对外销售。科

第四部分 破产费用和共益债务

技公司对债权数额无异议,但认为其债权应为共益债权,因此诉请确认科技公司对竹业公司不能返还半成品原材料享有的124万元债权属于共益债权。

该案经过了一审和二审,竹业公司不服二审判决,提出再审申请。安徽省高院审查后,裁定提审本案并判决如下:(1)撤销安徽省六安市中级人民法院(2020)皖15民终2331号民事判决;(2)维持安徽省霍山县人民法院(2020)皖1525民初439号民事判决。

裁判要旨

1.《破产法司法解释(二)》第38条规定的取回权建立在破产时,标的物存在且能够取回的情况下,只是进入破产程序后,管理人或其他原因导致案涉标的物无法取回。如果破产申请受理时,标的物在事实上已经无法取回,则会丧失民法上取回权的基础,《破产法司法解释(二)》第38条则将没有适用的余地。此时对于原权利人因财产损失形成的债权的性质,应回到破产法中对于共益债务的界定。

2. 根据《企业破产法》第42条的规定,共益债务发生的时间段是在人民法院受理破产申请后,是指破产程序开始后为了全体债权人的共同利益而负担的非程序性债务,具体包括以下几种情况,(1)因管理人或者债务人请求对方当事人履行双方均未履行完毕的合同所产生的债务。人民法院受理破产申请后,对破产申请受理前成立而债务人和对方当事人均未履行完毕的合同,管理人有权决定解除或者继续履行。管理人决定继续履行的,对方当事人应当履行。管理人在请求对方当事人履行合同的同时,自己也需要履行合同义务,由此产生的债务为共益债务。(2)债务人财产受无因管理所产生的债务。(3)因债务人不当得利所产生的债务。没有合法根据,取得不当利益,造成他人损失的,应当将取得的不当利益返还受损失的人。(4)为债务人的继续营业而应支付的劳动报酬和社会保险费用以及由此产生的其他债务。劳动报酬是指为债务人的继续营业而支付的工资、津贴、奖金等;社会保险费用是指依据有关法律、行政法规的规定应当向社会保障机构缴纳的社会保险费用。"由此产生的其他债务"包含的范围广泛,包括为债务人的继续营业而支付的水电费用,与他人签订新的合同所产生的债务等。(5)管理人或者相关人员执行职务致人损害所产生的债务。由人民法院指定管理人,管理人依照《企业破产法》聘用必要的工作人员是破产程序所必需的,其执行职务的行为致人损害所产生的债务,应当认定为共益债务。(6)债务人财产致人损害所产生的债务。在合同标的物为半成品原材料,破产企业破产清算受理前已全部加工成成品并对外售出,原权利人无法取回该财产,且转让行为发生在破产申请受理前的情形下,原权利人因财产损失形成的债权应作为普通破产债权清偿。

案例评析

共益债务的产生时点为法院受理破产申请后,且需为债权人、债务人共同利益所负债务,共益债务由债务人财产优先受偿,在认定方面必须遵循严格的标准,防止破坏全体债权人的公平清偿秩序。

第四部分　破产费用和共益债务

㊵ 破产费用和共益债务的优先支付

关键词

支付主体、支付原则、垫付破产费用

实务要点

要点	具体内容
支付主体	1. 管理人负有决定债务人的日常开支和其他必要支出、决定继续或者停止债务人的营业（在第一次债权人会议召开之前）、管理和处分债务人的财产等职责。因此，在企业破产清算程序中，管理人有权支付随时产生的破产费用和共益债务。 2. 在重整期间，经债务人申请，人民法院批准，债务人可以在管理人的监督下自行管理财产和营业事务。因此，在企业重整程序中，在管理人的监督下，债务人可以支付随时产生的破产费用和共益债务。
支付原则	1. 破产费用和共益债务由债务人财产随时清偿。 2. 债务人财产不足以清偿所有破产费用和共益债务的，先行清偿破产费用。 3. 债务人财产不足以清偿所有破产费用或者共益债务的，按照比例清偿。 4. 债务人财产不足以清偿破产费用的，管理人应当提请人民法院终结破产程序。人民法院应当自收到请求之日起15日内裁定终结破产程序，并予以公告。
垫付破产费用	债务人财产不足以支付管理人报酬和管理人执行职务费用的，管理人应当提请人民法院终结破产程序。但债权人、管理人、债务人的出资人或者其他利害关系人愿意垫付上述报酬和费用的，破产程序可以继续进行。上述垫付款项作为破产费用通过债务人财产向垫付人随时清偿。

推荐理由

清偿破产费用和共益债务是保证破产程序顺利进行的重要条件。在破产程序中,破产费用与共益债务是随时可能发生的,为了保证破产程序的顺利进行,应当由债务人财产随时予以清偿。依此规定,在以破产财产向债权人进行分配前,应先清偿所有的破产费用和共益债务。

法律适用

□《企业破产法》第25条、第43条、第73条
□《最高人民法院关于审理企业破产案件确定管理人报酬的规定》第12条

以案析法

案件信息:江苏省苏州市吴江区人民法院(2018)苏0509破45号——江苏某装饰公司破产清算案

基本案情

2018年6月11日,法院裁定受理对装饰公司的破产清算申请,并指定了管理人。次日,法院发布受理破产申请的公告,通知全国范围的未知债权人在2018年7月16日前向管理人申报债权,并将第一次债权人会议召开的时间确定为2018年7月20日。

管理人根据法院出具的调查令,对装饰公司及其分公司的财产展开了更为细致的调查,但仅查询到装饰公司尚余银行存款357.76元。在此期间,装饰公司未向管理人移交公司财务账簿、会计凭证等资料。

第四部分　破产费用和共益债务

在第一次债权人会议召开前,管理人已垫付刻制管理人印章费、差旅费等破产费用共计 3066.87 元。因此时债权申报期限尚未届满,管理人无法确定申报债权人范围,且在管理人未向债权人会议作履职报告并接受监督的情况下,债权人也无法理性表达垫付破产费用的意愿,故法院指导管理人继续债权审查和职工债权的调查公示工作,做好第一次债权人会议的准备工作。

2018 年 7 月 20 日,装饰公司召开第一次债权人会议。会上,法院首先指定了债权人会议主席,同时基于本案无财产需要处置,债权人人数也较少,经债权人会议同意,不再设立债权人委员会。接下来,管理人将编制的债权表提交债权人会议核查,到会债权人对债权表记载的债权均表示无异议。因未到会债权人会前也已向管理人提交无异议的书面意见,故管理人当场向法院申请裁定确认债权表,法院当场裁定确认了苏州市吴江区地方税务局等 13 家(含韩某山等 6 名职工)债权人的债权数额(共计 4,511,171.4 元)及性质。然后,管理人向债权人会议做履职报告,全面汇报第一次债权人会议前管理人履职情况,重点披露债务人资产调查情况。管理人做完履职报告后,法院现场询问债权人对管理人履职报告的意见,并释明目前债务人财产已不足以支付破产费用,若无债权人或其他利害关系人垫付破产费用,管理人有权依照《企业破产法》第 43 条第 4 款的规定,向法院申请宣告破产并终结破产程序。在债权人均表示对管理人履职报告无异议,且不愿垫付破产费用后,管理人当场提请法院终结破产程序。法院裁定宣告装饰公司破产并终结装饰公司破产程序。裁定书同时载明:装饰公司股东张某某、王某某怠于履行义务,致无法对装饰公司进行清算,故装饰公司债权人可另行提起诉讼,要求张某某、王某某对装饰公司的债务承担相应民事责任；如在破产程序终结后 2 年内发现有依法应当追回的财产或者有应当供分配的其他财产,债权人可以请求法院追加分配。

另外,因装饰公司无财产支付管理人报酬,管理人作为法院的破产专项基金成员,可向法院提出补偿管理人报酬的申请。法院根据相关规定,最终一次性补偿其管理人报酬 5 万元。

裁判要旨

管理人在第一次债权人会议前查明债务人财产不足以清偿破产费用的,不应停止对申报债权的审查及对职工债权的调查公示工作,并应在债权申报期限届满后或第一次债权人会议上询问债权人或其他利害关系人是否愿意垫付破产费用。无人垫付的,管理人应当提请法院裁定终结破产程序,能够申请法院裁定确认债权表的,管理人应当先申请法院裁定确认债权表。

案例评析

"三无"企业,即无经营资金、无营业场所和企业管理机构、人员下落不明的企业。有关该类企业的破产案件看似简单,但在司法实践中,若要实现除清"僵尸企业"的目的并产生较好的实际效果,离不开管理人的勤勉与尽责。

第五部分

债权申报

㊶ 债权申报的通知与公告

关键词

通知的时间、公告的发布、申报的期限、通知和公告内容

实务要点

要点	具体内容
通知的时间	人民法院应当自裁定受理破产申请之日起 25 日内自行或由管理人协助通知已知债权人，已知债权人的范围根据债务清册、财务报告、清算报告、生效裁判文书等材料确定。适用快速审理方式的案件，人民法院应当自裁定受理破产申请之日起 15 日内自行或者由管理人协助通知已知债权人。
公告的发布	人民法院、管理人应当在"全国企业破产重整案件信息网"发布公告，同时还可以通过在破产案件受理法院公告栏张贴、法院官网发布、报纸刊登或者在债务人住所地张贴等方式进行公告。
申报的期限	债权申报期限自人民法院发布受理破产申请公告之日起计算，最短不得少于 30 日，最长不得超过 3 个月。适用简化审理的破产案件，债权申报期限为 30 日。
通知和公告内容	1. 通知和公告应当载明下列事项： （1）申请人、被申请人的名称或者姓名； （2）人民法院受理破产申请的时间； （3）申报债权的期限、地点和注意事项； （4）管理人的名称或者姓名及其处理事务的地址； （5）债务人的债务人或者财产持有人应当向管理人清偿债务或者交付财产的要求； （6）第一次债权人会议召开的时间和地点； （7）人民法院认为应当通知和公告的其他事项。 2. 通知和公告还可载明其他注意事项、联系方式等。适用简化审理的破产案件，还应对此一并公告。

推荐理由

人民法院受理并指定管理人后,应及时通知破产企业的债权人申报债权,便于债权人在破产程序中行使相关权利。为提升破产案件审理的透明度和公信力,最高人民法院专门设立了全国企业破产重整案件信息网,便于发布债权申报公告。债权通知的意义在于,人民法院以书面方式告知破产案件中已知债权人破产程序的事实和有关事项;债权公告的意义在于法院以网络或者登报的方式,向全社会不特定的人公开告知债务人破产受理的事实,告知无法通知的债权人、未知的债权人以及其他利害关系人已开始破产程序的事实和有关事项。

法律适用

□《企业破产法》第14条
□《上海市高级人民法院破产审判工作规范指引(2021)》第115条

以案析法

案件信息:重庆破产法庭发布的典型案例——重庆某餐饮公司破产清算案

基本案情

2018年9月30日,重庆市食品药品监督管理局以重庆某餐饮公司无证经营食品为由,对其作出行政处罚并出具行政处罚决定书,罚没合计总额5,442,240元。在强制执行过程中,餐饮公司未能缴纳上述罚没款项,遂以不能清偿到期债务且资产不足以清偿全部债务为由申请破产清算。

裁判要旨

2020年3月20日,重庆市第五中级人民法院裁定受理餐饮公司破产清算案件后,指定了管理人。针对本案债权债务关系简单、财产状况明晰的具体情况,合议庭决定本案适用快速审理方式。

合议庭及时组织债务人与管理人进行了账簿、文书、印章等材料的交接,并确定债权申报期限为30天,债权人会议召开时间为债权申报期限届满的次日。2020年5月11日,债务人的两名股东、管理人以及本案唯一的债权人重庆市食品药品监督管理局如期参加债权人会议。会上,债务人、债权人对于管理人提交的《核查债权的报告》《管理人报酬方案报告》《财产分配方案》等均无异议。重庆市第五中级人民法院当庭宣告餐饮公司破产,并对《财产分配方案》裁定予以认可。根据该分配方案,对餐饮公司可供分配的财产扣除破产费用后,债权人重庆市市场监督管理局受偿26,202.78元。5月12日,重庆市第五中级人民法院裁定终结餐饮公司破产程序。

案例评析

2020年4月15日,最高人民法院印发了《关于推进破产案件依法高效审理的意见》的通知,明确要求对符合条件的案件适用快速审理方式,提高破产审判效率。本案是重庆法院适用快速审理方式审结的破产清算第一案,为持续优化营商环境提供了司法实践样本。

42 破产债权的范围

关键词

不属于破产债权的权益、滞纳金

实务要点

要点	具体内容
不属于破产债权的权益	1. 债权人在人民法院受理破产申请时对债务人享有的债权称为破产债权。 2. 下列债权不属于破产债权： （1）行政、司法机关对破产企业的罚款、罚金以及其他类似惩罚性费用； （2）破产申请受理后，由债务人欠缴款项产生的滞纳金，包括债务人未履行生效法律文书应当加倍支付的迟延利息和劳动保险金的滞纳金； （3）人民法院受理破产申请后的债务利息； （4）债权人参加破产程序所支出的费用； （5）破产企业的股权、股票持有人在股权、股票上的权利； （6）破产财产最后分配开始后向管理人申报的债权； （7）已过诉讼时效且不存在诉讼时效中止、中断、延长情形的债权； （8）超出法定申请强制执行期限的债权； （9）因管理人或债务人依据《企业破产法》第18条的规定解除合同，对方当事人申报的违约金债权和适用定金罚则的债权； （10）债务人开办单位对债务人未收取的管理费、承包费； （11）政府无偿拨付给债务人的资金； （12）相关法律、法规、司法解释规定的不属于破产债权的其他情形。 3. 对于不属于破产债权的权利，管理人也应当对当事人的申报进行登记。
滞纳金	破产企业在破产案件受理前因欠缴税款产生的滞纳金属于普通破产债权，人民法院受理破产案件前债务人未付款项的滞纳金应确认为破产债权。

第五部分 债权申报

📢 推荐理由

就实质意义而言,破产债权指基于破产程序启动前的原因成立的财产上的请求权;就形式意义而言,破产债权是经依法申报确认并得以就破产财产获得清偿的可强制执行的债权。

⚖ 法律适用

☐《企业破产法》第 107 条

☐《最高人民法院关于适用〈中华人民共和国企业破产法〉若干问题的规定(三)》第 3 条

☐《最高人民法院关于审理企业破产案件若干问题的规定》第 55 条、第 61 条、第 62 条

☐《最高人民法院关于税务机关就破产企业欠缴税款产生的滞纳金提起的债权确认之诉应否受理问题的批复》

☐《最高人民法院关于人民法院受理破产案件前债务人未付应付款项的滞纳金是否应当确认为破产债权请示的答复》

📋 以案析法

案件信息:上海市高级人民法院(2020)沪民终665号——龙谊公司破产债权确认纠纷案

✎ 基本案情

2014 年 8 月 11 日,上海市工商银行金山支行(以下简称工行金山支行)向龙谊公司发放了贷款,后龙谊公司未履行还款义务,工行金山支行向上海市金山区人民法院提起诉讼,后调解结案。2016 年 3

月8日，工行金山支行申请强制执行。

2015年11月23日，上海某资产公司与工行金山支行签订《债权转让协议》，工行金山支行将涉案债权转让给上海某资产公司。

2019年10月10日，法院裁定受理龙谊公司破产清算一案，并指定了管理人。资产公司向管理人申报债权，管理人将资产公司计算的迟延履行期间的债务利息确认为劣后债权。资产公司有异议，故向法院提起诉讼。该案经过一审、二审，双方主要的争议焦点之一是迟延履行期间的加倍部分债务利息是普通债权还是劣后债权？

裁判要旨

迟延履行期间的加倍部分债务利息属于劣后债权，即仅在债务人财产全额清偿所有普通破产债权后仍有剩余时，才可按照比例获得清偿。具体理由如下：

第一，从债权性质角度讲，迟延履行期间的加倍部分债务利息属于民事惩罚性债权。该利息是人民法院针对特定对象迟延履行生效裁判法律文书所作出的处罚措施，旨在督促各方积极履行生效法律文书所确定的义务，显然具有惩罚性质。

第二，从破产程序的核心价值——保障全体债权人公平清偿的角度讲，债务人进入破产程序后，通常都已经处于资不抵债的状态，若将惩罚性债权作为普通债权向债权人进行清偿，那么会使其他债权人本应获得清偿部分的财产减少，全体债权人之间可获清偿的利益明显失衡，且该惩罚行为实际处罚的将是无辜的债权人，而非违法的债务人。

案例评析

根据《破产纪要》第28条的规定，民事惩罚性债权应作为劣后债权。迟延履行期间的加倍部分的债务的利息是人民法院针对特定对象迟延履行生效裁判法律文书所作出的处罚措施,属于民事惩罚性债权,故应作为劣后债权,仅在债务人财产全额清偿所有普通破产债权后仍有剩余时,才可按照比例获得清偿。

㊸ 债权申报程序

关键词

申报形式、申报要求、债务人诉讼的处理、连带债权的申报、涉及保证债权的申报

实务要点

要点	具体内容
申报形式	债权人向管理人申报债权应当采取书面形式,管理人对债权人以口头、电话或者其他电子信息等非书面形式申报的债权,可要求其提供书面文件。
申报要求	1. 债权人应当在人民法院确定的债权申报期限内向管理人申报债权。 2. 债权人申报债权时,应当书面说明债权的数额和有无财产担保,并提交有关证据。申报的债权是连带债权的,应当说明。
债务人诉讼的处理	1. 人民法院受理破产申请后,已经开始而尚未终结的有关债务人的民事诉讼,在管理人接管债务人财产和诉讼事务后继续进行。裁判作出并生效前,债权人可以同时向管理人申报债权,但其作为尚未确定债权的债权人,原则上不得行使表决权,除非人民法院临时确定其债权额。 2. 人民法院受理破产申请后,债权人新提起的要求债务人清偿的民事诉讼,人民法院不予受理,同时告知债权人应当向管理人申报债权。
连带债权的申报	连带债权人可以由其中一人代表全体连带债权人申报债权,也可以共同申报债权。

续表

要点	具体内容			
涉及保证债权的申报	债务人破产			
^	情况分类		申报的主体	申报依据或处理
^	已经代替债务人清偿债务。		债务人的保证人或者其他连带债务人。	以其对债务人的求偿权申报债权。
^	尚未代替债务人清偿债务的。		债务人的保证人或者其他连带债务人。	以其对债务人的将来求偿权申报债权。
^	^		债权人已经向管理人申报全部债权。	债务人的保证人或者其他连带债务人不再申报债权。
^	人民法院受理债务人破产案件,债权人在破产程序中申报债权后又向人民法院提起诉讼,请求担保人承担担保责任的。			人民法院依法予以支持;担保人主张担保债务自人民法院受理破产申请之日起停止计息的,人民法院对担保人的主张应予支持。
^	保证人破产			
^	情况分类			处理
^	保证人被裁定进入破产程序。			债权人有权申报其对保证人的保证债权。
^	主债务未到期。			保证债权在保证人破产申请受理时视为到期。
^	一般保证的保证人主张行使先诉抗辩权。			人民法院不予支持,但债权人在一般保证人破产程序中的分配额应予提存,待一般保证人应承担的保证责任确定后再按照破产清偿比例予以分配。
^	保证人被确定应当承担保证责任后。			保证人的管理人可以就保证人实际承担的清偿额向主债务人或其他债务人行使追偿权;但不得向和解协议或者重整计划执行完毕后的债务人追偿。
^	债务人、保证人均破产			
^	情况分类			处理
^	债务人、保证人均被裁定进入破产程序。			债权人有权向债务人、保证人分别申报债权。
^	债权人向债务人、保证人均申报全部债权。			债权人从一方破产程序中获得清偿后,其对另一方的债权额不作调整,但债权人的受偿额不得超出其债权总额。保证人履行保证责任后不再享有求偿权。

续表

要点	具体内容	
涉及保证债权的申报	担保代偿	
	情况分类	处理
	担保人清偿债权人的全部债权后。	担保人可以代替债权人在破产程序中受偿。
	在债权人的债权未获全部清偿前。	担保人不得代替债权人在破产程序中受偿,但是有权就债权人通过破产分配和实现担保权等方式获得清偿总额中超出债权的部分,在其承担担保责任的范围内请求债权人返还。

推荐理由

债权申报作为不确定多数债权人集体清偿程序中的一项重要环节,是破产债权得以清偿程序的必要前提。只有通过债权申报,才能确定有权参加清偿的债权人范围,确定不同债权人之间的清偿顺序,做到对债权人的有序、公平清偿。

法律适用

☐《企业破产法》第49条、第50条、第51条

☐《全国法院民商事审判工作会议纪要》第110条

☐《最高人民法院关于适用〈中华人民共和国企业破产法〉若干问题的规定(三)》第4条、第5条

☐《最高人民法院关于适用〈中华人民共和国民法典〉有关担保制度的解释》第22条、第23条

以案析法

案件信息：广西壮族自治区东兴市人民法院（2022）桂0681民初958号——广西宛然公司与余某霖等保证合同纠纷案

基本案情

2017年8月8日，小贷公司（债权人）向金滩公司（债务人）提供1900万元的贷款，担保公司（保证人）提供连带责任保证担保，本案被告余某霖、徐某芳、王某芳、郑某光（以下简称4个自然人）向担保公司提供反担保。后贷款逾期，小贷公司将债权转让给了金投公司。2021年12月23日，法院裁定受理桂林某公司对金滩公司的破产清算申请，并指定了管理人。2022年2月15日，担保公司代金滩公司向金投公司清偿了26,442,694.85元。2022年3月16日，担保公司将代偿形成的追偿权转让给了金投公司。

2022年3月18日，金投公司以其持有的截至2022年3月17日的债权资产向本案原告广西宛然公司增资。并向债务人金滩公司及担保人（4个自然人）发出《债权增资暨债权催收通知书》，要求其向原告履行债务或承担担保责任。此外，原告向金滩公司管理人申报债权。经金滩公司管理人审查确认，原告申报的本金债权为26,442,694.85元。后原告向法院提起诉讼，要求被告4个自然人共同向原告支付代偿款及利息、违约金。

裁判要旨

根据《最高人民法院关于适用〈中华人民共和国民法典〉有关担保制度的解释》第23条第1款"人民法院受理债务人破产案件，债权人在破产程序中申报债权后又向人民法院提起诉讼,请求担保人承担担保责任的,人民法院依法予以支持"的规定,本案债权人广西宛然公司虽已向债务人金滩公司申报债权,但并不影响其另行通过诉讼向金滩公司的连带责任保证人(4个自然人)主张权利,原告在申报案涉破产债权后又起诉保证人要求承担担保责任的,法院应当受理。

根据《企业破产法》第51条"债务人的保证人或者其他连带债务人已经代替债务人清偿债务的,以其对债务人的求偿权申报债权。债务人的保证人或者其他连带债务人尚未代替债务人清偿债务的,以其对债务人的将来求偿权申报债权。但是,债权人已经向管理人申报全部债权的除外"及第124条"破产人的保证人和其他连带债务人,在破产程序终结后,对债权人依照破产清算程序未受清偿的债权,依法继续承担清偿责任"的规定,鉴于原告作为金滩公司的债权人已向管理人申报债权,由此得到的清偿款对应本案起诉部分应当在本判决确定保证人承担责任的范围内扣减。如果破产程序终结前,保证人(4个自然人)履行保证责任,使原告的债权得到部分或全部清偿,则保证人按照其清偿部分的数额,取代原告的地位,可参与破产分配。如果保证人(4个自然人)履行保证责任之前,原告已通过破产分配程序实现了部分债权,则该实现债权应从本判决确定的保证人应承担的债务总额中扣减。

案例评析

在债务人破产时,债权人可同时申报债权并向担保人主张权利。在债权完全受偿前,担保人不得以其对债务人的追偿权申报债权,但在债权人通过破产程序和主张担保权利超额受偿时,担保人可主张返还超额部分。本案原告在保证期间请求4个自然人共同支付代偿款,具有事实和法律依据,连带保证人在承担清偿责任后,有权以其对金滩公司的求偿权向管理人申报债权。

㊹ 逾期申报与补充申报债权

关键词

逾期申报、补充申报、法律后果

实务要点

要点	具体内容
逾期申报与补充申报	在人民法院确定的债权申报期限内,债权人未申报债权的,可以在破产财产最后分配前补充申报。
法律后果	逾期未申报债权的法律后果主要包括: (1)债权人未按期申报债权,将丧失债权人参与破产程序的程序性权利,包括参加债权人会议的权利、表决权、异议权等。 (2)债权人未按期申报,已分配的财产不对其补充分配。即便其在破产财产最后分配前补充申报,此前已进行的分配仍不再对其补充分配。且债权人应承担因审查和确认补充申报债权的相关费用。 (3)如债务人进入重整程序,债权人未按期申报债权,在重整计划执行期内债权人不得行使任何要求偿债的权利。但债权人并未丧失其要求偿债的实体权利,其仍有权在重整计划执行完毕后,按照重整计划规定的同类债权的清偿条件行使权利。 (4)如债务人进入破产和解程序,债权人未按期申报债权,在和解协议计划执行期内债权人不得行使任何要求偿债的权利。但债权人并未丧失其要求偿债的实体权利,其仍有权在和解协议执行完毕后,按照和解计划规定的清偿条件行使权利。 (5)债权人逾期申报的,为审查和确认补充申报债权的费用,包括重新召开债权人会议的费用和差旅费用等,由补充申报人承担。

第五部分 债权申报

💬 推荐理由

债权申报是民事债权转化为破产债权的首要环节,是债权人参与破产程序的前提。债权人逾期申报或补充申报债权将产生相应的法律后果。在人民法院确定的债权申报期限内,债权人未申报债权的,可以在破产财产最后分配前补充申报。

⚖️ 法律适用

☐《企业破产法》第 56 条、第 59 条、第 92 条、第 100 条

📋 以案析法

案件信息:浙江省高级人民法院(2018)浙民终 93 号——乾达公司与海蓝公司房屋租赁合同纠纷案

✏️ 基本案情

2015 年 7 月 10 日,原告乾达公司与被告海蓝公司签订协议一份,约定由原告租赁被告车间、仓库和办公场所等,租赁期限为 20 年,自 2015 年 7 月 10 日至 2035 年 7 月 10 日止,租赁费用每年 25 万元。第一次预付两年租赁费用 50 万元,第 3 年开始每年 7 月预付下一年费用。原告按协议约定预付了租用费用后,对租用场地进行了翻修和维修,共花费维修费用 74,419.70 元。

2016 年 4 月 22 日,法院裁定受理海蓝公司重整申请,并指定了管理人,公告中债权申报的期限为 2016 年 6 月 15 日前。6 月 24 日召开了第一次债权人会议。8 月 10 日,管理人书面通知原告解除 2015 年 7 月 10 日原告、被告签订的协议。9 月 27 日,法院裁定海蓝

公司、海蓝氟公司、荣康氟公司进行合并破产重整。11月25日,召开第二次债权人会议表决重整计划草案。2017年2月23日,法院裁定批准海蓝公司、海蓝氟公司、荣康氟公司重整计划。重整计划第二部分债务人重整经营方案包括以下内容:原海蓝公司的债权人(包括但不限于对债务特定财产享有担保权的债权人、职工、普通债权人及共益债权人等)均无权向重整投资人以及新海蓝公司主张权利,如有债权人主张权利,均应按破产程序向荣康氟公司管理人申报债权,并按重整计划规定行使相关权利。2017年3月10日,原告、被告就搬离问题进行协商。3月31日,原告搬离。5月上旬,重整计划执行完毕。5月20日,原告向管理人申报债权74,419.70元,但管理人审核后认为原告申报的债权不属于破产债权,对原告申报的债权审查结果为0。另,原告法定代表人应某是被告重整程序中的债权人,参加了两次债权人会议。2017年10月9日,原告诉至法院,请求确认原告对被告海蓝公司享有74,419.70元的债权,并作为破产共益债务优先受偿。一审法院判决驳回原告诉讼请求。原告不服,提起上诉。二审法院驳回上诉,维持原判。

裁判要旨

原告、被告之间的租赁协议自破产申请受理之日起2个月解除。原告在被告厂区内租赁部分厂房,长期生产经营,且其法定代表人个人亦系被告重整债权人,参加了两次债权人会议,应当对被告整个重整程序知情且有高于一般债权人的了解程度。在管理人自破产申请受理之日起2个月内未通知解除租赁协议的情况下,既未向管理人发出催告,也未在合理期限内申报债权,甚至在管理人发出书面解除合同通知、知晓拟表决重整计划草案的情况下亦怠于行使权利。管理人自破产申请受理之日起2个月内未通知对方当事人的,视为合同解除，除非管理人与对方当事人就继续履行合同另行协商一致。法律明确规定了合同解除的后果，此时债权人即具有申报相应债权的权利，也即自2016年6月23日起，原告与被告的租赁协议应视为解除，不论被告管理人于2016年8月才通知原告解除租赁协议，也不论原告实际占用被告涉案厂房直至2017年3月31日，自2016年6月23日起，原告即应向被告管理人申报债权。

原告怠于申报债权，可视为放弃了申报债权、表决重整计划草案等相应的权利，重整计划对原告具有约束力。原告在明知被告进行重整，重整计划拟定中不包括继续履行租赁协议的情形下仍不申报债权，可能影响重整程序的整体推进。《企业破产法》的立法本意是鼓励对企业进行重整挽救，债权人应妥善行使申报债权的权利。《企业破产法》赋予管理人解除双方均未履行完毕的合同的权利，目的在于使债务人财产最大化。债权人未依照《企业破产法》规定申报债权的，在重整计划执行期间不得行使权利；在重整计划执行完毕后，可以按照重整计划规定的同类债权的清偿条件行使权利。具体到本案，原告非因不知晓重整程序等客观原因不申报债权，而是怠于申报债权，可视为放弃了申报债权、表决重整计划草案等相应的权利，重整计划对原告具有约束力。

经人民法院裁定批准的重整计划，对债务人和全体债权人均有约束力。即使原告的维修费用属于必要或有益费用，也因受重整计划的约束，不得向被告主张权利。包含规避《企业破产法》第92条第2款的重整计划，经债权人会议表决通过又获得法院批准的重整计划，既是一项拟制的集体协商一致的合同，又具有法律确认的效力，不存在合法性阻碍，对债务人和全体债权人均有约束力。

清算与破产实务 100 点

✏ 案例评析

在实践中,有时会出现个别债权人恶意不按期申报债权,进而影响投资人信心和重整程序顺利进行等问题,对此各地法院提出了各种不同的解决建议。上海市浦东新区人民法院制订了《关于办理破产适用浦东新区法规的实施规则(一)》,该规则的核心内容是规范破产重整案件中债权的申报、审查和救济,尤其是对在重整计划草案提交债权人会议表决前仍未申报债权的债权人补充申报债权的受偿权利作出限制性规定,重点设置了无正当理由未申报债权的失权制度,为我国《企业破产法》的修改提供了有益的尝试与借鉴。

45 债权审查

关键词

审查原则和标准、生效法律文书确认债权的处理、未决债权的处理、特殊债权的审查、迟延履行期间债务利息的计算

实务要点

要点	具体内容
审查原则和标准	1. 管理人应当对申报债权的真实性、合法性、时效性进行审查,并编制债权表。管理人不得以债权瑕疵等为由拒绝编入债权表,但应当将瑕疵审查意见附于债权表,供债权人会议核查以及供利害关系人查阅。 2. 同一案件债权审查标准应当保持一致,不得出现管理人不同成员或不同工作人员审查标准不一致的情形,不得区别、不平等对待债权人,损害债权人利益。

第五部分 债权申报

续表

要点	具体内容
生效法律文书确认债权的处理	1. 已经生效法律文书确定的债权，管理人应当予以确认。 2. 管理人认为债权人据以申报债权的生效法律文书确定的债权错误，或者有证据证明债权人与债务人恶意通过诉讼、仲裁或公证机关赋予公证文书强制执行力的形式虚构债权债务的，应当依法通过审判监督程序向作出该判决、裁定、调解书的人民法院或者上一级人民法院申请撤销生效法律文书，或者向受理破产申请的人民法院申请撤销或者不予执行仲裁裁决、不予执行公证债权文书后，重新确定债权。
未决债权的处理	债权人申报债权属于《企业破产法》第59条第2款规定的诉讼或仲裁案件未决债权的，管理人可以提请人民法院临时确定其债权额。
特殊债权的审查	1. 未到期债权在破产申请受理时视为到期。如该债权附利息，只需合并计算债权本金和本金截至破产申请受理时产生的利息。破产申请受理后的利息不应当计入破产债权。 2. 在破产申请受理时未成就的附条件或者附期限的债权，可以申报。 3. 债权人因债务人或者管理人解除合同而产生的损害赔偿请求权的破产债权金额，应当仅限于解除合同行为给债权人造成的直接的、现实的、可计算的损失。如有争议应依据人民法院的生效判决来确认。 4. 政府无偿拨付给债务人的资金不列为破产债权。但财政扶贫、科技管理等行政部门通过签订合同，按有偿使用、定期归还原则发放的款项，可以列为破产债权。
迟延履行期间债务利息的计算	1. 加倍计算的迟延履行期间的债务利息，包括迟延履行期间的一般债务利息和加倍部分债务利息。迟延履行期间的一般债务利息，根据生效法律文书确定的方法计算；生效法律文书未确定给付该利息的，不予计算。加倍部分债务利息的计算方法为：加倍部分债务利息＝债务人尚未清偿的生效法律文书确定的除一般债务利息之外的金钱债务 × 日万分之一点七五 × 迟延履行期间。 2. 人民法院划拨、提取被执行人的存款、收入、股息、红利等财产的，相应部分的加倍部分债务利息计算至划拨、提取之日；人民法院对被执行人财产拍卖、变卖或者以物抵债的，计算至成交裁定或者抵债裁定生效之日；人民法院对被执行人财产通过其他方式变价的，计算至财产变价完成之日。 3. 非因被执行人的申请，对生效法律文书审查而中止或者暂缓执行的期间及再审中止执行的期间，不计算加倍部分债务利息。

推荐理由

债权审查是破产程序中的重要事项,带有准司法行为的性质,其不仅关系债权人的切身利益,也是管理人开展其他工作的基础。根据《企业破产法》的相关规定,管理人对申报的债权进行审查并编制债权表、由债权人会议核查,最后由人民法院裁定确认。

法律适用

☐《企业破产法》第46条、第47条、第53条、第57条

☐《上海市高级人民法院破产审判工作规范指引(2021)》第124条

☐《最高人民法院关于审理企业破产案件若干问题的规定》第62条

☐《最高人民法院关于适用〈中华人民共和国企业破产法〉若干问题的规定(三)》第7条

☐《上海市破产管理人协会破产案件管理人工作指引(试行)》第61条

☐《最高人民法院关于执行程序中计算迟延履行期间的债务利息适用法律若干问题的解释》第1条、第3条

☐《上海市破产管理人协会会员执业纪律规范(试行)》第15条

第五部分 债权申报

以案析法

案件信息：安徽省滁州市中级人民法院（2020）皖11民终3630号——陈某诉天长市某安防科技有限责任公司破产债权确认纠纷案

基本案情

天长市某安防科技有限责任公司（以下简称某科技公司）将案涉天长工业园项目发包给某建筑公司，而陈某（系农民工）为某建筑公司招聘的塔吊工。因某科技公司欠某建筑公司工程款，而某建筑公司又欠陈某塔吊工资，后经债权人陈某的同意，某建筑公司将其欠付陈某的塔吊工资22,800元转移给某科技公司，即将某建筑公司对某科技公司享有的债权转让给陈某，由陈某直接向某科技公司主张债权。现某科技公司进入破产清算程序，该公司将资产变现后应先支付农民工工资。2018年7月26日，在安徽省天长市人民法院召开第一次债权人会议，陈某被法院认定为某科技公司的职工代表、债权人委员会成员。为配合破产管理人的工作，让某科技公司的资产早日变现，也能让在某科技公司打工的农民工早日拿到自己的血汗钱，陈某辞去了在江苏省南京市的工作回到天长市积极配合破产管理人对某科技公司的破产清算工作。2020年7月3日在该院召开第二次债权人会议，这次没有让陈某作为职工代表身份参加会议，陈某作为债权人出席了会议。会上，破产管理人宣布了某科技公司的财产分配方案，陈某工资被认定为普通债权。为此，陈某请求法院判令确认陈某对某科技公司享有职工工资债权22,800元并优先受偿。

安徽省天长市人民法院于2020年9月14日判决驳回陈某的诉

205

讼请求。陈某不服,提起上诉。安徽省滁州市中级人民法院判决撤销一审判决,确认陈某对其申报建设工程价款中的农民工工资债权22,800元享有优先受偿权。

裁判要旨

陈某对某科技公司享有的债权性质:某建筑公司欠付陈某塔吊工资,从本质上来说,系承包人为建设工程应当支付的工人工资,陈某系农民工,该工资即为农民工工资,其性质并没有因债务转让而发生改变。

涉案债权是否符合优先受偿条件:发包人进入破产清算程序,农民工以承包人所欠工资申报债权的,系建设工程价款中的农民工工资,应当享有优先受偿权,该权利优于抵押权和其他债权获得清偿。

案例评析

公司进入破产、清算程序,相对普通债权,职工工资应优先支付,而作为弱势群体的农民工工资理应更需获得保护。《保障农民工工资支付条例》第29条第1款、第2款规定,建设单位应当按照合同约定及时拨付工程款,并将人工费用及时足额拨付至农民工工资专用账户,加强对施工总承包单位按时足额支付农民工工资的监督。建设单位未按照合同约定及时拨付工程款导致农民工工资拖欠的,建设单位应当以未结清的工程款为限先行垫付被拖欠的农民工工资。切实根治拖欠农民工工资问题,事关广大农民工切身利益,事关社会公平正义和社会和谐稳定。

46 劳动债权

关键词

劳动债权、欠薪保障金、住房公积金

实务要点

要点	具体内容
劳动债权	1. 劳动债权是指因破产宣告前的劳动关系发生的债权,包括破产企业所欠职工工资、医疗、伤残补助、抚恤费用和欠缴的基本社会保险费用,以及法律、行政法规规定应当支付给职工的补偿金等其他费用。 2. 劳动债权免予申报,管理人应当在第一次债权人会议召开15日前完成调查,列出清单并在债务人公告栏或者其他显著位置公示。 3. 职工对清单记载的金额及相关事项有异议的,可以在第一次债权人会议召开前向管理人提出异议,异议成立的,予以更正;异议不成立,管理人应当予以通知并说明理由,职工对管理人的通知有异议的,可以自收到通知之日起15日内提起债权确认诉讼。
欠薪保障金	申请条件 / 破产企业无力支付欠薪:(1)基层法院可以要求管理人向该法院所在区的人力资源和社会保障局申请办理垫付欠薪事项;(2)中级人民法院或铁路运输法院可以要求管理人向企业注册地所在地区人力资源和社会保障局申请办理垫付欠薪事项。
	垫付范围 / 垫付的欠薪范围:(1)应付未付的工资;(2)解除、终止劳动合同应付未付的经济补偿金。
	垫付范围 / 不予垫付的欠薪:(1)欠薪企业的法定代表人或者经营者;(2)欠薪企业中与前项人员共同生活的近亲属;(3)拥有欠薪企业10%以上股份的人员;(4)月工资超过本市职工月平均工资水平3倍的人员;(5)累计欠薪数额不到200元的人员。

续表

要点			具体内容
欠薪保障金	申领和垫付	时间要求	破产企业拖欠工资或经济补偿金不超过6个月的,垫付欠薪的款项按照实际欠薪月数计算;超过6个月的,按照欠薪最后6个月计算。
		金额要求	拖欠的月工资或月经济补偿金高于本市当年职工月最低工资标准的,垫付欠薪的款项按照月最低工资标准计算;低于月最低工资标准的,按照实际欠薪数额计算。
		法院提出	出具书面公函和企业欠薪明细表。
		管理人申请	持指定管理人决定书、授权委托书、执业证或工作证等证明文件至市人力资源和社会保障局查询破产企业是否已申领过欠薪保障金,市人力资源和社会保障局出具查询结果文书。如已申领,管理人应至相应的区人力资源和社会保障局查询具体垫付情况。
	追偿及顺位	追偿权公示	人力资源和社会保障局对劳动者垫付欠薪后,即取得对该劳动者垫付款项的追偿权。该追偿权不必申报,由管理人调查后列出清单并予以公示。
		清偿顺位	按照《企业破产法》第113条第1款第2项的顺序清偿。
住房公积金	债权性质		债务人欠缴的住房公积金,按照债务人拖欠的职工工资性质清偿。因此,住房公积金债权属于职工债权。由管理人接管并负责调查核实后予以公示,市公积金有关部门不作为申报主体申报债权。
	查询与调查	管理人联系对接市公积金管理部门	债务人已设立单位住房公积金账户的,联系单位住房公积金账户所在区管理部。
			债务人未设立单位住房公积金账户的,联系其住所地所在区管理部。
		提供的材料	管理人向区管理部书面邮寄协查函,申请调查债务人住房公积金的开户和缴存情况,随函提供法院就破产或清算作出的民事裁定书或决定书等有效法律文件。
		查询内容	(1)债务人的单位住房公积金账号、开户日期、末次汇缴月份、目前缴存人数、缴存职工的名单和证件号码及个人住房公积金账号等信息;(2)是否有针对债务人的投诉举报(含已立案的案件);(3)市公积金相关部门是否已向人民法院申请强制执行;(4)在市公积金相关部门官网发布公告,提供管理人地址及联系方式,告知若有职工被债务人拖欠住房公积金,可以向管理人申报债权。

续表

要点		具体内容
住房公积金	财产分配的处理	管理人应当依法将应清偿的住房公积金补缴入职工的个人住房公积金账户,并由对接的有关部门协助做好补缴入账等相关工作。
	注销	管理人可以凭企业注销证明或法院裁定破产程序终结的相关材料至对接的有关部门办理单位住房公积金账户注销手续。
	程序终结通知	管理人应当在法院裁定债务人破产程序终结后的15日内,书面告知对接的市公积金管理部门。

推荐理由

管理人接受法院指定后,在秉承勤勉尽责、忠实维护全体债权人的合法利益的同时,应考虑优先维护处于弱势地位的劳动者的合法权益,维护社会稳定。

法律适用

□《企业破产法》第48条

□《上海市高级人民法院、上海市人力资源和社会保障局关于企业破产欠薪保障金垫付和追偿的会商纪要》

□《上海市高级人民法院、上海市住房和城乡建设管理委员会关于破产程序中规范处置住房公积金债权的会商纪要》

□《上海市高级人民法院破产审判工作规范指引(2021)》第119条

以案析法

案件信息：最高人民法院（2021）最高法民申 6195 号——虎某某诉宁夏某有限公司破产债权确认纠纷案

基本案情

2018 年 2 月 12 日，虎某某与宁夏某有限公司（以下简称宁夏某公司）签订《职工福利借款合同》，当日，虎某某通过转账方式支付借款 17 万元给宁夏某公司指定账户，宁夏某公司向虎某某出具收据。2018 年 12 月 19 日，宁夏回族自治区银川市中级人民法院作出（2018）宁 01 破申 24 号民事裁定，受理宁夏某公司的破产重整申请。虎某某申报债权后，管理人向虎某某出具《宁夏某公司公司债权异议回函》，认为《职工福利借款合同》属于民间借贷关系，不属于职工破产债权范围，确认为普通债权。虎某某不服，提起诉讼。

宁夏回族自治区银川市中级人民法院判决驳回虎某某的全部诉讼请求。虎某某不服提起上诉，宁夏回族自治区高级人民法院判决驳回上诉、维持原判；宣判后，虎某某向最高人民法院申请再审。最高人民法院裁定驳回虎某某的再审申请。

裁判要旨

职工集资款应参照职工破产债权优先受偿。《最高人民法院关于审理企业破产案件若干问题的规定》第 58 条将企业欠职工的集资款解释为与企业欠职工工资具有相同地位的破产债权，职工享有按照第一顺序清偿的优先受偿权。

关联企业职工集资款纳入职工集资款债权人范围的情形：在实践中，集团类企业可以通过控制关联企业，组织下属关联企业职工进行集资。职工进行集资更多是出于保护其就业权而非以此进行牟利。因此,在符合一定条件时,基于劳动者保护和社会稳定因素的考虑,可以将具有身份强迫情形的关联企业职工纳入职工集资款债权人范围。

职工集资款的范围:职工集资款限定在职工工资收入范围内;职工集资款应以解决企业发展所需资金为用途。

债权人以企业职工名义与破产企业签订借款合同,但在出借资金时其并非破产企业职工,与破产企业之间并不存在劳动关系等用工关系,不应认定为职工集资款债权。

案例评析

企业职工要接受企业的管理,企业可以通过身份强迫让职工非自愿出借集资款。职工集资款债权的实质为民间借贷,和普通民间借贷的区别主要在于债权人的职工身份,在破产程序中依法受特殊保护,属于优先受偿的破产债权。国际劳工组织制订的《雇主破产情况下保护工人债权公约》明确要求,在雇主破产情况下,应以优先权保护工人因其就业而产生的债权。最高人民法院在制订《关于审理企业破产案件若干问题的规定》时,考虑到对职工群体的保护,明确规定对职工集资款合法权益应予保护。因此,职工集资款债权在破产程序中具有进行特殊保护的价值,应确认职工集资款的优先受偿性。

47 社会保险费和税收债权

关键词

社会保险费和税收债权的申报、涉税事项办理、税款滞纳金

实务要点

要点		具体内容
社会保险费和税收债权的申报		有关征管机关申报社会保险费、税收债权的,管理人应当在审查后记载于债权表,管理人也应主动向征管机关核实社会保险费、税收债权的情况。
涉税事项办理	申报税收债权	1. 人民法院或管理人自裁定受理破产申请之日起 25 日[1]内书面通知主管税务机关申报税收债权。 2. 主管税务机关收到债权申报通知后 10 个工作日内,向管理人依法申报企业所欠税(费)、滞纳金、罚款,以及因特别纳税调整产生的利息(以人民法院裁定受理破产申请之日为截止日计算确定)。同时提供收取债权分配款的账号,同时告知可能存在的多缴税金信息。
	企业破产重整 税务信息变更	企业原法定代表人犯罪等被列入重大风险防控企业名单,导致企业重整时无法办理税务信息变更的,可由管理人以企业名义办理税务信息变更。
	企业破产重整 纳税信用修复	人民法院裁定批准重整计划或重整计划执行完毕后,重整企业可向主管税务机关提出纳税信用修复申请。主管税务机关按规定受理,符合条件的,在 1 个工作日内完成审核,并向重整企业反馈信用修复结果。

续表

要点			具体内容
涉税事项办理	税收优惠政策	破产清算事项	依法进入破产程序的企业资产不足以清偿全部或者到期债务,其房产土地闲置不用的,可以在人民法院裁定受理破产申请后,按现行规定向主管税务机关申请房产税和城镇土地使用税困难减免。
		破产重整及和解事项	1. 企业在破产过程中,实施资产重组,通过合并、分立、出售、置换等方式,将全部或者部分实物资产以及与其相关联的债权、负债和劳动力一并转让给其他单位和个人,其中涉及的货物、不动产、土地使用权转让符合规定条件的,不征收增值税。 2. 企业在破产过程中,发生重组业务,符合规定条件的,可适用企业所得税关于特殊性税务的规定处理。 3. 企业在破产过程中,符合规定条件的,可享受改制重组有关契税、土地增值税、印花税优惠政策。
	清算期间企业所得税处理		1. 人民法院裁定受理破产申请后,企业终止经营活动的,应进行企业清算所得税处理。管理人可通过上海市电子税务局向主管税务机关进行清算备案。 2. 企业清算备案后,对于经营期内未预缴的企业所得税按规定预缴申报,并自实际经营终止之日起 60 日内,向税务机关办理当期企业所得税汇算清缴;同时,以整个清算期作为一个独立的纳税年度计算清算所得,清算期间不需要再进行企业所得税预缴申报,自清算结束之日起 15 日内完成清算申报。
	税务注销		企业经人民法院裁定宣告破产的,管理人可持人民法院终结破产程序裁定书向税务机关申请企业税务注销,税务机关按照相关规定,即时出具清税文书,核销"死欠"。
税款滞纳金			破产企业在破产案件受理前因欠缴税款产生的滞纳金属于普通破产债权,税务机关申报的滞纳金超过税款数额的部分不属于破产债权[2]。破产案件受理后因欠缴税款产生的滞纳金,也不属于破产债权。

[1]《企业破产法》第 14 条规定是 25 日。《上海市加强改革系统集成提升办理破产便利度的若干措施》第 4 条规定:"提高债权申报效率。破产管理人可通过破产案件涉案信息在线查询系统查询企业主管税务机关,并在法院裁定受理破产申请之日起 15 日内书面通知主

管税务机关申报税收债权……"

[2]《行政强制法》第45条规定:"行政机关依法作出金钱给付义务的行政决定,当事人逾期不履行的,行政机关可以依法加处罚款或者滞纳金。加处罚款或者滞纳金的标准应当告知当事人。加处罚款或者滞纳金的数额不得超出金钱给付义务的数额。"税务机关针对滞纳税款加收滞纳金的行为,属于依法强制纳税人履行缴纳税款义务而实施的行政强制执行,应当适用《行政强制法》第45条第2款的规定,加收的滞纳金数额不得超出税款数额。具体案例见江苏省南京市中级人民法院民事判决书,(2023)苏01民终6513号。

推荐理由

根据《企业破产法》的相关规定,社保、税收债权应由有关征管机关向管理人进行申报,而根据《上海市高级人民法院破产审判工作规范指引》的相关规定,管理人也应主动向征管机关核实社会保险费、税收债权的情况。

法律适用

□《上海市高级人民法院破产审判工作规范指引(2021)》第120条

□《上海市高级人民法院、国家税务总局上海市税务局关于优化企业破产程序中涉税事项办理的实施意见》

□《最高人民法院关于税务机关就破产企业欠缴税款产生的滞纳金提起的债权确认之诉应否受理问题的批复》

□《上海市加强改革系统集成提升办理破产便利度的若干措施》第4条

第五部分 债权申报

以案析法

案件信息：重庆市第五中级人民法院（2021）渝05民初3959号——重庆市大足区住房和城乡建设委员会与宝雍房产公司破产债权确认纠纷案

基本案情

宝雍房产公司开发的"阳光鑫城"项目，经重庆市大足区人民政府批准，城市建设配套费先缴纳1000万元，余款693万元在6个月内缴清。2018年11月9日，重庆市大足区住房和城乡建设委员会（以下简称大足区住建委）向宝雍房产公司送达行政决定告知书，决定对宝雍房产公司征收城市建设配套费1693万元，并以应缴的配套费693万元为基数，从2014年11月5日起，按日征收万分之五的滞纳金，直至配套费缴纳完为止。

2020年11月4日，重庆市第五中级人民法院裁定受理宝雍房产公司的破产清算申请并指定管理人。大足区住建委就城市建设配套费及滞纳金向管理人申报债权，申报金额1386万元（其中配套费、滞纳金各693万元），债权性质为共益债务。经管理人审查，确认大足区住建委享有普通债权1386万元（其中配套费、滞纳金各693万元）。

大足区住建委不服管理人债权认定，于2021年6月2日向法院提起破产债权确认之诉，请求确认大足区住建委享有债权1386万元，比照税款债权予以清偿。2021年11月9日，法院判决确认大足区住建委对宝雍房产公司享有普通债权693万元、劣后债权693万元，并驳回大足区住建委的其他诉讼请求。

裁判要旨

破产债权确认之诉所判定的债权不同于普通民商事案件所判定

的债权,其利益的调整不仅仅局限于双方当事人,更涉及全体债权人之间债权比重(可分配财产)的调整。因此,管理人与债权人在债权性质上所达成的一致意见,不能约束法院的认定和处理,法院应全面审查破产债权的金额、性质、清偿顺位等内容,作出明确的处理。本案中管理人与债权人均认可滞纳金属于普通债权,与法律、司法文件等规定不符,应予以纠正。

城市建设配套费等政府强制征收的政府性基金类债权不同于一般公共预算收入类的税收债权,其债权性质应属于普通债权。在此基础上征收滞纳金,目的在于通过征收高标准的滞纳金促使当事人尽快履行金钱给付义务,属于行政惩罚性措施,在清偿顺序上应劣后于普通债权清偿,属于劣后债权。

案例评析

本案是确认城市建设配套费及滞纳金债权的破产债权确认纠纷,审理中明确了破产债权确认之诉的审查范围,以及如何认定城市建设配套费、滞纳金债权的数额和性质,对类似破产债权审查确认有一定借鉴意义。

48 管理人债权核查

关键词

编制债权表、债权表的核查、债权表的异议、债权表的确认、债权确认诉讼

第五部分 债权申报

实务要点

要点	具体内容
编制债权表	1. 管理人根据债权申报和债权审查的结果，编制债权表。 2. 债权表可以按管理人审查的有财产担保的债权、税收债权和社会保险债权、普通债权等分类记载。 3. 债权表在各类债权下分别记载各项债权的债权人名称、债权申报金额、债权原因、债权审查金额、附条件和附期限债权、尚未确定债权等；有财产担保的债权应当同时列明担保财产的名称。 4. 管理人编制的债权表，由管理人保存，供利害关系人查阅。
债权表的核查、异议和确认	1. 管理人编制完成债权表后，应当以书面形式及时通知债权人和债务人。如债权人对债权表均无异议，应视为核查结束。 2. 债务人、债权人对债权表记载的债权有异议的，应当说明理由和法律依据。异议债权人应在债权人会议结束后 5 日内按管理人要求提交补充材料，由管理人在 5 日内进行复查，并将复查结果以书面方式送达异议债权人，即为债权人会议核查结束。 3. 经管理人解释或调整后，异议人仍然不服的，或者管理人不予解释或调整的，异议人应当在债权人会议核查结束后 15 日[1]内向人民法院提起债权确认的诉讼。当事人之间在破产申请受理前订立有仲裁条款或仲裁协议的，应当向选定的仲裁机构申请确认债权债务关系。
债权确认诉讼	1. 债务人对债权表记载的债权有异议向人民法院提起诉讼的，应将被异议债权人列为被告。 2. 债权人对债权表记载的他人债权有异议的，应将被异议债权人列为被告；债权人对债权表记载的本人债权有异议的，应将债务人列为被告。 3. 对同一笔债权存在多个异议人，其他异议人申请参加诉讼的，应当列为共同原告。

[1]该 15 日期间系附不利后果的引导性规定，目的是督促异议人及时主张权利、提高破产程序的效率，并非起诉期限、诉讼时效或除斥期间。该 15 日期间届满后，破产程序按债权人会议核查并经人民法院裁定确认的结果继续进行，由此给异议人行使表决权和财产分配等带来的不利后果，由其自行承担，但并不导致异议人实体权利或诉权消灭的法律后果。详见《最高人民法院公报》2022 年第 12 期（总第 316 期），沙启英与塔尼尔生物科技（商丘）有限公司等破产债权确认纠纷案。

推荐理由

破产管理人收到债权申报材料后,应当编制债权表,对申报的债权的性质、数额、担保财产、是否超过诉讼时效期间、是否超过强制执行期间等情况进行审查,根据具体情形分别作出确认、不予确认、暂缓确认等审查意见。

法律适用

☐《企业破产法》第57条、第58条
☐《中华全国律师协会律师担任破产管理人业务操作指引》第32条
☐《上海市高级人民法院破产审判工作规范指引(2021)》第125条
☐《最高人民法院关于适用〈中华人民共和国企业破产法〉若干问题的规定(三)》第8条、第9条

以案析法

案件信息:上海市第三中级人民法院(2021)沪03民初568号——吕某诉电器公司破产债权确认纠纷案

基本案情

上海某电器公司从事房产开发、商铺租售等业务。因经营不善、涉及众多诉讼和执行案件,法院依债权人申请裁定受理电器公司破产清算一案,并指定了管理人。债权申报阶段,商铺的43名预告登记购房人请求管理人确认其对登记房屋享有物权。管理人认为,系争商铺虽已完成结构封顶,但尚未竣工验收,不符合房屋交付条件,合同已无法继续履行,且系争房屋虽已办理预告登记,但在破产受理时仍

未办理过户手续,仍应属于电器公司财产;吕某不属于消费性购房人,也不应享有相应财产的优先权,遂确认预告登记购房人享有普通债权。购房人对此不满,经释明引导,43名购房人就相同争议问题,选取具有代表性的诉求提起破产债权确认的衍生诉讼,先行审理判决。吕某遂起诉请求法院判决确认系争房屋不属于破产财产,若系争房屋属于破产财产,则请求法院判决确认吕某对系争房屋享有优先权。一审法院判决驳回原告吕某的全部诉讼请求。吕某不服,提起上诉。后吕某撤回上诉。

裁判要旨

系争房屋是否为破产财产。吕某享有的是系争房屋上的预告登记权利,该权利属于请求继续履行房屋预售合同、取得不动产登记的债权请求权,并非物权。由于系争房屋为登记在电器公司名下的在建工程,尚未办理登记,也不属于《破产法司法解释(二)》第2条中所列举的不纳入破产财产的财产范围,故系争房屋应属于破产财产。

原告是否享有系争房屋的优先权。预告登记权利并非法律明确规定的优先权,仅有要求继续履行合同的效力,待系争在建房屋建设完毕后,吕某可直接请求完成不动产变更登记,取得房屋所有权。

综上,原告不享有法律意义上的"优先权"。对于原告确认其对系争房屋享有优先权的请求,法院不予支持。

案例评析

原告主张享有"优先权",系为要求法院确认某项权利。但"优先权"的确认和行使,必须以有法律的明文规定为依据,所以原告不享有法律意义上的"优先权"。本案二审期间,破产合议庭和管理人就该判决理由和结果积极与43名预告登记购房人沟通,并统一将吕某及其他预告登记购房人均单独确认为预告登记权利人。吕某撤回了上诉,其他预告登记购房人也未再提起诉讼。本案达到了"办理典型一案,促进解决一片"的良好效果。

第六部分

债权人会议

49 债权人会议的组成

关键词

成员资格与权利、列席人员、职工和工会的代表、债权人会议主席

实务要点

要点	具体内容
成员资格与权利	1. 依法申报债权的债权人为债权人会议的成员,有权参加债权人会议,享有表决权。 2. 债权尚未确定的债权人,除人民法院能够为其行使表决权而临时确定债权额的外,不得行使表决权。 3. 有财产担保且未放弃优先受偿权的债权人,可以参加债权人会议,但对"通过和解协议"和"通过破产财产分配方案"不享有表决权。
列席人员	1. 债务人的有关人员(指企业的法定代表人,经人民法院决定,可以包括企业的财务管理人员和其他经营管理人员)有义务列席债权人会议并如实回答债权人的询问。 2. 破产管理人应当列席债权人会议,向债权人会议报告职务执行情况,并回答询问。 3. 债务人的出资人。 (1)债务人的出资人代表可以列席讨论重整计划草案的债权人会议。 (2)重整计划草案涉及出资人权益调整事项的,应当设出资人组,对该事项进行表决。 (3)人民法院可以根据需要,通知债务人的出资人列席债权人会议。 4. 政府相关部门。人民法院可以根据需要,通知政府相关部门派员列席债权人会议。

223

续表

要点	具体内容
职工和工会的代表	1.债权人会议应当有债务人的职工和工会的代表参加,由债务人职工代表大会和工会推选产生。 2.参加债权人会议的职工和工会的代表,可以就与职工利益相关的事项发表意见,不参与表决。 3.因债务人停业、有关人员下落不明或者尚未设立工会等原因,管理人无法通知债务人的职工或者工会代表参加债权人会议,或者经通知不参加债权人会议的,不影响债权人会议的召开。管理人应当对通知情况进行记录。
债权人会议主席	1.债权人会议设主席一人,主持债权人会议,负责形成会议记录,管理人予以协助。 2.产生方式: (1)有表决权的债权人协商推选并经人民法院指定; (2)由人民法院直接从有表决权的债权人中指定(管理人可以在第一次债权人会议召开前三日向人民法院提交债权人会议主席人选、债权人委员会建议名单及报告,并说明人选的基本情况和建议的理由)。 3.人民法院指定债权人会议主席以决定书的方式作出。 4.债权人会议主席可以是自然人,也可以是企业法人或者其他组织,但有财产担保且未放弃优先受偿权的债权人不宜作为债权人会议主席。债权人会议主席为企业法人或组织的,应指派专人履行职责。

推荐理由

债权人会议是破产企业债权人的集体自治组织,由所有依法申报债权的债权人组成,通过实现破产程序参与权,表达债权人意志,尽可能实现保障债权人整体清偿利益的目的。

法律适用

□《企业破产法》第15条、第23条、第59条、第60条、第61条、第85条

□《上海市高级人民法院破产审判工作规范指引(2021)》第130

条、第131条、第132条

□《上海市破产管理人协会破产案件管理人工作指引（试行）》第69条

以案析法

1. 案件信息：江苏法院金融审判案例——江苏鑫吴输电设备制造有限公司破产重整案

基本案情

江苏鑫吴输电设备制造有限公司（以下简称鑫吴输电）主营220KV及以下电力钢管塔、750KV及以下输电线路铁塔等的制造和销售，系编入国家电网合格供应商名录、拥有制造"350KV—1000KV"铁塔等许可证及资质的企业，2015年因跨界投资房地产失误陷入债务危机。2016年1月5日，苏州市吴江区人民法院裁定对鑫吴输电进行破产清算。因鑫吴输电仍具有运营价值，法院许可其在破产期间继续营业。2016年度，鑫吴输电营业收入达9027万元，缴纳税金1080万元。

裁判要旨

经核查确认，本案金融债权合计2.6亿元，占债权总额的51.18%，涉及中国银行、光大银行、江苏银行等13家金融机构，占债权人总数的12.26%。吴江区人民法院指定苏州农村商业银行为债权人会议主席，债权人会议决议成立包括2家金融机构在内的5人债权人委员会。在债权人委员会的监督下，管理人根据债权人会议确定的程序和规则公开招募投资人，并最终选定条件最优的重整投资人，引

225

入偿债资金 2.95 亿元。

2017 年 7 月 20 日,吴江区人民法院裁定对鑫吴输电进行重整。2018 年 5 月 4 日,鑫吴输电债权人会议高票表决通过重整计划。经过重整,担保债权、职工债权、税款债权获得全额清偿,普通债权 30 万元以下部分全额清偿,普通债权现金平均清偿率一举由模拟清算状态下的 19.2% 提升至近 60%。此外,根据《破产法司法解释(三)》第 5 条的规定,债务人、保证人均进入破产程序的,债权人从一方破产程序中获得清偿后,其对另一方的债权额不作调整,但债权人的受偿额不得超出其债权总额。在鑫吴输电及关联方鑫吴钢构的重整程序中,部分金融债权人最终获得全额清偿,其余金融债权人也合计获得 70% 以上的清偿。2018 年 5 月 11 日,吴江区人民法院裁定批准重整计划。

案例评析

债权人会议作为破产程序中的一个重要的组织机构,它对于破产程序的科学构筑和合理运行发挥着十分重要的作用。本案审理过程中,法院根据案件的实际情况依法指定了债权数额较大的金融债权人为债权人会议主席,吸纳金融债权人进入债权人委员会,实行重大决策管理人与金融债权人联合会商的工作机制,为本案的重整成功打下了坚实的基础。此外,从我国的立法现状来看,债权人会议制度本身以及关于债权人会议主席的规定尚需进一步完善。

2. 案件信息:(2020)沪 03 破 190 号——平安银行股份有限公司上海分行与上海强冠钢铁有限公司申请破产清算案

📝 基本案情

2020 年 7 月 20 日,上海市第三中级人民法院(以下简称上海三中院)裁定受理平安银行股份有限公司上海分行对被申请人上海强冠钢铁有限公司的破产清算申请。法院查明:2020 年 11 月 2 日,上海三中院召集强冠钢铁有限公司债权人召开第一次债权人会议,应到债权人 4 户,实到债权人 4 户,其中有表决权的债权人 3 户,确定临时表决权的债权人 1 户,所代表债权金额占无财产担保债权额的 100%,符合召开债权人会议要求。会中,强冠钢铁有限公司管理人作了《执行职务工作报告》,全体债权人审核了债权、审查了《管理人报酬收取方案》,审议并表决通过了《破产财产管理方案》《破产财产变价方案》《关于确认资产评估事宜的议案》《关于确认拍卖委托事宜的议案》《关于采取非现场方式召开债权人会议及采用书面征询意见的议案》等表决事项。

📝 案例评析

债权人会议由依法申报债权的债权人组成,成立债权人会议是债权人参加破产程序的一项重要权利,根据申报债权的不同情况,赋予债权人不同的表决权,有助于区别不同债权人享有的权利。除了行使表决职能,债权人会议还应当列席相关人员,列席人员可以发表意见,以维护本人的利益或者全体债权人的一般利益。

50 债权人会议的职权

关键词

债权人会议的职权、债权人会议决议的形式

实务要点

要点	具体内容	
	职权内容	备注
债权人会议的职权	核查债权;	—
	申请人民法院更换管理人,审查管理人的费用和报酬;	1. 可委托债权人委员会行使。 2. 只有在债权人会议认为管理人不能依法、公正执行职务或者有其他不能胜任职务情形时,才可以申请人民法院予以更换。 3. 若人民法院认为更换管理人的申请理由不成立,应当作出驳回申请的决定。
	监督管理人;	可委托债权人委员会行使。
	选任和更换债权人委员会成员;	—
	决定继续或者停止债务人的营业;	可委托债权人委员会行使。
	通过重整计划;	—
	通过和解协议;	—
	通过债务人财产的管理方案;	物保债权人不享有该表决权。

续表

要点	具体内容	
债权人会议的职权	通过破产财产的变价方案；	—
	通过破产财产的分配方案；	物保债权人不享有该表决权。
	人民法院认为应当由债权人会议行使的其他职权。	—
债权人会议决议的形式	债权人会议应当对所议事项的决议作成会议记录。	

推荐理由

债权人会议的职权,是指债权人对内协调和形成全体债权人共同意思,对外通过对破产程序的参与、监督来实现破产实体和程序性权利。[①]

法律适用

☐《企业破产法》第 22 条、第 59 条、第 61 条

☐《最高人民法院关于适用〈中华人民共和国企业破产法〉若干问题的规定(三)》第 13 条

☐《最高人民法院关于审理企业破产案件确定管理人报酬的规定》

---

① 关于债权人会议的性质,理论界主要有"债权人团体机关说""事实集合体说""自治团体说"几种学说。参见安建主编:《中华人民共和国企业破产法释义》,法律出版社 2006 年版。

以案析法

案件信息：上海市第三中级人民法院（2019）沪03破监2号——上海某兴铝业有限公司等三公司关联企业实质合并破产案

基本案情

上海市松江区人民法院（以下简称松江区法院）根据债权人中国某银行股份有限公司上海分行（以下简称某银行上海分行）的申请，分别裁定受理上海某铝业有限公司（以下简称某铝公司）、某狮铝业（上海）有限公司（以下简称某狮公司）、上海某乐复合金属材料有限公司（以下简称某乐公司）破产清算，并指定上海汇某清算事务所有限公司担任三公司联合管理人。管理人接受指定后，委托上海宏某会计师事务所有限公司就案涉三公司的法人人格混同情况进行审计。审计机构出具的专项审核报告认为三公司经营地一致、生产设备混合堆放，经营管理团队人员和审批人员一致，从事相同业务活动、经营过程中不分彼此，大量往来款相互挂账、代付款项，存在法人人格高度混同情况。在松江区法院组织召开的某铝公司、某狮公司、某乐公司第一次债权人会议中，管理人将三公司适用实质合并破产作为会议提案，提交债权人会议审议并分别表决，但未经表决通过。管理人统计有误，认为三公司债权人会议通过了实质合并破产方案，并申请法院裁定确认。债权人某银行上海分行向松江区法院提出书面异议，认为原审程序违法。此后，松江区法院组织某银行上海分行与管理人就应否适用实质合并程序审理进行听证。

松江区法院认为，债权人会议可以对合并破产清算提案进行审议、表决,各方利害关系人的观点及表决结果可作为法院裁断考量因素,但债权人会议无须作出决议,且该决议在表决时不符合法律规定的代表债权额应占无财产担保债权总额半数以上的条件,应予撤销。案涉三公司人格高度混同,公司间互负债务、关联交易金额巨大,财务账册一处存放、未做区分,且某铝公司和某狮公司几乎无资产可用于偿债,如不适用实质合并破产,将严重损害某铝公司和某狮公司单独债权人的公平清偿利益。据此裁定撤销债权人会议关于合并破产清算提案的决议,对涉案三公司适用实质合并破产清算程序审理。

松江区法院作出裁定后,某银行上海分行不服申请复议,坚持认为松江区法院以债权人会议吸纳听证作出合并破产的裁定程序违法,且本案不符合实质合并破产清算的适用要件。上海三中院于2020年3月10日作出裁定,驳回复议申请、维持原审裁定。

裁判要旨

三公司债权人会议可以对《合并破产清算提案》审议、表决,但无须作出决议,且所作决议并不符我国《企业破产法》规定的通过条件,应予撤销。依据《破产纪要》第6部分关联企业破产的规定,关联企业实质合并破产,由人民法院根据申请,组织相关利害关系人听证再作出裁断。基于三公司间在股权结构上的关联关系,法院在受理审查阶段即适用关联企业破产案件协调审查机制,同时受理、指定同一管理人、同时召开第一次债权人会议。后管理人履职过程中,经调查,认为对三公司应适用实质合并破产程序,管理人从提高效率的角度出发,将三公司适用实质合并破产程序作为一项债权人会议讨论议题提交三公司债权人会议审议,实质是通过债权人会议形式吸收听证程序。各方利害关系人的观点,包括表决结果则作为人民法院裁断考量因素之一。但各方利害关系人就合并议题的表决结果无须形成决议，该事项不属于我国《企业破产法》第 61 条所规定的债权人会议职权范围，而属于人民法院的裁判权范围。无论债权人会议表决结果如何，是否适用实质合并破产都应由人民法院作出判断。

破产实质合并规则是对关联企业法人人格的永久、全面否定，强调"法人人格混同"的单一标准，会产生以公司法法人人格否认制度取代破产法实质合并规则的误解，而两项制度相互关联并各有侧重，不可完全等同。首先，实践中应以"法人人格混同"为核心要件，法院除注重企业意志、财产、人员、场所等混同表征的审查外，还应注重对财务数据的审查。其次，兼顾"区分成本过高"标准，对于资产区分成本的审查不应仅仅局限于现状，而应深入源头，即资产相对独立的现状往往源于对资金来源不加区分。最后，关于是否损害债权人公平清偿利益，应通过清偿率高低进行量化判断。以逐层递进的方式审查，达到证据充分、结论恰当的效果。

案例评析

债权人会议是债权人参加破产程序进行权利自治的机构，司法裁判权是指法院在诉讼中就案件的程序和实体问题作出处分的权力。关联企业实质合并破产，由人民法院根据申请，组织相关利害关系人听证再作出裁断。原审法院在召开债权人会议的同时由管理人向全体债权人公开披露案涉三公司人格混同的相关情况，虽并未损害债权人的知情权和参与权，但债权人会议以议案方式对实质合并破产进行表决，混淆了法院司法裁判权与债权人会议自治权的界限。适用关联企业实质合并破产程序的考虑因素主要包括关联企业成员间人格混同程度、区分各关联企业成员财产的成本高低、是否严重损害债权人公平清偿利益等。经分析三公司实际情况，法院裁定对三公司适用实质合并破产程序，具有法律和事实上的依据。

51 债权人会议的召集与召开

关键词

会议的召集、会议通知、会议召开方式、会议流程和议程、会议报告

实务要点

要点	具体内容
会议的召集	1. 第一次债权人会议由人民法院召集，自债权申报期限届满之日起15日内召开，由管理人负责筹备。 2. 以后的债权人会议由债权人会议主席负责召集。债权人会议主席不能自行决定债权人会议召开与否，只能根据下列决定或提议进行召集： （1）受理破产案件的人民法院的决定； （2）管理人、债权人委员会、占债权总额1/4以上的债权人的提议。
会议通知	召开债权人会议，管理人应当提前15日通知已知的债权人。管理人可将需审议、表决事项的具体内容提前3日告知已知债权人，但因客观情况无法做到的除外。
会议召开方式	第一次债权人会议可以采用现场方式或者网络在线视频方式召开。人民法院应当在通知和公告中注明第一次债权人会议的召开方式。经第一次债权人会议决议通过，以后的债权人会议还可以采用非在线视频通信群组等其他非现场方式召开。债权人会议以非现场方式召开的，管理人应当核实参会人员身份，记录并保存会议过程。

233

续表

要点	具体内容
会议流程和议程	债权人会议一般有以下流程和议程： (1) 宣布会议纪律； (2) 通报债权人到会情况； (3) 告知债权人权利； (4) 宣布合议庭组成人员； (5) 介绍破产申请受理及指定管理人的情况； (6) 宣布债权人会议主席的职责并指定债权人会议主席； (7) 宣布债权人委员会的职责，表决决定是否设置债权人委员会； (8) 选举债权人委员会成员，通过对债权人委员会职权的授权范围和债权人委员会议事规则； (9) 管理人作执行职务报告和债务人财产状况报告； (10) 核查债权，宣布债权人资格审查结果； (11) 管理人、债务人的法定代表人等接受债权人的询问； (12) 表决决定继续或者停止债务人的营业； (13) 管理人向债权人会议报告管理人报酬方案； (14) 管理人通报债务人的生产经营、财产、债务情况并作清算工作报告和提出财产处理方案及分配方案； (15) 通过债务人财产管理、变价、分配方案等。
会议报告	债权人会议结束后3日内，管理人应当将债权人会议的到会情况、表决情况及决议书面报告人民法院。对于需要人民法院裁定的报告或决定事项，管理人应及时书面申请人民法院依法作出裁定、决定予以确认、批准或准许。

推荐理由

债权人会议是全体债权人参加破产程序进行权利自治的临时机构，其召集和召开应以能保障债权人的破产参与权，能维护债权人的共同利益，能保障破产程序的公正、顺利进行为原则。无论是有财产担保还是无财产担保的债权人，也无论是数额确定的或者数额尚未确定的债权人，每一个债权人都应成为债权人会议的成员，都能在债权人会议上就涉及债权人利益的议题发表意见、表达意志，从而形成代表全体债权人整体利益的共同决议。对于未依法申报债权的债权人，视为放弃权利，不能参加破产程序及债权人会议，不能成为债权人会议成员。

法律适用

☐《企业破产法》第 62 条、第 63 条

☐《上海市高级人民法院破产审判工作规范指引(2021)》第 133 条、第 134 条

☐《上海市破产管理人协会破产案件管理人工作指引(试行)》第 64 条、第 67 条

以案析法

1. 案件信息：温州破产法庭发布的破产审判典型案例——圣雅氏公司重整案

基本案情

圣雅氏公司于 2005 年 6 月 24 日在瑞安市原工商行政管理局登记设立，系制造销售服装、针织面料的外国自然人独资企业。2015 年始，圣雅氏公司陆续出现债务危机，不断被债权人起诉，截至 2018 年 9 月圣雅氏公司期末资产总额 52,901,283.20 元，负债总额 65,012,056.19 元，净资产总额 −12,110,772.99 元，已出现资不抵债、企业资产无法清偿到期债务的情形。2018 年 10 月 25 日，圣雅氏公司向法院申请破产清算，法院裁定受理并指定了管理人。

裁判要旨

2018年12月18日,法院召开第一次债权人会议,管理人向债权人汇报了圣雅氏公司的有关情况,并提请债权人会议审核各债权人的债权,同时圣雅氏公司股东表达了对企业进行重整拯救的想法。2019年3月30日,管理人与意向投资人签订《重整投资协议书》。4月2日,意向投资人向管理人账户支付800万元履约保证金。4月5日,法院裁定确认本案5户6笔总额为95,394,307.94元的无争议债权。4月9日,经债务人申请,法院裁定圣雅氏公司进入重整程序。此外,债权人全票通过意向投资人提出的《重整计划(草案)》,并要求通过公开竞价方式明确重整投资人。4月24日,瑞安经济开发区管理委员会向法院发出《关于圣雅氏公司重整战略投资人资格拍卖的函》,对投资人资格竞拍的竞拍人设置准入条件。7月6日,圣雅氏公司重整投资人资格作为竞价标的在线下进行公开拍卖,最终以6800万元成交。7月18日,管理人将明确重整投资人资格后的重整计划向法院提请裁定批准。8月9日,法院裁定批准圣雅氏公司的重整计划,并终止圣雅氏公司重整程序。9月9日,圣雅氏公司法定代表人和股权变更登记完成。

案例评析

本案借鉴"假马竞标"规则,引入意向投资人作为兜底投资人、以公开竞价方式选任最终投资人,最大化重整资产价值。本案债权人人数较少,依照《企业破产法》的有关规定需要提前15天通知债权人召开会议的时间地点及有关议题,本案在召开第二次债权人会议时先由管理人以召开非正式会议的形式召集债权人开会,在会议议题基本达成共识后,由管理人向全体债权人询问是否将本次会议程序转为正式会议及告知转为正式会议后本次会议所形成决议的法律效力,在取得全体债权人明示同意后视为本次非正式会议为本案的正式债权人会议,大大缩短了债权人会议的召集时长,明显提高了办案效率,具有很好的借鉴意义。

2. 案件信息:(2019)浙 0523 破 7 号——湖州红剑聚合物有限公司管理人申请破产清算案

基本案情

2016 年 12 月 27 日,萧山区人民法院裁定受理浙江红剑集团有限公司破产清算一案并指定浙江浙杭律师事务所、浙江钱江潮律师事务所、中汇会计师事务所担任联合管理人。

2019 年 9 月 6 日,法院裁定受理湖州红剑聚合物有限公司破产清算一案,并指定浙江浦源律师事务所担任管理人。2019 年 11 月 15 日,第一次债权人会议召开,管理人向全体债权人汇报了湖州红剑聚合物有限公司破产情况及管理人履职情况,该次会议经表决通过了《湖州红剑聚合物有限公司破产财产管理方案》《湖州红剑聚合物有限公司破产财产变价与分配方案》。2020 年 6 月 19 日,经管理人提议、债权人会议主席召集,第二次债权人会议召开。后法院认为,湖州红剑聚合物有限公司不能清偿到期债务并且资产不足以清偿全部债务,管理人请求宣告其破产,符合法律规定,予以准许。

案例评析

第一次债权人会议由法院主持,由法院将第一次债权人会议的召开时间及地点连同债权申报等事项一并列入通知书和公告中,于受理债务人破产申请后 25 日内通知已知债权人,并予以公告,实践中法院会在全国企业破产重整案件信息网上发布公告,具体的通知工作由管理人负责,可以采用现场送达、书面邮寄、短信、电子邮件、电话等方式通知。

52 债权人会议的决议规则

关键词

议事规则、表决规则、不同类别债权的表决权、未通过议案的处理

实务要点

要点	具体内容
议事规则	债权人会议的决议除现场表决外,可以由管理人事先将相关决议事项告知债权人,采取通信、网络投票等非现场方式进行表决。采取非现场方式进行表决的,管理人应当在债权人会议召开后的 3 日内,以信函、电子邮件、公告等方式将表决结果告知参与表决的债权人。
表决规则	1. 一般性决议,由出席会议的有表决权的债权人过半数通过,并且其所代表的债权额占无财产担保债权总额的 1/2 以上。 2. 和解协议草案,由出席会议的有表决权的债权人过半数通过,并且其所代表的债权额占无财产担保债权总额的 2/3 以上。 3. 重整计划草案,采用分组表决的方式,由同一表决组的债权人过半数同意且所代表的债权额占该组债权的 2/3 以上;对重整计划草案进行分组表决时,权益因重整计划草案受到调整或者影响的债权人或者股东,有权参加表决;权益未受到调整或者影响的债权人或者股东,不参加重整计划草案的表决。

第六部分 债权人会议

续表

要点	具体内容
表决规则	4.除《企业破产法》另有规定外,在计算决议是否通过时,出席会议的有财产担保债权人的人数列入表决统计,但所持有的财产担保债权额不列入表决统计。 5.同一债权人对债务人享有一笔以上的债权时,其表决时代表的债权额为其债权总和,但以一家债权人计数。
不同类别债权的表决权[1]	<table><tr><th>表决事项</th><th>担保债权[2]</th><th>职工债权</th><th>社保、税收债权</th><th>普通债权</th><th>备注</th></tr><tr><td>决定继续或者停止债务人的营业</td><td>有</td><td>无</td><td>有</td><td>有</td><td>第一次债权人会议前管理人决定</td></tr><tr><td>通过重整计划</td><td>有</td><td>有</td><td>税收债权:有 社保债权:无</td><td>有</td><td>一般分组表决</td></tr><tr><td>通过和解协议</td><td>无</td><td>无</td><td>有</td><td>有</td><td>整体表决</td></tr><tr><td>通过债务人财产的管理方案</td><td>有</td><td>无</td><td>有</td><td>有</td><td>未通过法院可裁定</td></tr><tr><td>通过破产财产的变价方案</td><td>有</td><td>无</td><td>有</td><td>有</td><td>未通过法院可裁定</td></tr><tr><td>通过破产的分配方案</td><td>无</td><td>无</td><td>有</td><td>有</td><td>二次未通过法院可裁定</td></tr></table>

239

续表

要点	具体内容					
未通过议案的处理	事项	前提	处理	对裁定不服申请复议的主体	申请复议期限
	财产管理方案和变价方案	经债权人会议表决未通过	由人民法院裁定	债权人	自裁定宣布之日或者收到通知之日起15日内向该人民法院申请复议
	财产分配方案	经债权人会议二次表决未通过	—	债权额占无财产担保债权总额1/2以上的债权人	

［1］引用上海申浩律师事务所胡玥律师的总结。
［2］除重整计划草案外,担保债权只计人头,不计金额。

💬 推荐理由

所谓的债权人会议决议,指的是债权人针对自己职权范围内出现的破产事宜,在符合议事规则的前提下,通过表决规则来作出书面决定文件。许多法律规定不明确或难以通过诉讼处理的问题,通过债权人会议决议解决不失为一个好的方法。

⚖ 法律适用

☐《企业破产法》第65条、第66条
☐《最高人民法院关于适用〈中华人民共和国企业破产法〉若干问题的规定(三)》第11条
☐《上海市高级人民法院破产审判工作规范指引(2021)》第133条、第136条

第六部分 债权人会议

以案析法

案件信息：最高人民法院发布的人民法院助力中小微企业发展典型案例——某高新技术公司破产清算转和解案

基本案情

某高新技术公司主营会展业务，为国内公司参加境内外展会提供服务，因不能清偿到期债务，且明显缺乏清偿能力，南京破产法庭于2021年2月25日受理了债权人对某高新技术公司的破产申请。经查，某高新技术公司近年来会展业务经营正常，收入稳定，连续多次中标境内外重点展会江苏团组的承办工作，进入破产程序前，尚有未完成境内外展会项目7个，其中境外展会6个，涉及参展客户66人次，且均为江苏省贸易促进计划内的展会，大部分参展客户已全额支付展位费，某高新技术公司也将相关费用支付给大会主办方。但因新冠疫情影响，大部分展会已延期举行，公司经营陷入困境。经过测算，如对某高新技术公司进行破产清算，大部分参展商后续将无法参展并申报财政补贴，债权清偿率也仅有31.32%，债权人利益将遭受重大损失。

裁判要旨

鉴于某高新技术公司及绝大多数债权人均表达了希望达成和解的意愿，南京破产法庭指导管理人向全体债权人征询对和解协议草案及后续转入和解程序后表决规则的意见，全体债权人均同意和解协议草案及表决规则。2021年8月25日，某高新技术公司向南京破产法庭申请转入和解程序。同年9月13日，南京破产法庭组织债务人、公司股东、职工代表及债权人代表进行听证，对和解程序及相关协议的债务清偿方案、信用修复、协议执行等内容进行充分论证,公司股东、职工代表及债权人代表均表示同意某高新技术公司转入和解程序。9月14日,南京破产法庭组织某高新技术公司和解。9月22日,南京破产法庭裁定认可和解协议并终止和解程序。11月3日,管理人提交和解协议执行情况报告,和解协议清偿方案已顺利执行完毕。

案例评析

南京破产法庭在本案中探索运用预表决规则,在转入和解程序前,指导管理人向全体债权人征询对和解协议草案及后续转入和解程序后表决规则的意见,准确了解债权人意愿。在全体债权人均同意和解协议草案的情况下,转入和解程序,并根据已通过的表决规则,及时裁定认可和解协议并终止和解程序,从申请转入和解程序,经审查批准并最终裁定认可和解协议、终结和解程序,用时不到1个月,高效推进了和解程序,帮助企业成功实现和解,走出困境。

53 债权人会议决议的效力

关键词

有效决议的拘束力、瑕疵决议的撤销、更换管理人的决议

第六部分 债权人会议

📌 实务要点

要点		具体内容
有效决议的拘束力		债权人会议的决议对全体债权人具有约束力,包括出席债权人会议但投反对或者弃权票的债权人、未出席债权人会议的债权人和以后补充申报的债权人。债权人会议通过的和解协议草案、重整计划草案、破产财产分配方案必须经人民法院裁定认可。
瑕疵决议的撤销	瑕疵决议类型	1.类型包括: (1)债权人会议的召开违反法定程序; (2)债权人会议的表决违反法定程序; (3)债权人会议的决议内容违法; (4)债权人会议的决议超出债权人会议的职权范围。 2.会议召开或者表决程序仅有轻微瑕疵,且对决议未产生实质影响的,人民法院可以不予撤销。 3.债权人会议决议已经人民法院裁定确认的,债权人不得申请撤销。
	申请撤销的主体	认为债权人会议的决议违反法律规定、损害其利益的债权人,但表决同意债权人会议决议的债权人不享有撤销该决议的申请权。
	申请撤销的期限	自债权人会议决议作出之日起15日内请求人民法院裁定撤销该决议。债权人会议采取通信、网络投票等非现场方式进行表决的,债权人申请撤销的期限自债权人收到通知之日起算。
	申请的形式	向法院提出书面申请。
	人民法院裁判内容	人民法院可以裁定撤销全部或者部分事项决议,责令债权人会议依法重新作出决议。

续表

要点		具体内容	备注
更换管理人的决议	法条引用	对债权人会议更换管理人决议的处理	备注
	《最高人民法院关于审理企业破产案件指定管理人的规定》第31条、第32条	债权人会议作出更换管理人的决议,需向人民法院提出书面申请。人民法院在收到债权人会议的申请后,应当通知管理人在2日内作出书面说明。人民法院认为申请理由不成立的,应当自收到管理人书面说明之日起10日内作出驳回申请的决定。 人民法院认为申请更换管理人的理由成立的,应当自收到管理人书面说明之日起10日内作出更换管理人的决定。	
	《上海市浦东新区完善市场化法治化企业破产制度若干规定》第18条	债权人会议可以作出更换管理人的决议,并由人民法院指定新的管理人。 人民法院召集第一次债权人会议时,可以组织债权人就是否更换管理人进行讨论和表决。债权人会议确定了符合任职条件的管理人人选的,人民法院应当指定其担任破产案件管理人。债权人会议确定的人选不符合任职条件或者未确定新的人选的,人民法院可以直接指定新的管理人。	仅适用于浦东新区人民法院

💬 推荐理由

有效的债权人会议决议对全体债权人具有约束力。债权人会议作出的决议,若损害债权人的合法权益,债权人有权自债权人会议决议作出之日起15日内向法院提出书面申请,要求撤销该决议。

⚖ 法律适用

☐《企业破产法》第64条、第86条、第98条

☐《最高人民法院关于适用〈中华人民共和国企业破产法〉若干问题的规定(三)》第12条

□《最高人民法院关于审理企业破产案件指定管理人的规定》第31条、第32条

□《上海市高级人民法院破产审判工作规范指引(2021)》第139条、第140条

□《上海市浦东新区完善市场化法治化企业破产制度若干规定》第18条

以案析法

案件信息：云南省楚雄彝族自治州中级人民法院(2022)云23民终2019号——刘某诉某房地产公司管理人案

基本案情

刘某以房地产公司管理人剥夺其第三次债权人会议的参会资格和表决权为由起诉管理人，要求确认其在房地产公司破产清算一案中享有债权人会议参会资格和表决权资格，并要求管理人向其作出书面道歉并在管理人公告中发布。一审裁定驳回起诉，刘某不服，提起上诉，二审法院裁定驳回上诉，维持原裁定。

裁判要旨

依据《企业破产法》第64条第2款之规定："债权人认为债权人会议的决议违反法律规定，损害其利益的，可以自债权人会议作出决议之日起十五日内，请求人民法院裁定撤销该决议，责令债权人会议依法重新作出决议。"《破产法司法解释(三)》第12条第3款规定："债权人申请撤销债权人会议决议的，应当提出书面申请……"对于债权人会议决议，债权人有异议的，《企业破产法》仅设置了申请法院

裁定撤销决议之权利,而没有赋予当事人通过诉讼确认之诉权。本案刘某关于在房地产公司破产清算中是否具有债权人会议资格和表决权资格不应采取起诉的方式,若其认为债权人会议的决议违反法律规定,损害其利益,可通过向受理破产案件的法院申请裁定撤销决议的方式进行救济。

案例评析

债权人会议决议对于全体债权人有约束力,债权人认为决议影响其利益,请求法院予以撤销的程序实质上为非诉讼程序,具体的救济方式为向受理破产案件的法院提出书面申请,由法院裁定是否予以撤销。

54 债权人委员会

关键词

组成、法定职权、议事规则、监督机制、重大财产处分行为的报告

实务要点

要点	具体内容
组成	1. 债权人会议可以根据实际情况决定是否设立债权人委员会及其成员。简化审理程序的破产案件一般不设立债权人委员会。 2. 债权人委员会由债权人会议选任的债权人代表和一名债务人的职工代表或者工会代表组成。债权人委员会成员不得超过9人。 3. 债权人委员会成员应当经人民法院书面决定认可。

第六部分 债权人会议

续表

要点	具体内容
法定职权	(1)监督债务人财产的管理和处分； (2)监督破产财产分配； (3)提议召开债权人会议； (4)债权人会议委托的其他职权：债权人会议不得作出概括性授权，委托债权人委员会行使债权人会议所有职权。
议事规则	债权人委员会表决实行一人一票，所议事项应获得全体成员过半数通过，并形成议事记录，对所议事项的决议有不同意见的，应当在记录中载明。
监督机制	债权人委员会行使职权应当接受债权人会议的监督，以适当的方式向债权人会议及时汇报工作，并接受人民法院的指导。
重大财产处分行为的报告	管理人实施下列重大财产处分行为，应提前10日以书面形式报告债权人委员会或者人民法院： (1)涉及土地、房屋等不动产权益的转让； (2)探矿权、采矿权、知识产权等财产权的转让； (3)全部库存或者营业的转让； (4)借款； (5)设定财产担保； (6)债权和有价证券的转让； (7)履行债务人和对方当事人均未履行完毕的合同； (8)放弃权利； (9)担保物的取回； (10)对债权人利益有重大影响的其他财产处分行为。

推荐理由

债权人会议可以决定设立债权人委员会。债权人委员会是遵循债权人的共同意志，代表债权人会议监督管理人行为以及破产程序的合法、公正进行，处理破产程序中有关事项的常设监督机构。

法律适用

☐《企业破产法》第 67 条、第 68 条、第 69 条

☐《上海市高级人民法院关于简化程序加快推进破产案件审理的办案指引(修订)》第 26 条

☐《最高人民法院关于适用〈中华人民共和国企业破产法〉若干问题的规定(三)》第 13 条、第 14 条

☐《上海市高级人民法院破产审判工作规范指引(2021)》第 142 条、第 143 条

以案析法

案件信息：杭州市余杭区人民法院发布的企业破产审判典型案例——子鑫房产公司破产清算案

基本案情

子鑫房产公司名下主要资产为尚未完工的"农业经济总部大厦项目"，公司于 2008 年取得该项目土地，后因资金链断裂，工程烂尾，项目仅主体完工，外墙、内部装潢及市政管网等工程处于未建或未完工状态。子鑫房产公司违规销售所谓的商铺、酒店式公寓等，涉及 890 户"购房业主"，债务危机及衍生社会问题在破产受理前已持续 5 年之久，法律关系错综复杂，维稳压力大。2014 年 8 月 14 日，法院裁定受理子鑫房产公司破产清算一案。进入破产程序后，共 967 户债权人申报债权，申报债权总金额约 9.2 亿余元，审查确认债权约 6.7 亿余元。2016 年 11 月 14 日，子鑫房产公司被裁定宣告破产。2018 年 6 月 1 日，案件审结。

第六部分　债权人会议

✎ 裁判要旨

本案的审理要点是充分发挥"府院联动机制"、债权人会议、债权人委员会的作用，妥善处置重大涉众涉稳型破产企业。该案审理过程中，一方面强化"府院联动"，坚持法院主导程序、政府配套保障，由政府相关部门重点协调"购房业主"维稳信访风险，并成功引入第三方收购99%的"购房业主"债权，极大"压缩"了债权人规模，多措并举，确保该案平稳推进；另一方面以债权人委员会为桥梁，充分保障债权人意思自治，吸纳前期积极参与子鑫房产公司项目处置工作的"购房业主"代表作为债权人委员会成员候选人，债权人委员会成立后，先后召开10余次专门会议，就债权人的诉求反馈、债权申报、债权人会议的召开、资产处置、投资者引进和破产财产分配等事项作出决议，如在资产处置阶段，依托与大量意向投资人的对接情况，参考评估结果，经债权人会议授权，由债权人委员会决议以合理起拍价对"农业经济总部大厦项目"通过网络司法拍卖的方式公开处置，确保资产一次拍卖成交，有效提高资产处置效率，推动破产案件顺利审结。

✎ 案例评析

自债权人委员会制度被引入我国破产法领域以来，有关该制度的规定内容较为概括与模糊，未能充分发挥其维护债权人集体利益、降低破产程序成本及维护破产程序公平、公正的制度价值。根据《企业破产法》的规定，债权人委员会的主要职权是监督。在本案的审理中，法院未局限于债权人委员会的法定职权，主动出击，以债权人委员会为桥梁，推动破产案件顺利审结，为债权人委员会制度的完善提供了实践素材。

55 金融机构债权人委员会

关键词

含义、与破产程序中"债权人委员会"的区别、成员机构范围、适用对象、组建方式、监管职责分工、自律惩戒措施

实务要点

要点		具体内容
含义		金融机构债权人委员会(以下简称金融债委会)是针对债务规模较大、存在困难的非金融债务企业(困境企业),由3家以上持有困境企业贷款、债券等融资工具的债权利益的银行等金融机构共同发起的协商性、自律性、临时性组织,用于对困境企业债务的处置,共同维护金融机构作为债权人的合法权益。
与破产程序中"债权人委员会"的区别	差异点	破产程序中"债权人委员会" / 金融债委会
	设立目的不同	为了监督破产管理人履行职责,保护全体债权人的利益。 / 可以在破产程序中设立,也可以在重组等破产程序外设立,目的是维护银行等金融机构的合法权益,保护金融债权,支持实体经济发展,最大限度帮助企业纾困。
	主体构成不同	由债权人代表和债务人的职工代表或者工会代表组成。 / 由债务企业的所有债权金融机构组成。

续表

要点		具体内容
与破产程序中"债权人委员会"的区别	主要职责不同	主要是监督管理人履行义务,很少直接主动对破产事务进行管理,在启动破产程序、撤销债务人不当行为、制订和执行重整计划草案等事项上没有主导权。	与其他参与主体沟通协调,直接参与困境企业的债务处置和重整工作,通过采取对债务人进行扶持等措施并利用行政、司法和同业制裁手段来实现债权利益最大化。因此,金融债委会对困境企业的债务处置具有较大的主导权。但不能代表困境企业全体债权人参加诉讼活动,客观上也不承担法律责任,一般通过协商一致达成的行动方案来开展债务重组、资产保全等工作。
	获信渠道不同	获取信息的权利是法律规定的,有法律保障。	没有强制获取债务企业信息的权利和路径,主要依靠债务人的主动披露。
成员机构范围		包括银行、保险、证券、期货、基金、私募基金管理人等机构,债权的范围包括贷款、债券、资产管理产品等。债务企业的所有债权金融机构原则上应当参加。
适用对象		困境企业为债务规模较大、存在困难的非金融债务企业。涉及中央企业或者重大复杂的企业集团,可以在金融机构法人总部层面组建金融债委会,其他债务企业可以在金融机构分支机构层面组建。
组建方式		组建发起人可以是金融机构,也可以是债务人请求,联合授信企业由牵头银行发起。主席单位、副主席单位要行使牵头职责,其他成员机构积极参与、协助配合主席、副主席单位履职,各成员机构应当在现有法律法规框架下自愿签署具有法律约束力的债权人协议。
监管职责分工		组建成立、日常运行中出现重大问题或涉及重要事项时,金融监管部门及其派出机构、人民银行及其分支机构、证监会及其派出机构、发展改革部门等应当按照职责分工,依法及时予以指导、协调,中国银行业协会、保险行业协会、证券业协会、证券投资基金业协会、期货业协会、银行间市场交易商协会等自律组织应当积极支持和配合。对于债务企业注册地金融管理部门的协办请求,其他辖区的金融管理部门应当及时办理。

续表

要点	具体内容
自律惩戒措施	成员机构存在不履行其在金融债委会中相关职责、不遵守金融债委会按照约定的议事规则所作出的决议、擅自退出金融债委会或者其他影响金融债委会工作的情形的,金融债委会或者自律组织可以采取内部通报等自律性惩戒措施。造成严重后果的,金融管理部门可以采取约谈、向金融债委会成员机构总部通报等方式督促金融债委会成员机构规范行为。

推荐理由

金融机构,是指国务院金融管理部门监督管理的从事金融业务的机构,涵盖行业有银行、证券、保险等。金融债委会制度为金融机构提供了信息沟通、集体协商、集体决策、协调行动的工作平台,有助于重塑金融机构、政府监管部门、经营企业之间的互信合作机制,是目前推动困境企业债务重组、化解困境企业债务危机的、行之有效的制度安排和工作机制。

法律适用

□《金融机构债权人委员会工作规程》

第六部分 债权人会议

📋 **以案析法**

案件信息：最高人民法院（2021）最高法民申 2707 号——某银行某分行与某实业公司、某纸业公司金融借款合同纠纷案

✏️ **基本案情**

某银行某分行在国务院国资委、山东某市人民政府及某市银行业协会协调推动下，加入针对债务人某纸业公司成立的金融债委会，并签署了框架协议、实施方案、补充方案等债务重组协议及金融债委会会议纪要等生效法律文件，但该银行之后以纸业公司及其债务承接方某实业公司未履行重组协议项下义务为由，未与其他债权银行采取协调一致行动，径行对两家债务企业单独提起诉讼。

✏️ **裁判要旨**

最高人民法院认为，金融债委会会议纪要是金融债委会集体意志的体现，是各成员单位的真实意思表示，不违反法律法规的规定，各成员单位应当遵照执行。成员如承诺与其他成员一致行动、除经金融债委会同意外不得单独或联合其他方处置债权（包括但不限于起诉、查封、变卖、拍卖、扣划等）的，其在债务重组协议约定的履行期间届满前，未经金融债委会同意，单独起诉主张实现其债权的，人民法院应当判决驳回其诉讼请求。

✏️ **案例评析**

该案反映了目前法院对于金融债委会的认识和实践中对金融债委会相关决议的法律效力的司法裁判观点。在金融债委会就债务重

组方案达成一致并形成决议的情况下,债权银行如果绕开金融债委会单独对债务企业起诉维权,则有可能面临败诉风险。对此,银行等债权金融机构需对此予以高度重视。

第七部分
预重整

56 预重整的申请、审查与受理

关键词

适用条件、申请材料、申请的审查、案号与受理

实务要点

要点	具体内容
适用条件	在进入重整程序前具有下列情形的,债权人或债务人可以申请预重整: (1)企业及所在行业发展前景良好,具有挽救价值; (2)企业治理结构完备、运作正常; (3)具有基本自主谈判能力; (4)债务人、主要债权人均有重整意愿; (5)重整可行性尚需进一步明确。
申请材料	1.债权人或债务人提出预重整申请的,应提交以下材料: (1)预重整申请书; (2)申请人、被申请人主体资格材料; (3)被申请人符合预重整适用条件的相关材料; (4)法院认为需要的其他材料。 2.债务人提出预重整申请的,还应提交同意申请预重整的符合法律规定的决策程序的决议。
申请的审查	法院审查一般采用书面审查方式,必要时,可以通过谈话、听证等方式,听取相关市场主体及其上级主管单位、政府职能部门或行业专家等方面的意见。
案号与受理	法院立"破申"案号,出具受理预重整通知书。

推荐理由

预重整是庭外重组,与破产重整存在三大不同:(1)程序属性不

同。预重整是法庭外重整,是债务人和主要债权人私下自愿协商或者在第三人支持下达成债务调整的过程,其程序不具有司法属性。(2)适用的法律规范不同。预重整不是《企业破产法》规定的法定程序,仅是实践中根据重整制度的需要而设置的一个庭前协商程序,受《公司法》和《民法典》的调整。重整程序是一种法定程序,受《企业破产法》规范。(3)协议效力的属性不同。重整计划一旦经法院批准,对全体当事人具有法律约束力。预重整达成协议,如在进入重整程序前确实需要变更,当事人一般可以变更,但其权利未受实质影响的债权人不得再投反对票。

法律适用

☐《上海破产法庭预重整案件办理规程(试行)》第3条、第4条、第5条、第6条

以案析法

案件信息:最高人民法院(2021)最高法民申1488号——中资国本成都公司、丰泰投资公司合同纠纷案

基本案情

2018年10月23日,成都市中级人民法院立案受理了天地建筑公司诉被告中资国本成都公司、丰泰投资公司、丰泰金科公司合同纠纷案,被告中资国本成都公司不服一审判决,上诉至四川省高级人民法院(以下简称四川高院),四川高院于2019年7月29日受理。

第七部分 预 重 整

二审审理过程中,2020年4月24日,丰泰投资公司、丰泰金科公司等8家公司,向绵阳市游仙区人民法院(以下简称游仙区法院)申请进行实质合并重整。2020年5月7日,游仙区法院作出(2020)川0704破申2号决定书,决定对上述8家公司实质合并预重整,故一审三被告向二审法院申请中止审理二审案件。二审法院四川高院认为该申请不符合《企业破产法》第20条规定的中止审理的情形,对上述中止审理的申请不予准许。2020年5月18日,四川高院判决驳回上诉、维持原判。

一审被告中资国本成都公司、丰泰投资公司、丰泰金科公司对二审判决不服,向最高人民法院申请再审。经查,2020年7月28日(二审判决作出后),丰泰投资公司、丰泰金科公司等公司实质合并重整的申请被法院裁定受理。2021年3月25日,最高人民法院裁定驳回再审申请。

裁判要旨

关于二审法院未中止审理本案是否正确的问题,中资国本成都公司等申请人向二审法院提交的(2020)川0704破申2号决定书载明的内容是法院决定对丰泰投资公司、丰泰金科公司等公司实施破产预重整,但预重整属于启动正式破产程序前的庭外债务重组机制,并不能产生人民法院裁定受理破产申请的效力,二审法院据此对中资国本成都公司等申请人要求中止审理的申请不予准许,并无不当。

案例评析

预重整是指相关当事人在向人民法院申请破产重整的同时,以短期内可以实现债务人庭外重组为由请求人民法院予以支持,人民法院对相关申请预案的合法性、可行性进行审查,同意在破产程序内,自行开展庭外重组,人民法院给予相应法律指导、监督和必要司法协调的程序机制。预重整作为一种挽救困境企业的辅助性机制,旨在提升重整效率,降低重整成本。在预重整中,以当事人自愿协商为基础,虽然预重整并不能产生人民法院裁定受理破产申请的效力,但预重整协议的效力可以延伸至正式重整程序中。

57 临时管理人

关键词

临时管理人的确定、临时管理人职责、工作的衔接

实务要点

要点	具体内容
临时管理人的确定	1. 债务人或债权额合计占已知总债权额 1/2 以上的主要债权人,可以向法院书面提名临时管理人人选。被提名人选已编入管理人名册,且不存在不宜担任临时管理人情形的,法院应确定其为临时管理人。 2. 金融债委会可以根据《金融机构债权人委员会工作规程》的相关规定,代表成员机构向法院推荐临时管理人。 3. 数名提名人提名的临时管理人不一致的,法院应组织提名人协商,协商一致的,确定为临时管理人。 4. 无人提名或数名提名人无法协商一致的,法院参照《企业破产法》关于重整程序的规定指定临时管理人。 5. 法院对确定的临时管理人应出具《预重整临时管理人确定书》。

续表

要点	具体内容
临时管理人职责	临时管理人参照《企业破产法》有关管理人职责的规定履行以下职责： (1)核实债务人基本情况、资产和负债情况。调查债务人是否有影响重整价值和重整可行性的情形，必要时可选聘第三方专业机构开展工作； (2)引导和辅助债务人自行管理财产和营业事务； (3)引导和辅助债务人与相关各利益主体进行协商，推动各方就重整计划草案达成共识； (4)接受债权人债权申报，对收到的债权申报材料登记造册，进行审查并编制债权表； (5)组织预重整期间债权人会议以及重整计划草案表决； (6)定期向各相关利益主体书面通报临时管理人履职情况和预重整工作进展，及时通报重大事项； (7)按法院要求书面报告履职情况、预重整工作进展和结果； (8)法院要求临时管理人履行的其他职责。
工作的衔接	1.预重整阶段临时管理人的相关职责延续至进入司法破产程序后与法院指定管理人进行工作交接完毕之时。 2.预重整阶段临时管理人如需申请担任破产重整程序管理人的，其自身应当属于上海法院管理人名册中的一、二级管理人，并应提交第一次债权人会议讨论决定。经债权总额占2/3以上债权人表决通过可继续担任破产重整程序管理人。如第一次债权人会议认为需要增加一名管理人，可由人民法院按照该重整案件应当适用的程序指定产生一家联合管理人。联合管理人之间的工作分工及报酬比例，由其协商后交债权人会议通过，协商不成或债权人会议无法通过的，由人民法院决定。 3.受聘中介机构或临时管理人如未能被指定为破产重整管理人，其在预重整阶段及完成移交工作前的工作报酬，应当依据其与预重整参与人签订的相关委托合同确定，如需从债务人财产中支付，应当提交第一次债权人会议讨论决定。

推荐理由

预重整期间的管理人为临时管理人，组织开展预重整各项工作。临时管理人与破产管理人一样，起着"承上启下"的作用，与法院、债权人、债务人等进行沟通协调，处置一系列破产事务工作的重任。债务人或债权人可以共同聘请管理人名册中相应级别的中介机构担任预重整的辅导机构,不由法院指定,由当事人选任。预重整转入重整程序后,临时管理人能够继续担任管理人。

法律适用

□《上海破产法庭预重整案件办理规程(试行)》第7条、第8条
□《上海市高级人民法院破产审判工作规范指引(2021)》第151条

以案析法

案件信息:最高人民法院发布的优化营商环境破产典型案例——北京联绿技术集团有限公司、北京新奥混凝土集团有限公司合并重整案

基本案情

因陷入经营困境和债务危机,北京联绿技术集团有限公司(以下简称联绿集团)和北京新奥混凝土集团有限公司(以下简称新奥集团)共同向北京市昌平区人民法院申请实质合并重整。在审查重整申请的过程中,法院充分考虑债权人和债务人希望通过协商方式实现利益最大化的诉求,在认真评估和识别两公司重整价值、重整可能性的基础上,决定对两公司适用预重整程序。

裁判要旨

预重整中,债权人从管理人名册中选定了某律师事务所并向法院推荐其作为临时管理人。法院经审查后指定该律师事务所为临时管理人。临时管理人自2019年10月9日入场,至2019年12月31日

完成预重整,在此期间完成了债务人财产状况调查、监督债务人经营管理及财产处置、通知债权人并接受债权申报及审查、制订保障职工权益的劳动管理制度、提交预重整工作报告等工作。

临时管理人履职得到了债权人认可,预重整债权人会议通过了"确定临时管理人为联绿集团、新奥集团转入重整程序后的管理人"的事宜安排。2020年2月3日,法院裁定受理联绿集团、新奥集团合并重整案,并直接指定临时管理人为重整管理人。由于前期预重整工作打下了良好基础,该案审理时长仅3个月。之后,重整计划执行完毕,联绿集团和新奥集团的产能逐步恢复。

案例评析

预重整通过市场化法治化方式开展,充分发挥市场主导作用与司法指引功能,遵循当事人意思自治原则,债务人在临时管理人辅助下与投资人自主进行商业谈判,法院则给予相应指导、监督和必要司法协调,提高了企业重生机率。此外,临时管理人在企业预重整程序中扮演重要角色,很多地方法院出台了相应指引,规定在预重整程序中,临时管理人可由债权人和债务人共同推荐,除此之外,临时管理人还可由法院以摇号方式指定。而在法院裁定受理重整后,案件正式转入重整程序,临时管理人将有很大概率担任重整管理人。该案通过预重整程序,降低了重整成本,提高了重整程序质效。

58 预重整终止

关键词

预重整程序终止条件、预重整期限、预重整协议效力的延伸

实务要点

要点	具体内容
预重整程序终止条件	1. 申请人请求撤回预重整申请：法院审查后可以裁定准许。 2. 预重整期间未有重整计划草案提交债权人会议，或提交的重整计划草案未能表决通过的，法院裁定预重整程序终止，不再转入破产程序。但债务人仍存在重整可能性且符合《企业破产法》规定的重整申请条件，有申请人提出正式重整申请的，法院应依法裁定受理重整案件。 3. 重整计划草案表决通过，债务人或债权人提出正式重整申请的，法院应依法裁定受理重整案件，终止预重整程序。
预重整期限	1. 预重整期限不超过37日，需延长期限的，合议庭应当向本院院长提出申请，延期最长不超过30日。需要再次延长的，应当报请上级人民法院批准，再次延期最长不超过30日。即预重整期限最长不超过97日。 2. 因不可抗力等正当理由影响预重整工作开展的，法院可依申请，参照有关规定将受影响时间不予计入预重整期限。
预重整协议效力的延伸	1. 预重整期间已经表决通过的重整计划草案，与重整程序中的重整计划草案一致的，已同意的债权人和出资人表决意见为重整程序中重整计划草案的同意意见。 2. 重整程序中重整计划草案进行了修改且对相关债权人利益有影响的，受到影响的债权人有权依法重新表决；对出资人权益调整事项进行了修改且对出资人利益有影响的，受到影响的出资人有权依法重新表决。

第七部分 预 重 整

💬 推荐理由

预重整终止后,不发生破产重整转破产清算程序的后果,对于债务人是否符合破产原因,还需债权人或者债务人另行向法院提交申请,由法院依法审查是否符合《企业破产法》第 2 条规定的条件。法院裁定终止预重整的三项原因中,因申请人撤回以及重整计划草案通过并拟转入正式重整,均是依当事人申请而作出的,仅有在预重整期限届满而未形成协商通过的重整计划草案的情况下,法院才可依职权终止预重整程序。

⚖ 法律适用

☐《上海破产法庭预重整案件办理规程(试行)》第 18 条、第 19 条、第 20 条
☐《上海市高级人民法院破产审判工作规范指引(2021)》第 154 条
☐《全国法院民商事审判工作会议纪要》第 115 条

📋 以案析法

案件信息:广东省高级人民法院发布的服务保障高质量发展破产审判典型案例——广州市浪奇实业股份有限公司预重整转重整案

✏ 基本案情

广州市浪奇实业股份有限公司(以下简称广州浪奇)成立于 1978 年 6 月 20 日,1993 年 11 月在深圳证券交易所上市,主营业务为日化产品与食品(食糖与饮料)的生产与销售,是华南地区历史悠久的洗

涤用品生产企业之一,旗下"浪奇""高富力""天丽""万丽"等品牌具有较高的市场知名度。2020年9月,广州浪奇贸易板块披露存货账实不符,债务总额超过67亿余元,严重资不抵债,随后因涉嫌信息披露违规被证券监管部门立案调查,相关人员涉嫌犯罪被立案侦查,公司陷入严重的财务危机和经营危机。广州浪奇股票后收到"退市风险警示",面临终止上市风险。债权人向广州市中级人民法院(以下简称广州中院)申请广州浪奇破产重整。

为妥善化解风险,维持广州浪奇的上市资格,2021年4月6日,广州中院决定对广州浪奇进行预重整,并指定广州浪奇清算组担任临时管理人。广州浪奇在预重整和重整期间持续经营。广州浪奇资产价值约23.4亿元,负债总额约56.8亿元。预重整期间经过公开招募程序,确定广州轻工工贸集团有限公司为投资人。根据预重整计划,普通债权人组的清偿率获得大幅提升。9月29日,经广州中院裁定,广州浪奇进入重整程序,由清算组继续担任管理人;11月9日,广州浪奇第一次债权人会议表决通过了重整计划草案,出资人组会议通过了出资人权益调整方案。

裁判要旨

重整计划草案较预重整方案对转增股票的偿债价格和偿债股票数量进行了微调,属于增加债权人利益的行为,广州中院按照《全国法院民商事审判工作会议纪要》第115条规定的精神,判令预重整程序中18家债权人对预重整方案表决同意的效力仍然有效,经征询18家债权人的意见并释明后无须再进行投票。2021年11月11日,广州中院根据广州浪奇的申请裁定批准广州浪奇重整计划。12月22日,广州中院裁定确认重整计划执行完毕并终结重整程序。

第七部分 预 重 整

✎ 案例评析

预重整程序是庭外重组和庭内重整的连接纽带,预重整阶段形成的协议或表决内容的效力延伸至重整阶段,权益未受调整或影响的债权人不参加表决,这将有利于在制订重整计划草案时管理人和债务人有明确的谈判对象和谈判重点,同时也防止权益未受调整或影响的债权人滥用表决权、阻碍重整计划制订和通过,进而提升重整成功率。

第八部分

重 整

59 重整申请与审查

关键词

重整申请人、上市公司重整申请、重整申请的审查、听证程序

实务要点

	申请主体	提出申请的情形	备注
重整申请人	债务人	可以直接向法院提出重整申请。	—
		在法院受理破产申请后、宣告债务人破产前提出重整申请。	见《上海市高级人民法院破产审判工作规范指引（2021）》第158条，该条未将"破产申请"的提出主体局限于债权人，也未将"破产申请"限定为"破产清算申请"。
	债权人	可以直接向法院提出重整申请。	—
		经债权人会议决议通过，债权人可以提出清算转重整的申请。	见《上海市高级人民法院破产审判工作规范指引（2021）》第158条。
	出资额占债务人注册资本1/10以上的出资人	在法院受理债权人提出的破产申请后、宣告债务人破产前提出破产重整申请。	多个出资人申请清算转重整的，出资比例可以合并计算。

要点	具体内容
上市公司重整申请	申请人申请上市公司重整,除提交《企业破产法》第8条规定的材料外,还应当提交重整可行性报告、职工安置方案、所在地省级政府向证监会的通报材料以及证监会的书面意见、所在地政府出具的维稳预案等。
重整申请的审查	法院在审查重整申请时,根据债务人的资产状况、技术工艺、生产销售、行业前景等因素,能够认定债务人明显不具备重整价值以及拯救可能性的,应裁定不予受理。
听证程序	对于债权债务关系复杂、债务规模较大或者涉及上市公司重整的案件,人民法院在审查重整申请时,可以组织申请人、被申请人听证。债权人、出资人、重整投资人等利害关系人经人民法院准许,也可以参加听证。听证期间不计入重整申请审查期限。

推荐理由

破产重整,是一种可以给破产制度提供灵活性的方式,因为它可以减少司法系统的负担,便于债权人在按照正式破产程序通常不可能做到的情况下,更早地采取积极主动的对策,并避免通常伴随破产而来的不良名声。重整申请的提出可以分为申请人的初始申请(直接申请)与破产程序启动后涉及程序转换的后续申请(转换申请)。

法律适用

☐《企业破产法》第70条

☐《全国法院破产审判工作会议纪要》第14条、第15条

☐《上海市高级人民法院破产审判工作规范指引(2021)》第158条、第159条

☐《上海市浦东新区完善市场化法治化企业破产制度若干规定》第14条

第八部分 重 整

以案析法

案件信息：最高人民法院发布的人民法院服务保障京津冀协同发展典型案例——唐山佳华煤化工有限公司破产清算转破产重整案

基本案情

唐山佳华煤化工有限公司（以下简称佳华公司）是成立于2004年的一家中外合资企业。2016年1月7日，佳华公司以资产不足以清偿全部债务为由，向唐山市中级人民法院申请破产清算。2016年2月16日，唐山市中级人民法院依法裁定受理佳华公司破产清算一案。佳华公司管理人受理债权申报金额约51亿元，公司在重整状态下资产评估价值为33亿元。经了解，如果对佳华公司进行破产清算，其主要资产将失去使用价值，还可能出现处置成本高于处置价值的情形，将严重减损广大债权人的利益。基于此，唐山市中级人民法院就佳华公司是否具有重整价值和挽救可能性进行了实质审查，结果显示进行破产重整符合社会各方意愿，有利于实现各方利益共赢。其后，管理人在佳华公司第一次债权人会议上向参会债权人征求将破产清算转为重整的意见，95%以上的参会债权人同意程序转换。

裁判要旨

《企业破产法》在第70条第1款规定了债务人和债权人可以直接申请破产重整，该条第2款再次赋予债务人发起破产重整程序的权利，其立法本意和目的是强调清算程序与重整程序的转换，而并非由谁首先发起破产清算程序。对于债务人申请的破产清算案件，债务人、债权人和符合法定条件的股东应当拥有后续重整申请权。唐山市中级人民法院于 2017 年 5 月 22 日作出民事裁定，裁定自 2017 年 5 月 22 日起对佳华公司进行重整。后于 2018 年 8 月 22 日裁定批准重整计划并终止佳华公司的重整程序。

案例评析

重整程序赋予了企业生还机会，鼓励具备破产原因但有挽救价值和重整可能性的企业积极进行破产重整。虽然法律没有明确规定债务人申请破产清算后可以转入重整程序，但进行该程序转换不违反法律规定，符合《企业破产法》的立法本意，有利于最大限度发挥企业的营运价值，"处僵治困"，助力企业发展，也有助于切实优化营商环境。

60 重整期间的经营管理

关键词

重整期间的概念、债务人自行管理、管理人管理、为继续营业借款、重整程序的终止

实务要点

要点	具体内容
重整期间的概念	重整期间是指自人民法院作出受理债务人重整裁定之日起至法院作出批准或不予批准重整计划的裁定之日止的期间。管理人或债务人未能在法定期限内提交重整计划的，自法院作出终止重整程序之日，重整期间终止。

续表

要点	具体内容
债务人自行管理	1. 申请条件。 重整期间,经债务人申请,同时满足以下条件的,人民法院可以裁定批准债务人在管理人的监督下自行管理财产和营业事务: (1)债务人的内部治理机制仍正常运转; (2)债务人自行管理有利于债务人继续经营; (3)债务人不存在隐匿、转移财产的行为; (4)债务人不存在其他严重损害债权人利益的行为。 经人民法院批准由债务人自行管理财产和营业事务的,《企业破产法》规定的管理人职权中有关财产管理和营业经营的职权应当由债务人行使。 2. 管理人的监督。 管理人发现债务人存在严重损害债权人利益的行为或者有其他不适宜自行管理情形的,可以申请法院作出终止债务人自行管理的决定。法院决定终止的,应当通知管理人接管债务人的财产和营业事务。债务人有上述行为而管理人未申请法院作出终止决定的,债权人等利害关系人可以向法院提出申请。
管理人管理	1. 管理人负责管理财产和营业事务的,可以聘任债务人的经营管理人员负责营业事务。 2. 实践中,在债务人没有适合的人员管理营业事务的情况下,管理人也可以通过委托经营等方式,委托专业机构或人员负责债务人的营业事务。
为继续营业借款	1. 在重整期间,管理人为债务人继续营业而以债务人名义借款的,可以债务人财产为该借款设定担保,但应事先报人民法院审批。 2. 自行管理财产和营业事务的债务人借款的,管理人应当提出审核意见,报人民法院审批。
重整程序的终止	1. 管理人或债务人未能在法定期限内提交重整计划,人民法院应当裁定终止重整程序,并宣告债务人破产。 2. 重整计划草案未获法院批准的,人民法院应当裁定终止重整程序,并宣告债务人破产。 3. 重整程序因人民法院裁定批准重整计划草案而终止,此种情况下重整案件可作结案处理。 4. 在重整期间,有下列情形之一的,经管理人或者利害关系人请求,人民法院应当裁定终止重整程序,并宣告债务人破产: (1)债务人的经营状况和财产状况继续恶化,缺乏挽救的可能性; (2)债务人有欺诈、恶意减少债务人财产或者其他显著不利于债权人的行为; (3)债务人的行为致使管理人无法执行职务。

推荐理由

破产重整程序旨在通过保持公司的继续经营、重组公司营业、调整债权债务关系使困境公司摆脱危机。目前,我国《企业破产法》规定在重整期间以适用管理人管理模式为主,只有在符合一定条件下才能适用债务人自行管理的模式。债务人重整期间的经营管理禁止开展扩大负债、转移资产以及其他有损债权人利益的行为,经履行一定的审批手续、为债务人继续营业而产生的新融资债务属于破产程序中的共益债务。

法律适用

☐《企业破产法》第72条、第73条、第74条、第78条
☐《上海市高级人民法院破产审判工作规范指引(2021)》第160条
☐《全国法院民商事审判工作会议纪要》第111条、第114条
☐《上海市破产管理人协会破产案件管理人工作指引(试行)》第80条

以案析法

案件信息:广东省高级人民法院(2014)粤高法民二破终字第2号——亿商通公司诉金卧牛公司破产债权确认纠纷案

基本案情

2008年5月28日,法院裁定受理金卧牛公司申请重整一案。2008年8月14日,金卧牛公司及其管理人与亿商通公司签订一份协议,约定:亿商通公司借给金卧牛公司100万元,金卧牛公司只能把

该款用于重整期间继续营业而应支付的劳动报酬、水电、安保和社保等费用以及由此产生的其他费用,不得挪用。还款期限:(1)在重整期间,金卧牛公司进入正常生产6个月后一次性清偿。(2)若进入破产清算程序,根据《企业破产法》第42条、第43条的规定,由金卧牛公司的财产随时清偿。

2008年8月~12月,亿商通公司累计向金卧牛公司支付款项100万元。因金卧牛公司不能执行经批准的重整计划,法院于2009年10月26日裁定终止金卧牛公司重整计划的执行,并宣告其破产。亿商通公司诉至法院请求判令:金卧牛公司偿还借款100万元及利息(从2010年4月8日起按同期人民银行贷款利率计至付清止),并将上述款项列为金卧牛公司共益债务,由破产财产优先支付。一审判决未确认该100万元借款为共益债务,亿商通公司提起上诉,二审判决确认该100万元借款为共益债务。

裁判要旨

关于借款协议的效力问题。从借款协议内容看,亿商通公司出借给金卧牛公司的100万元,系约定用于金卧牛公司重整期间继续营业而应支付的相关费用,且不得挪作他用。亿商通公司出借的款项用于金卧牛公司重整期间的继续经营,且未约定利息费用,并非从事《银行业监督管理法》第19条规定的"银行业金融机构的业务活动",也不属于从事法律、行政法规规定的限制经营、特许经营或禁止经营的情形,没有违反民事行为的效力性强制性规定。借款协议合法有效,对当事人具有法律约束力。

关于该债务是否属共益债务问题。金卧牛公司向亿商通公司借款 100 万元的事实发生于该公司重整期间,其对收到该 100 万元的事实并无异议。该借款系经由金卧牛公司管理人确认且约定用于公司重整期间继续营业而应支付的相关费用,系为维护全体权利人和破产财产利益而发生,属于《企业破产法》第 42 条第 1 款第 4 项规定的"为债务人继续营业而应支付的劳动报酬和社会保险费用以及由此产生的其他债务"情形,依法应当认定为金卧牛公司的共益债务。金卧牛公司在借得该 100 万元款项后的用途,并非否认该债务为共益债务的充分依据。金卧牛公司应依《企业破产法》第 43 条的规定向亿商通公司返还借款 100 万元。

案例评析

重整涉及债务人的继续营业问题,继续营业必然会发生运营成本和费用。在债务人明显丧失清偿能力或存在这种可能的情况下,债务人往往没有足够的流动资金以支付营运必要开支,必须设法取得新的资金,才能维持运营,确保重整成功的实现。在重整企业缺乏正常信用基础的情况下,如果不强化对新债权的保障,其获得新融资的可能性基本不存在。根据我国《企业破产法》的相关规定,无担保的新融资债权属于共益债务范畴,其受偿次序在各项法定优先权和破产费用之后,优于职工债权、税收债权和普通债权受偿。因此,法院在判决中应明确新融资债权作为共益债务依法受偿。

第八部分 重 整

61 重整期间的权利限制

关键词

担保物权、取回权、投资收益分配、"董监高"的股权

实务要点

要点	具体内容
担保物权	1. 重整期间,设定有担保物权的债务人财产若为重整所必需,担保物权暂停行使。如果管理人或者自行管理的债务人认为担保物非重整所必需,应当及时对担保物进行拍卖或者变卖。 2. 在担保物权暂停行使期间,因担保物有损坏或者价值明显减少的可能,足以危害担保权人权利的,担保权人可以向人民法院请求恢复行使担保权。若管理人或者自行管理的债务人有证据证明担保物是重整所必需,并且提供与减少价值相应担保或者补偿,人民法院应当裁定不予批准恢复行使担保物权。担保物权人不服该裁定的,可以自收到裁定书之日起10日内,向作出裁定的人民法院申请复议。人民法院裁定批准行使担保物权的,管理人或者自行管理的债务人应当自收到裁定书之日起15日内启动对担保物的拍卖或者变卖。
取回权	债务人重整期间,权利人要求取回债务人合法占有的权利人的财产,不符合双方事先约定条件的,人民法院不予支持。但是,管理人或者自行管理的债务人违反约定,可能导致取回物被转让、毁损、灭失或者价值明显减少的除外。
投资收益分配	重整期间,债务人的出资人不得请求投资收益分配。
"董监高"的股权	重整期间,债务人的董事、监事、高级管理人员不得向第三人转让其持有的债务人的股权。但是,经人民法院同意的除外。

推荐理由

破产重整制度旨在挽救濒临破产的企业,重整期间对权利人的权利行使进行必要的限制,包括担保权人等优先债权人的权利让渡,有助于夯实企业再生与重建的价值基础,更好地发挥重整制度的优势。总体上,重整期间财产权利的限制机制旨在通过规制共同的利益导向,促进各方联合,拯救陷入困境的企业。

法律适用

☐《企业破产法》第 75 条、第 76 条、第 77 条

☐《最高人民法院关于适用〈中华人民共和国企业破产法〉若干问题的规定(二)》第 40 条

☐《全国法院民商事审判工作会议纪要》第 112 条

以案析法

案件信息:山东省威海市中级人民法院(2021)鲁 10 民终 1713 号——财金投资公司诉金辰公司股权转让纠纷案

基本案情

2016 年 12 月 29 日,财金投资公司(甲方)与姚某(乙方,丙方控股股东、实际控制人)、金辰公司(丙方,被投公司)签订投资协议,约定甲方向丙方投资 450.30 万元,持有该公司 158 万股份,取得该公司 3.53% 的股权。约定丙方每年向甲方支付按实际收到的甲方投资款以年收益率 5% 计算的固定收益。姚某对丙方应支付给甲方的固定收益承担连带担保责任。到期后,甲方可通过股权转让的方式退出,姚某

承诺兜底收购甲方股权，甲方按投资入股时的成本价退出。

2016年12月25日，金辰公司召开股东大会并形成股东会决议，同意将公司注册资本增加158万股，增加部分由财金投资公司以货币形式认缴158万股，认缴价格为每股2.85元，认缴金额为450.3万元，于2017年1月31日前汇至公司指定账户。2017年1月5日，财金投资公司依约向金辰公司支付股权投资款450.3万元。后金辰公司对公司章程进行了相应修改，并进行了工商登记备案。2018年1月4日，金辰公司支付投资收益款225,150元，2019年1月3日，金辰公司支付投资收益款225,150元。后再未支付投资收益款。

经债权人申请，法院于2020年7月2日裁定受理了金辰公司的重整申请，并指定了管理人。后财金投资公司诉至法院，请求判令姚某受让财金投资公司持有的金辰公司全部股权，判令金辰公司向财金投资公司支付以年收益率5%计算的投资收益款以及其他诉讼请求。一审判决驳回财金投资公司的诉讼请求。财金投资公司提起上诉，二审判决姚某受让财金投资公司持有的金辰公司全部股份，但驳回了金辰公司向财金投资公司支付年收益率5%的投资收益款的诉讼请求。

裁判要旨

关于财金投资公司是否有权要求姚某回购股权的问题。财金投资公司增资入股后，金辰公司召开股东会并修改了公司章程，财金投资公司成为金辰公司股东，并且已办理工商登记，虽然案涉协议有固定收益、退出收购等条款，但这仅是股东之间及股东与目标公司之间就投资收益和风险分担所作的内部约定，并不影响交易目的和股权投资模式，因此涉案投资协议为股权投资协议。《企业破产法》第77条第2款规定："在重整期间，债务人的董事、监事、高级管理人员不得向第三人转让其持有的债务人的股权。但是,经人民法院同意的除外。"《企业破产法》并未绝对禁止破产重整程序中的股权转让,而是采取个别限制转让原则,仅针对担任特定职务股东的股权转让进行限制。本案中,财金投资公司并非上述限制转让的主体,其股权转让不存在法律障碍,姚某应当依法履行投资协议约定的兜底收购义务。

关于财金投资公司是否有权要求金辰公司支付固定收益,姚某对此是否应承担连带责任的问题。涉案投资协议属于股权投资协议,协议中约定金辰公司每年向财金投资公司支付按投资款以年收益率5%计算固定收益,该约定实质仍属股东投资收益即股息红利,该投资来源并不影响收益性质的认定。依据《企业破产法》第77条第1款之规定,出资人在重整期间依法不得请求投资收益分配。因此,财金投资公司要求金辰公司支付固定收益,与该规定相悖,不应予以支持。姚某依据投资协议约定承担连带责任,因主债务人金辰公司不承担支付固定收益款的责任,连带债务人亦无须承担该责任,财金投资公司上诉请求姚某承担连带责任,无法律依据。因金辰公司进入破产重整程序而无法支付固定收益,不构成违约行为,故财金投资公司要求金辰公司支付违约金无事实和法律依据。

案例评析

一方面,我国《企业破产法》为保障股东参与重整程序,设置了重整申请权、知情权与监督权以及重整计划草案的讨论与表决权等权利。但另一方面,为避免债务人股东利用《公司法》赋予的股东权利对破产重整程序施加不当影响,又对股东权利进行了合理限制,包括对股东管理决策权的限制、股利分配的限制、特殊主体股权转让的限制、认缴出资额缴纳期限加速到期等。重整期间,出资人对债务人的事务已丧失决定权,因此,债务人的出资人不得请求投资收益分配。另外,在重整期间,如果允许债务人的董事、监事及高级管理人员转让其股权,那么他们可能会通过各种手段来逃避本应承担的责任。

62 重整投资人的招募

关键词

重整投资人的分类、招募原则、"假马竞标"规则、无重整投资人的情况

实务要点

要点	具体内容
重整投资人的分类	1. 重整投资人按其功能可以分为财务重整投资人和产业重整投资人。 2. 财务重整投资人提供资金为企业清偿债务并不是为了持续经营企业,而是在企业经过破产重整程序成为一个财务干净、经营正常的企业后,通过股权转让或资产出售等方式收回先前的财务投资,其对持续经营企业并无兴趣。此类重整投资人的代表是我国的四大资产管理公司。 3. 产业重整投资人通常与企业处于同一行业,或者有上下游关系,其介入企业的破产重整是为了扩张自己的商业版图,完善自己的产业链,通过持续经营企业获取回报。

续表

要点	具体内容
招募原则	1. 一般应当以市场化方式进行,管理人可通过"全国企业破产重整案件信息网"等媒体向社会公开发布招募公告。债权人等破产程序参与人可以推荐重整投资人。 2. 管理人结合招募要求、项目特点、重整预案、经营承诺等各方面条件进行评审,依法、公正地择优招募。管理人可根据实际需要,聘请相关专业人士协助招募评审。 3. 评审规则和评审结果应当公开,评审资料应当记录、保存。 4. 人民法院不直接参与招募评审,仅依法行使监督指导权。
"假马竞标"规则	1. "假马竞标"是指将有投资意向和实际能力的重整投资人作为"假马",让其承担前期尽职调查等填补信息的成本及公开竞价带来的风险。"假马"基于对债务人的尽职调查结果进行报价,而后通过公开竞价的方式选任重整投资人,引来出价更高的潜在投资人。在"假马"竞价失败的情况下,对"假马"给予一定的补偿来弥补"假马"的损失与付出,作为对"假马"的保护与补偿。 2. 关于如何弥补"假马"的损失,通常有以下几种方式: (1)费用补偿,使用债务人财产填补"假马"前期付出的合理成本,尤其是尽职调查开支与准备相关谈判的开支; (2)分手费(break-up fee)补偿,在"假马"议价失败的情况下,由债务人向其支付一笔"分手费"作为补偿; (3)优先购买权,即"假马"在同等报价下获得优先参与重整的权利。
无重整投资人的情况	管理人或债务人未能与重整投资人达成投资意向协议的,管理人和债务人可在与债权人协商的基础上,拟通过债务人及其股东自行筹集资金的方式进行生产经营,同时通过进行债务减让、延期清偿、债权转股权等方式缓解债务人资金压力以进行重整的重整计划,及时提交人民法院、提交债权人会议表决。

推荐理由

重整投资人的招募,既要尊重债权人意见,也要切合市场需求,才能使重整投资人招募工作科学、合理,为重整计划的通过打下良好基础。重整融资作为重要的商事交易活动,我国《企业破产法》及相关司法解释并没有关于招募重整投资人的规定,相关规定只散见于地

第八部分 重 整

方指引规定等文件,重整投资人相关权利义务规制有待立法填补。

法律适用

□《上海市高级人民法院破产审判工作规范指引(2021)》第 161 条

以案析法

案件信息：江苏省高级人民法院发布的破产审判典型案例——乾生元公司破产重整案

基本案情

乾生元,始创于 1781 年,原名"费萃泰",以生产松子枣泥麻饼蜚声海内外,1881 年更名为"乾生元"。2000 年,由乾生元食品厂转制而来的民营企业乾生元公司成立,被商务部认证为"中华老字号"企业,其掌握的"乾生元枣泥麻饼制作技艺"被列为苏州市第三批非物质文化遗产。后因资金链断裂,2018 年该公司停产,机器设备及知名商标均用于抵债。2020 年 10 月,债权人申请对该公司进行破产清算。公司已无实际经营地址,名下无可供处置的不动产、动产等,银行存款仅有 69,862.92 元,"乾生元"食品类商标均已用于偿还债务,现存的"乾生元"商标为教育娱乐、通信服务、烟草烟具等领域,变现价值较低。虽然乾生元公司停业已有数年时间,但市面上仍有不少以"乾生元"为名的店面在经营,这些门店均非乾生元公司名下店面,而是由一家新媒体公司(以下简称某新媒体公司)借助抵债转售而来的"乾生元"食品类商标开展生产销售。而乾生元公司具有的"中华老字号"称号,需依附于该公司使用,一旦其宣告破产后注销,"中华老字号"也将不复存在。

285

2021年3月26日,法院组织召开第一次债权人会议,管理人会上专项报告了关于清算转重整程序的说明,在"中华老字号"只能依附于企业主体存续的前提下,债权人、债务人均表达了重整意向,并有意向投资人与管理人签订了《重整投资人战略意向投资协议》,承诺在法院批准《重整计划草案》后15日内出资400万元用于支付偿债。管理人以意向投资人承诺的400万元重整资金制作有保底清偿率的《重整计划草案》,同时以兜底投资人的出价作为起拍价在阿里拍卖破产强清资产处置平台进行网上拍卖重整战略投资人资格,以公开竞价方式确定最终战略投资人。2021年4月22日,乾生元公司重整投资人资格开拍,但最终流拍。2021年4月28日,乾生元公司与某新媒体公司签订《重整投资协议书》,确定由某新媒体公司作为重整投资人,以1元对价受让乾生元公司股东所持有的全部股权,并投入400万元用于偿债及支付破产费用。

2021年5月20日管理人以非现场方式召开第二次债权人会议,对其拟定的《重整计划草案》进行分组表决。该次会议共设2个表决组,包括出资人组(2家)、普通债权组(36家),因税收债权人的权益未受到重整计划草案调整或影响,不参加表决。经表决,出资人组、普通债权组均通过了《重整计划草案》。法院于2021年6月8日裁定批准乾生元公司重整计划。

裁判要旨

法院受理破产清算申请后,尚未宣告破产前,发现债务人存在重整价值且具备重整可行性时,可引导符合条件的申请人提出重整申请,及时转入重整程序,通过积极司法行为回应市场需求关切。

《企业破产法》未对重整投资人招募程序作出具体规定,实务中通常采用债权人或债务人推荐协商和公开招募两种途径。为确保招募工作的公正公开，同时有效提高重整可行性，可以有机结合公开与非公开方式，以确有意愿和实力的意向投资人作为兜底投资人，将兜底投资人的意向投资金额作为起拍价，公开竞价拍卖投资人资格，从而确定最终的重整投资人。该招募方式兼顾了重整价值与重整效率，一方面可以确保重整的可行性，另一方面能够提升债务人企业价值判断的市场性，以双重保障促成债权人利益最大化。

案例评析

该案中，法院指导破产管理人与之前受让乾生元核心食品类商标的所有权人某新媒体公司积极沟通，告知其商标只有与老字号配合使用才能相得益彰，动员其作为兜底投资人参与重整，并通过公开招募，借鉴"假马竞标"规则，以"兜底投资人＋竞拍投资人"资格的方式确定重整投资人，最终由兜底投资人承诺出资，以其提出的兜底价格作为重整投资人资格公开拍卖的起拍价。该案系"假马竞标"规则在实践中的又一成功案例。

（63）重整计划草案的制订

关键词

制作主体、制作期限、制作内容、上市公司的特殊规定

实务要点

要点		具体内容
制作主体	债务人自行管理财产和营业事务	由债务人制作重整计划草案,管理人可以对债务人制作重整计划草案提供必要的指导。
	管理人负责管理财产和营业事务	由管理人制作重整计划草案。
制作期限		1. 债务人或者管理人应当自人民法院裁定债务人重整之日起 6 个月内,同时向人民法院和债权人会议提交重整计划草案。期限届满,经债务人或者管理人请求,有正当理由的,人民法院可以裁定延期 3 个月。 2. 债务人或者管理人未按期提出重整计划草案的,人民法院应当裁定终止重整程序,并宣告债务人破产。
制作内容		1. 重整计划草案应当包括下列内容: (1) 债务人的经营方案; (2) 债权分类; (3) 债权调整方案; (4) 债权受偿方案; (5) 重整计划的执行期限; (6) 重整计划执行的监督期限; (7) 有利于债务人重整的其他方案; (8) 可能发生的出资人权益的调整方案。 2. 管理人制作的重整计划草案不得对劳动债权以外的社会保险费用债权进行减免。
上市公司的特殊规定		1. 上市公司或者管理人制订的上市公司重整计划草案应当包括详细的经营方案。有关经营方案涉及并购重组等行政许可审批事项的,上市公司或管理人应当聘请经证券监管机构核准的财务顾问机构、律师事务所以及具有证券期货业务资格的会计师事务所、资产评估机构等证券服务机构按照证券监管机构的有关要求及格式编制相关材料,并作为重整计划草案及其经营方案的必备文件。 2. 控股股东、实际控制人及其关联方在上市公司破产重整程序前因违规占用、担保等行为对上市公司造成损害的,制订重整计划草案时应当根据其过错对控股股东及实际控制人支配的股东的股权作相应调整。

第八部分 重 整

推荐理由

重整计划是旨在促进企业再建更生,维持债务人之营业,解决债务清偿问题的综合性合同,未经债权人会议通过的重整计划只是重整计划草案。制订好重整计划草案,并在表决后顺利执行重整计划,才是重整程序能否顺利进行的核心环节。

法律适用

□《企业破产法》第79条、第80条、第81条、第83条

□《上海市破产管理人协会破产案件管理人工作指引(试行)》第83条、第84条

□《最高人民法院关于审理上市公司破产重整案件工作座谈会纪要》第6条

以案析法

案件信息:最高人民法院发布的优化营商环境破产典型案例——重庆市华源天然气有限责任公司破产重整案

基本案情

重庆市华源天然气有限责任公司(以下简称华源公司)注册资本2010万元,拥有职工163人,为重庆市大足区的重要天然气供应企业。华源公司因严重资不抵债,依法向重庆市大足区人民法院申请重整。2016年11月28日,法院裁定受理华源公司重整案。2017年9月27日,华源公司第二次债权人会议召开,各表决组均通过重整计划草案。2017年11月20日,法院裁定批准重整计划。重整计划执行

中,新设公司重庆胜邦燃气有限公司经营持续向好,已累计实现利润约 1.8 亿元。

裁判要旨

本次重整采用出售式重整。本案中,投资人山东胜利股份有限公司(以下简称胜利公司)愿意承接华源公司优质资产,但其考虑对外应收债权的不确定性,不愿接受该类债权。据此,法院积极实践出售式重整,剥离具有整体营运价值的资产设立新公司。战略投资人支付股权转让款后取得新公司股权,该股权转让款用于清偿债务人债务。这既确保了债务人资产营运价值最大化,又有效维护了债权人合法权益。根据重整计划草案,华源公司以其与天然气业务相关的全部营运资产及其他优质资产设立新公司,剩余资产仍归华源公司所有。重整投资人胜利公司出资收购该新公司全部股权,并全盘接收现有职工及天然气业务。胜利公司分期支付股权转让款 6.638 亿元,专项用于清偿华源公司破产债权。

案例评析

根据债务人企业不同状况,因地制宜地制订合理的重整计划草案,对于吸引外部投资者具有重要意义。本案中,法院积极实践出售式重整,将债务人具有营运价值的资产与债务人其他债权等不确定资产相剥离,保障了战略投资人的收益,同时也化解了债务人的债务危机,可谓一举两得。

第八部分 重 整

64 重整模式

关键词

存续型重整、出售式重整、留债清偿、税款滞纳金的计算

实务要点

要点	具体内容
存续型重整	1.存续型重整是通过债务减免、延期清偿以及"债转股"等方式解决债务负担,并辅之以企业法人治理结构、经营管理的改善,注册资本的核减或增加,乃至营业的转变或资产的置换等措施,达到企业重建再生之目的。 2.存续型重整是企业重整的主流模式,是认可度最高的一种模式,一般只有当存续型重整存在障碍时,管理人才会选择采取其他重整模式。
出售式重整	1.出售式重整是将债务人具有活力的营业事业的全部或部分通常是主要部分连同无形资产、就业员工一并转让给他人,使之在新的企业中得以继续经营存续,而以营业转让所得对价,以及企业未转让遗留财产(如有)的破产清算所得,清偿债权人。出售式重整不保留原债务人企业的存续,在营业事业转让之后将债务人企业清算注销,营业事业的重整是在原企业之外以继续经营的方式进行。 2.出售式重整的优势: (1)由于破产企业在重整完毕后清算注销,未及时申报债权的债权人将丧失求偿权,可以有效解决存续型重整中的破产企业的或有负债问题; (2)可以有效化解破产企业股东不同意出资人权益调整方案,或者破产企业股权存在质押或查封等情形造成的出资人权益调整方案实际执行困难的问题; (3)可以有效化解破产企业重整中债务豁免可能导致的巨额所得税风险。

续表

要点	具体内容
留债清偿	1. 定义。 （1）留债清偿主要是将原债权转为"贷款"、放弃即时清偿权利，属于新的权利义务的设定。通过延长还款期限的"留债"处理，留存部分债务分期还本付息，给予企业以恢复和发展的时间和空间，提升对债权人的清偿能力。 （2）在重整计划执行完毕后，债务人才正式进入留债期间。这时，重整计划已经执行完毕，法院已经裁定破产重整程序终结，理论上，法院和管理人在重整程序中的身份和角色已经终结。 2. 性质。 （1）重整计划是根据破产法确定的表决规则，由债权人组及出资人组表决通过，并经人民法院依法审查后裁定批准生效，不以全部债权人同意为前提，按照少数服从多数原则确定，甚至在多数债权人不同意情况下，法院也可能强制批准重整计划。"留债清偿"作为重整计划的一部分是经法院审查后才裁定生效的，对债务人、留债债权人均具有法律约束力，部分不同意重整计划的债权人及未参加重整计划表决的债权人，也要受其拘束。 （2）考虑到重整计划本身已经过法院批准，因此，有人认为，对于留债清偿的安排本身不具有争议性，亦不具有可诉性，同时为了避免债权人的诉累，应当承认重整计划中留债安排的强制执行力，重整计划及其附属文件应当作为新的执行依据的生效法律文书。 3. 风险防范。 （1）实务中采用留债延期支付方式的破产企业重整计划草案，其留债期限自2年至15年。若企业不履行或无法履行偿债协议，留债债权人的权益如何保障，《企业破产法》在这方面的规定尚为空白。对此，可以事先明确救济措施，以防范风险： ①债权人可要求债务人在重整计划、留债协议里明确偿债不能的救济措施，例如，可在出现偿债不能的预期可能性时，要求债务人一次性清偿全部剩余留债债权，并行使担保物权；②亦可通过规定重整投资人在债务人不能或不能按期足额清偿时，由重整投资人补足清偿款；③可在重整计划、留债协议中要求债务人增加连带保证人担保留债清偿。 （2）至于债权人是以起诉的方式还是直接申请法院强制执行或申请法院宣告破产的方式行使权利，法律法规尚未明确。

续表

要点	具体内容
税款滞纳金的计算	破产企业在破产案件受理前因欠缴税款产生的滞纳金属于普通破产债权。破产案件受理后因欠缴税款产生的滞纳金不属于破产债权,即税收滞纳金只计算至受理破产申请之日。对于重整成功,前期所欠税款由于税务机关处理系统会自动加计滞纳金,又无重整成功不加收滞纳金的明确规定,因此往往会再次计算滞纳金。如果重整成功,建议做如下处理: (1)先将税款清缴完; (2)如果确有困难,依据《税收征收管理法》第31条第2款之规定(纳税人因有特殊困难,不能按期缴纳税款的,经省、自治区、直辖市国家税务局、地方税务局批准,可以延期缴纳税款,但是最长不得超过3个月),申请延期缴纳税款。

推荐理由

关于破产重整模式,近几年国内的研究也在不断创新,开始了在细节领域的思考与探索,包括管理人、政府与市场的协调等方面。但在重整方案的优化和重整是否有效方面的研究还相对缺乏。应加大对重整动因的探索、创新重整模式、完善方案评价,构建重整理论体系,从而提高重整的效率和成功率,使重整真正地发挥作用。

法律适用

□《最高人民法院关于税务机关就破产企业欠缴税款产生的滞纳金提起的债权确认之诉应否受理问题的批复》

□《税收征收管理法》第31条

以案析法

案件信息：上海市高级人民法院发布的民营企业保护典型案例——某机器人有限公司破产重整案

基本案情

某机器人有限公司主要从事机器人尖端技术研究。2020年4月1日，法院裁定受理该公司破产清算案（执行转破产），并指定了管理人。2020年7月8日，法院根据公司股东申请裁定对该公司进行重整。经该公司申请，法院于2020年7月17日决定准许该公司自行管理财产和营业事务。2020年9月28日，公司第一次债权人会议审议并通过了管理人提交的债权表、财产管理方案、管理人报酬方案。2020年12月2日，法院根据管理人的申请，作出确认债权人债权的先行民事裁定。截至2021年6月4日，管理人审核确认了683户债权人（含370户职工债权人）的债权，金额合计2.46亿元。2021年6月17日，公司第二次债权人会议通过全国企业破产重整案件信息网在线召开，各债权组高票通过该公司重整计划草案。2021年7月12日，法院裁定批准该公司重整计划，终止重整程序。

裁判要旨

法院审理过程中，发现公司负债比例高，但发展潜力大。因此促成公司制订留债清偿方案，并获得普通债权组高票通过。通过对新老投资人适用不同的价值估值，较好平衡了重整投资人与A轮投资人之间的利益。公司重整计划草案将债务通过留债清偿+"债转股"+股东回购承诺的方式，以时间换空间，"一揽子"解决了债务人、控股股东与实际控制人的全部债务,挽救了该公司,平衡了债权人利益和投资人诉求,提高了债权人受偿率,也给公司在重整成功后的长期经营发展及后续上市创造了良好条件。

案例评析

破产重整制度是适应现代化经济体系、服务保障经济社会高质量发展、优化法治化营商环境的重要制度体系,是保全企业营运价值、重整核心资产、挽救企业以获新生的重要法律手段。传统的重整模式与民营企业重整的需求并不适配,应当根据陷入困境的企业的特点选择合理的重整模式与方案设计,这样可以大大提升重整效率。

65 重整计划草案的表决程序

关键词

表决时间、分组表决、二次表决

实务要点

要点	具体内容
表决时间	人民法院应当自收到重整计划草案之日起30日内召开债权人会议,对重整计划草案进行表决。

续表

要点	具体内容
分组表决	1. 债权人和出资人分组。 债权人会议需要分组对重整计划草案进行表决。表决分组包括有财产担保债权人组、职工债权人组、税款债权人组、普通债权人组、劣后债权人组。必要时还可以在普通债权人中设小额债权人组。 2. 有权参加表决的债权人或股东。 （1）对重整计划草案进行分组表决时，权益因重整计划草案受到调整或者影响的债权人或者股东，有权参加表决；权益未受到调整或者影响的债权人或者股东，不参加重整计划草案的表决。 （2）债务人欠缴的劳动债权以外的社会保险费用的债权，不参加债权分组表决。 （3）债权人未在债权申报期限内申报债权，在重整计划草案提交债权人会议表决前补充申报但未被确认的，该债权人不享有对重整计划草案的表决权。 3. 表决规则。 出席会议的同一表决组的债权人过半数同意重整计划草案，并且其所代表的债权额占该组债权总额的2/3以上的，即为该组通过重整计划草案。 4. 出资人。 （1）债务人的出资人代表可以列席讨论重整计划草案的债权人会议。重整计划草案涉及出资人权益调整事项的，应当设出资人组对该事项进行表决。 （2）表决规则： | 分类 | 法条引用 | | --- | --- | | 上市公司 | 《最高人民法院关于审理上市公司破产重整案件工作座谈会纪要》第7条第1款：出资人组对重整计划草案中涉及出资人权益调整事项的表决，经参与表决的出资人所持表决权2/3以上通过的，即为该组通过重整计划草案。|

第八部分　重　整

续表

要点	具体内容	
	分类	法条引用
分组表决	非上市公司	《上海市破产管理人协会破产案件管理人工作指引(试行)》第87条第2款:同意重整计划草案的出资人所代表的出资额占该组出资总额2/3以上的,即为该组通过重整计划草案。 《中华全国律师协会律师担任破产管理人业务操作指引》第45条第7款:债务人出资人组对重整计划草案的表决,以债务人章程中的表决程序规定为准。
二次表决		部分表决组未通过重整计划草案的,管理人可以同未通过重整计划草案的表决组协商,也可以对重整计划草案中的相关内容进行调整,但此项调整不得损害其他表决组债权人的利益。无论管理人是否对草案中的相关内容进行调整,未通过重整计划草案的表决组在协商后可以再表决一次。

推荐理由

破产重整的表决规则通过分组投票和组内多数决的方式,削弱了少数个别债权人控制重整程序的能力,以体现整体利益价值。表决规则系破产重整规则构建中制衡各方利益诉求的核心手段,分组表决系其制度保障。在对重整计划草案进行表决之前,管理人需要尽量向债权人解释、说明重整计划草案要点,并就涉及的条款和表决机制作出详尽说明,充分听取债权人意见并善用表决规则,充分保障各类债权人对表决程序的知情权、参与权等各项权利。

法律适用

□《企业破产法》第82条、第83条、第84条、第85条、第87条

□《上海市高级人民法院破产审判工作规范指引(2021)》第 164 条
□《最高人民法院关于审理上市公司破产重整案件工作座谈会纪要》
□《上海市破产管理人协会破产案件管理人工作指引(试行)》第 87 条、第 88 条、第 90 条

以案析法

案件信息：最高人民法院发布的优化营商环境破产典型案例——朝阳公司破产重整案

基本案情

2019 年 2 月 1 日，杭州市萧山区人民法院根据债权人的申请，受理朝阳公司破产清算案。因企业具有重整可能及重整价值，经债务人申请，法院依法裁定朝阳公司由破产清算程序转为重整程序。

裁判要旨

2020 年 1 月 21 日，朝阳公司债权人会议召开，对重整计划草案进行表决，部分债权人因对重整程序和重整计划草案的了解不够，未投赞成票或未及时投票，导致担保债权组及普通债权组未表决通过。经管理人、重整投资者与未通过重整计划草案的表决组再次协商，在充分保障其权益的基础上，获得了上述债权人的认可。

2020 年 6 月 28 日，朝阳公司债权人会议再次召开，对重整计划草案进行二次表决。在本次重整计划草案分组表决中，因重整计划草案未作实质性调整，担保债权组及普通债权组中在第一次表决中同意的债权人不再参加本次表决。重整计划草案最终在二次表决中获得

各表决组通过。2020年8月3日,法院裁定批准朝阳公司重整计划。

📝 案例评析

本案是在重整计划草案未作实质性调整时,先前已表决同意该重整计划草案的债权人不再参与表决的典型案例。重整中的利害关系人是指重整计划草案对其权益产生影响的债权人或股东等。一般而言,权益未受到重整程序影响的债权人或股东,属无利害关系人,重整计划草案当然无须由其进行表决。而对于第一次表决中已投票赞成的债权人,虽属利害关系人,但因其已经主动同意重整计划草案对其权益的影响,在管理人未对重整计划草案进行实质修改的前提下,也无须参加二次表决。

本案中,因再次协商未对重整计划草案进行实质性调整,表决组中此前已同意的债权人无须参加二次表决,仅由未投票及未投赞成票的债权人进行二次表决。如此的表决规则设计,在保障债权人知情权与表决权的同时,也大大缩短了表决时间,降低了重整成本,体现了重整制度快速拯救企业的价值和功能。

66 重整计划的审查与批准

关键词

重整计划的审查与批准、重整计划的强制批准

实务要点

要点	具体内容
重整计划的审查与批准	1. 各表决组均通过重整计划草案的,重整计划即为通过。管理人应当在重整计划通过后的 10 日内,向人民法院提出批准重整计划的申请。 2. 人民法院审查重整计划时,除审查合法性外,还应当审查经营方案是否具有可行性、表决程序是否合法、内容是否损害各表决组中反对者的清偿利益,人民法院应当自收到申请之日起 30 日内裁定是否批准重整计划。
重整计划的强制批准	1. 强制批准的前提。 未通过重整计划草案的表决组拒绝再次表决或者再次表决仍未通过重整计划草案,符合下列条件的,债务人或者管理人可以申请人民法院强制批准该重整计划草案: (1) 按照重整计划草案,对债务人的特定财产享有担保权的债权人就该特定财产将获得全额清偿,其因延期清偿所受的损失将得到公平补偿,并且其担保权未受到实质性损害,或者该表决组已经通过重整计划草案; (2) 按照重整计划草案,职工债权和税款债权将获得全额清偿,或者相应表决组已经通过重整计划草案; (3) 按照重整计划草案,普通债权所获得的清偿比例,不低于其在重整计划草案被提请批准时依照破产清算程序所能获得的清偿比例,或者该表决组已经通过重整计划草案; (4) 重整计划草案对出资人权益的调整公平、公正,或者出资人组已经通过重整计划草案; (5) 重整计划草案公平对待同一表决组的成员,并且所规定的债权清偿顺序不违反《企业破产法》第 113 条的规定; (6) 债务人关于企业重新获得盈利能力的经营方案具有可行性; (7) 债权人分组的,至少有一组已经通过重整计划草案; (8) 各表决组中反对者的清偿利益不低于依照破产清算程序所能获得的利益。 2. 审慎适用。 人民法院必须审慎适用强制批准,确需强制批准重整计划草案的,合议庭应提交审判委员会讨论决定。

第八部分 重 整

💬 推荐理由

破产重整程序中,债权人会议表决通过重整计划草案后,或重整计划草案虽未表决通过但符合法定情形时,债务人或管理人应当及时向人民法院提请批准重整计划。在重整制度中,法院可以在债权人会议部分表决组对重整计划投反对票时,行使强制批准权,裁定通过重整计划,使其生效实施。强制批准是法院动用司法权力对重整程序进行干预的制度,如何恰当且合理地使用强制批准权,避免滥用,是破产实践中需要认真思考的问题。

⚖️ 法律适用

☐《企业破产法》第86条、第87条
☐《上海市高级人民法院破产审判工作规范指引(2021)》第166条
☐《全国法院破产审判工作会议纪要》第17条

📋 以案析法

案件信息:最高人民法院发布的全国法院破产典型案例——庄吉集团有限公司等4家公司破产重整案

✏️ 基本案情

庄吉服装是温州地区知名服装品牌,庄吉集团有限公司(以下简称庄吉集团)、温州庄吉集团工业园区有限公司(以下简称园区公司)、温州庄吉服装销售有限公司(以下简称销售公司)、温州庄吉服装有限公司服装公司(以下简称服装公司)4企业长期经营服装业务,且服装业务一直经营良好。但因盲目扩张,投资了并不熟悉的造船行业,2014年受整体经济下行影响,不但投入造船业的巨额资金血本无归,更引发了债务人的银行信用危机。2014年10月9日,除服装公司外,其余三家公司向浙江省温州市中级人民法院申请破产重整。

2015年2月27日,温州市中级人民法院裁定受理庄吉集团、园区公司、销售公司三企业的重整申请,并根据企业关联程度较高的情况,指定同一管理人。本案中债权人共有41人,申报债权约20亿元,确认约18亿元。2015年8月20日,管理人请求温州市中级人民法院将重整计划草案提交期限延长3个月。2016年1月27日,服装公司也进入重整程序。

裁判要旨

由于4企业存在人格高度混同的情形,符合合并重整的基础条件,且合并重整有利于公平清偿债务,符合《企业破产法》的立法宗旨。温州市中级人民法院在经债权人会议决议通过4企业合并重整的基础上,经过该院审判委员会讨论决定,对管理人提出的实质合并重整申请予以准许。随后管理人制订整体性的重整计划草案,并在债权人会议表决的过程中获得了绝大部分债权人的认可,仅出资人组部分股东不同意。经与持反对意见的股东沟通,其之所以反对主要是对大股东经营决策失误有怨言,对重整计划本身并无多大意见。2016年3月17日,温州市中级人民法院强制裁定批准该重整计划草案。在重整计划草案通过后,温州市中级人民法院及时根据相关规定对重整企业进行信用修复,使重整企业隔断历史不良征信记录、恢复包括基本户在内的银行账户的正常使用、正常开展税务活动、解除法院执行部门的相关执行措施,为重整企业营造了良好的经营环境。

第八部分 重 整

📝 案例评析

当重整计划草案未能获得债权人会议各表决组一致通过时,如果符合法律规定的一定条件,法院可以裁定强制批准该重整计划草案。本案法院综合考虑了重整计划草案对于企业的再建意义,决定对于反对表决组的利益进行让渡,强制批准重整计划草案。应注意在程序上该反对的表决组可以在债务人及管理人与之协商后再表决一次,充分保证其表决权的实现,之后法院方可行使强制批准重整计划草案的权力。

67 重整计划的效力

关键词

生效时间、对人的效力、对未申报债权的效力、对保证人和其他连带债务人的效力、重整计划执行完毕的效力

实务要点

要点	具体内容
生效时间	重整计划自法院裁定批准之日起生效。
对人的效力	对债务人和全体债权人(包括对特定财产享有担保权的债权人)均具有约束力,对债务人的出资人也具有约束力。

303

续表

要点	具体内容		
	法条	规定	备注
对未申报债权的效力	《企业破产法》第92条第2款	债权人未依照《企业破产法》规定申报债权的,在重整计划执行期间不得行使权利;在重整计划执行完毕后,可以按照重整计划规定的同类债权的清偿条件行使权利。	—
	《上海市高级人民法院破产审判工作规范指引(2021)》第167条第2款	债权人未申报债权或者未全额申报债权的,债权人依据《企业破产法》第92条的规定,在重整计划执行期间不得行使权利,在重整计划执行完毕后向债务人主张清偿的,人民法院应当从漏报原因、行权时效等方面严格把握。	—
	《上海市破产管理人协会破产案件管理人工作指引(试行)》第90条第2款	债权人未在债权申报期限内申报债权,在人民法院裁定批准重整计划后重整计划执行完毕前补充申报的,管理人可以接受申报并进行审查,但债权人在重整计划执行期间不得行使权利;在重整计划执行完毕后,可以按照重整计划规定的同类债权的清偿条件行使权利。	从反面解释该规定:重整计划执行完毕后不得补充申报债权或对补充申报的债权不再清偿。
对保证人和其他连带债务人的效力	1.债权人对债务人的保证人和其他连带债务人所享有的权利,不受重整计划的影响。 (1)保证人和其他连带债务人不因重整计划中对债权人的债权数额、清偿条件的调整而受到影响,仍应按照原有数额和条件进行清偿; (2)保证人和其他连带债务人不得依据重整程序中债权人作出的让步对抗清偿要求。 2.人民法院受理债务人破产案件后,债权人请求担保人承担担保责任,担保人主张担保债务自人民法院受理破产申请之日起停止计息的,人民法院对担保人的主张应予支持。 3.关于担保代偿的问题。 (1)人民法院受理债务人破产案件,债权人在破产程序中申报债权后又向人民法院提起诉讼,请求担保人承担担保责任的,人民法院依法予以支持。		

续表

要点	具体内容		
对保证人和其他连带债务人的效力	（2）担保人清偿债权人的全部债权后，可以代替债权人在破产程序中受偿；在债权人的债权未获全部清偿前，担保人不得代替债权人在破产程序中受偿，但是有权就债权人通过破产分配和实现担保债权等方式获得清偿总额中超出债权的部分，在其承担的担保责任的范围内请求债权人返还。 （3）债权人在债务人破产程序中未获全部清偿，请求担保人继续承担担保责任的，人民法院应予支持；担保人承担担保责任后，向和解协议或者重整计划执行完毕后的债务人追偿的，人民法院不予支持。		
重整计划执行完毕的效力	法条	规定	备注
^	《企业破产法》第94条	按照重整计划减免的债务，自重整计划执行完毕时起，债务人不再承担清偿责任。	—
^	《上海市高级人民法院破产审判工作规范指引（2021）》第168条第1款部分规定	重整计划执行完毕的，债务人一般不再承担清偿责任。	根据《企业破产法》第92条的规定，未按规定申报的债权，在重整计划执行完毕后，可以按照重整计划规定的同类债权的清偿条件行使权利。

💬 推荐理由

法院对重整计划的批准，是法院行使司法权对当事人意思自治内容是否合法进行司法审查并确认的结果，这种确认的结果对债务人和全体债权人均有约束力，重整计划一经法院裁定批准，重整程序即依法终止。

法律适用

☐《企业破产法》第 92 条、第 94 条

☐《上海市高级人民法院破产审判工作规范指引(2021)》第 167 条、第 168 条

☐《上海市破产管理人协会破产案件管理人工作指引(试行)》第 90 条

☐《最高人民法院关于适用〈中华人民共和国民法典〉有关担保制度的解释》第 22 条、第 23 条

以案析法

案件信息：最高人民法院(2016)最高法民申 1422 号——陈某与湛江市某城建公司确认合同效力纠纷案

基本案情

2012 年 12 月 12 日，法院裁定湛江市某城建公司进入破产重整程序。2012 年 12 月 15 日、20 日，法院在《湛江日报》《人民法院报》等报纸上发布公告，告知各债权人在公告的 30 日内申报债权。

2013 年 1 月 4 日，管理人在《南方日报》上刊登《债权申报催促公告》，催促通知还没向管理人申报债权的债权人在 2013 年 1 月 16 日前向管理人申报债权，逾期未申报的，依照有关法律规定处理。2013 年 2 月 17 日，管理人分别在《南方日报》《湛江日报》上刊登《关于以物抵债的债权人申报债权督促公告》，通知上述重整企业在重整受理前六个月内，因不能清偿到期债务，已将部分财产用于抵偿债务，且大部分抵债财产已设立抵押，债权人对上述抵债财产不能享有

物权,应当依法向管理人申报债权。为避免债权人因未及时申报债权而遭受损失,管理人特公告督促尚未申报债权的以物抵债的债权人及时向管理人申报债权。但陈某没有在法院指定的期限内向湛江市某城建公司管理人申报债权。

2014年6月5日,法院裁定批准湛江市某城建公司的重整计划,执行期限为1年,截至2015年6月4日。2015年5月21日,法院裁定延长重整计划的执行期限至2015年12月4日。在湛江市某城建公司重整计划执行期间,陈某向法院提起诉讼,请求确认与湛江市某城建公司2012年10月28日签订的25份《广东省商品房买卖合同》合法有效。一审法院裁定驳回陈某的起诉;陈某不服,提起上诉,二审法院裁定驳回上诉;陈某向最高人民法院申请再审,最高人民法院裁定驳回再审申请。

裁判要旨

依据《企业破产法》第92条第2款债权人未依照本法规定申报债权的,在重整计划执行期间不得行使权利之规定,陈某在债权申报期限内未申报债权,便不得在重整计划执行期间通过行使诉权达到主张债权或者请求赔偿的目的。另外,依据《企业破产法》第92条第2款"……在重整计划执行完毕后,可以按照重整计划规定的同类债权的清偿条件行使权利"之规定,陈某依然可以在重整计划执行完毕后,按照重整计划规定的同类债权的清偿条件行使权利。故法院驳回陈某的起诉并未剥夺其实体权利或者诉讼权利。

案例评析

重整计划包括债权调整方案等有利于债务人重整的相应方案,经人民法院裁定批准后,对债务人和全体债权人均有约束力,不允许债权人在重整计划执行期间随意主张,其立法本意即是保障重整计划的顺利实施。本案中,债权人"逾期申报",也可以说是债权人"逾期未申报"债权,可待重整程序结束后依照重整计划规定的同类债权的清偿条件行使权利,实质上并没有削弱逾期申报债权人的利益,但对于何时申报,《企业破产法》及司法解释没有给出明确指引,散见于地方规定中,如《深圳市中级人民法院破产案件审理规程》第42条第1款和第2款规定,债权人未在债权申报期限内申报的,可在重整计划草案提交债权人会议表决前申报。重整计划执行完毕前可申报但不可行使权利。

68 重整计划的执行与监督

关键词

重整计划执行主体、重整计划的监督、重整程序的终结、上市公司重整计划涉及行政许可部分的执行

实务要点

要点	具体内容
重整计划执行主体	1. 重整计划由债务人负责执行。 2. 人民法院裁定批准重整计划后,已接管财产和营业事务的管理人应当向债务人移交财产和营业事务。

第八部分 重 整

续表

要点	具体内容
重整计划的监督	1. 自人民法院裁定批准重整计划之日起,在重整计划规定的监督期内,由管理人监督重整计划的执行。 2. 在监督期内,债务人应当向管理人报告重整计划执行情况和债务人财务状况。 3. 监督报告: (1)监督期届满时,管理人应当向人民法院提交监督报告; (2)自监督报告提交之日起,管理人的监督职责终止; (3)对于管理人向人民法院提交的监督报告,重整计划的利害关系人有权查阅。 4. 监督期延长:经管理人申请,人民法院可以裁定延长重整计划执行的监督期限。 5. 监督期间的管理人报酬及诉讼管辖: 重整计划的执行期间和监督期间原则上应当一致。二者不一致的,人民法院在确定和调整重整程序中的管理人报酬方案时,应当根据重整期间和重整计划监督期间管理人工作量的不同予以区别对待。其中: (1)重整期间的管理人报酬应当根据管理人对重整发挥的实际作用等因素予以确定和支付; (2)重整计划监督期间管理人报酬的支付比例和支付时间,应当根据管理人监督职责的履行情况,与债权人按重整计划实际受偿比例和受偿时间相匹配。 6. 监督期间的诉讼管辖: 重整计划执行期间,对于因重整程序终止(法院裁定批准重整计划后)后新发生的事实或者事件引发的有关债务人的民事诉讼, (1)不适用《企业破产法》第 21 条有关集中管辖的规定(第 21 条规定,人民法院受理破产申请后,有关债务人的民事诉讼,只能向受理破产申请的人民法院提起); (2)除重整计划有明确约定外,上述纠纷引发的诉讼,不再由管理人代表债务人进行。
重整程序的终结	重整计划执行完毕后,人民法院可以根据管理人等利害关系人申请,作出重整程序终结的裁定。
上市公司重整计划涉及行政许可部分的执行	人民法院裁定批准重整计划后,重整计划内容涉及证券监管机构并购重组行政许可事项的,上市公司应当按照相关规定履行行政许可核准程序。重整计划草案提交出资人组表决且经人民法院裁定批准后,上市公司无须再行召开股东大会,可以直接向证券监管机构提交出资人组表决结果及人民法院裁定书,以申请并购重组许可申请。并购重组审核委员会进行审核时应当充分考虑并购重组专家咨询委员会提交的专家咨询意见。并购重组申请事项获得证券监管机构行政许可后,应当在重整计划的执行期限内实施完成。

推荐理由

重整计划执行期间,管理人将破产企业的经营权及财产交还债务人,在监督期内,债务人应当向管理人报告重整计划执行情况和债务人财务状况。重整计划一旦不能执行,不但原有债权人的债权得不到偿还,还有可能产生新的债权人加入分配,管理人作为重整计划执行的监督人,应当勤勉尽职,避免带来额外的风险。

法律适用

☐《企业破产法》第89条、第90条、第91条
☐《全国法院民商事审判工作会议纪要》第113条、第114条
☐《最高人民法院关于审理上市公司破产重整案件工作座谈会纪要》第9条

以案析法

案件信息:贵州省高级人民法院发布的执行《优化营商环境条例》典型案例——安顺市钢固达房地产开发有限公司破产重整案

基本案情

安顺市钢固达房地产开发有限公司系辖区内较大的房地产企业。自2012年以来受市场竞争日趋白热化、市场房价持续低位、银行贷款紧缩等因素影响,向民间高息融资甚至违法吸收贷款,但仍连续亏损、所开发项目形成烂尾,公司法定代表人、股东在被追债的情况下逃往外国,引发了购房户、拆迁户、施工方等恐慌,造成定期上访、群访等

局面,在社会上形成了不良影响,给地方政府、经济带来了极大的被动。2015年5月在国际刑警红色通缉令下公司法定代表人、股东回国并向法院申请破产重整。

裁判要旨

法院依法裁定受理重整申请后,及时指定管理人并指导其开展清产核资、管理财产等工作。债权申报34.04亿元(不含购房户3500户),裁定确认151户金额共计23亿元;公司资产价值为24.7亿元,且在政府的支持下能够融资完成未完工程。法院依法裁定批准重整计划,终止重整程序;2018年8月起由债务人开始执行重整计划,由管理人监督重整计划的实施。至案例发布时,在法院的指导下、管理人的监督下,已偿还担保债权约12亿元、普通债权约1亿元、未完工程已完工、完成了房屋权利证书的办理、土地出让金和税费的交纳等重大重整事项。

案例评析

重整计划的执行和监督是重整程序的重要环节,《企业破产法》规定由管理人负责监督重整计划的执行工作。只有有效落实了继续经营计划和债权清偿方案,重整目的才能最终实现,才能在最大程度上维护债权人的整体利益,管理人在重整计划的执行中能否依法履行其监督职责是重整计划能否顺利进行与重整目的能否实现的关键所在。

69 重整计划的变更

关键词

变更的条件、变更的申请程序、同意变更后新计划的表决与裁定批准、重整计划调整的已设质押或被查封股权的执行

实务要点

要点	具体内容
变更的条件	债务人应严格执行重整计划,确因出现国家政策调整、法律修改等特殊情势而无法执行重整计划的,债务人或管理人可以申请变更重整计划一次。
变更的申请程序	变更申请应提交债权人会议表决同意,并在决议后10日内提请人民法院裁定批准。债权人会议不同意或人民法院不批准变更的,经管理人或其他利害关系人请求,应当裁定终止重整计划的执行,并宣告债务人破产清算。
同意变更后新计划的表决与裁定批准	人民法院裁定批准变更重整计划的,债务人或管理人应在6个月内提出新的重整计划,并交由因重整计划而遭受不利影响的债权人组和出资人组进行表决。变更后的重整计划的表决与批准程序与原重整计划相同。
重整计划调整的已设质押或被查封股权的执行	1. 实践中,如果股权只有质押登记而没有法院冻结,破产受理法院可以直接发出协助执行通知书。 2. 如果股权有法院的冻结手续,实践中有三种处理方式:(1)由投资人与查封申请人协商;(2)由破产受理法院与查封法院协商或由其共同上级法院裁定;(3)由破产受理法院强制执行划转。

第八部分 重 整

推荐理由

企业破产重整案件中,债务人应严格执行重整计划,但因出现国家政策调整、法律修改变化或其他客观原因导致原重整计划无法按期执行的,由管理人召集债权人会议或由债务人向人民法院申请召开债权人会议,可以申请变更重整计划。

法律适用

□《全国法院破产审判工作会议纪要》第19条、第20条

以案析法

案件信息:最高人民法院发布的全国法院服务保障疫情防控期间复工复产典型案例——磐宇公司重整案

基本案情

磐宇公司成立于2005年1月,是拥有多项高级资质和专利的医疗器械生产企业。公司经营不善导致流动性危机,于2017年8月17日被江苏省南通市中级人民法院裁定进入破产程序。

鉴于磐宇公司的市场准入资质属于稀缺资源,单纯通过破产清算程序难以最大限度实现企业价值和债权人利益,经与债权人沟通,管理人制订了重整计划草案,经债权人会议表决通过后,法院于2019年7月29日裁定批准,磐宇公司进入重整计划执行期。

裁判要旨

2020年1月新冠疫情暴发后,磐宇公司按期执行重整计划受到重大影响,与此同时,医用口罩防疫物资一度十分紧缺,江苏省药品

监督管理局临时紧急许可磐宇公司生产医用防护口罩,使其成为南通市区唯一一家生产 N95 医用防护口罩的企业。为了保障防疫部门医用口罩的有效供给,同时避免重整计划不能按期执行导致公司被宣告破产,管理人依法向法院申请延长磐宇公司重整计划执行期限。后经政府相关部门批准后,磐宇公司已于 2020 年 2 月复工,日生产 N95 口罩 2 万~3 万只。此后,法院与南通市发展和改革委员会、工业和信息化局积极协调修复磐宇公司相关信用问题,为磐宇公司取得生产原料提供了保障,并为企业成功重整创造了新的机遇。

案例评析

重整计划是经多方博弈形成的、事关债权人、债务人及其出资人、职工、重整投资人等利害关系人利益安排的重要文件,一经法院批准即应当保持相当的稳定性。但是重整计划执行过程中也可能会遇到执行困难甚至执行不能的境况,允许重整计划执行中的变更具有正当性。本案在重整计划执行期间遇到新冠疫情这一无法预见、无法避免并且不能克服的客观现象,法院依法裁定延长重整计划执行期限,以避免不可抗力导致重整失败而转为破产清算,丧失挽救企业的机会。

70 重整程序转破产清算程序

关键词

重整转清算的法定事由、重整转清算的法律效果、重整与清算的衔接

第八部分 重 整

📋 实务要点

要点	具体内容
重整转清算的法定事由	债务人不能执行或者不执行重整计划的,人民法院经管理人或者利害关系人请求,应当裁定终止重整计划的执行,并宣告债务人破产。
重整转清算的法律效果	人民法院裁定终止重整计划执行的,债权人在重整计划中作出的债权调整的承诺失去效力。债权人因执行重整计划所受领的清偿仍然有效,债权未受清偿的部分作为破产债权,但该债权人只有在其他同顺位债权人同自己所受的清偿达到同一比例时,才能继续接受分配。为重整计划的执行提供的担保继续有效。
重整与清算的衔接	1. 案号沿用。重整期间或者重整计划执行期间,债务人因法定事由被宣告破产的,人民法院不再另立新的案号。 2. 管理人原则上应当继续履行职责。原重整程序的管理人原则上应当继续履行破产清算程序中的职责。原重整程序的管理人不能继续履行职责或者不适宜继续担任管理人的,人民法院应当依法重新指定管理人。 3. 管理人报酬不能简单根据债务人最终清偿的财产价值总额计算。重整程序转破产清算案件中的管理人报酬,应当综合管理人为重整工作和清算工作分别发挥的实际作用等因素合理确定。重整期间因法定事由转入破产清算程序的,应当按照破产清算案件确定管理人报酬。重整计划执行期间因法定事由转入破产清算程序的,后续破产清算阶段的管理人报酬应当根据管理人实际工作量予以确定,不能简单根据债务人最终清偿的财产价值总额进行计算。

📝 推荐理由

重整制度给了濒临破产的企业向死而生的权利,但是如果重整不成功,及时让困境企业出清,顺利便捷地进入破产清算程序并退出市场,符合市场经济发展的正常规律。

⚖️ 法律适用

☐《企业破产法》第 93 条

□《全国法院民商事审判工作会议纪要》第114条

以案析法

案件信息：江苏省高级人民法院发布的破产审判典型案例——善俊公司破产重整转清算案

基本案情

善俊公司的主要经营范围为生产与销售聚丙烯、多元醇及其他一般危险化学品。因经营不善、政策调整、行情变化等原因，公司负债11亿余元，且无法清偿到期债务。2017年11月10日，连云港市赣榆区人民法院（以下简称赣榆法院）裁定受理善俊公司破产重整一案，并采取在全国范围内竞争选任的方式指定管理人。

裁判要旨

2018年12月27日，赣榆法院裁定批准善俊公司重整计划，后受政府化工产业政策调整和化工园区整治政策影响，重整计划未能执行。在企业已不具备重整再生可能的情况下，应当及时退出市场，淘汰落后产能、推动转型升级，避免造成更大的资源浪费。2019年4月25日，赣榆法院裁定终止重整计划的执行，宣告善俊公司破产。

善俊公司停产后其设备中还留存丙烯、丁醇、催化剂、活化剂等危险化工原料，为保护化工设备安全，防止发生爆燃事故，赣榆法院监督管理人应全力做好化工设备安全维护工作。同时，积极争取由政府代为处置危险源、垫付处置费用，确认垫付费用为共益债务，从破产财产中优先清偿。最终，善俊公司危险物料处置工作顺利完成并验收合格。后赣榆法院指导管理人通过采取地上化工设备与土地厂房分开处置的方式,将破产财产全部变现。2021年12月30日,赣榆法院裁定终结善俊公司的破产程序。

案例评析

重整赋予破产企业再生的机会,当破产企业无重整可能性时,转换程序使债务人企业进入破产清算程序,在清算程序中梳理资产和企业债务,使债务人企业能够迅速进行市场出清,对于债权人和债务人而言也是一种程序保护。

71 重整企业信用修复

关键词

信用修复渠道、纳税信用修复、恢复金融信用、市场监管领域信用修复、招标投标领域信用修复

实务要点

要点	具体内容
信用修复渠道	管理人可通过"信用中国(上海)"网站或者"上海法院网"等线上渠道代为提交破产重整企业信用修复申请。
纳税信用修复	重整或者和解程序中,税务机关依法受偿后,管理人或者破产企业可以凭人民法院批准重整计划裁定书或者人民法院认可的和解协议书,向税务机关提出纳税信用修复申请。税务机关按规定受理,对符合条件的应在1个工作日内完成审核,并反馈信用修复结果。已被列为重大税收违法失信主体并进行信息公示的上述破产企业,符合规定条件的,税务机关应当提前停止公布,从向联合惩戒管理部门推送的公布清单中撤出。

续表

要点	具体内容
恢复金融信用	1. 金融机构在破产程序中受偿后重新上报信贷记录,在金融信用信息基础数据库中展示金融机构与破产重整企业的债权债务关系,依据实际对应的还款方式,可以将原企业信贷记录展示为结清状态。 2. 市场监管等部门对前期被列入严重失信主体名单后冻结企业基本户的重整企业,出具列入原因的说明材料,人民银行引导推动商业银行及时解除基本户冻结状态。
市场监管领域信用修复	1. 人民法院裁定批准重整计划后,管理人或破产重整企业可以凭申请书、人民法院批准重整计划裁定书向市场监管部门申请信用修复,市场监管部门应按规定受理,对符合条件的申请,应当在受理核实后7个工作日内将相应企业移出国家企业信用信息公示系统经营异常名录和严重违法失信名单。 2. 破产重整企业通过国家企业信用信息公示系统或者"信用中国(上海)"网站申请修复市场监管部门作出的行政处罚信息,市场监管部门应按规定受理,对符合条件的申请,在受理核实后7个工作日内作出决定,将相关信息在国家企业信用信息公示系统和"信用中国(上海)"网站上的公示同步撤下。 3. 市场监管部门对破产企业作出的罚款已经按照人民法院裁定批准的重整计划所确认的清偿比例得到清偿的,市场监管部门凭人民法院出具的重整裁定书和说明相关情况的函件,在受理破产企业信用修复申请时视为企业已经履行缴纳罚款义务。人民法院裁定批准的重整计划依法将相关罚款列为劣后债权,且重整裁定作出时的破产企业财产明显不能全额清偿前序债权的,应当认定相关罚款的清偿比率为零。 4. 对于因长期未经营被市场监管部门吊销营业执照的重整企业,市场监管部门凭人民法院出具的重整裁定书和载明要求市场监管部门恢复该企业经营资格的相关司法文书,撤销原来作出的吊销营业执照行政处罚决定。
招标投标领域信用修复	人民法院批准破产重整计划后,政府投资建设工程的招标人不得以存在失信信息为由,直接排除重整企业参与招标投标资格。加强"信用中国(上海)"网站对破产重整信息的公示共享,鼓励各类社会资本建设项目招标人主动查询企业破产重整信息,允许破产重整企业参与招标投标。

推荐理由

健全企业重整期间信用修复机制,就是按照优化营商环境要求,

第八部分 重 整

精准解决破产重整、和解企业的信用修复问题,通过在重整计划执行期间赋予符合条件的破产企业参与招投标、融资等资格,探索将信用修复等方面的有效做法纳入法治轨道的做法,以营造良好的信用环境。

法律适用

□《上海市加强改革系统集成提升办理破产便利度的若干措施》第 15 条、第 16 条、第 17 条、第 18 条、第 19 条

以案析法

案件信息:最高人民法院发布的全国法院服务保障疫情防控期间复工复产民商事典型案例——宏泰公司恢复企业信用征信案

基本案情

宏泰公司是浙江龙游县唯一的生猪定点屠宰企业,属事关民生的菜篮子企业。宏泰公司进入破产重整程序后,2019 年 11 月,浙江省龙游县人民法院裁定批准该公司破产重整计划并终结该公司破产重整程序。2020 年 1 月 16 日,宏泰公司破产重整计划执行完毕,消除债务总额 1.2 亿余元。在重整计划执行期间,宏泰公司屠宰生猪近 3 万头,同比增长 174%,公司经营进入良性发展轨道。

然而受新冠疫情影响,宏泰公司经营活动受限,日均屠宰量从 500 余头下降至 200 余头;而为了扩大生产,宏泰公司立即启动了排污整治、道路修缮、改造厂房机器等改善公司经营能力的工作,因宏

泰公司贷款信用修复未完成,贷款渠道封闭,资金缺口逐渐增大,企业陷入了困境。

裁判要旨

为解决企业融资难题,虽该公司破产案件已经审结,龙游县人民法院主动实地走访企业,并协同管理人与人民银行再次对接完成了企业征信系统的信用修复,在案件办结后促进宏泰公司获得融资能力。

案例评析

破产重整制度的核心价值在于既保护债权人合法权益,又对有存续价值的企业施以援手,挽救陷入经营危机的企业。企业存在不良信用瑕疵会导致在重整程序中始终处于被动状态,在日常生产经营活动中也会面临各种因信用记录不良而引发的障碍。企业在信用修复过程中面临着不良征信信用修复困难、不良工商信用阻碍重整计划实施、不良税务信用加剧企业负担、异地法院执行黑名单剔除难等困境。在本案的处理中,人民法院延伸司法服务职能,采取了"府院联动"机制,解决了个案问题,但尚不具有普遍性,应从个案处理上升到制度建设。当前我国信用修复的相关制度亟待完善,对此,提高信用修复立法层级、培育专门的信用修复监管机构等,对于促进重整企业信用修复制度建设、推动营造风清气正的法治化营商环境具有重要意义。

第八部分 重 整

72 上海市浦东新区关于破产重整的特殊规定

关键词

规定的适用范围、重整保护期制度、无正当理由未申报债权失权制度、重整与破产清算的程序衔接、破产重整企业信用修复机制

实务要点

要点	具体内容
规定的适用范围	适用于在浦东新区办理企业破产以及相关的管理、保障活动。
重整保护期制度	1. 重整保护期。债权人在重整计划草案提交债权人会议表决前仍未申报债权的,不得在重整计划执行期间及重整保护期内行使权利。在重整保护期届满后,该债权人可以按照重整计划规定的同类债权的清偿条件行使权利,但因无正当理由未申报债权而失权的已知债权人除外。重整保护期为重整计划执行完毕后的1年期间。 2. 对逾期申报债权的审查处理。债权人在重整计划草案提交债权人会议表决后至重整计划执行完毕前向管理人申报债权的,由管理人审查后在债权表中作为单独类型进行登记,并按照重整计划规定的债权类别注明清偿条件。
无正当理由未申报债权失权制度	1. 已知债权人的范围。已知债权人是指根据管理人已接管的债务清册、合同、审计报告、财务报告等债务人资料及清算报告、生效裁判文书、破产申请材料等,能够查明有效联系方式的债权人。 2. 已知债权人的通知: (1) 自裁定受理重整申请之日起25日内,浦东新区人民法院应当自行或者由管理人协助通知已知债权人申报债权,送达债权申报通知和失权后果告知书。管理人协助通知已知债权人的,应当详细登记已知债权人的姓名或者名称、联系方式、通知时间、发送通知的方式、送达情况

续表

要点	具体内容
无正当理由未申报债权失权制度	等,并将送达凭证归档入卷。 (2)经债权人同意,浦东新区人民法院和管理人可以采用能够确认债权人收悉的电子送达方式送达。 3. 失权制度的适用及法律后果。已知债权人在收到债权申报通知和失权后果告知书后,非因不可归责于自身的事由未在重整计划草案提交债权人会议表决前申报债权的,视为放弃债权,债务人不再向该债权人承担清偿责任。 4. 释法工作。已知债权人向债务人主张清偿责任,管理人或者债务人以该债权人存在失权情形为由拒绝履行的,应当向债权人说明理由和依据,并提供债权申报通知和失权后果告知书等通知材料的送达凭证。
重整与破产清算的程序衔接	1. 破产清算转重整: (1)浦东新区人民法院在受理破产清算申请后、宣告债务人破产前裁定对债务人进行重整的,在破产清算程序中已确定的债权申报期限,在重整程序中不再另行确定。浦东新区人民法院应当发布裁定债务人重整公告,并载明《上海市浦东新区完善市场化法治化企业破产制度若干规定》(以下简称《浦东破产制度若干规定》)第6条第1款规定的相关事项(关于重整保护期的规定)。 (2)管理人应当于浦东新区人民法院裁定重整之日起25日内,通知未申报的已知债权人于重整计划草案提交债权人会议表决前申报债权,送达债权申报通知和失权后果告知书。 2. 重整转破产清算。浦东新区人民法院依照《企业破产法》的规定裁定终止重整程序或者终止重整计划执行,并宣告债务人破产的,债权人在重整计划草案提交债权人会议表决前未申报债权的,可以在破产财产最后分配前补充申报并参与财产分配,不受重整程序中重整保护期与失权制度的限制。
破产重整企业信用修复机制	1. 浦东新区建立完善破产重整企业信用修复机制。浦东新区人民法院裁定批准重整计划或者认可破产和解协议后,管理人可以通过"一网通办"平台或者直接向原失信信息提供单位申请信用修复。 2. 重整计划执行期间及执行完毕后,不得以其经历破产重整为由直接排除其参与招投标、融资等市场行为的资格,不得限制其参与评优评先以及在政府审批、公共服务中享受容缺受理、证明替代等便利措施,法律、行政法规另有规定的除外。

第八部分 重 整

推荐理由

2021年11月25日,上海市人大常委会审议通过《浦东破产制度若干规定》,该规定系上海市人大常委会依据全国人大常委会授予的立法权而制订颁布的浦东新区法规之一。为贯彻实施《浦东破产制度若干规定》关于重整保护制度的规定,浦东新区人民法院制订了《关于办理破产适用浦东新区法规的实施规则(一)》。

法律适用

☐《上海市浦东新区完善市场化法治化企业破产制度若干规定》第6条、第16条

☐《上海市浦东新区人民法院关于办理破产适用浦东新区法规的实施规则(一)》第4条、第5条、第6条、第7条、第8条、第9条

以案析法

案件信息:上海市浦东新区人民法院发布的破产审判典型案例——某实业公司破产重整案

基本案情

某实业公司成立于20世纪末,注册资本人民币1亿元,主营业务为养老护理项目开发与建设,已完成某养老产业园区前期基础建设,并获得部分行政审批,但因资金链断裂、高额关联担保等问题陷入债务危机。2022年2月7日,债权人某电子科技公司以某实业公司无法清偿到期债务且明显丧失清偿能力,拥有优质资产、具备重整可能性为由,向浦东法院申请破产重整。同时,该债权人认为某律师事务

323

所系上海高院编制的管理人名册中的管理人,依据《浦东破产制度若干规定》第 17 条第 1 款"债权人或者债务人提出破产申请的,可以向人民法院书面提名一名管理人人选"的规定,提名该律所为本案管理人人选。浦东法院于 2022 年 2 月 8 日裁定受理对某实业公司的破产重整申请。

裁判要旨

案件受理后,浦东法院要求被提名人选签署《提名管理人告知书》《提名管理人承诺书》等文书,对其任职资质、履职能力、"利冲"筛查等事项作出承诺。同时,召集本案申请人、主要债权人就提名管理人事宜进行听证,并就被提名人选的任职条件进行审查,于 2022 年 2 月 17 日指定被提名人选担任本案管理人。

指定管理人后,浦东法院积极推进重整程序,依照《浦东破产制度若干规定》第 6 条创设的重整保护期制度和已知债权人恶意不申报债权失权制度,向 20 余户已知债权人发送了《债权申报通知和失权后果告知书》,重点提示逾期申报的后果及重整保护期限,告知债权人依法及时行权。同时,指导管理人对已知债权人的身份事项、通知方式、送达结果等登记备查,审慎甄别失权情形。

案例评析

本案系全国首例有法规支撑以提名方式指定破产管理人并适用重整保护创新制度的典型案件,按照市场化、法治化原则对《浦东破产制度若干规定》中的创新制度进行了实践探索。实践中,有的债权人怠于在破产程序中申报债权,而依据《企业破产法》第 92 条第 2 款的规定,这些债权人可以在重整计划执行完毕后,立即通过补充申报主张按照重整计划规定的同类债权的清偿条件行使权利,由此造成的不确定性使投资人难以准确估计重整企业的债务范围,也容易使企业再次陷入债务困扰。浦东法院积极运用重整保护期制度和已知债权人恶意不申报债权失权制度,向已知债权人发送《债权申报通知和失权后果告知书》,充分揭示怠于行权的法律后果,敦促债权人及时行权,平衡债权人和债务人的权益保障,进一步彰显重整制度对市场主体的保护救治作用。

第九部分

和 解

73 和解申请和受理

关键词

申请和解的主体、申请和解的时间、和解协议草案、和解申请的受理、自行和解

实务要点

要点	具体内容
申请和解的主体	和解的申请只能由债务人向法院提出,其他任何利害关系人均不得提出和解申请。
申请和解的时间	1. 债务人可以直接向人民法院申请和解,即在申请人民法院受理破产案件时提出和解申请。 2. 债务人也可以在人民法院受理破产申请后、宣告债务人破产前,向人民法院申请和解。 3. 宣告破产后,不得再转入重整或和解程序。《企业破产法》没有明确规定重整与和解之间可以转换,但也没有明确禁止,实践中出现了重整转和解的案例。
和解协议草案	1. 债务人申请和解,应当提出和解协议草案。该草案一般包括: （1）债务人的财产状况; （2）清偿债务的比例、期限及财产来源; （3）破产费用、共益债务的种类、数额及支付期限。 2. 和解协议草案可以规定监督条款,由债权人或管理人对债务人的执行和解协议情况进行监督。

329

续表

要点	具体内容
和解申请的受理	1. 经人民法院审查，认为和解申请符合《企业破产法》规定的，应当裁定和解并予以公告。 2. 债务人申请和解但又丧失清偿能力，且没有第三方提供资金的，人民法院应加强审查，防止损害债权人利益。
自行和解	人民法院受理破产申请后，债务人与全体债权人就债权债务的处理自行达成协议的，可以请求人民法院裁定认可，并终结破产程序： （1）自行和解必须经全体债权人一致同意（不适用少数服从多数的原则）； （2）自行和解的达成不受债务人是否被宣告破产的影响（其法律性质属于一般的民事和解）。

推荐理由

和解是为避免破产清算，由债务人提出和解申请与和解协议草案，经债权人会议表决通过并经法院裁定认可的债务清理制度。和解是目前我国破产实践中债务人企业选择适用频率较低的一个程序。

法律适用

☐《企业破产法》第95条、第96条、第105条
☐《上海市高级人民法院破产审判工作规范指引（2021）》第171条、第172条

第九部分 和 解

以案析法

案件信息：江苏省苏州市吴江区人民法院（2019）苏0509破5号——某织造公司破产清算转自行和解案

基本案情

某织造公司成立于2004年5月12日，注册资本600万美元，系台港澳法人独资企业。自2015年7月以来，吴江区人民法院陆续受理某织造公司作为被执行人的案件。截至2019年1月，某织造公司作为被执行人的案件有12件，执行标的额1.33亿元。经执行调查，除价值约4620万元的厂房和设备外无其他财产，且厂房已对外出租给多家承租人，并存在大量转租情形。执行过程中，案外人提出多个执行异议，执行标的一时无法处置。2019年1月25日，根据债权人的申请，吴江区人民法院裁定受理对某织造公司进行破产清算，并指定了管理人。

经评估，债务人资产价值共计4750余万元。管理人经过多次谈判协调，在第一次债权人会议召开前与所有租户达成协议，所有租户均承诺在某织造公司厂房拍卖成交后1个月内搬离，并交纳了保证金。2019年4月10日，第一次债权人会议召开。法院裁定确认无争议债权，债权金额合计约1.67亿元，其中担保债权2661万元、职工债权40万元、税收债权75万余元、普通债权1.4亿元。

2019年5月20日，管理人向法院申请宣告某织造公司破产。法院认为在受理本案后至第一次债权人会议结束，债务人及债务人出资人未向法院提出破产重整申请，债务人亦未向法院提出和解申请，现某织造公司停止清偿到期债务呈连续状态，并且资产已不足清偿全部债务,又不存在其他破产障碍事由,遂裁定宣告某织造公司破产。

2019年7月15日,在管理人实施破产财产变价前,某织造公司以其已与全体债权人就债权债务的处理自行达成协议为由向法院提出申请,请求认可该协议。法院经审查查明,某织造公司于2019年7月11日拟定债权债务处理协议,并取得全体债权人的书面同意。根据该协议,某织造公司承诺筹集偿债资金61,979,800元分两期清偿债权,其中担保债权、职工债权、税款债权全额清偿,普通债权清偿率22.7275%,偿债资金分两期(第一期的1000万元已于2019年6月17日付至管理人账户,余款于2019年7月20日前支付)付至管理人账户,由管理人实施分配。法院于2019年7月16日裁定撤销之前作出的宣告破产民事裁定,认可某织造公司与全体债权人自行达成的协议,并终结某织造公司破产程序。

裁判要旨

《企业破产法》第105条规定的自行和解是民事和解制度在破产程序的具体体现,须债务人与全体债权人达成一致协议,不适用债权人会议的强制多数决规则。自行和解可适用于破产清算、和解、重整任意一个程序,不受是否已被宣告破产的限制。债务人应就所有债权的清偿比例、期限、财产来源以及破产费用、共益债务的种类、数额及支付期限统一制作协议。

自行和解协议应遵循债权平等清偿原则,债务人与全体债权人一致协议排除债权平等原则的,亦应当予以认可。自行和解协议不约束未申报的债权人,自行和解协议无效或执行不能的,债权人可以对原债务主张权利,若重新启动对债务人的破产程序,需另行提出破产申请。

📝 案例评析

依据《企业破产法》第 95 条的规定,破产和解只能在企业被宣告破产前提出。而本案和解协议达成时,某织造公司已经被宣告破产,此时,已无法按照《企业破产法》的规定将该公司从清算程序转为破产和解程序。但是,《企业破产法》第 105 条中关于债务人与债权人就债权债务的处理自行达成协议的破产债务和解的规定,则不存在上述时间性限制。管理人就债权债务处理签订的和解协议,终结了某织造公司的破产程序,充分发挥了自行和解启动时间灵活、成本低、效率高的优势,极大地提高了债权实际清偿率,切实保护了债权人的合法权益。

⑭ 和解协议的表决和效力

关键词

和解协议的表决规则、和解协议的裁定认可、和解协议的否决、和解协议的法律效力

清算与破产实务100点

📌 **实务要点**

要点	具体内容
和解协议的表决规则	1. 债权人会议通过和解协议需同时满足下列条件： （1）由出席债权人会议的有表决权的债权人过半数同意； （2）上述债权人所代表的债权额占无财产担保债权总额的2/3以上。 2. 有财产担保的债权人不属于和解债权人，不参与和解协议草案的表决，在破产和解期间可以继续行使担保权。
和解协议的裁定认可	1. 债权人会议通过和解协议的，由人民法院裁定认可，终止和解程序并予以公告。 2. 管理人应当向债务人移交财产和营业事务，并向人民法院提交执行职务的报告。
和解协议的否决	和解协议草案经债权人会议表决未获得通过，或者已经债权人会议通过的和解协议未获人民法院认可的，人民法院应当裁定终止和解程序并宣告债务人破产。
和解协议的法律效力	经人民法院裁定认可的和解协议，其法律效力如下： 1. 对于债务人的效力：和解协议一旦生效，债务人取得对企业财产的重新支配权。 2. 对于债权人的效力： （1）和解债权人是指人民法院受理破产申请时对债务人享有无财产担保债权的人（含优先债权人[1]）。 （2）和解债权人未依照《企业破产法》规定申报债权的，在和解协议执行期间不得行使权利；在和解协议执行完毕后，可以按照和解协议规定的清偿条件行使权利。 （3）和解协议对于人民法院受理破产申请后发生的新债权不发生效力，包括和解期间以及和解协议执行期间新发生的债权。 3. 对保证人和其他连带债务人等人的效力：和解协议的效力不及于保证人、连带债务人以及提供担保物的第三人，和解债权人仍然能够按和解前原合同约定行使权利。

[1]此处优先债权人指破产费用债权人、共益债务债权人、职工债权人等。

💬 **推荐理由**

和解采取的主要手段是通过债务的减免或延期偿还以实现拯救

债务人的目的,但减免、延期的对象仅限于债务人,不及于保证人、连带债务人以及提供担保物的第三人。债权人会议通过的和解协议并不当然具有法律效力,还必须经人民法院的审查和许可,审查决议程序是否合法、内容是否违反法律、是否损害债权人的一般利益。人民法院认可和解协议的,应当出具裁定,同时终止和解程序并公告,该裁定对债务人和全体和解债权人均有约束力。

法律适用

□《企业破产法》第 97 条、第 98 条、第 99 条、第 100 条、第 101 条

以案析法

案件信息:北京市高级人民法院(2020)京民终 760 号——某银行与西王公司等公司债券回购合同纠纷案

基本案情

2016 年 9 月,西王公司面向合格投资者公开发行债券,某银行认购了 3 亿元,西王公司按约向该银行支付了 2016 年至 2017 年、2017 年至 2018 年的债券利息。2019 年 9 月 22 日,债券发行满 3 年,某银行依约行使投资人回售权,西王公司未按约支付债券本息。2019 年 9 月 26 日,为明确西王公司、王某某就标的债券对某银行的支付义务,某银行、西王公司、王某某签订《债权确认及债券回售协议》,王某某系该协议项下的共同债务人。

后某银行诉至北京市第二中级人民法院(以下简称北京二中院)。在案件审理中,2020 年 2 月 21 日,西王公司以不能清偿到期债务且资

产不足以清偿全部债务为由，向山东省邹平市人民法院申请和解并提交了和解协议草案，邹平市人民法院裁定受理了西王公司的和解申请。2020年3月24日，某银行向西王公司管理人申报债权。2020年4月14日，西王公司管理人告知某银行由于其申报的债权涉及的诉讼未决，暂缓确认某银行的债权。2020年4月16日，西王公司以和解协议经债权人会议通过为由，请求邹平市人民法院裁定予以认可。邹平市人民法院于当日作出（2020）鲁1626破1号民事裁定书，裁定认可西王公司和解协议，并终止西王公司和解程序。2020年8月14日，北京二中院作出一审判决，西王公司和王某某提起上诉，当事人在二审期间提交了新证据，二审法院在新认定事实的基础上对一审判决进行了部分改判。

裁判要旨

根据《企业破产法》第100条、第102条的规定，某银行对西王公司享有无财产担保债权，某银行依法向西王公司管理人申报了债权，西王公司所达成的和解协议对西王公司和某银行均有约束力，西王公司应当按照和解协议规定的条件清偿债务。《企业破产法》第101条规定，和解债权人对债务人的保证人和其他连带债务人所享有的权利，不受和解协议的影响。因此，王某某作为《债权确认及债券回售协议》项下的共同债务人，应按约定向某银行承担清偿责任。故某银行关于要求王某某回购3亿元涉案债券及计算至清偿之日止涉案债券的利息、违约金及律师费等的主张，合理有据。

案例评析

司法实践中，债权人会议表决通过和解协议草案后应当先将通过的和解协议草案以及相关决议材料报请法院裁定认可。法院裁定后，

第九部分 和 解

债务人不得违反和解协议规定的内容进行清偿,应严格依照和解协议执行。享有无财产担保债权的人,以及放弃优先受偿权的担保权人,不论是否申报债权、是否出席债权人会议进行表决,也无论是否对和解协议草案表决同意,均为和解债权人,受到和解协议的约束。

75 和解协议的执行与终止

关键词

和解协议的监督执行、和解协议的终止执行、和解协议无效与终止执行的法律后果对比、诉讼管辖

实务要点

要点	具体内容	
和解协议的监督执行	法条引用	关于监督和解协议的执行
	《企业破产法》	没有专门规定,仅在债权人委员会职责等内容中提及。
	《上海市高级人民法院破产审判工作规范指引(2021)》第172条第2款	和解协议草案可以规定监督条款,由债权人或管理人对债务人执行和解协议情况进行监督。
	《上海市破产管理人协会破产案件管理人工作指引(试行)》第105条	管理人应当监督和解协议的执行并在和解协议执行完毕后30日内向人民法院提交监督报告。人民法院裁定认可的和解协议执行完毕后,管理人终止执行职务。

续表

要点			具体内容	
和解协议的终止执行			法条引用	关于和解协议的终止执行
			《企业破产法》第104条第1款	债务人不能执行或者不执行和解协议的,人民法院经和解债权人请求,应当裁定终止和解协议的执行,并宣告债务人破产。
			《上海市破产管理人协会破产案件管理人工作指引(试行)》第106条	债务人不能执行或不执行和解协议的,管理人应征求和解债权人意见,经和解债权人同意后15日内向人民法院提交书面申请裁定终止和解协议执行并宣告债务人破产。
和解协议无效与终止执行的法律后果对比		类别	和解协议无效	和解协议终止执行
		定义	因债务人的欺诈或者其他违法行为而成立的和解协议,人民法院应当裁定无效,并宣告债务人破产。	债务人不能执行或者不执行和解协议的,人民法院经和解债权人请求,应当裁定终止和解协议的执行,并宣告债务人破产。
		相关法条	《企业破产法》第103条	《企业破产法》第104条
		法律后果	和解债权人因执行和解协议所受的清偿,在其他债权人所受清偿同等比例的范围内的,不予返还。	和解债权人在和解协议中作出的债权调整的承诺失去效力。和解债权人因执行和解协议所受的清偿仍然有效,和解债权未受清偿的部分作为破产债权。该债权人只有在其他债权人同自己所受的清偿达到同一比例时,才能继续接受分配。
		区别	超其他债权人清偿比例的部分,需要返还。	超其他债权人清偿比例的部分,不需要返还。
		理由	类似执行回转,要求恢复到协议执行之前的状态,否则将违反公平清偿的原则。	和解协议有效,因被终止,属于往后无效。

续表

要点	具体内容
诉讼管辖	破产和解程序终结后,因和解协议履行而引发的诉讼,不适用《企业破产法》第21条有关集中管辖的规定。

推荐理由

相较于重整,和解不具有普适性,通常只能适用于债权人人数少、债权金额不大、案情简单的案件。有效执行和解协议,在挽救有价值的危困企业、化解企业债务风险、服务实体经济方面发挥着重要作用。但和解协议仅具有一般民事合同效力,不具有强制执行的法律效力。当债务人不执行或不能执行和解协议时,人民法院经和解债权人请求,应当裁定终止和解协议的执行并宣告债务人破产,和解债权未受清偿的部分将作为破产债权存在。

法律适用

☐《企业破产法》第103条、第104条

☐《上海市高级人民法院破产审判工作规范指引(2021)》第172条、第174条

☐《上海市破产管理人协会破产案件管理人工作指引(试行)》第105条

以案析法

案件信息：浙江省义乌市人民法院（2021）浙 0782 民初 12664 号——义乌市某服饰公司、上海某皮件公司等与破产有关的纠纷案

基本案情

2020 年 10 月 13 日，法院裁定受理申请人陈某某对浙江省某供应链公司的破产清算申请，并指定了管理人。2020 年 12 月 1 日，法院根据供应链公司的申请，裁定供应链公司和解。上海某皮件公司和郑某某于 2020 年 11 月 27 日出具《为债务人执行和解协议书担保函》一份，承诺为和解协议的履行提供连带责任担保，担保范围为经义乌市人民法院裁定无异议的债权本息及实现债权的费用。后因供应链公司未按约履行和解协议，法院于 2021 年 1 月 6 日裁定终止供应链公司和解协议的执行；宣告供应链公司破产。2021 年 1 月 11 日，法院裁定确认了义乌市某服饰公司、陈某某等 15 名债权人的债权。2021 年 7 月 27 日，服饰公司等 11 名债权人向法院对皮件公司和郑某某提起诉讼。

裁判要旨

债务人不能执行或者不执行和解协议的，人民法院经和解债权人请求，应当裁定终止和解协议的执行，并宣告债务人破产，为和解协议的执行提供的担保继续有效。两被告出具《为债务人执行和解协议书担保函》，承诺为涉案债权人经法院裁定确认的债权本息及实现债权的费用承担连带保证责任，故两被告应对供应链公司向各原告所负债务承担连带清偿责任，金额应以法院裁定确认的无异议债权金

额为准。

📝 案例评析

破产和解,是指法院在受理破产申请后,在破产程序终结前,债务人与债权人之间就延期偿还、债务减免等问题达成协议,中止破产程序,进而终结破产程序的一种法律制度。破产和解旨在快速了结债权债务关系。当债务人不执行或不能执行和解协议的,人民法院经和解债权人请求,应当裁定终止和解协议的执行,并宣告债务人破产。但和解协议仅具有一般民事合同效力,不具有强制执行的法律效力,对于和解协议的保证人应承担的担保责任的认定,债权人应另行提起民事诉讼。

第十部分
破产清算

76 破产宣告及破产债权

关键词

破产宣告条件及期限、破产债权的主要类型、不属于破产债权的情形

实务要点

要点	具体内容
破产宣告条件及期限	1. 人民法院受理破产清算申请后，第一次债权人会议上无人提出重整或和解申请的，管理人应当在债权审核确认和必要的审计、资产评估后，及时向人民法院提出宣告破产的申请。人民法院受理破产和解或重整申请后，债务人出现应当宣告破产的法定原因时，人民法院应当依法宣告债务人破产。 2. 人民法院宣告债务人破产的，应当自裁定作出之日起5日内送达债务人和管理人，自裁定作出之日起10日内通知已知债权人，并予以公告。 3. 债务人被宣告破产后，债务人称为破产人，债务人财产称为破产财产，人民法院受理破产申请时对债务人享有的债权称为破产债权。
破产债权的主要类型	1. 我国现行破产债权的体系根据清偿顺序的不同可分为优先债权、普通债权和劣后债权。 2. 优先债权：有财产担保的债权、建设工程款优先权、船舶优先权、保险金求偿优先权、劳动债权、人身损害赔偿债权、欠缴税款本金和社保债权等。 3. 劣后债权：民事惩罚性赔偿金、行政罚款、刑事罚金，以及关联企业成员间利用不当关联关系形成的关联债权。

续表

要点	具体内容
不属于破产债权的情形	下列债权不属于破产债权： （1）人民法院受理破产案件后债务人未支付应付款项的滞纳金，包括债务人因未执行生效法律文书而应当加倍支付的迟延利息和劳动保险金的迟延利息，以及债务人欠缴税款产生的滞纳金； （2）破产受理后的债务利息； （3）超过诉讼时效或者申请执行期间的债权； （4）债权人参加破产程序支出的费用； （5）债务人的股权、股票持有人在股权、股票上的权利； （6）其他法律、行政法规及司法解释规定不属于破产债权的债权。

推荐理由

　　破产宣告是人民法院依当事人的申请，裁定受理破产清算申请后，在一定期限内根据债务人的财产状况和法律的规定，裁定债务人破产以清偿债务的诉讼活动。要确认债务人是否宣告破产，应着眼于这种状态能否使正常的债务关系得以维系，如不能维系则应通过破产还债将债务消灭。破产宣告会产生一系列的法律后果，破产宣告裁定的作出，是破产企业真正开始进入清算的标志，预示着破产企业已经走向倒闭的境地。

法律适用

　　□《企业破产法》第107条

　　□《上海市高级人民法院破产审判工作规范指引（2021）》第176条、第177条

　　□《全国法院破产审判工作会议纪要》第23条

第十部分 破产清算

以案析法

案件信息：安徽省高级人民法院（2014）皖民一终字第00054号——通州建总集团有限公司诉安徽天宇化工有限公司别除权纠纷案

基本案情

2006年3月，安徽天宇化工有限公司（以下简称安徽天宇公司）与通州建总集团有限公司（以下简称通州建总公司）签订了一份建设工程施工合同，安徽天宇公司将其厂区一期工程生产厂区的土建、安装工程发包给通州建总公司承建，约定厂区工期为113天，生活区工期为266天。2006年5月23日，监理公司下达开工令，通州建总公司遂组织施工，2007年安徽天宇公司厂区的厂房等主体工程完工。后安徽天宇公司未按合同约定支付工程款，致使工程停工，该工程至今未竣工。2011年7月30日，双方在仲裁期间达成和解协议，约定处置安徽天宇公司土地及建筑物偿债时，通州建总公司的工程款可优先受偿。后案外债权人向安徽省滁州市中级人民法院申请安徽天宇公司破产，滁州市中级人民法院于2011年8月26日裁定受理，并指定了管理人。2011年10月10日，通州建总公司向管理人申报债权并主张对该工程享有优先受偿权。2013年7月19日，滁州市中级人民法院裁定宣告安徽天宇公司破产。

通州建总公司于2013年8月27日提起诉讼，请求确认其债权享有优先受偿权。滁州市中级人民法院于2014年2月28日判决确认原告通州建总公司对申报的债权就其施工的被告安徽天宇公司生产厂区土建、安装工程享有优先受偿权。宣判后，安徽天宇公司提出上诉。安徽省高级人民法院于 2014 年 7 月 14 日判决驳回上诉,维持原判。

📝 裁判要旨

因发包人的原因,合同解除或终止履行时已经超出合同约定的竣工日期的,承包人行使优先受偿权的期限自合同解除之日起计算。

根据《企业破产法》第 18 条第 1 款 "人民法院受理破产申请后,管理人对破产申请受理前成立而债务人和对方当事人均未履行完毕的合同有权决定解除或者继续履行,并通知对方当事人。管理人自破产申请受理之日起二个月内未通知对方当事人,或者自收到对方当事人催告之日起三十日内未答复的,视为解除合同"之规定,涉案建设工程施工合同在法院受理破产申请后实际解除,承包人行使优先受偿权的期限应自合同解除之日起计算。

📝 案例评析

对不具备挽救价值的企业应及时申请宣告破产。破产债权中的优先债权包括有财产担保的债权、建设工程款优先权、劳动债权、欠缴税款本金和社保债权等。关于本案建设工程款优先权的认定,双方当事人签订的建设工程施工合同虽约定了工程竣工时间,但涉案工程因安徽天宇公司未能按合同约定支付工程款而停工。没有证据证明在工程停工后至法院受理破产申请前,双方签订的建设施工合同已经解除或终止履行,也没有证据证明在法院受理破产申请后,管理人决定继续履行合同。符合《企业破产法》第 18 条规定的情形,建设工程施工合同视为解除的,承包人行使优先受偿权的期限应自合同解除之日起计算。故承包人的建设工程款的优先受偿权并未超过除斥期间。

第十部分 破产清算

(77) 破产财产的变价程序

关键词

破产财产处置原则和要求、管理人竞买禁止、别除权的行使、保全措施对财产处置的影响、海关监管货物的处理、机动车的处理、建设工程权属登记、不动产权属转移规则、土地资产的处置、不动产的分割转让、需整改的不动产的处置过户、房地产企业的房产处置

实务要点

要点	具体内容
破产财产处置原则和要求	1. 破产财产处置应当以价值最大化为原则,兼顾处置效率。 2. 管理人应当按照破产财产变价方案的规定,适时变价出售破产财产。 3. 破产企业可以全部或者部分变价出售,可以将其中的无形资产和其他财产单独变价出售。人民法院应当加强破产企业资产的整体转让工作,避免对企业财产零散出售,有效提升破产回收率。 4. 变价出售破产财产应当通过拍卖进行。经债权人会议决议,可以采取作价变卖或实物分配方式。 5. 预计拍卖所得不足以支付评估拍卖费用或者拍卖不成,债权人会议两次表决仍未通过其他变价处置方案(变卖或实物分配)的,经管理人申请,由人民法院裁定处理。 | 事项 | 前提 | 处理 | |---|---|---| | 财产管理方案和变价方案 | 经债权人会议表决未通过 | 由人民法院裁定 | | 财产分配方案 | 经债权人会议两次表决未通过 | ^ | | 预计拍卖所得不足以支付评估拍卖费用或者拍卖不成 | 债权人会议两次表决仍未通过作价变卖或实物分配方案 | ^ |

349

要点	具体内容
破产财产处置原则和要求	6. 人民法院以拍卖方式处置财产的,应当采取网络司法拍卖方式,但法律、行政法规和司法解释规定必须通过其他途径处置,以及债权人会议另有决议或者不宜采用网络拍卖方式的除外。 7. 按照国家规定不能拍卖或者限制转让的财产,应当按照国家规定的方式处理。
管理人竞买禁止	破产案件管理人、管理人成员、管理人聘用的必要工作人员及其近亲属等有利害关系的人不得竞买且不得委托他人代为竞买拍卖财产。
别除权的行使	除非单独处置担保财产会降低其他破产财产的价值而应整体处置以外,对债务人特定财产享有担保权的债权人可以随时向管理人主张就该特定财产变价处置行使优先受偿权。债权人会议无权就该财产变价处置作出决议。
保全措施对财产处置的影响	有关部门或者单位接到管理人或者人民法院发出的通知后,未依法解除对破产财产采取的保全措施的,不影响管理人按照债权人会议通过或者人民法院裁定的财产变价方案,先行处置上述财产。
海关监管货物的处理	管理人申请接管、处置海关监管货物的,应当依法先行办结检验、检疫和申请许可证等手续,有关税款作为破产债权在破产程序中依法申报处理。依法必须由海关进行监管或者处置的进出口货物,依照相关法律规定执行。
机动车的处理	1. 人民法院裁定受理破产申请后,破产企业名下机动车交通违法的罚款作为破产债权在破产程序中依法申报处理,对因被相关机关依法拍卖、处理,机动车所有权发生变更,且无法确定实际机动车驾驶人的违法记录免予记分。 2. 公安机关积极协助人民法院和管理人查控破产企业名下本市下落不明的车辆。人民法院提出协助查控的需求后,公安机关协助查询并反馈相关车辆的活动轨迹;公安机关在办理相关业务过程中发现上述机动车的,协助人民法院暂时扣押车辆,并通知管理人和人民法院及时处理。经管理人提出申请,交警部门对于破产企业名下下落不明的机动车暂停办理车辆年检、抵押或者解除抵押、质押或者解除质押、转让登记等业务。
建设工程权属登记	破产企业名下建设工程(包括住宅类工程)资料缺失或第三方机构(包括设计、勘察、施工、监理等单位)不配合竣工验收等,导致无法组织质量验收、消防验收,经管理人委托有资质的专业机构对工程质量、消防进行检测和评估合格,并经建设行政管理部门核实符合要求,且符合规划、资源管理规定的,可依法办理不动产登记。

第十部分 破产清算

续表

要点	具体内容
不动产权属转移规则	管理人可以按照《不动产登记暂行条例实施细则》和当地不动产登记有关要求,提交破产企业相关材料,办理不动产权属转移手续。管理人未能接管破产企业印鉴、资料的,允许管理人持人民法院破产案件受理裁定书、指定管理人决定书、使权属发生转移的合同、契税完税(或减免税)凭证、企业原不动产权属证书等证明文件申请不动产转移登记。管理人无法提供破产企业原不动产权属证书的,由不动产登记部门在系统内核查不动产权属,转移登记完成后同步公告原不动产权属证书作废。
土地资产的处置	1. 破产案件办理中涉及国有划拨土地使用权的,管理人应当对拟处置土地使用权征求规划和自然资源部门意见。对于符合国土空间规划、可以办理出让手续的国有划拨土地,管理人可申请开展地价评审,由规划和自然资源部门会同有关部门审定应缴政府土地收益。管理人应在财产拍卖时对应缴政府土地收益进行披露。 2. 破产案件中涉及集体土地使用权的,管理人应当依据集体土地处置的相关规定,经集体土地所有权人同意后处置;可以公开上市处置的,按照有关政策执行。
不动产的分割转让	1. 对具备独立分宗条件的土地、房产,规划资源、房屋管理等部门应当及时审核批准,允许分割转让。 2. 对于破产企业与其他企业共用一宗划拨土地的情形,符合国土空间规划并经共用土地使用权人同意可以进行分割的,管理人可向有关部门申请开展土地地界测绘等相关土地分割工作,分别办理权属证书。
需整改的不动产的处置过户	被处置的不动产存在擅自改变承重结构、附有违法建筑的情形的,管理人或者受让人应当按照相关规定完成整改后,持人民法院出具的裁定书、协助执行通知书及相关行政机关出具的已完成整改的证明文件申请办理转移登记手续。无完成整改的证明文件的,登记机构不予办理转移登记。
房地产企业的房产处置	房地产企业办理首次登记后进入破产程序,管理人未能接管完整的房屋交易资料的,购房人经人民法院确权或管理人核查确认并加盖管理人印章后,可以办理转移登记。房地产企业进入破产程序前未办理首次登记的,允许管理人代表破产企业代缴相关费用并完善相关手续后,依法依规申请办理首次登记。

推荐理由

破产财产变价是将以实物形态存在的、属于破产财产的非金钱财产作价、变卖为金钱的行为。管理人主导破产财产的变价过程,是变价的主体。

法律适用

□《企业破产法》第111条、第112条
□《全国法院破产审判工作会议纪要》第26条
□《上海市高级人民法院破产审判工作规范指引(2021)》第183条、第184条
□《上海市加强改革系统集成提升办理破产便利度的若干措施》第4条、第9条、第20条、第21条、第24条、第25条、第26条、第27条
□《关于完善破产财产解封处置机制的实施意见》第5条、第8条、第9条
□《上海市浦东新区完善市场化法治化企业破产制度若干规定》第11条、第13条
□《上海市破产管理人协会会员执业纪律规范(试行)》第25条

以案析法

案件信息:重庆破产法庭发布的典型案例——重庆美多食品有限公司破产清算案

基本案情

重庆美多食品有限公司(以下简称美多公司)于2005年4月22日登记设立,系知名品牌"冰点水"饮用水的受托生产企业。后因美多公司犯非法吸收公众存款罪被刑事处罚,公司自2015年起停产。

2020年4月27日,重庆市第五中级人民法院裁定受理程某某对美多公司的破产清算申请,并指定了管理人。

管理人接管企业后发现,美多公司曾于2016年3月与重庆新冰点饮品有限公司(以下简称新冰点公司)签订《场地使用合作协议》,由新冰点公司承接安置美多公司的职工,偿还美多公司部分对外债务,新冰点公司使用该厂房及设备生产"冰点水"饮用水等产品。

裁判要旨

法院指导管理人制作包括继续履行《场地使用合作协议》等内容的财产管理方案,由新冰点公司继续使用美多公司厂房及设备,并按其承接债务折算相对应的场地租用期。同时,管理人制作了以将美多公司的厂房及机器设备等整体"带租拍卖"为主要内容的破产财产变价方案。2020年8月25日,美多公司破产清算案第一次债权人会议召开,表决通过了财产管理方案和破产财产变价方案。管理人按破产财产变价方案将美多公司厂房及机器设备等财产整体公开拍卖,最终买受人以近2400万元的价格购得。2021年8月31日,法院以破产财产已分配完毕为由,裁定终结美多公司破产清算程序。

案例评析

本案是整体处置企业资产、维护资产运营价值的典型案例。债务人财产的处置变价是破产清算程序的核心问题,破产财产是全体债权人实现债权的基础,唯有制订良好的变价方案并且在后续有效实施,实现债务人资产变现价值最大化,才能在后续分配环节提高各类债权人的资产清偿率。《破产纪要》第26条规定,处置破产财产应当以价值最大化为原则,兼顾处置效率。因此,管理人在处置破产资产时,应当以尽可能提升债务人财产的价值为原则,维护全体债权人的合法权益。

78 破产财产网络拍卖

关键词

破产程序中财产的网络拍卖、破产程序中财产的网络拍卖与网络司法拍卖的不同

实务要点

破产程序中财产的网络拍卖		
序号	事项	规定
1	拍卖实施主体	管理人作为拍卖实施主体,应以自己的名义依法通过网络拍卖平台处置债务人财产。
2	网络拍卖平台的选择	应从最高人民法院确定的司法拍卖网络服务提供者名单库中选择。
3	网络拍卖方案的内容	管理人应在财产变价方案中明确网络拍卖方案并提交债权人会议讨论、表决。网络拍卖方案一般应当包括以下内容: (1)拟通过网络拍卖处置的债务人财产的范围、状况; (2)拟选择的网络拍卖平台; (3)拟拍卖时间、起拍价或其确定方式、保证金的数额或比例、保证金和拍卖款项的支付方式及支付期限; (4)公告期、竞价时间、出价递增幅度、拍卖次数、每次拍卖的降价幅度及流拍后的处理方式; (5)其他需要由债权人会议决议的事项。

续表

破产程序中财产的网络拍卖			
序号	事项	规定
4	管理人职责	实施债务人财产网络拍卖的,管理人应当履行下列职责: (1)查明拍卖财产的种类、性质、数量、权属、权利负担、质量瑕疵、欠缴税费、占有使用等现状并予以说明; (2)制作、发布拍卖公告等信息,在选择的网络拍卖平台上独立发拍; (3)按照《公司法》等法律、行政法规的规定提前通知已知优先购买权人,并在网络拍卖公告发布3日前通知其网络拍卖事项; (4)办理财产交付和协助办理财产权属转移手续; (5)其他依法应当由管理人履行的职责。
5	先期公告	管理人实施网络拍卖应当先期公告。首次拍卖的公告期不少于15日,流拍后再次拍卖的公告期不少于7日。公告应同时在选择的网络拍卖平台和全国企业破产重整案件信息网上发布,并可以根据案件需要在其他媒体发布。
6	参考价方式确定	(1)定向询价。债务人财产有计税基准价、政府定价或者政府指导价,管理人可以向确定参考价时财产所在地的有关机构进行定向询价。 (2)网络询价。债务人财产无须由专业人员现场勘验或者鉴定且具备网络询价条件的,管理人可以通过司法网络询价平台或其他网络询价平台进行网络询价。 (3)委托评估。法律、行政法规规定必须委托评估、债权人会议要求委托评估的,管理人应当委托评估机构进行评估。网络询价不能或不成的,管理人可以委托评估机构进行评估。 (4)管理人估价。无法通过以上三种方式确定参考价的股权、知识产权等、委托评估费用过高或者财产价值显著较低的,管理人可以根据市场交易价格、财务数据等进行估算。
7	起拍价的确定	债权人会议无法就起拍价作出决议的,由人民法院裁定,但一般不应低于处置参考价的70%。债权人会议也可以授权管理人自行确定起拍价。
8	保证金	竞买人应当交纳的保证金数额原则上在起拍价的5%至20%范围内确定。债权人会议决议保证金数额不在上述范围内的,依其决议确定。

续表

\multicolumn{3}{c}{破产程序中财产的网络拍卖}
序号	事项	规定
9	悔拍	拍卖成交后买受人悔拍的,交纳的保证金不予退还,计入债务人财产。 悔拍后重新拍卖的,除管理人认为原买受人悔拍非出于其自身原因以外,原买受人不得参加竞买。
10	流拍后的再次拍卖	网络拍卖竞价期间无人出价的,本次拍卖流拍。按照债权人会议决议需要在流拍后再次拍卖的,管理人应自流拍之日起7个工作日内再次启动网络拍卖程序,确有特殊情况的除外。
11	拍卖次数和降价幅度	债务人财产网络拍卖的拍卖次数、降价幅度不受限制。为提高财产处置效率,债权人会议关于财产变价方案的决议内容可以明确债务人财产通过多次网络拍卖直至变现为止,或明确变卖前的流拍次数以及整体拍卖流拍后的处理方案。

\multicolumn{4}{c}{破产程序中财产的网络拍卖与网络司法拍卖的不同}
序号	不同之处	《最高人民法院关于人民法院网络司法拍卖若干问题的规定》	《上海市高级人民法院关于破产程序中财产网络拍卖的实施办法(试行)》
1	发起拍卖的主体	人民法院	破产管理人
2	监督主体	社会	债权人会议、债权人委员会和人民法院
3	选择拍卖平台的主体	申请执行人选择	管理人选择后由债权人会议表决
4	第三方社会服务机构[1]费用支付主体	由被执行人承担,在实践中优先从执行案款中扣划	将该费用列入破产费用,由债权人会议审查后由债务人财产随时清偿。

第十部分 破产清算

续表

序号	不同之处	《最高人民法院关于人民法院网络司法拍卖若干问题的规定》	《上海市高级人民法院关于破产程序中财产网络拍卖的实施办法(试行)》
5	公告期	动产一拍[2]公告期不少于15日,二拍[3]不少于7日;不动产(或其他财产权利)一拍不少于30日,二拍不少于15日。	不区分动产与不动产,首次拍卖公告期不少于15日,流拍后再次拍卖公告期不少于7日。
6	起拍价确定方式	起拍价由人民法院参照评估价确定;未作评估的,参照市价确定,并征询当事人意见。起拍价不得低于评估价或者市价的70%。	赋予了债权人会议定价权,债权人会议可以授权管理人自行确定起拍价。债权人会议无法就起拍价作出决议的,由人民法院裁定,但一般不应低于处置参考价的70%。
7	悔拍后保证金的处理	交纳的保证金不予退还,依次用于支付拍卖产生的费用损失、弥补重新拍卖价款低于原拍卖价款的差价、冲抵本案被执行人的债务以及与拍卖财产相关的被执行人的债务。	交纳的保证金不予退还,计入债务人财产。
8	拍卖次数	可以对标的物一拍、二拍、以物抵债、变卖	拍卖次数不受限制
9	再次拍卖起拍价降价幅度	再次拍卖的起拍价降价幅度不得超过前次起拍价的20%	降价幅度不受限制

[1]第三方社会服务机构主要从事制作拍卖财产的文字说明、照片或者视频等资料,展示拍卖财产,接受咨询,引领看样等工作。
[2]第一次拍卖。
[3]第二次拍卖。

推荐理由

破产程序中财产网络拍卖,是指破产管理人依法通过互联网拍卖平台,以网络电子竞价的方式公开处置债务人财产。破产程序本质上是一个发现财产价值,并让债务人财产价值最大化的司法程序。而让财产价值最大化的有效途径就是采取市场化的处置方式,利用网络司法拍卖平台处置破产财产顺应了破产审判之市场化、法治化和信息化趋势,可以充分发挥管理人的主观能动性,提高破产财产处置效率的同时让破产财产可以得到充分的展示,提高了成交率和溢价率。

法律适用

□《上海市高级人民法院关于破产程序中财产网络拍卖的实施办法(试行)》

□《最高人民法院关于人民法院网络司法拍卖若干问题的规定》

以案析法

案件信息:最高人民法院(2020)最高法民申 5099 号——某房地产公司与某纺织机械公司对外追收债权纠纷再审案

基本案情

2017 年 2 月 21 日,咸阳市中级人民法院(以下简称咸阳中院)裁定受理某纺织机械公司破产清算申请,并指定了管理人。破产财产处置过程中,该院委托西部产权交易所在淘宝网络拍卖平台对破产财产进行公开拍卖。西部产权交易所在淘宝网络拍卖平台发布了竞买公告,公告第 6 条规定:标的物过户登记手续由买受人自行办理,破产管理人协助,过户过程所涉及的一切税费由买受人承担。2018 年 7 月 6 日,某房地产公司经过 111 轮竞价最终以 113,428,000 元竞拍成功。后,双方当事人就税收承担产生争议,管理人向咸阳中院提交了《关于纺织机械公司破产财产成交后税费缴纳的请示》。2018年8月4日，该院经研究答复，为充分保护债权人利益，避免产生税费滞纳金，可先行按照税法规定缴纳出卖方应缴税款，税费争议可通过相应法律程序解决。2019年3月6日，管理人向税务机关缴纳破产财产拍卖交易税费共计7,520,073.68元。纺织机械公司诉至法院，要求房地产公司偿还原告垫付的过户交易税费7,520,073.68元及相应资金垫付使用费。

被告房地产公司辩称，本次拍卖是受咸阳中院委托的司法拍卖，按照《最高人民法院关于人民法院网络司法拍卖若干问题的规定》第30条的规定，因网络司法拍卖本身形成的税费，应按照相关法律、行政法规的规定，由相应主体承担；没有规定或规定不明的，人民法院可以根据法律原则和案件实际情况确定税费承担的相关主体、数额。本次拍卖产生的增值税依法应由纺织机械公司承担。

一审判决支持了纺织机械公司的诉请，房地产公司提起上诉，二审判决驳回上诉、维持原判。房地产公司向最高人民法院申请再审，最高人民法院裁定驳回再审申请。

裁判要旨

《最高人民法院关于人民法院网络司法拍卖若干问题的规定》第1条规定："本规定所称的网络司法拍卖，是指人民法院依法通过互联网拍卖平台，以网络电子竞价方式公开处置财产的行为。"本案拍卖财产系纺织机械公司破产程序中需要依法处分的财产，咸阳中院依据债权人请求对外进行委托，非人民法院强制处分财产，故涉案拍卖并非司法强制拍卖，可约定由买方承担税费。

案例评析

在司法实践中，包税条款的效力问题存在一定的争议，不同地区

清算与破产实务 100 点

法院的做法并不统一，本案中，法院认为破产财产处置并非司法拍卖行为，认可买方包税条款效力，在实务操作中，如果买受人书面承诺遵守包税条款，则一般认为法院应认可买受人的承诺。

79 破产财产的分配

关键词

人身损害赔偿金、第三方垫付劳动债权、本金与利息的清偿顺序、分配方式、预留费用、分配方案的执行、提存

实务要点

要点	具体内容
人身损害赔偿金	债务人侵权行为造成的人身损害赔偿，可以参照《企业破产法》第113条第1款第1项规定的顺位清偿，但其中涉及的惩罚性赔偿金属于劣后债权。
第三方垫付劳动债权	由第三方垫付的职工债权，原则上按照垫付的职工债权性质进行清偿；由欠薪保障基金垫付的，应按照《企业破产法》第113条第1款第2项的顺序清偿。债务人欠缴的住房公积金，按照债务人拖欠的职工工资性质清偿。
本金与利息的清偿顺序	本金、利息和违约金等债权，属同一顺序普通债权。除非法律有明确规定，法院不能在普通债权内部根据债权类型确定不同的清偿比例。对于本金、利息和违约金能够足额清偿的，予以足额清偿；不足清偿的，按照债权额在普通债权总额中所占比例进行清偿。 对于破产债权全部清偿完毕后的剩余财产，是先清偿债权人在破产清算案件受理后债权停止计息所遭受的损失，还是直接退还给公司股东，我国《企业破产法》尚无明确规定。实践中有"破产债权全部清偿后仍有剩余财产的，应先清偿债权人在破产清算受理后停止计付的利息，而非直接退还给公司股东"的裁判规则。

第十部分 破产清算

续表

要点	具体内容
分配方式	破产财产的分配应当以货币分配方式进行,债权人会议也可以表决通过以实物分配等方式完成分配。
预留费用	管理人可以预留尚未发生的公告费、财产提存费、档案保管费等破产费用,并将预留费用情况在破产财产分配方案中说明。
分配方案的执行	破产财产分配方案经人民法院裁定认可后,由管理人执行。管理人按照破产财产分配方案实施多次分配的,应当公告本次分配的财产额和债权额。
提存	1. 附条件债权分配额的提存。对于附生效条件或者解除条件的债权,管理人应当将其分配额提存。在最后分配公告日,生效条件未成就或者解除条件成就的,应当分配给其他债权人;在最后分配公告日,生效条件成就或者解除条件未成就的,应当交付给相关债权人。 2. 受领破产财产分配额的提存。债权人未受领的破产财产分配额,管理人应当提存。债权人自最后分配公告之日起满2个月仍不领取的,视为放弃受领分配的权利,管理人或者人民法院应当将提存的分配额分配给其他债权人。 3. 诉讼或仲裁未决债权分配额的提存。破产财产分配时,对于诉讼或者仲裁未决的债权,管理人应当将其分配额提存。自破产程序终结之日起满2年仍不能受领分配的,人民法院应当将提存的分配额分配给其他债权人。

推荐理由

破产分配制度是破产制度中最重要最关键的部分,破产法的核心问题就是如何确定破产财产并将其分配给债权人。破产分配制度是一种集体清偿制度,其本质特点是公平公正地清偿。要进行公平公正的分配,就要对分配主体进行分类,分析每一类权益的特点,依照立法目的和利益主体之间的利益平衡,做到同等权益同等对待。

法律适用

□《全国法院破产审判工作会议纪要》第27条
□《企业破产法》第114条、第115条、第117条、第118条、第

119 条

□《最高人民法院关于〈破产分配中本金与利息清偿顺序疑问〉的回复》

□《上海法院企业破产案件管理人工作职责指引》第 46 条

以案析法

案件信息：辽宁省大连市中级人民法院（2019）辽 02 民终 6086 号——赵某、瓦房店市某制造公司与破产有关的纠纷案

基本案情

2016 年 4 月 14 日、2016 年 12 月 27 日原告赵某诉瓦房店市某制造公司的劳动争议纠纷分别由法院作出生效判决（2015）瓦民初字第 7644 号、(2016）辽 0281 民初 4072 号，该两件案件均已进入执行程序。2018 年 5 月 4 日，法院裁定受理制造公司破产清算，并指定了管理人。2018 年 9 月 1 日，管理人对职工债权进行公示，将赵某经济补偿金 65,000 元的 1/2 即 32,500 元作为第一顺序债权，剩下的 32,500 元作为劣后债权，将 16,860 元失业金损失列为第三顺序普通债权。赵某向法院提起诉讼，请求法院判决上述债权均为第一顺序债权。一审法院判决驳回原告赵某的诉讼请求，赵某提起上诉，二审判决驳回上诉，维持原判。

裁判要旨

关于 32,500 元是否应当列为第一顺序债权。制造公司应给付赵某的赔偿金 65,000 元，系因违法解除劳动合同的赔偿金，而《劳动合同法》第 48 条规定：用人单位违反本法规定解除或者终止劳动合同，劳动者要求继续履行劳动合同的，用人单位应当继续履行；劳动者不要求继续履行劳动合同或者劳动合同已经不能继续履行的，用人单位应当依照本法第 87 条规定支付赔偿金。《劳动合同法》第 87 条：用人单位违反本法规定解除或者终止劳动合同的，应当依照本法第 47 条规定的经济补偿标准的 2 倍向劳动者支付赔偿金。第 47 条第 1 款规定：经济补偿按劳动者在本单位工作的年限，每满 1 年支付 1 个月工资的标准向劳动者支付。6 个月以上不满 1 年的，按 1 年计算；不满 6 个月的，向劳动者支付半个月工资的经济补偿。而本案的 65,000 元的性质为因违法解除劳动合同而应支付的赔偿金，该款的一半是为补偿原告的工资，而另一半为惩罚性质，而非补偿性质，故被告将 65,000 元 /2=32,500 元的工资部分列为优先债权，而将具有赔偿性质的另一部分 32,500 元列为劣后债权并无不妥。

关于 16,800 元失业赔偿金是否应当列为第一顺序债权。法院认为：失业金全称为失业保险金，是失业保险经办机构依法支付给符合条件的失业人员的基本生活费用，是对失业人员在失业期间失去工资收入的一种临时补偿。失业人员失业前所在单位，应将失业人员的名单自终止或解除劳动合同之日起 7 日内报受理其失业保险业务的经办机构备案，并按要求提供相关材料；失业人员应在终止或解除劳动合同之日起 60 日内向受理其单位失业保险业务的经办机构申领失业保险金。本案中，瓦房店市某制造公司因未向失业保险经办机构及时报送材料，致赵某未能及时领取失业保险金，瓦房店市某制造公司对赵某构成侵权，其应对给赵某造成的损失予以赔偿。因此，赵某向瓦房店市某制造公司主张的案涉 16,800 元性质上属于侵权损害赔偿金，而非《企业破产法》第 113 条第 1 款第 1 项规定的破产人拖欠职工的费用或补偿金。故瓦房店市某制造公司管理人将其认定为普通债权有法律依据，并无不当。

📝 案例评析

企业进入破产程序后,各类债权的分配顺位直接影响债权人债权的清偿,不同的分配顺位也体现了利益平衡原则。破产财产应按照顺位清偿,当破产财产不足以满足同一顺序的清偿要求的,按照比例分配,也体现了公平清理债权债务的立法目的。

80 破产财产的清偿顺序

关键词

破产债权清偿顺序

实务要点

要点	具体内容
破产债权的清偿顺序规定汇总	1. 破产债权按优先债权、普通债权、劣后债权的顺序清偿。 2. 对于法律没有明确规定清偿顺序的债权,可以按照人身损害赔偿债权优先于财产性债权、私法债权优先于公法债权、补偿性债权优先于惩罚性债权[1]的原则合理确定清偿顺序。 3. 有财产担保的债权,对破产人的特定财产享有担保权的权利人,对该特定财产享有优先受偿的权利。 4. 破产启动后借款,作为共益债务清偿。 5. 劳动债权、人身损害赔偿债权、税收债权、社保债权和普通债权,破产财产在优先清偿破产费用和共益债务后,按照下列顺序清偿[2]: (1) 破产人所欠职工的工资和医疗、伤残补助、抚恤费用,所欠的应当划入职工个人账户的基本养老保险、基本医疗保险费用,以及法律、行政法规规定应当支付给职工的补偿金;

第十部分 破产清算

续表

要点	具体内容
破产债权的清偿顺序规定汇总	(2)破产人欠缴的除前项规定以外的社会保险费用和破产人所欠税款; (3)普通破产债权。 6.破产财产清偿普通破产债权后仍有剩余的,清偿民事惩罚性赔偿金、行政罚款、刑事罚金和关联债权[3]。

[1]惩罚性债权的清偿顺序依次为:民事惩罚性赔偿金、行政罚款、刑事罚金。

[2]《企业破产法》第113条第1款规定的清偿顺序。

[3]关联企业成员之间不当利用关联关系形成的债权,应当劣后于其他普通债权顺序清偿,且该劣后债权人不得就其他关联企业成员提供的特定财产优先受偿。至于关联劣后债权与其他劣后债权的清偿顺位问题,并没有明确规定。因关联劣后债权归属私法债权,根据"私法债权优先于公法债权"的原则,其可优先于公法惩罚性债权受偿。又考虑到关联劣后债权的成立存在不当关系,在合法性上劣后于民事惩罚性赔偿金,所以,在清偿顺位上劣后于民事惩罚性赔偿金较为合理。

\multicolumn{2}{c}{破产债权清偿顺位表[1]}	
1	动迁补偿款的优先权:该优先权存在一定争议。
2	商品房消费者的优先权:包括房屋交付优先权与购房款返还优先权。
3	建设工程款优先权:《民法典》第807条,《最高人民法院关于审理建设工程施工合同纠纷案件适用法律问题的解释(一)》第36条。
4	担保物权的优先权:包括抵押权、动产质权、留置权的担保物权。
5	破产费用:(1)破产案件的诉讼费用;(2)管理、变价和分配债务人财产的费用;(3)管理人执行职务的费用、报酬和聘用工作人员的费用。
6	共益债务:《企业破产法》第42条。
7	职工债权:所欠职工的工资和医疗、伤残补助、抚恤费用,所欠的应当划入职工个人账户的基本养老保险、基本医疗保险费用、住房公积金,以及法律、行政法规规定应当支付给职工的补偿金,和破产企业侵权行为造成的人身损害赔偿、由第三方垫付的职工债权。
8	社保及税收债权:欠缴的除职工债权以外的社会保险费用、所欠税款和欠薪保障金垫付的款项。
9	普通债权:一般普通债权、因欠缴税款产生的滞纳金、董事、监事、高级管理人员的非正常收入等。
10	劣后债权:破产受理前产生的民事惩罚性赔偿金、行政罚款、刑事罚金等惩罚性债权。

[1]该表参考了上海申浩律师事务所胡玥律师的总结。

推荐理由

破产财产分配的顺位就是破产清算程序中的债权清偿顺序。无论是清算还是重整,破产财产分配时,在前一顺序的债权得到全部清偿之前,后面顺序的债权不予分配。同一顺序的债权不能得到全部清偿时,按照各债权所占的比例进行分配。

法律适用

☐《企业破产法》第113条
☐《全国法院破产审判工作会议纪要》第28条、第39条

以案析法

案件信息:重庆市沙坪坝区人民法院(2014)沙法民破字第3号——重庆某房产公司破产清算案

基本案情

债务人重庆某房产公司因其不能清偿到期债务呈持续状态,明显缺乏清偿能力,2014年3月28日沙坪坝区人民法院裁定受理房屋征收中心申请房产公司破产清算一案,并指定了管理人。根据管理人申请,沙坪坝区人民法院于2015年11月25日裁定宣告房产公司破产,并批准了财产变价方案、财产管理方案。经管理人核查,房产公司主要财产为银行存款约3011万元和其所有的沙坪坝组团双碑D5-1-2/03号宗地土地使用权(购进价值为2.2亿余元)。后管理人依照变价方案依法对房产公司相关财产进行拍卖变现,其土地使用权及地上在建工程经依法拍卖变现金额约为5.43亿元。

管理人于 2018 年 4 月 9 日制作破产财产分配方案提交债权人会议讨论,债权人过半数且所代表的无担保债权总数过半数表决通过了该方案。方案主要内容为:债务人房产公司经调整后应当清偿的普通债权总额约为 4.44 亿元。因房地产市场价格上涨,其土地使用权及地上在建工程拍卖实现价值为 5.43 亿元,扣除应缴纳的税费、拍卖佣金共计约 1 亿元,支付管理人报酬约 511 万元,诉讼费用 20 万元,共益债务和日常支出等费用约 182 万元,并将争议的职工劳动债权、重庆昆德律师事务所涉及的债权计入普通债权总额提存后,加上房产公司原账户资金约 3011 万元、管理人退回的预存电费、账户利息收入,房产公司剩余可分配财产金额为 4.61 亿元,偿债率可达到 100%。偿债完毕后,剩余财产约 1706 万元。

破产财产分配方案第 6 条"特别说明"中第 4 项载明:"因本案债权人所享有的破产债权已经全部清偿,本次分配后的剩余破产财产在清偿房产公司可能存在的惩罚性债权、欠缴的土地使用税及滞纳金、应交的所得税等税费后,余款依法退还房产公司股东。"对该条涉及的剩余财产的分配,债权人华夏建工集团向沙坪坝区人民法院提出异议,认为该项剩余财产分配方案违反公平原则,应当将剩余财产先行支付债权利息损失。

沙坪坝区人民法院依照《企业破产法》第 115 条第 3 款之规定,于 2018 年 5 月 29 日裁定:(1)对房产公司第三次债权人会议通过的房产公司破产案破产财产分配方案中第 6 条"特别说明"中第 4 项载明的相关内容及分配方案中涉及重庆昆德律师事务所债权的分配内容,本次分配不予认可;(2)由房产公司破产管理人重新制作剩余破产财产及重庆昆德律师事务所破产债权的分配方案;(3)对房产公司第三次债权人会议通过的房产公司破产案破产财产分配方案中除本裁定第1项内容之外的其余分配内容予以认可。

裁判要旨

《企业破产法》第46条第2款规定:"附利息的债权自破产申请受理时起停止计息。"第107条第2款规定:"人民法院受理破产申请时对债务人享有的债权称为破产债权。"由此可见,停止计付的利息,不属于破产债权,不能作为破产债权参与分配。但是,破产申请受理后停止计付的利息虽不属于破产债权,但仍属于破产企业应当偿付的债务。在清偿全部破产债权后,破产企业仍有剩余财产时,应优先清偿债权人停止计息的利息损失,而非直接退回给公司股东,只有在清偿停止计息的利息损失后还有剩余财产时,才退回给公司股东。

案例评析

公司破产时,大部分情况是资不抵债。但是在有些情况下,由于地产房屋溢价、股份波动等原因,破产债权在全部清偿完毕后仍有部分剩余财产。对于剩余财产该如何分配,可以清偿哪些债权,这些债权又如何排序?《破产纪要》第28条和第39条确立了破产程序中《企业破产法》没有明确规定的债权清偿顺位的基本原则,并建立了劣后债权及其清偿制度。劣后债权是指根据当事人约定或法律规定,在分配顺位上居于优先债权和普通债权之后,只有在破产财产清偿优先债权和普通债权后仍有剩余时,才能获得清偿的债权。本案在审理中形成的"破产债权全部清偿后仍有剩余财产的,应先清偿债权人在破产清算受理后停止计付的利息,而非直接退还给公司股东"裁判规则,为此类案件的处理提供了借鉴。

第十部分 破产清算

81 破产财产优先受偿权

关键词

动迁补偿款优先权、商品房消费者的优先权、建设工程价款优先受偿权、担保物权优先权

实务要点

要点	具体内容
动迁补偿款优先权[1]	1.《最高人民法院关于审理商品房买卖合同纠纷案件适用法律若干问题的解释》(已修正)第7条第1款 拆迁人与被拆迁人按照所有权调换形式订立拆迁补偿安置协议,明确约定拆迁人以位置、用途特定的房屋对被拆迁人予以补偿安置,如果拆迁人将该补偿安置房屋另行出卖给第三人,被拆迁人请求优先取得补偿安置房屋的,应予支持。该条规定虽不能直接得出被拆迁人权利在破产程序中具有优先性的结论,但可以看出对于被拆迁人权利优先保护的立法倾向性。 故在安置房屋不具备交付条件的情况下,被拆迁人对于安置房屋折价款的债权应具有优先于其他破产债权的优先受偿权。 2.辽宁省高级人民法院《关于审理房地产开发企业破产案件有关问题的若干意见(试行)》第12条 享有各类破产优先权保护的债权,按照如下顺序清偿: (1)被拆迁人和被征收安置人的债权请求; (2)交付了全部或大部分购房款的消费购房者的债权请求权; (3)承包人的建设工程欠款; (4)抵押权、质押权、留置权等担保物权、预告登记对应的债权请求权及其他可适用别除权的权利。

续表

要点	具体内容
动迁补偿款优先权	3. 昆明市中级人民法院印发的《关于规范全市法院房地产企业破产案件审理相关问题的指引（试行）》第28条 鉴于目前法律法规中未对优先权作出系统性的规范，优先权规定分散于不同的部门法及司法解释之中，通过整理相关法律、司法解释规定，目前房地产企业破产案件中普遍存在并享有优先权的债权在破产程序中原则上应当参照如下顺序清偿： (1)被拆迁人和被征收安置人的债权请求权； (2)交付了全部或大部分购房款的消费购房者的债权请求权； (3)具有优先受偿权的建设工程价款； (4)抵押权、质押权、留置权等担保物权、预告登记对应的债权请求权及其他可适用别除权的权利。 4. 争议点 (1)2023年《最高人民法院关于审理商品房买卖合同纠纷案件适用法律若干问题的解释》第7条已删去。 (2)注意：由于大量案件事实发生于《民法典》以前，故依然可以主张。
商品房消费者的优先权	1. 商品房消费者的认定。 (1)《最高人民法院关于人民法院办理执行异议和复议案件若干问题的规定》第29条 金钱债权执行中，买受人对登记在被执行的房地产开发企业名下的商品房提出异议，符合下列情形且其权利能够排除执行的，人民法院应予支持： ①在人民法院查封之前已签订合法有效的书面买卖合同； ②所购商品房系用于居住且买受人名下无其他用于居住的房屋； ③已支付的价款超过合同约定总价款的50%。 (2)《全国法院民商事审判工作会议纪要》第125条 ①"买受人名下无其他用于居住的房屋"：可以理解为在案涉房屋同一设区的市或者县级市范围内商品房消费者名下没有用于居住的房屋。商品房消费者名下虽然已有1套房屋，但购买的房屋在面积上仍然属于满足基本居住需要的，可以理解为符合该规定的精神。 ②"已支付的价款超过合同约定总价款的百分之五十"：如果商品房消费者支付的价款接近50%，且已按照合同约定将剩余价款支付给申请执行人或者按照人民法院的要求交付执行的，可以理解为符合该规定的精神。

第十部分 破产清算

续表

要点	具体内容
商品房消费者的优先权	2. 商品房消费者房屋交付优先权与购房款返还优先权。 人民法院在审理房地产开发企业因商品房已售逾期难交付引发的相关纠纷案件中： （1）商品房消费者以居住为目的购买房屋并已支付全部价款，主张其房屋交付请求权优先于建设工程价款优先受偿权、抵押权以及其他债权的，人民法院应当予以支持。只支付了部分价款的商品房消费者，在一审法庭辩论终结前已实际支付剩余价款的，可以适用该规定。 （2）在房屋不能交付且无实际交付可能的情况下，商品房消费者主张价款返还请求权优先于建设工程价款优先受偿权、抵押权以及其他债权的，人民法院应当予以支持。
建设工程价款优先受偿权	1. 承包人享有的建设工程价款优先受偿权优于抵押权和其他债权。 2. 装饰装修工程具备折价或者拍卖条件，装饰装修工程的承包人请求工程价款就该装饰装修工程折价或者拍卖的价款优先受偿的，人民法院应予支持。 3. 未竣工的建设工程质量合格，承包人请求其承建工程的价款就其承建工程部分折价或者拍卖的价款优先受偿的，人民法院应予支持。 4. 承包人就逾期支付建设工程价款的利息、违约金、损害赔偿金等主张优先受偿的，人民法院不予支持。 5. 承包人应当在合理期限内行使建设工程价款优先受偿权，但最长不得超过18个月，自发包人应当给付建设工程价款之日起算。 6. 发包人与承包人约定放弃或者限制建设工程价款优先受偿权，损害建筑工人利益，发包人根据该约定主张承包人不享有建设工程价款优先受偿权的，人民法院不予支持。
担保物权优先权	对破产人的特定财产享有担保权的权利人，对该特定财产享有优先受偿的权利。

[1]引用上海申浩律师事务所胡玥律师的总结。

推荐理由

《企业破产法》第109条规定的别除权，是指对于破产人的特定财产，不依破产程序优先就该担保标的受偿的权利。同样基于生存权考量的物权期待权等，在破产财产清偿中具有优先权，体现了法律技

371

术构造上对各方利益的衡量,符合法律规定及立法精神。

法律适用

□《最高人民法院关于审理建设工程施工合同纠纷案件适用法律问题的解释(一)》第 36 条、第 37 条、第 39 条、第 40 条、第 41 条、第 42 条

□《最高人民法院关于商品房消费者权利保护问题的批复》

□《企业破产法》第 109 条

以案析法

案件信息:辽宁省大连市中级人民法院(2023)辽 02 民终 2917 号——王某某、天鸿房地产公司普通破产债权确认纠纷案

基本案情

2015 年 5 月 30 日,哈和平公司(甲方)、中海公司(乙方)及天鸿房地产公司(丙方)三方签订抹账协议,约定乙方同意甲方以其在丙方享有的"天鸿 1.7 英里二期"部分房产抵顶乙方享有甲方的 4490 万元债权。2015 年 12 月 29 日,王某某与中海公司签订房屋买卖协议,约定以 518,717 元的价款向中海公司购买涉案房屋,中海公司承诺协调天鸿房地产公司与原告签订商品房买卖合同,将房屋备案至王某某名下,并且将房屋产权证办理至王某某名下后,王某某向中海公司一次性支付购房款。2016 年 1 月 5 日,王某某(买受人)与天鸿房地产公司(出卖人)签订商品房买卖合同,并进行了网签备案登记,商品房

总金额为518,717元，双方约定出卖人应当在2016年12月31日前交房。

涉案项目停工多年，天鸿房地产公司已无力续建完成竣工，故没有按照约定的时间交付房屋。2021年1月26日，法院裁定受理天鸿房地产公司的破产清算申请，并指定了管理人。王某某于2021年3月9日向管理人申报债权，管理人对王某某申报的房产权利不予确认，对王某某申报的损失、利息亦不予确认。王某某对债权审核结论提出异议，管理人对原审核结论不予调整。王某某遂提起破产债权确认之诉。一审法院确认王某某的购房款518,717元及损失154,266元合计672,983元为普通破产债权。王某某提起上诉，请求判令672,983元债权属于消费者购房款返还优先权。二审法院判决驳回上诉，维持原判。

裁判要旨

《最高人民法院关于商品房消费者权利保护问题的批复》第3条批复意见如下："在房屋不能交付且无实际交付可能的情况下，商品房消费者主张价款返还请求权优先于建设工程价款优先受偿权、抵押权以及其他债权的，人民法院应当予以支持。"案涉房屋系天鸿房地产公司抵顶给案外人哈和平公司，哈和平公司再抵顶给中海公司，王某某又从中海公司购买涉案房屋，将购房款交付给中海公司。双方当事人虽签订商品房买卖合同，但系为实现以上途径的抵顶及购买目的，王某某与天鸿房地产公司实质上并不存在商品房买卖合同关系。基于多层抵顶及购买关系，涉案房屋本应由天鸿房地产公司向哈和平公司、哈和平公司向中海公司逐一交付，中海公司再交付给王某某，王某某与天鸿房地产公司直接签订商品房买卖合同后，王某某取得了可以直接要求天鸿房地产公司交付房屋的债权请求权,但这与从天鸿房地产公司处直接购买商品房的消费者享有的物权期待权具有本质区别。王某某不属于商品房消费者,对案涉房屋并不享有消费者物权期待权。王某某主张其享有消费者购房款返还优先权没有事实及法律依据。

案例评析

《最高人民法院关于商品房消费者权利保护问题的批复》第2条确立了商品房消费者交房请求权的优先地位,即其优先于建设工程价款优先受偿权、抵押权以及其他债权,在不动产领域成为"超级优先权",是在当前房地产业的发展形势下"保交楼、稳民生"的司法保障,体现了保护弱者的立法意图,但是超级优先权的成立需要满足一定条件,本案中法院综合考虑的是王某某的商业利益大于生存利益,故没有认定其享有商品房消费者的超级优先权。

(82) 破产程序的终结方式

关键词

破产程序终结的方式、追加分配、保证人的清偿责任和求偿权的限制、注销手续、管理人执行职务终止

第十部分　破产清算

实务要点

要点			具体内容	
	类型	特征	具体规定	
破产程序终结的方式	正常终结	破产财产分配完毕,破产程序的目的得以实现而终结	管理人在最后分配完结后,应当及时向人民法院提交破产财产分配报告,并提请人民法院裁定终结破产程序。	
		因重整计划执行完毕而终结	重整计划执行完毕后,人民法院可以根据管理人等利害关系人申请,作出重整程序终结的裁定。	
		因和解协议执行完毕而终结	无明确规定。但按照和解协议减免的债务,自和解协议执行完毕时起,债务人不再承担清偿责任。	
	非正常终结	因破产财产不足以支付破产费用而终结	破产申请受理后,经管理人调查,债务人财产不足以清偿破产费用且无人代为清偿或垫付的,人民法院应当依管理人申请宣告破产并裁定终结破产清算程序。	
		因全体债权人同意而终结	人民法院受理破产申请后,债务人与全体债权人就债权债务的处理自行达成协议的,可以请求人民法院裁定认可,并终结破产程序。	
		因没有财产可供分配而终结	破产人无财产可供分配的,管理人应当请求人民法院裁定终结破产程序。	
		因债权得到足额担保或清偿而终结	破产宣告前,有下列情形之一的,人民法院应当裁定终结破产程序,并予以公告:(1)第三人为债务人提供足额担保或者为债务人清偿全部到期债务的;(2)债务人已清偿全部到期债务的。	

续表

要点	具体内容
追加分配	1.在破产程序因债务人财产不足以支付破产费用而终结,或者因破产人无财产可供分配或破产财产分配完毕而终结时,自终结之日起2年内,有下列情形之一的,债权人可以请求人民法院按照破产财产分配方案进行追加分配: (1)发现在破产案件中有可撤销行为、无效行为,或者债务人的董事、监事和高级管理人员利用职权从企业获取非正常收入和侵占企业的情况(《企业破产法》第31条、第32条、第33条、第36条规定的情形),应当追回财产的; (2)因纠正错误支出收回的款项,因权利被承认追回的财产,债权人放弃的财产; (3)破产程序终结后发现破产人有应当供分配的其他财产。 2.无须分配的小额财产应上缴国库。如果追加财产的数额较少,不足以支付分配费用,则不再进行追加分配,由人民法院将其上缴国库。
保证人的清偿责任和求偿权的限制	1.破产程序终结前,已向债权人承担了保证责任的保证人,可以要求债务人向其转付已申报债权的债权人在破产程序中应得清偿部分。 2.破产程序终结后,债权人就破产程序中未受清偿部分要求保证人承担保证责任的,应在破产程序终结后6个月内提出。保证人承担保证责任后,不得再向和解或重整后的债务人行使偿权。
注销手续	1.管理人应当自破产程序终结之日起10日内,持人民法院指定管理人决定书、宣告破产和终结破产清算程序的民事裁定书办理破产人的工商、税务、行政许可的注销登记和有关银行、证券、社保、海关保证金等账户的销户手续。 2.对于企业主要财产、账册、重要文件等灭失,或者企业人员下落不明的破产清算案件,管理人已履行查找的必要义务,人民法院向有关责任人员释明或者采取民事制裁措施后,仍无法清算或无法全面清算的,人民法院作出的终结破产清算程序的民事裁定书应当载明上述情况以及债务人的有关人员不履行法定义务,其行为导致无法清算或者造成损失的,债权人有权起诉其承担相应民事责任的内容。 3.企业设有分支机构和对外投资设立子公司的,一般应当对其分支机构、对外投资作出相应处理后,方可终结清算程序。

第十部分 破产清算

续表

要点	具体内容
管理人执行职务终止	1. 管理人于办理注销登记完毕的次日终止执行职务。但是,存在诉讼或者仲裁未决情况的除外。管理人应当继续参加破产程序终结前已经开始的未决诉讼或仲裁程序,直至完成诉讼或仲裁程序。 2. 人民法院认为破产程序终结后的其他后续事宜由管理人办理为宜的,管理人应当接受并办理。

推荐理由

破产程序的终结,是指在破产程序进行中,因法定原因的发生,使破产程序不可逆转地归于结束,包括正常终结和非正常终结两种情形。由于破产程序终结后破产企业的主体资格归于消灭,债权人未得到分配的债权,于破产终结裁定作出后视为消灭。破产债权人不能于程序结束后向债务人另行主张权利。和解协议实现后,和解债权人于达成和解协议时所免除的部分债权,在整顿成功后亦不得向债务企业再行索要。但是,破产程序终结后,债权人对破产企业的保证人、连带债务人等享有的权利,原则上不受影响。被保证人(主债务企业)破产,债权人固然可以通过破产还债程序实现其债权。然而,在实践中,罕有破产债权人的债权靠破产财产获得足额还债的情况。既然保证制度的目的在于促进经济活动当事人建立债权债务关系,督促债务人履行义务,从而使债权人的利益得以实现,债务人的破产事实便不能免除保证人的责任。债权人依破产程序未受全额清偿时,可以就不足部分向保证人主张权利。破产程序终结后,如有关于破产财产的未完结的诉讼、债权确认诉讼或者对债权分配表等的异议之诉等遗留事务的,管理人仍须对破产财产进行管理和处分。

法律适用

☐《企业破产法》第105条、第106条、第108条、第120条、第121条、第122条、第123条

☐《全国法院破产审判工作会议纪要》第30条、第31条

☐《全国法院民商事审判工作会议纪要》第114条

☐《最高人民法院关于审理企业破产案件若干问题的规定》第98条

☐《上海市市场监督管理局、上海市高级人民法院关于企业注销若干问题的会商纪要》

☐《上海法院企业破产案件管理人工作职责指引》第57条

☐《上海市破产管理人协会破产案件管理人工作指引(试行)》第121条、第124条

以案析法

案件信息：无锡市中级人民法院发布的破产审判案例——依锦公司破产清算案

基本案情

依锦公司成立于2000年6月9日，主要从事纺织品及原料的生产销售业务。因厂房拆迁，依锦公司不再经营并遣散员工，但未清偿部分员工的劳动债权。该公司职工毕某等6人向无锡市梁溪区人民法院（以下简称梁溪法院）申请依锦公司破产，梁溪法院于2018年9月29日裁定受理依锦公司破产清算案，并指定了管理人。

第十部分 破产清算

📝 裁判要旨

管理人在入驻企业后,未接管任何资产,亦未发现依锦公司有可供清偿的财产。因破产财产不足以清偿破产费用,管理人申请法院裁定终结破产程序。终结破产程序后,债权人向管理人提供了股东涉嫌损害公司利益的证据,在此情况下,管理人根据《企业破产法》第122条规定的精神,继续履行管理人职务,积极追收破产财产并协助法院进行追加分配。管理人提起了股东损害公司利益责任纠纷破产衍生诉讼,原股东自愿出资归入破产财产用于清偿债务,该协议获得了全体债权人的认可,最终债权人的债权清偿率达到37%。

📝 案例评析

破产衍生诉讼发生于破产程序启动之后,实践中,对于破产程序终结后能否提起破产衍生诉讼这一问题始终存在争议,本案中,管理人在终结破产程序后,继续履行管理人职务,发起诉讼积极追收破产财产,最终提高了债权人的债权清偿率。根据《企业破产法》第122条规定,管理人于办理注销登记完毕的次日终止执行职务。但是,如果存在诉讼或者仲裁未决情况,管理人应当继续履行职务。本条规定的诉讼和仲裁为现有状况,对于是否可以发起诉讼或者仲裁,法律没有明确规定,但是从保护债权人利益角度,终结破产程序后发起衍生诉讼,以供追收可分配财产,也具有一定的现实意义。

第十一部分
简化破产审理程序和个人破产制度

83 简化破产审理程序

关键词

优先适用情形、可以适用情形、不适用情形、审理期限、强清转破产指定管理人、债权人会议、执行行为效力延续、宣告破产的期限、宣告破产并终结程序、案件受理费

实务要点

要点	具体内容
优先适用情形	1. 破产案件符合下列情形之一的,应当简化审理程序: (1)执行部门已查实无财产可供执行,依法终结本次执行程序后移送破产; (2)债务人被吊销营业执照但未经清算,债权债务关系简单,无资产或者资产较少; (3)债务人的主要财产、账册、重要文件等灭失,或者债务人主要管理人员下落不明。 2. 浦东新区破产案件适用简易程序的特别规定。 破产案件事实清楚、债权债务关系明确、财产状况清晰且具备下列情形之一的,应当先行适用简易破产程序: (1)债务人账面资产为1000万元以下; (2)已知债权人为30人以下; (3)已知债务总额为100万元以下。
可以适用情形	1. 破产案件事实清楚、债权债务关系明确、财产状况清晰且具备下列情形之一的,可以简化审理程序: (1)债务人资产在5000万元以下,或已知债权人在30人以下,或已知债务总额在500万元以下的; (2)申请人、被申请人及主要债权人协商一致同意简化审理程序的; (3)其他适宜简化审理程序的案件。

383

续表

要点	具体内容
可以适用情形	2. 重整程序繁简分流。 申请破产重整案件符合上述情形的,可以简化审理程序,债务人可以在管理人的监督下自行管理财产和营业事务。
不适用情形	1. 债务人存在未结诉讼、仲裁等情形,债权债务关系、债务人财产状况复杂或者资产处置、变价存在较大困难的; 2. 涉及企业职工分流安置或者拖欠薪酬、社保费用的; 3. 有风险处置隐患和维稳因素的; 4. 其他不适宜简化审理程序的案件。
审理期限	简化审理程序的破产案件应于裁定受理之日起 6 个月内审结。
强清转破产指定管理人	简化审理程序的强制清算转破产清算案件,可以直接指定清算组成员中的中介机构担任管理人。
债权人会议	1. 无特殊情况的,债权人会议只召开 1 次。 2. 管理人应当提前 15 日通知已知债权人参加债权人会议,并将需审议、表决事项的具体内容提前 3 日告知已知债权人。但全体已知债权人同意缩短上述时间的除外。
执行行为效力延续	1. 管理人可将执行部门穷尽财产调查措施的相关材料作为债务人财产状况的依据,一般不再进行重复调查。 2. 执行程序中已经实施的评估、鉴定及拍卖委托等,其效力可以延续至破产程序中,一般不再重复委托。
宣告破产的期限	经审查认为符合宣告破产条件的,一般应在第一次债权人会议召开后的 15 日至 30 日内裁定宣告破产。
宣告破产并终结程序	经管理人尽职调查,债务人确无任何财产清偿破产费用或者仅有少量财产不足以清偿破产费用的,人民法院可以在裁定宣告破产的同时终结破产程序。债权人、管理人及其他利害关系人愿意垫付破产费用或者获准预支破产费用保障资金的,破产程序应当继续进行。
案件受理费	简化审理程序的破产案件受理费,可在《诉讼费用交纳办法》第 14 条第 6 项的规定标准基础上减半收取。

第十一部分 简化破产审理程序和个人破产制度

推荐理由

简化审理程序是在坚持依法保障破产参与人实体权利和程序权利的前提下,以提高破产案件审判质量和效率为目标,以缩短破产案件审理周期为重点,以健全破产审判机制为保障。出于实践需要,我国地方法院积极试行简易破产程序并积累了有益经验,但实践中仍存在各地破产案件审理的相关规则不统一以及诸多规定缺乏现实可行性等问题,需从国家立法层面统一并完善简易破产程序相关规则。

法律适用

☐《上海市高级人民法院关于简化程序加快推进破产案件审理的办案指引(修订)》第3条、第4条、第5条、第6条、第10条、第15条、第22条、第23条、第29条、第33条、第34条、第37条

☐《上海市浦东新区完善市场化法治化企业破产制度若干规定》第7条

以案析法

案件信息:上海市浦东新区人民法院发布的破产审判典型案例——某信息科技公司破产清算案

基本案情

某信息科技公司成立于2017年7月,注册资本人民币50万元,是一家从事计算机等程序开发、信息咨询等业务的小微民营企业。出于市场竞争激烈等原因,公司经营不善,亏损严重,停止经营。2021年7月30日,该公司作出股东会决议,同意向法院申请破产清算。次

日,审计机构出具了专项审计报告,报告显示该公司资产仅剩941.45元,已经资不抵债。2022年1月10日,该公司以不能清偿到期债务且资产不足以清偿全部债务为由向上海市浦东新区人民法院(以下简称浦东法院)申请破产清算。浦东法院于2022年1月24日裁定受理对某信息科技公司的破产清算申请,并指定了管理人。浦东法院根据案件情况决定适用简易破产程序,2022年3月4日,法院以在线方式召开了第一次债权人会议。2022年7月6日,法院裁定确认无争议债权共计1,254,800元;因某信息科技公司无财产可供分配,7月8日,裁定宣告某信息科技公司破产;7月22日,裁定终结破产程序。

裁判要旨

《浦东破产制度若干规定》第7条规定,破产案件事实清楚、债权债务关系明确、财产状况清晰且具备下列情形之一的,应当先行适用简易破产程序:(1)债务人账面资产为1000万元以下;(2)已知债权人为30人以下;(3)已知债务总额为100万元以下。本案事实清楚、财产状况清晰、账面资产少、已知债权人人数少等,符合应当先行适用简易破产程序的规定。

案例评析

营商环境的优化、破产法效率价值的追求、诉讼体制繁简分流的改革,对简易破产程序的构建提出了迫切的现实需求。在简易程序的制度设计上,应以提升破产案件办理质效、加强对当事人的权利保障、降低破产成本、维护公权与私权的平衡为其目标追求。本案系浦东法院依法积极适用《浦东破产制度若干规定》中的简易破产程序的典型实践,为小微企业和自然人提供破产退市的程序保障,避免由于程序的烦琐侵害当事人的合法权益,符合当代司法改革的要求。

第十一部分 简化破产审理程序和个人破产制度

84 深圳市个人破产[①]的申请和受理

关键词

破产事务管理部门、个人破产原因、申请主体、个人破产申请的撤回、破产异议的提出、不予受理、债务人行为限制、债务人近亲属和其他利害关系人的配合义务、管理人的推荐和指定

实务要点

要点	具体内容
破产事务管理部门[1]	个人破产事务的行政管理职责由市人民政府确定的工作部门或者机构行使,主要职责包括确定管理人资质,建立管理人名册;提出管理人人选;管理、监督管理人履行职责;提供破产事务咨询和援助服务;协助调查破产欺诈和相关违法行为;实施破产信息登记和信息公开制度;建立完善政府各相关部门办理破产的协调机制等。
个人破产原因	因生产经营、生活消费丧失清偿债务能力或者资产不足以清偿全部债务的,可以申请破产清算、重整或者和解。
申请主体	1. 个人债务人可以提出的破产申请:破产清算、重整、和解。 2. 单独或者共同对债务人持有 50 万元以上到期债权的债权人可以提出的个人破产申请:破产清算。

---

① 我国目前还没有全国统一的个人破产法,但浙江、深圳等地已开展个人破产的相关试点。2021 年 3 月 1 日,《深圳经济特区个人破产条例》正式生效,是全国首个有关个人破产的地方立法。本部分以该条例以及相配套的办法、意见、公告、指引为依据介绍个人破产相关实务。

续表

要点	具体内容
个人破产申请的撤回	1. 人民法院裁定受理破产申请前,申请人可以请求撤回申请。 2. 人民法院裁定准许撤回申请的,申请人无正当理由,不得在撤回申请之日起 1 年内再次申请同一债务人破产。
破产异议的提出	1. 异议人只能是被申请的个人债务人。 2. 个人债务人对债权人的申请有异议的,应当自收到人民法院通知之日起 7 日内向人民法院提出。
不予受理	人民法院审查破产申请时,发现有下列情形之一的,应当裁定不予受理;人民法院已经受理但尚未宣告破产的,应当裁定驳回申请: (1)债务人不符合规定或者作为申请人的债权人不符合规定; (2)申请人基于转移财产、恶意逃避债务、损害他人信誉等不正当目的申请破产的; (3)申请人有虚假陈述、提供虚假证据等妨碍破产程序行为的; (4)债务人依照《深圳经济特区个人破产条例》免除未清偿债务未超过 8 年的。
债务人行为限制	1. 限制债务人高消费。 人民法院裁定受理破产申请,应当同时作出限制债务人消费行为的决定。参考《最高人民法院关于限制被执行人高消费的若干规定》,规定了 8 种限制消费行为: (1)乘坐交通工具时,选择飞机商务舱或者头等舱、列车软卧、轮船二等以上舱位、高铁以及其他动车组列车一等以上座位; (2)在夜总会、高尔夫球场以及三星级以上宾馆、酒店等场所消费; (3)购买不动产、机动车辆; (4)新建、扩建、装修房屋; (5)供子女就读高收费私立学校; (6)租赁高档写字楼、宾馆、公寓等场所办公; (7)支付高额保费购买保险理财产品; (8)其他非生活或者工作必需的消费行为。 2. 限制债务人职业资格。 自人民法院宣告债务人破产之日起至裁定免除债务人未清偿债务之日止,债务人不得担任上市公司、非上市公众公司和金融机构的董事、监事和高级管理人员职务。

第十一部分　简化破产审理程序和个人破产制度

续表

要点	具体内容
债务人行为限制	3. 限制债务人借贷额度。 自人民法院裁定受理破产申请之日起至裁定免除债务人未清偿债务之日止，债务人借款1000元以上或者申请等额信用额度时，应当向出借人或者授信人声明本人破产状况。 4. 限制债务人一定的活动自由。 自人民法院裁定受理破产申请之日起至裁定免除债务人未清偿债务之日止，债务人需要离开居住地时，应及时向破产事务管理部门、管理人报告；未经人民法院同意，不得出境。
债务人近亲属和其他利害关系人的配合义务	债务人的配偶、子女、共同生活的近亲属、财产管理人以及其他利害关系人，应当配合人民法院、破产事务管理部门和管理人调查，协助管理人进行财产清查、接管和分配。
管理人[2]的推荐和指定	1. 自人民法院公开破产申请之日起15日内，债权人可以单独或者共同向人民法院推荐破产管理人人选。 2. 人民法院同意债权人推荐的管理人人选的，应当在裁定受理破产申请时同时作出指定管理人的决定。管理人执行职务的费用由其推荐人预付。多名债权人推荐不同的管理人人选的，人民法院可以从中指定一名或者多名管理人。 3. 债权人未推荐管理人人选或者人民法院认为债权人推荐的人选不适宜担任管理人的，人民法院应当在裁定受理破产申请时，通知破产事务管理部门5日内提出管理人人选；破产事务管理部门提出人选后，人民法院应当在5日内作出指定管理人的决定。

[1]深圳市的破产事务管理部门为深圳市破产事务管理署。2022年7月18日，该署组织起草了《深圳市破产事务管理署暂行办法（征求意见稿）》，征求社会各界意见。该办法对深圳市破产管理署机构的设立、职责、经费来源、主要负责人产生办法及任免、治理架构、监督机制、与相关政府部门关系边界等事项作出规定。

[2]温州市在个人债务集中清理工作中率先建立了公职管理人制度。温州市人民政府办公室于2020年4月24日印发的《在个人债务集中清理工作中探索建立公职管理人制度的府院联席会议纪要》，确立了公职管理人制度，并对制度实施的细节予以明确。其中规定公职管理人不收取管理人报酬，个人债务清理过程中产生的费用未能在程序中受偿的，由企业破产援助资金予以支付。

推荐理由

2019年2月27日，最高人民法院在《关于深化人民法院司法体制综合配套改革的意见——人民法院第五个五年改革纲要（2019~2023）》中，首次提出研究推动建立个人破产制度，浙江、江苏、广东、山东等省的试点地市相继出台了"类个人破产"配套规则。2020年8月26日，深圳市六届人大常委会第四十四次会议正式通过并公布了《深圳经济特区个人破产条例》，是全国首个有关个人破产的地方立法。个人破产法是关于自然人因生产经营、生活消费不能清偿到期债务或者资产不足以清偿全部债务时，法律依当事人申请对其进行破产处置的法律规范。在申请与受理方面，个人破产虽与企业破产有诸多共性之处，但亦有其独有的制度和规范。

法律适用

□《深圳经济特区个人破产条例》第2条、第6条、第8条、第9条、第10条、第14条、第16条、第17条、第18条、第19条、第21条、第22条、第23条、第86条

以案析法

案件信息：广东省深圳市中级人民法院（2021）粤03破347号（个6）——张某个人破产和解案

基本案情

债务人张某为公司借款承担连带保证责任而负债，经法院多次强制执行未能全额清偿。2021年7月16日，法院裁定受理张某个人破

产和解一案,并指定了管理人。截至债权申报期限届满之日,共1家债权人向管理人申报了1笔债权,债权人为平安银行,申报债权额为1,834,471.13元。经管理人审查,确认平安银行债权额为970,379.73元,性质为无财产担保的普通债权,管理人已将上述债权审核情况编制为债权表并提交债权人和债务人核查,均未提出异议。

同时,管理人对张某的负债原因经过、家庭生活情况、财产和收入状况、财产交易行为以及涉诉情况等进行了调查并向法院提交了《阶段性工作报告(暨债务人财产报告)》。债务人于2009年退休,目前主要收入来源为:(1)深圳市社会保险基金管理局按月发放的养老金每月6717元;(2)深圳市民政局按月发放的高龄津贴每月200元。其中,养老金由深圳市福田区人民法院(以下简称福田法院)依据(2019)粤0304执恢196号裁定书依法予以司法冻结,扣划执行款项后按每月2400元的标准向债务人发放生活保障费用,福田法院已于2021年年初一次性向债务人发放1年的生活保障费用合计28,800元,截至2021年8月,债务人生活保障费用余额为9000余元(因生活、医疗所需动态减少中)。截至2021年8月4日,债务人全部财产为金融社保卡账户余额47,285.88元、医疗保险个人账户余额12,003.41元以及生活保障费用余额9000余元,合计68,000余元。

结合债务人财产收入现状及实际生活需要,管理人协助债务人制订了《张某个人破产和解案豁免财产清单》,并起草了《张某个人破产和解案和解协议(草案)》,依法提交债权人会议审议表决。债务人主张的豁免财产包括:福田法院已发放的生活保障费用余额9000余元,专属于债务人的医疗保险个人账户余额12,003.41元,高龄津贴每月200元,为支付房租、水电费、自费医疗、基本生活开销的合理生活医疗费用合计每月 4300 元。和解协议草案约定债务减免的主要内容为：(1) 和解协议执行期为 1 个月；(2) 债务人向债权人支付，截至 2021 年 8 月 19 日债务人金融社保卡账户内的全部余额 47,285.88 元；(3) 债务人向债权人支付和解协议执行期内收到的养老金扣减合理生活医疗费用后的余额 4817 元；(4) 债务人履行上述合计 52,102.88 元款项的支付义务后，免除剩余未清偿债务。

2021 年 8 月 24 日，法院依法组织召开第一次债权人会议，审议张某豁免财产清单及和解协议草案，债务人张某、债权人平安银行代表以及管理人均到场并发表意见。9 月 22 日，债权人平安银行向管理人反馈表决意见，同意并通过了张某豁免财产清单以及和解协议。

9 月 30 日，管理人以债务人与全体债权人达成和解协议为由，向法院申请终结张某个人破产和解程序。

裁判要旨

法院认为，在张某个人破产和解程序中，依法进行了债权申报、财产调查、制订豁免财产清单以及和解协议草案、召开第一次债权人会议等。在管理人的协助下，债务人张某与本案唯一债权人平安银行达成和解协议。经审查，本案和解程序规范完整，和解过程公开透明，和解协议系债务人与债权人的真实意思表示，未损害国家利益、社会公共利益或者他人合法权益，亦不违反法律、行政法规的强制性规定。债务人与债权人依法达成和解协议，管理人提请终结本案破产程序，符合个人破产有关法规规定。依照《深圳经济特区个人破产条例》第 138 条、第 139 条、第 147 条的规定，裁定终结张某个人破产和解程序。

第十一部分 简化破产审理程序和个人破产制度

📝 案例评析

自然人作为市场主体,在现行法律制度下,一旦遭遇市场风险,需要承担无限责任,不能获得与企业同等的破产保护,无法实现从市场的退出和再生,这对进一步激发市场活力、完善市场退出机制十分不利,也客观上为非法融资渠道创造了生存空间。试点个人破产制度是现实的迫切需要,有利于维护社会公共利益,提升社会经济效益。由于破产免责理念与我国传统文化观念相冲突,让社会公众在法理和情理上能够更好地理解和接受个人破产制度是个案法律适用的重点。该案在个案层面向社会公众清晰展示了个人破产制度在防范债务人恶意破产、逃避债务方面深思熟虑的规则设计,彰显了"鼓励创新、宽容失败、鼓励重生"的破产保护理念。

85 深圳市个人破产之债务人财产

关键词

债务人申报个人财产的义务、债务人对申报的财产作出说明的义务、债务人申报法院受理前财产变动的义务、豁免财产的内涵及外延、豁免财产的操作流程、可撤销财产交易

实务要点

要点	具体内容
债务人申报个人财产的义务	债务人应当自人民法院受理破产申请裁定书送达之日起 15 日内向人民法院和管理人如实申报本人及其配偶、未成年子女以及其他共同生活的近亲属名下的财产和财产权益。
债务人对申报的财产作出说明的义务	债务人申报财产和财产权益有下列情形之一的,应当在申报时予以说明: (1)财产或者财产权益为债务人成年子女所有,但取得时该子女尚未成年; (2)债务人财产已出租、已设立担保物权等权利负担,或者存在共有、权属争议等情形; (3)债务人的动产由第三人占有; (4)债务人的不动产、特定动产或者其他财产权等登记在第三人名下。
债务人申报法院受理前财产变动的义务	自人民法院裁定受理破产申请之日前 2 年内,债务人财产发生下列变动的,债务人应当一并申报: (1)赠与、转让、出租财产; (2)在财产上设立担保物权等权利负担; (3)放弃债权或者延长债权清偿期限; (4)一次性支出 5 万元以上大额资金; (5)因离婚而分割共同财产; (6)提前清偿未到期债务; (7)其他重大财产变动情况。
豁免财产的内涵及外延	1. 为保障债务人及其所扶养人的基本生活及权利,依照《深圳经济特区个人破产条例》为其保留的财产为豁免财产。 2. 豁免财产范围如下: (1)债务人及其所扶养人生活、学习、医疗的必需品和合理费用; (2)因债务人职业发展需要必须保留的物品和合理费用; (3)对债务人有特殊纪念意义的物品; (4)没有现金价值的人身保险; (5)勋章或者其他表彰荣誉的物品; (6)专属于债务人的人身损害赔偿金、社会保险金以及最低生活保障金; (7)根据法律规定或者基于公序良俗不应当用于清偿债务的其他财产。 前述规定的财产,价值较大,不用于清偿债务明显违反公平原则的,不认定为豁免财产。 除第 1 款第 5 项、第 6 项规定的财产外,豁免财产累计总价值不得超过 20 万元。

第十一部分　简化破产审理程序和个人破产制度

续表

要点	具体内容
豁免财产的操作流程	1. 债务人提出破产申请时,应向法院提交其依法承担扶养义务的未成年人和丧失劳动能力且无其他生活来源的成年近亲属的基本情况等有关材料,以便法院和管理人审查和核实。 2. 债务人应当自人民法院受理裁定书送达之日起 15 日内向管理人提交豁免财产清单,并列明财产对应的价值或者金额。 3. 管理人应当在债务人提交财产申报和豁免财产清单之日起 30 日内,审查制作债务人财产报告,对其中的豁免财产清单提出意见,并提交债权人会议表决。 4. 债权人会议表决通过的豁免财产清单,由管理人报请法院批准;未获债权人会议表决通过的,由法院裁定。
可撤销财产交易	1. 不当财产处分的撤销。 破产申请提出前 2 年内,涉及债务人财产的下列处分行为,管理人有权请求人民法院予以撤销: (1) 无偿处分财产或者财产权益; (2) 以明显不合理的条件进行交易; (3) 为无财产担保的债务追加设立财产担保; (4) 以自有房产为他人设立居住权; (5) 提前清偿未到期的债务; (6) 豁免债务或者恶意延长到期债权的履行期限; (7) 为亲属和利害关系人以外的第三人提供担保。 2. 个别清偿的撤销。 破产申请提出前 6 个月内,债务人对个别债权人进行清偿的,或者破产申请提出前 2 年内,债务人向其亲属和利害关系人进行个别清偿,管理人有权请求人民法院予以撤销,但个别清偿使债务人财产受益或者属于债务人正常生活所必需的除外。

推荐理由

人民法院裁定受理破产申请时属于债务人的财产和裁定免除未清偿债务之前债务人所取得的财产,为债务人财产。债务人个人财产是清偿个人债务的唯一来源,故在个人破产程序中必须予以厘清,并应集中起来进行处置。其中,破产财产取回、债权抵销等规定与《企

清算与破产实务 100 点

业破产法》的规定基本一致。需要注意的是,财产申报和豁免财产是个人破产领域独有的制度;在不当财产处分的撤销方面,《企业破产法》规定的时间范围为"人民法院受理破产申请前一年内",而有关个人破产的相关规定将该时间延长为 2 年,大大扩展了针对个人破产可撤销的行为时间。

法律适用

□《深圳经济特区个人破产条例》第 8 条、第 33 条、第 34 条、第 35 条、第 36 条、第 37 条、第 38 条、第 39 条、第 40 条、第 41 条、第 84 条

以案析法

案件信息:广东省深圳市中级人民法院(2021)粤 03 破 417 号(个 11)——呼某某个人破产清算案

基本案情

呼某某于 2014 年至 2016 年投资经营某文化公司,该公司经营场所与某超市同处于某大厦。2016 年年底,受某超市有限公司破产清算影响,某文化公司不得不关闭,并致呼某某负债 480 余万元。2018 年,呼某某卖掉唯一住房,将 260 万元卖房款全部用于偿还债务,之后坚持还债,仍欠 100 多万元未能清偿。

2021 年 6 月 9 日,呼某某向深圳市中级人民法院(以下简称深圳中院)提出个人破产申请。深圳中院经审查,于 9 月 2 日裁定受理呼某某个人破产清算申请一案,并指定了管理人。

管理人接受指定后,对呼某某破产事实和财产进行调查后发现,

第十一部分 简化破产审理程序和个人破产制度

呼某某当前每月劳务收入约5000元。呼某某的财产包括呼某某为其女儿购买的两份保险价值5万元、某文化公司60%股权、少量现金等。债务方面,共有7位债权人,申报债权总额为924,146.87元,债权性质均为普通债权。

2021年10月18日,深圳中院组织召开第一次债权人会议,债权人审核并表决通过《呼某某财产报告》、《呼某某豁免财产清单》和《呼某某破产案债权表》。《呼某某豁免财产清单》主要由两部分构成,一是生活、工作和学习的必需品。债务人申请豁免的必需品为家具、家电、手机等学习、生活用品,价值约3950元。二是每月收入在扣除应缴纳的社会保险费后保留以下必要生活支出,具体包括:(1)母亲赡养费支出每月487.50元;(2)女儿抚养费支出每月1100元;(3)呼某某每月生活费支出2200元(该金额按照深圳市最低工资标准每月2200元计算确定)。

裁判要旨

关于确定债务人豁免财产的范围。深圳中院召集债权人会议,就呼某某的豁免财产清单进行了充分的讨论与协商。考虑到呼某某作为一个单亲妈妈,上有老人要赡养、下有女儿要抚养的情况。在豁免财产清单中的每月支出中列明了老人的赡养费、女儿的抚养费,同时,依据当地最低工资标准确定了债务人的个人必要支出费用。本案所确定的豁免财产的范围和标准,经债权人会议表决,全体债权人均无异议,债务人本人亦无异议。

关于呼某某是否符合宣告破产条件的问题。深圳中院经审查发现,呼某某因生产经营损失负债,资产不足以清偿全部债务的事实清楚、证据确凿。结合呼某某在整个破产程序中,遵守有关个人破产制度规定的诚实信用原则、如实陈述个人破产原因和经过的表现。深圳中院认为呼某某符合宣告破产条件,遂于 2021 年 11 月 8 日依法裁定宣告债务人呼某某破产。自此,呼某某进入为期 3 年的免责考察期。管理人或者深圳市破产事务管理署发现呼某某有违反《深圳经济特区个人破产条例》规定的义务情形严重的,可以申请法院决定延长免责考察期。考察期届满后,呼某某可以依照条例规定申请免除其未清偿的债务。法院将根据深圳市破产事务管理署以及管理人的监督报告,结合债权人的异议情况,全面回溯债务人在免责考察期的表现,未发现债务人有破产欺诈行为或者情形的,将裁定免除债务人未清偿的债务。

案例评析

给债务人保留财产必然会减少债权人受偿财产,由于存在利益冲突,债权人会议有可能表决不通过豁免财产清单,但豁免财产具有法定性,不能由债权人决定,所以管理人有权申请法院作出裁定。法院经审查认为,管理人提交的豁免财产清单符合规定的,应当裁定予以确认。法院批准或裁定确认豁免财产清单后,清单上的财产已被管理人接管的,管理人应及时返还债务人。

86 深圳市个人破产之债权申报与破产清算

关键词

债权申报期限、无须申报的债权、申报债权的宽容期、债权的补

第十一部分　简化破产审理程序和个人破产制度

充申报、申请宣告债务人破产的前提、清偿顺序、破产财产分配方案、不得免除债务的情形、免除未清偿债务的考察、免责的撤销

实务要点

要点	具体内容
债权申报期限	1. 确定债权申报期限的主体。人民法院裁定受理破产申请时，应当确定债权人申报债权的期限。 2. 债权申报期限。债权申报期限自发布受理破产申请公告之日起计算，最短不得少于 30 日，最长不得超过 60 日。 3. 管理人的通知义务。管理人应当通知已知债权人申报债权。
无须申报的债权	1. "三费债权"。债务人依法应当承担的赡养费、抚养费、扶养费无须申报，由管理人根据债务人提供的信息调查核实后予以公示。 2. 雇佣人员的劳动债权。债务人所欠雇用人员的工资和医疗、伤残补助、抚恤费用，包括应当缴入雇用人员个人账户的基本养老保险、基本医疗保险等社会保险费用，以及依法应当支付给雇用人员的补偿金等无须申报，由管理人调查核实后予以公示。
申报债权的宽容期	债权人应当在人民法院确定的债权申报期限内向管理人申报债权。债权人因不可归责于自身的事由未申报债权的[1]，应当在该事由消除之日起 10 日内申报债权。
债权的补充申报	债权人在破产财产最后分配时或者重整计划执行完毕前仍未申报债权的，人民法院裁定免除债务人未清偿债务后，债权人再补充申报债权的，债务人不再承担清偿责任。但是，不得免除的债务除外。
申请宣告债务人破产的前提	债务人财产报告、豁免财产清单以及债权人的债权申报经债权人会议核查或者通过，并经人民法院裁定确认后，债务人或者管理人可以向人民法院申请宣告债务人破产。

续表

要点	具体内容
清偿顺序	破产财产在优先清偿破产费用和共益债务后,其他债务依照下列顺序清偿: (1)债务人欠付的赡养费、抚养费、扶养费和专属于人身赔偿部分的损害赔偿金; (2)债务人所欠雇用人员的工资和医疗、伤残补助、抚恤等费用,应当缴入雇用人员个人账户的基本养老保险、基本医疗保险等社会保险费用以及依法应当支付给雇用人员的补偿金; (3)债务人所欠税款; (4)普通破产债权,其中债务人的配偶以及前配偶、共同生活的近亲属以及成年子女不得在其他普通破产债权人未受完全清偿前,以普通债权人身份获得清偿; (5)因违法或者犯罪行为所欠的罚金类款项。 破产财产不足以清偿同一顺序债权的,按照比例分配。
破产财产分配方案	1.管理人应当及时拟订破产财产分配方案,提交债权人会议审议。 2.破产财产分配方案应当载明下列事项: (1)参加财产分配的债权人姓名或者名称、住所; (2)参加财产分配的债权额; (3)可供分配的财产数额; (4)财产分配的顺序、比例及数额; (5)实施财产分配的方式; (6)债务人未来收入的分配方式。 3.债权人会议通过破产财产分配方案后,由管理人将该方案提请人民法院裁定认可。 4.人民法院裁定认可破产财产分配方案的,应当同时裁定终结破产清算程序,并予以公告。
不得免除债务的情形[2]	1.不得免除的债务。 下列债务不得免除,但债权人自愿放弃或者法律另有规定的除外: (1)因故意或重大过失侵犯他人身体权或者生命权产生的损害赔偿金; (2)基于法定身份关系产生的赡养费、抚养费和扶养费等; (3)基于雇佣关系产生的报酬请求权和预付金返还请求权; (4)债务人知悉而未记载于债权债务清单的债务,但债权人明知人民法院裁定宣告债务人破产的除外; (5)恶意侵权行为产生的财产损害赔偿金; (6)债务人所欠税款;

第十一部分　简化破产审理程序和个人破产制度

续表

要点	具体内容
不得免除债务的情形	(7)因违法或者犯罪行为所欠的罚金类款项； (8)法律规定不得免除的其他债务。 对于上文规定的债务，债务人丧失或者部分丧失劳动能力，不予免除将导致债务人及其所扶养人生活长期极其困难的，债务人或者管理人可以向人民法院申请部分或者全部免除。 2.产生不得免除未清偿债务的失信行为。 债务人存在下列情形之一的，不得免除未清偿债务： (1)故意违反《深圳经济特区个人破产条例》第23条、第86条关于债务人行为限制的规定； (2)故意违反《深圳经济特区个人破产条例》第21条关于债务人应当遵守的义务，以及第33条至第35条关于债务人财产申报义务的规定； (3)因奢侈消费、赌博等行为承担重大债务或者财产显著减少； (4)隐匿、毁弃、伪造或者变造财务凭证、印章、信函文书、电子文档等资料物件； (5)隐匿、转移、毁损财产，不当处分财产权益或者不当减少财产价值； (6)法律规定不得免除的其他情形。
免除未清偿债务的考察	1.法定免责考察期。 (1)自人民法院宣告债务人破产之日起3年，为免除债务人未清偿债务的考察期限，即考察期。 (2)债务人在考察期内未继续履行法院作出的限制行为决定规定的义务以及其他相关义务的，法院可以决定延长考察期，但延长期限不超过2年。 2.视为考察期届满。 债务人符合下列情形之一的，视为考察期届满： (1)债务人清偿剩余债务或者债权人免除债务人全部清偿责任的； (2)债务人清偿剩余债务达到2/3以上，且考察期经过1年的； (3)债务人清偿剩余债务达到1/3以上不足2/3，且考察期经过2年的。 3.考察内容。债务人在考察期内是否继续履行法院作出的限制行为决定规定的义务以及其他相关义务。 4.免责程序。 (1)考察期届满，债务人申请免除未清偿债务的，管理人应当对债务人是否存在不得免除的债务以及不得免除未清偿债务的情形进行调查，征询债权人和破产事务管理部门意见，并向人民法院出具书面报告。 (2)人民法院根据债务人的申请和管理人的报告，裁定是否免除债务人未清偿债务，同时作出解除对债务人行为限制的决定。

续表

要点	具体内容
免责的撤销	1. 债权人或者其他利害关系人发现债务人通过欺诈手段获得免除未清偿债务的,可以申请人民法院撤销免除未清偿债务的裁定。 2. 人民法院撤销免除债务人未清偿债务裁定的,应当将撤销裁定书送达债务人和债权人,并予以公告。债务人对撤销裁定不服的,可以自撤销裁定书送达之日起15日内申请复议。 3. 人民法院撤销免除债务人未清偿债务裁定的,债权人可以向债务人继续追偿债务。

[1]如果具有可归责于债权人的事由而未申报债权,则不适用宽容期,债权人只能进行补充申报。

[2]包含的两类不得免债的对象是不同的,第一类是原本债务,第二类是未清偿债务。

推荐理由

破产程序中,债权具有公示性,债权人行权的基础在于其对债务人拥有的债权。破产债权需要申报,因为全部债权均需要接受债务人及全体债权人的审查,如债权未被申报,则无法被公示,其具体行权则失去基础。申报期限对债权人来说十分重要,如同诉讼时效一般,超过债权申报期限进行申报,可能影响债权的受偿,甚至丧失全部权利。债权申报是债权人的法定权利,根据当事人意思自治原则,债权人在个人破产程序中对其债权仍有处分权,故是否申报债权仍由其自行决定。同时,严格注意申报期限也使管理人履职更加规范,破产流程的进行更加顺畅。

与重整程序、和解程序体现当事人意思自治的"柔性"不同,破产清算程序具有很强的"刚性",应严格按程序依法对破产财产进行清理、评估、处分和分配。个人债务人经破产清算后的未清偿债务的免除,系个人破产制度的一项十分重要的内容。

第十一部分　简化破产审理程序和个人破产制度

法律适用

☐《深圳经济特区个人破产条例》第 49 条、第 50 条、第 56 条、第 60 条、第 84 条、第 89 条、第 90 条、第 95 条、第 96 条、第 97 条、第 98 条、第 100 条、第 101 条、第 103 条、第 104 条、第 105 条

以案析法

案件信息：广东省深圳市中级人民法院（2022）粤 03 破 187 号（个 6）——李某个人破产重整案

基本案情

2022 年 3 月 28 日，法院裁定受理李某个人破产重整一案，并指定了管理人。截至 2022 年 5 月 27 日债权申报期限届满，共 2 家债权人向管理人申报 2 笔债权，债权申报期限届满后有 7 家债权人向管理人补充申报 7 笔债权，申报债权总额为 577,254.59 元。经管理人审核，确认 9 家债权人的债权总额为 574,999.38 元，其中本金 542,426.59 元，利息和违约金等 32,572.79 元，债权性质均为普通债权。管理人将审核结果编制为债权表，并提交全体债权人及债务人核查。债权人对管理人的债权审查结论均未提出异议或提起诉讼，债务人亦未对管理人的债权审查结论提出异议。管理人遂向法院申请裁定确认债权表记载的债权。

裁判要旨

法院认为，债权人和债务人对债权表记载的债权确认无异议，法院对债权表记载的债权予以确认。法院依照《深圳经济特区个人破产条例》第 65 条第 2 款之规定，裁定如下：确认招商银行股份有限公司

信用卡中心等 9 家债权人的债权。

案例评析

在法院确定的债权申报期限内,债权人非因不可归责于自身的事由未申报债权的,不得行使权利。在规定期限内未申报债权,在破产财产最后分配或者重整计划执行完毕前债权人也可补充申报,但会产生两个不利后果:其一,对于"此前已分配或者执行完毕的部分",丧失受偿机会;其二,"为审查和确认补充申报债权的费用,由补充申报的债权人承担。"实践中,该费用一般参考相关律师费收费指导意见或参考财产诉讼案件受理费收取,故债权人务必及时申报债权,避免不必要的支出。

(87) 深圳市个人破产之重整程序

关键词

重整的申请人、重整的特定条件、因债务人原因终结重整程序、家庭住宅抵押贷款方案、重整计划草案的要求、先前协议的效力、债权人分组、表决组表决规则、重整计划草案的再次表决、重整计划草案的强制批准、限制债务人行为决定的解除、重整计划的执行

第十一部分 简化破产审理程序和个人破产制度

实务要点

要点	具体内容
重整的申请人	债务人
重整的特定条件	1. 个人债务人有未来可预期收入; 2. 重整债权清偿比例不低于破产清算状态下的清偿比例。
因债务人原因终结重整程序	在重整期间,债务人有下列情形之一的,管理人应当在5日内告知债权人,债权人或者管理人可以向人民法院申请裁定终结重整程序并宣告债务人破产: (1)债务人财产状况继续恶化,缺乏重整的可能性; (2)债务人有欺诈、恶意减少债务人财产或者有其他显著减损债权人财产权益的行为; (3)债务人的行为致使管理人无法执行职务。
家庭住宅抵押贷款方案	债务人及其所扶养人居住的房屋上有未清偿完毕的房屋抵押贷款的,债务人可以与抵押权人就该抵押贷款的本金、利息、清偿期限和方式等内容达成家庭住宅抵押贷款方案,作为重整计划草案的组成部分。
重整计划草案的要求	重整计划草案应当符合下列要求: (1)除家庭住宅抵押贷款方案外,重整计划执行期限不超过5年,每次债务清偿间隔不超过3个月; (2)不损害担保权人的担保权利,并对其因延期受偿的损失予以公平补偿; (3)债务清偿顺序符合关于清偿顺序的规定,同类债权按比例清偿; (4)清偿比例不低于破产清算状态下的清偿比例; (5)不损害国家利益、社会公共利益或者他人合法权益。 债权人自愿放弃权利的,可以不受前述规定限制。
先前协议的效力	1. 人民法院裁定受理重整申请前,债权人和债务人就债务清偿达成书面协议的,债务人可以将其纳入重整计划草案提交债权人会议进行表决。 2. 重整计划草案未修改前述协议内容的,或者经人民法院审查修改未实质性减损债权人权益的,视为该债权人对该内容表决同意,其所代表的债权额计入表决通过的债权额。

405

续表

要点	具体内容
债权人分组	债权人应当依照下列债权所属分类，按照分组在债权人会议上讨论和表决重整计划草案： （1）对债务人的特定财产享有担保权的债权； （2）债务人欠付的赡养费、抚养费、扶养费和专属于人身赔偿部分的损害赔偿金等； （3）债务人所欠雇用人员的工资和医疗、伤残补助、抚恤等费用，应当缴入雇用人员个人账户的基本养老保险、基本医疗保险等社会保险费用以及依法应当支付给雇用人员的补偿金； （4）税款、罚金类款项； （5）对于普通债权，必要时，人民法院可以在普通债权组增设小额债权组。
表决组表决规则	1. 出席债权人会议同一表决组的债权人过半数同意重整计划草案，并且其所代表的债权额占该组债权总额的2/3以上的，即为该组通过重整计划草案。 2. 各表决组均通过重整计划草案的，重整计划草案即为通过。
重整计划草案的再次表决	1. 重整计划草案未通过或者部分表决组未通过的，债务人可以与债权人协商修改重整计划草案，自表决未通过之日起15日内，重新提交债权人会议表决。权益未受影响的表决组或者债权人不再参加表决。 2. 前述规定的重新提交表决的次数不得超过两次。
重整计划草案的强制批准	部分表决组未通过重整计划草案，但重整计划草案符合《深圳经济特区个人破产条例》第114条、第115条规定的，债务人或者管理人可以自表决之日起10日内，申请人民法院批准重整计划草案。
限制债务人行为决定的解除	法院裁定批准重整计划的，应当同时作出解除限制债务人行为的决定，将决定书送达债务人，并通知破产事务管理部门。
重整计划的执行	1. 债务人应当每月向破产事务管理部门、管理人报告重整计划执行期间的收入、支出以及债务清偿情况。 2. 经批准的重整计划因不可归责于债务人的原因无法按期执行的，经债务人申请，人民法院可以批准延长执行期限，但最长不得超过2年。债权人因延期清偿所受的损失应当得到合理补偿。 3. 经批准的重整计划因不可抗力、意外事件等原因无法执行，且债务人按照重整计划清偿各类债务均达到3/4以上的，经债务人申请，人民法院可以裁定免除未清偿债务，并终止重整计划的执行。 4. 自重整计划执行完毕之日起15日内，债务人可以向人民法院申请免除其未清偿的债务。

第十一部分　简化破产审理程序和个人破产制度

推荐理由

所谓重整程序,是债务人根据重整计划的内容在规定的期限内以个人未来收入完成对约定债权额的清偿后,法院对其剩余未清偿债务予以免责的程序。个人破产清算制度强调对债权人公平受偿的保护,个人重整制度则强调对社会公共利益的保障。清偿债务是个人破产重整制度的首要目标;自愿性是个人重整制度的基本特点;最低清偿水平是个人重整方案的基本要求;重整方案的强制批准是个人破产重整制度以社会利益为本位的集中体现;债务免除是债务人选择个人重整程序的重要动力。

法律适用

□《深圳经济特区个人破产条例》第106条、第112条、第114条、第115条、第116条、第118条、第119条、第120条、第121条、第124条、第125条、第127条、第128条、第129条

以案析法

案件信息:广东省深圳市中级人民法院(2021)粤03破409号(个9)——闫某个人破产重整案

基本案情

2021年8月30日,法院裁定受理闫某个人破产重整一案,并指定了管理人。2021年10月13日,法院组织召开第一次债权人会议,表决通过了豁免财产清单和重整计划草案。2021年10月22日,管理人向法院申请批准重整计划。

法院查明,闫某重整计划草案的主要内容为:(1)债务清偿方案。偿债资金来源于三个部分,依据债务人闫某现有资金、可预期的劳动报酬收入以及可能的预期外收入。优先清偿破产费用和共益债务,其次清偿普通破产债权。管理人每3个月分配一次,如发生特殊情况可相应延迟。(2)债权调整方案。普通债权的清偿顺位为金融债权、朋友债权、亲属债权。(3)重整计划执行期限。自重整计划批准之日起5年内执行完毕,若申请人能提前达到本重整方案的还款率则提前结束执行。经管理人测算,在破产清算状态下,普通破产债权的清偿率约为20.44%,在重整状态下,普通破产债权的清偿率为100%,符合《深圳经济特区个人破产条例》关于重整清偿比例不低于破产清算清偿比例的规定。另,法院于2021年10月29日裁定确认招商银行股份有限公司信用卡中心等9家债权人的债权,债权总额合计751,423.95元。

2021年10月13日,闫某将重整计划草案提交第一次债权人会议,会议设普通债权组对重整计划草案进行表决。表决同意重整计划草案的债权人有9家,占普通债权组出席本次会议有表决权的9家债权人人数的100%;表决同意重整计划草案的9家债权人所代表的债权额为751,423.95元,占普通债权组债权总额的100%。重整计划草案获得债权人会议通过。

裁判要旨

法院认为,闫某重整计划草案的内容和表决程序符合《深圳经济特区个人破产条例》的有关规定,且未违反法律、行政法规的强制性规定。闫某申请批准重整计划,符合个人破产有关法律法规规定,法院予以准许。法院依照《深圳经济特区个人破产条例》第119条第3

款之规定,裁定如下:(1)批准闫某重整计划;(2)终结闫某个人破产重整程序。

📝 案例评析

同清算程序相比,重整程序在清理债务的同时,更加注重于对债务人生存和发展权的保障。因为自然人在破产后主体不会消灭,仍需要继续参与社会生产、生活。重整方案以债权人与债务人的意思自治原则为基础,通过重整程序帮助债务人快速实现经济"重生",进而使债权人能够通过债务人未来收入获得更多清偿,同时实现恢复社会、经济秩序的目标。

88 深圳市个人破产之和解程序

关键词

和解的申请人、委托和解、自行和解、和解协议的审查、再次提出和解申请的限制、和解程序的终结

实务要点

要点	具体内容
和解的申请人	1. 直接申请和解的申请人只能是债务人。 2. 在人民法院裁定受理破产清算申请后、宣告债务人破产前,债务人和债权人都可以向人民法院申请和解。

续表

要点	具体内容
委托和解[1]	1. 法院委托和解。 （1）人民法院可以委托人民调解委员会、特邀调解员、特邀调解组织或者破产事务管理部门等组织和解。 （2）委托和解期限不超过2个月。在委托和解期限内，债务人与全体债权人达成和解协议的，可以申请人民法院认可和解协议。 （3）人民法院决定委托和解时尚未指定管理人的，可以暂不指定管理人。 2. 当事人委托和解。 债务人与全体债权人可以就债务清理在庭外自行委托人民调解委员会、特邀调解员、特邀调解组织或者破产事务管理部门等组织进行和解，达成和解协议的，可以直接请求人民法院裁定认可和解协议。
自行和解	在破产程序中，债务人与全体债权人自行就债权债务的处理达成和解协议的，可以向人民法院申请终结破产程序。
和解协议的审查	1. 人民法院应当对和解协议进行审查。 2. 人民法院审查和解协议时应当进行听证调查，并提前3日通知债务人、参与和解的债权人以及提出异议的利害关系人参加。
再次提出和解申请的限制	自和解程序终结之日起1年内，债务人不得再次提出和解申请。
和解程序的终结	1. 人民法院经审查认为和解协议符合规定的，应当裁定认可和解协议并终结和解程序。 2. 委托和解期限届满，无法达成和解协议的，或者和解协议未获得人民法院认可的，人民法院应当裁定终结和解程序；经债务人或者债权人申请，人民法院认为债务人符合破产条件的，应当宣告债务人破产，对其进行破产清算。

[1]无论是委托和解还是自行和解，和解协议的达成均以债务人与全体债权人的协商一致为前提，《深圳经济特区个人破产条例》未给个人破产和解设置债权人会议制度。该条例第73条规定了债权人会议的职权，而并没有授予债权人会议通过和解协议的职权。故而在个人破产和解中，无法通过多数决的机制表决通过和解协议。该条例的这一规定受到了一定的批评。

推荐理由

个人破产和解是个人债务人在破产程序中与债权人就债务清偿

达成协议,从而避免破产清算的法律制度。其主要功能与目的与个人破产重整基本一致,但两者毕竟是不同的概念和不同的程序,在解决问题的方式、操作程序、法律效力等方面均不相同。

法律适用

□《深圳经济特区个人破产条例》第73条、第133条、第134条、第135条、第136条、第141条、第142条、第144条、第145条、第146条、第147条

以案析法

案件信息:广东省深圳市中级人民法院(2021)粤03破365号(个7)之一——魏某某个人破产和解案

基本案情

法院于2021年7月22日裁定受理魏某某个人破产和解一案后,委托深圳市破产事务管理署组织和解。2021年10月9日,魏某某向法院申请认可和解协议,并提交了和解协议、深圳市破产事务管理署出具的和解情况说明、债权人名册、债务人财产和债务说明以及其他材料。2021年11月8日,法院依法进行了听证调查,申请人魏某某、深圳市破产事务管理署工作人员以及华夏银行深圳分行等8家债权人参加了听证。

法院查明,2021年8月3日,深圳市破产事务管理署在深圳市个人破产信息公开平台发布公告;主要内容:魏某某个人破产和解案基本信息、委托和解信息、债权申报方式等,债权人申报债权的截止时

间为 2021 年 8 月 23 日。2021 年 9 月 16 日，深圳市破产事务管理署组织召开和解会议。

魏某某陈述，其因生活消费、生产经营频繁使用信用卡。2017 年至 2018 年，魏某某投资店面经营女装。其后，魏某某妻子怀孕，店面因无人管理而关闭。魏某某与其妻育有一子，现年 3 岁，一家三口租住于深圳市龙岗区南岭村一套 76 平方米的出租屋内，月租金 2400 元。

关于债务人财产。根据债务人申报并经深圳市破产事务管理署核实，截至 2021 年 8 月 30 日，债务人及其妻子持有银行卡、第三方支付平台账户余额合计 9590.82 元，债务人家庭持有戒指和项链等贵重首饰价值 8300 元、电视等家庭大件生活用品价值约 5970 元，另有租房押金 4800 元未收回。债务人个人住房公积金账户余额 28,536.63 元，个人社会保险账户余额 56,199.56 元。魏某某及其妻子、儿子无其他财产或者财产权益，无其他共同生活的近亲属。

关于债务人收入状况。债务人在 2021 年 5 月入职深圳市通产丽星科技集团有限公司。根据债务人提供的工资收入证明，债务人每月收入（税前）为 15,696 元，年底有年终奖金。债务人妻子计划于近期回老家帮助待产的弟媳带孩子，每月收入约 3000 元。

关于债权人名册及债权数额。深圳市破产事务管理署收到 10 家债权人提交的债权申报材料，合计申报债权 709,136.74 元，其中本金 662,226.31 元，利息、违约金等费用 46,910.43 元，均在债权申报时限内申报，债权性质为普通债权。魏某某申报负债约 73 万元。

和解协议载明的债务清偿和减免方案为：（1）债权人的债权本金 100% 受偿，除本金以外的其他债权额调整为零。（2）债务人按月清偿债务，分 54 个月清偿完毕，债务人可选择提前清偿；债务人妻子自愿

第十一部分 简化破产审理程序和个人破产制度

与债务人一同偿还债务。自法院裁定认可和解协议之次月起,债务人在每月20日前将应清偿的金额转入债权人指定账户,各债权人按照所持债权本金占普通破产债权本金总额的比例进行分配。和解协议执行完毕后,债务人向法院申请免除其未清偿债务。2021年9月16日,和解协议经过和解会议讨论,获得债权人一致同意。

听证中,深圳市破产事务管理署陈述,深圳市破产事务管理署对魏某某申报的基本信息、财产和收入状况、债权人名册及债权数额等情况进行了核实,魏某某的陈述属实。和解期间,魏某某未违反《深圳经济特区个人破产条例》规定的相关义务。

裁判要旨

法院认为,经深圳市破产事务管理署组织和解,债务人魏某某与全体债权人达成和解协议。魏某某向法院申请认可和解协议,并提交了和解协议、深圳市破产事务管理署出具的和解情况说明等材料。深圳市破产事务管理署接受法院委托后,在深圳市个人破产信息公开平台发布公告,公开了魏某某个人破产和解案基本信息、委托和解信息、债权申报方式等,组织债权申报,协助债务人制订和解协议草案,组织召开和解会议。和解协议获债权人一致同意。听证中,深圳市破产事务管理署陈述,魏某某申报的破产原因、财产状况、债权债务清单等信息属实,在破产程序中未违反《深圳经济特区个人破产条例》规定的相关义务。综上,魏某某与债权人达成的和解协议意思表示真实,和解信息充分公开,程序规范完整,过程公正透明,未违反法律、行政法规的强制性规定,未损害国家、社会公共利益或者他人合法权益,符合相关规定,法院予以确认。法院依照《深圳经济特区个人破产条例》第2条、第3条、第135条、第137条、第138条、第139条、

第 141 条、第 142 条规定,裁定如下:(1)认可魏某某个人破产和解协议;(2)终结魏某某个人破产和解程序。

案例评析

债务人向人民法院申请认可和解协议的,应当向人民法院提交下列材料:(1)和解协议;(2)和解情况说明;(3)债权人名册;(4)债务人财产及债务说明;(5)人民法院认为需要提交的其他材料。其中,和解协议应当包括下列内容:(1)债务人基本信息、财产和收入状况;(2)债权人名册及债权数额;(3)债权清偿方案;(4)债务减免方案;(5)和解协议执行期限;(6)人民法院要求载明的其他事项。和解协议还应满足下列条件:(1)和解意思表示真实;(2)和解信息充分公开、程序规范完整、过程公正透明、表决真实有效;(3)和解协议未损害国家利益、社会公共利益或者他人合法权益;(4)不违反法律、行政法规的强制性规定。符合上述条件,人民法院才会对和解协议裁定认可。

89 类个人破产制度[①]

关键词

法院受理、个人债务人失信信息的删除、申请费用、债权人会议、

[①] 自 2019 年温州市中级人民法院发布了《关于个人债务集中清理的实施意见(试行)》以来,浙江、江苏、广东、山东等省的试点地市相继出台了"个人债务集中清理"制度。本部分以 2020 年 12 月浙江省高级人民法院发布的《浙江法院个人债务集中清理(类个人破产)工作指引(试行)》为依据介绍个人债务集中清理的相关实务。

第十一部分　简化破产审理程序和个人破产制度

债务清理、程序的终止、程序的终结、行为考察期

实务要点

要点	具体内容
法院受理	1. 人民法院在个人债务集中清理案件审查受理阶段,可以召集已知债权人听证会,向债权人释明个人债务集中清理程序在引入管理人进行财产调查、债务人财产申报等方面的程序利益,引导债权人作出附条件的债务免除承诺。 2. 人民法院可以将债权人附条件的债务免除承诺作为启动个人债务集中清理工作的条件之一。
个人债务人失信信息的删除	债务人申请个人债务集中清理属于主动纠正失信行为,人民法院裁定受理个人债务集中清理申请的,可以依照《最高人民法院关于公布失信被执行人名单信息的若干规定》决定提前删除失信信息。
申请费用	申请个人债务集中清理,人民法院暂不收取申请费用。有执行案件的,执行案件的申请费由债务人负担。
债权人会议	1. 表决规则。债权人会议可以探索采用双重表决规则等方式,即首先由全体债权人一致同意通过一项表决规则,然后再根据通过的表决规则对财产分配方案等事项进行表决,以有效推进清理程序。 2. 质询义务。债务人、债务人配偶及成年直系亲属经管理人通知无正当理由拒绝接受质询的,视为其具有不诚信行为,人民法院可以视情况终结个人债务集中清理程序。
债务清理	1. 重整。有未来稳定可预期收入的债务人,可以通过债务重整的方式进行个人债务集中清理。 2. 投资人的引入。债务人或者管理人可以引入金融机构等第三人作为投资人参加个人债务集中清理程序,采用向第三人融资的方式清偿原有债务。第三人可以要求债务人提供相应的担保。

续表

要点	具体内容
程序的终止	1. 人民法院受理个人债务集中清理申请后,发现债务人存在下列情形之一的,可以裁定终止个人债务集中清理程序: (1) 债务人在申请书或者财产申报等文件中,存在不完整、有错误或者其他误导的情况; (2) 债务人在申请前两年内,进行过低价处置财产或者恶意的偏颇性清偿行为; (3) 管理人就债务人申请中的情况询问债务人,债务人未能在规定期限内作出正式的答复; (4) 债务人存在不诚信行为等需要终止个人债务集中清理程序的其他情形。 2. 终止个人债务集中清理程序后,符合条件的,人民法院应当依照相关规定对债务人采取纳入失信被执行人名单等强制执行措施。
程序的终结	1. 债务人无财产可供分配的,管理人应当请求人民法院裁定终结个人债务集中清理程序。 2. 管理人在最后分配完毕后,应当及时向人民法院提交债务人财产分配报告,并提请人民法院裁定终结个人债务集中清理程序。
行为考察期	1. 对于不同意免除债务人剩余债务的执行案件,在符合设置的5年行为考察期等条件的情况下,可以裁定终结执行。 2. 所有债权人均同意免除剩余债务并终结执行的,不设行为考察期。也可将设置行为考察期作为同意免除剩余债务的条件。 3. 有债权人不同意免除债务人剩余债务或者将设置行为考察期作为同意免除剩余债务的条件的,行为考察期为裁定终结个人债务集中清理程序后的5年。 4. 债务人在行为考察期内应当继续履行人民法院作出的限制行为决定规定的义务。

推荐理由

个人债务集中清理是指在现有法律框架内,对作为被执行人的个人债务人不能履行生效法律文书确定的金钱给付义务,并且资产不足以清偿全部债务或者明显缺乏清偿能力,但个人债务人始终保持

第十一部分　简化破产审理程序和个人破产制度

诚信,经当事人申请,人民法院按照财产调查、执行和解、参与分配和失信惩戒等执行制度和理论,参照个人破产的理论原则和《企业破产法》的部分程序性办法,导入管理人制度,在进一步财产调查和清算基础上,通过附条件的执行和解,形成个人债务清偿方案,将个人债务人名下剩余资产公平清偿给各债权人,取得债权人谅解,以达到执行程序有效退出、债务人信用修复目的的程序。随着浙江、江苏、广东、山东等省的试点地市相继出台了"个人债务集中清理"制度,2023年上海破产法庭制订了《关于依法高效办理小微企业破产案件行动方案》。该方案第8条"探索小微企业出资人、经营者权益保护"第1款提出,"充分考虑小微企业经营特点,探索经营者个人债务一并清理方式,尊重权利人意思自治和处分原则,将债务人的实际控制人、出资人、经营者及其家庭成员为企业债务提供的担保,一并在破产程序中予以处理,给予'诚实而不幸'经营者喘息空间,宽容失败,鼓励创业,促其轻装上阵"。由此可见,上海也将走"个人债务集中清理"的类个人破产模式。

法律适用

□《浙江法院个人债务集中清理(类个人破产)工作指引(试行)》第9条、第12条、第17条、第40条、第42条、第52条、第53条、第54条、第55条、第56条、第57条、第58条

以案析法

案件信息：浙江省高级人民法院发布的个人债务集中清理典型案例——衢州市柯城某贸易商行、郑某债务合并清理案

基本案情

债务人郑某原从事餐饮服务行业，2020年2月关停餐饮店后，开始从事海鲜、水果贩卖生意。自2016年起，郑某开始涉诉涉执，基本为民间借贷和买卖合同货款。截至2022年，尚有未执行完毕的执行案件16件，执行标的45万余元，均终本处理。因郑某自营生意，失信执行信息对其经营存在较大影响，故向法院申请个人债务清理。2022年5月26日，衢州市柯城区人民法院（以下简称柯城法院）受理申请。清理过程中，管理人发现郑某曾经营的个体工商户衢州市柯城某贸易商行尚存在欠缴税款的情况。2022年11月22日，该商行提出债务清理申请，柯城法院于11月24日裁定受理并于12月9日根据管理人的申请裁定合并审理。

清理情况

2022年6月24日，柯城法院召开第一次债权人会议，审议了郑某生活必需品清单、债务人财产情况报告等方案以及偿债计划草案。郑某提出分3年清偿本金，债权人豁免全部利息的计划草案，但债权人对清偿周期提出意见。第一次债权人会议后，税务部门向管理人申报债权，管理人发现该笔税收债权系郑某经营的个体工商户在2019年产生。据向郑某了解，该个体工商户成立后基本未开展经营，目前名下并无财产，为"一揽子"解决债务，一并纳入清理。债权申报期内，未有其他债权人申报债权。2022年12月10日，柯城法院召开合

第十一部分　简化破产审理程序和个人破产制度

并清理债权人会议,管理人审核认定 21 位债权人的 22 笔债权,其中税收债权 1 笔,债权总额 29,638.84 元,普通债权 21 笔,除税收滞纳金 15,121.05 元外,其他普通债权 698,904.61 元(本金 698,279 元、利息 625.61 元)。债权人一致表决通过了《债务人偿债计划方案》,由郑某分两期于 2023 年 9 月 30 日前清偿完毕税收债权本金及滞纳金以及其他债权本金部分,利息予以豁免,表决通过后债权人向法院书面申请对郑某进行信用修复。2022 年 12 月 29 日,柯城法院裁定认可偿债计划方案。

案例评析

本案是个人债务与个体工商户债务合并清理进而取得"一揽子"化解效果的典型案例。根据《民法典》的规定,个体工商户的债务,个人经营的,以个人财产承担。衢州市柯城某贸易商行系郑某经营的个体工商户,已拖欠税款 3 年之久,如不一并清理,将影响国家税款清缴的时间和效率,且对于郑某来说仍将面临欠债问题。参照《浙江法院个人债务集中清理工作指引(试行)》对个体工商户进行债务集中清理,虽然增加了郑某的清偿负担,但可以将郑某历史所有负债问题"一揽子"解决。本案清理过程中,郑某参加两次债权人会议,会议上均诚恳向债权人道歉并承诺会按期履行,希望债权人给予机会。债权人也给予了郑某最大程度的谅解,多数债权人在申报阶段就放弃了利息主张,并同意分期还款方案以及履行期内信用修复,这也极大鼓舞了郑某的还款信心。

个人债务集中清理是在个人破产制度缺失下诞生的类个人破产制度,其本质上仍属执行程序,是从执行制度中衍生的执行性质的综合性的特别程序,兼有破产和执行两个制度的特点与功能,效果上追求并且达到了个人破产的基本功能。

第十二部分

企业清算及退出

90 公司解散之自行清算

关键词

公司解散事由与公示、对比自行清算与强制清算、自愿解散的回转、解散诉讼、管辖

实务要点

要点	具体内容	
公司的解散事由	解散的种类	解散事由
	基于公司变更的解散	（1）因公司合并或者分立需要解散； （2）公司章程规定的营业期限届满或者公司章程规定的其他解散事由出现； （3）股东会决议解散； （4）依法被吊销营业执照、责令关闭或者被撤销； （5）司法解散：公司经营管理发生严重困难，继续存续会使股东利益受到重大损失，通过其他途径不能解决的，持有公司10%以上表决权的股东，可以请求人民法院解散公司。
	基于公司终止的解散	
公司解散事由的公示	公司出现解散事由，应当在10日内将解散事由通过国家企业信用信息公示系统予以公示。	

续表

要点		具体内容	
对比自行清算与强制清算	区分内容	自行清算	强制清算
	清算的前提	公司出现以下解散事由： （1）公司章程规定的营业期限届满或者公司章程规定的其他解散事由出现； （2）股东会决议解散； （3）依法被吊销营业执照、责令关闭或被撤销； （4）司法解散需要公司经营管理发生严重困难（包括①公司持续2年以上无法召开股东会；②股东表决时无法达到法定或者公司章程规定的比例，持续2年以上不能作出有效的股东会决议；③公司董事长期冲突，且无法通过股东会解决；④经营管理发生其他严重困难），继续存续会使股东利益受到重大损失，通过其他途径不能解决的，单独或者合计持有公司10%以上表决权的股东，可以请求人民法院解散公司。	1.公司出现以下解散事由： （1）公司章程规定的营业期限届满或者公司章程规定的其他解散事由出现； （2）股东会决议解散； （3）依法被吊销营业执照、责令关闭或者被撤销； （4）司法解散事由同自行清算。 2.（1）公司自解散事由出现之日起15日内不成立清算组进行清算； （2）成立清算组后不清算。[1]
	清算的开展	公司应当在解散事由出现之日起15日内成立清算组，开始自行清算。	（1）利害关系人可以向人民法院申请强制清算；（2）公司因被吊销营业执照、责令关闭或者被撤销而解散的，作出吊销营业执照、责令关闭或者撤销决定的部门或者公司登记机关[2]，可以向人民法院申请强制清算。

第十二部分　企业清算及退出

续表

要点		具体内容	
对比自行清算与强制清算	清算组成员	清算组由董事组成,但是公司章程另有规定或者股东会决议另选他人的除外。	法院从下列人员或者机构中指定清算组成员: (1)公司股东、董事、监事、高级管理人员(能够而且愿意参加清算的,人民法院可优先考虑指定); (2)管理人名册中的中介机构或个人。
	清算方案的确认	报股东会决议确认	报人民法院确认
自愿解散的回转		在公司自愿解散情形下,即公司章程规定的营业期限届满、公司章程规定的解散事由出现或者股东会决议解散公司,如果尚未向股东分配剩余财产,可以通过修改公司章程或经股东会决议使公司继续存续。公司股东会对前述事项的决议,有限责任公司须经持有2/3以上表决权的股东通过,股份有限公司须经出席股东会会议的股东所持表决权的2/3以上通过。	

自愿解散的种类	流程阶段	公司存续的途径
(1)公司章程规定的营业期限届满或者公司章程规定的其他解散事由出现; (2)股东会决议解散。	尚未开展清算	通过修改公司章程或经股东会决议(股东会对该事项的决议,有限责任公司须经持有2/3以上表决权的股东通过,股份有限公司须经出席股东会会议的股东所持表决权的2/3以上通过),使公司存续。
	已进入清算程序,但尚未向股东分配剩余财产	

| 解散诉讼 | 1.股东以知情权、利润分配请求权等权益受到损害,或者公司亏损、财产不足以偿还全部债务,以及公司被吊销企业法人营业执照未进行清算等为由,提起解散公司诉讼的,人民法院不予受理。
2.股东提起解散公司诉讼,同时又申请人民法院对公司进行清算的,人民法院对其提出的清算申请不予受理。人民法院可以告知原告,在人民法院判决解散公司后,自行组织清算或者另行申请人民法院对公司进行清算。
3.股东提起解散公司诉讼时,向人民法院申请财产保全或者证据保全的,在股东提供担保且不影响公司正常经营的情形下,人民法院可予以保全。 |

续表

要点	具体内容
解散诉讼	4. 诉讼当事人： （1）股东提起解散公司诉讼应当以公司为被告。 （2）原告以其他股东为被告一并提起诉讼的，人民法院应当告知原告将其他股东变更为第三人；原告坚持不予变更的，人民法院应当驳回原告对其他股东的起诉。 （3）原告提起解散公司诉讼应当告知其他股东，或者由人民法院通知其参加诉讼。其他股东或者有关利害关系人申请以共同原告或者第三人身份参加诉讼的，人民法院应予准许。 5. 解散诉讼中的调解： （1）人民法院审理解散公司诉讼案件时，应当注重调解。当事人协商同意由公司或者股东收购股份，或者以减资等方式使公司存续，且不违反法律、行政法规强制性规定的，人民法院应予支持。当事人不能协商一致使公司存续的，人民法院应当及时判决。 （2）人民法院审理解散公司诉讼案件，经人民法院调解公司收购原告股份的，公司应当自调解书生效之日起6个月内将股份转让或者注销。股份转让或者注销之前，原告不得以公司收购其股份为由对抗公司债权人。 6. 解散诉讼判决的法律效力： （1）人民法院关于解散公司诉讼作出的判决，对公司全体股东具有法律约束力； （2）人民法院判决驳回解散诉讼请求后，提起该诉讼的股东或者其他股东又以同一事实和理由提起解散公司诉讼的，人民法院不予受理。
管辖	解散公司诉讼案件和公司清算案件由公司住所地人民法院管辖。公司住所地是指公司主要办事机构所在地。公司办事机构所在地不明确的，由其注册地人民法院管辖。

［1］《公司法司法解释（二）》第7条第2款规定了3种情形下利害关系人可以申请人民法院指定清算组进行清算，《公司法》第233条第1款对此进行了吸收，但有调整，将可以申请的情形减少为两种。

［2］《上海市浦东新区完善市场化法治化企业破产制度若干规定》第14条第2款规定，企业应当清算而未及时清算的，主管机关或者利害关系人可以申请人民法院指定有关人员组成清算组强制清算。这里的"主管机关"即《公司法》第233条第2款中规定的"作出吊销营业执照、责令关闭或者撤销决定的部门或者公司登记机关"。

第十二部分　企业清算及退出

💬 推荐理由

自行清算是指公司出现解散事由后,自行依法组成清算组,按照法定的清算程序,清理公司债务,完成公司剩余财产分配,最终消灭公司法人资格的一种法律行为。与自行清算相对应的是强制清算,主要指在公司自行清算无法启动时,通过公权力的介入而开始的一种解散清算。根据现行法律规定,强制清算主要指通过人民法院指定清算组开始清算。

⚖️ 法律适用

☐《公司法》第 229 条、第 230 条、第 231 条、第 232 条、第 233 条

☐《最高人民法院关于适用〈中华人民共和国公司法〉若干问题的规定(二)》(2020 修正)第 1 条、第 2 条、第 3 条、第 4 条、第 5 条、第 6 条、第 7 条、第 8 条、第 15 条、第 24 条

☐《最高人民法院关于审理公司强制清算案件工作座谈会纪要》第 22 条

☐《上海市浦东新区完善市场化法治化企业破产制度若干规定》第 14 条

📋 以案析法

案件信息：上海市第一中级人民法院、上海市浦东新区人民法院联合发布自贸区司法保障典型案例——沈某诉 K 公司、唐某等公司解散纠纷案

✏️ 基本案情

K 公司成立于 2014 年 7 月 25 日,沈某、张某、唐某均为 K 公司

的股东,分别持有K公司30%、30%和40%的股权。法定代表人、董事长为唐某,沈某、张某为董事。2016年3月11日,K公司作出董事会决议,免除唐某董事长职务,任命沈某为董事长兼副总经理。同年3月13日,沈某、张某出具授权书委托第三方对K公司的电脑等财物及财务资料、公司各类账簿进行保全管理。3月14日,唐某报警称公司物品被盗。4月26日,唐某向法院提起公司决议撤销之诉,请求撤销K公司董事会于2016年3月11日作出的有关董事长任免的决议,后法院判决撤销该决议。

2018年,沈某起诉至法院请求解散K公司,其认为,K公司已无实际经营场所且已无法正常经营,也一直未能召开股东会,董事间分歧较大。且因其持股比例未达到章程的要求,无法通过股东会决议的方式解散公司。张某同意沈某的诉请。K公司、唐某则辩称,K公司目前虽无法正常经营,但尚存在盈利可能,K公司尚有被盗案件正处于刑事侦查中,且K公司目前困境的原因是沈某意图成为董事长,故K公司、唐某均不同意解散K公司。

裁判要旨

上海市第一中级人民法院认为,(1)沈某持有K公司30%股权,符合股东提起公司解散诉讼时应满足的持股比例条件。(2)K公司股东暨董事之间存在严重冲突,矛盾难以调和。其一,K公司于2014年成立后2年,股东暨董事之间已发生管理权的争夺。沈某及张某欲通过形成董事会决议的方式撤销唐某的董事长职务,唐某则通过诉讼撤销了上述董事会决议。其二,对于公司资产保管,股东之间亦存在重大分歧。沈某、张某将公司财产进行保管、封存,而唐某则报案称公司财产失窃。其三,各方当事人均认可,K公司已无实际经营场所且已无法正常经营。沈某、张某对于扭转 K 公司目前经营状况持消极态度,唐某、K 公司亦未提出有效解决途径。K 公司的人合性基础已经丧失。(3) K 公司内部管理的权力运行机制已发生障碍,已持续 2 年以上不能形成有效的股东会决议、董事会决议,其内部运行机制已经失效,影响了 K 公司的正常经营。

K 公司已无法经营,且无实际经营场所。K 公司股东之间互不信任,丧失公司人合性。股东会、董事会等内部运行机制失灵,无法就公司经营管理进行决策。K 公司亦无法通过公司自身救济机制摆脱公司僵局。公司僵局的持续将会导致股东利益遭受更大的损失。因此,可以认定 K 公司的经营管理已经出现了严重困难,符合司法解散的条件。上海市第一中级人民法院判决解散 K 公司。

案例评析

我国现有的股东退出路径,包括股东退股、股权转让(内部转让和外部转让)以及公司的减资与分立,都存在其局限性。司法解散作为终局性、兜底性的救济措施,能够为公司股东提供一条有效的退出路径,有效和彻底地解决公司纠纷。《公司法》以及《公司法司法解释(二)》对公司的司法解散设置了严格的条件,其立法本意在于维护公司的稳定运营,避免滥用司法解散干预市场主体的稳定,促进市场经济健康发展。

91 公司解散之清算组

关键词

清算组职权、清算组成员的义务和责任、报酬、议事机制、亲自办理事务、聘请工作人员

实务要点

要点	具体内容
清算组职权[1]	清算组在清算期间行使下列职权： (1)清理公司财产，分别编制资产负债表和财产清单； (2)通知、公告债权人； (3)处理与清算有关的公司未了结的业务； (4)清缴所欠税款以及清算过程中产生的税款； (5)清理债权、债务； (6)分配公司清偿债务后的剩余财产； (7)代表公司参与民事诉讼活动。
清算组成员的义务和责任	1.清算组成员的义务。清算组成员履行清算职责，负有忠实义务和勤勉义务。 2.清算组成员的赔偿责任。 (1)对公司的赔偿责任：清算组成员怠于履行清算职责，给公司造成损失的，应当承担赔偿责任。 (2)对债权人的赔偿责任：清算组成员因故意或者重大过失给债权人造成损失的，应当承担赔偿责任。
报酬	1.公司股东、实际控制人或者股份有限公司的董事担任清算组成员的，不计付报酬。上述人员以外的有限责任公司的董事、监事、高级管理人员，股份有限公司的监事、高级管理人员担任清算组成员的，可以按照上一年度的平均工资标准计付报酬。 2.中介机构或者个人担任清算组成员的，其报酬由中介机构或者个人与公司协商确定；协商不成的，由人民法院参照《最高人民法院关于审理企业破产案件确定管理人报酬的规定》确定。

续表

要点	具体内容
报酬	3. 清算组对担保物的维护、变现、交付等付出劳动的,有权向担保权人收取适当的报酬。清算组可与担保权人就清算组报酬充分协商;协商不一致的,可申请由人民法院确定。
议事机制	1. 清算组成员不少于3人,且为单数。 2. 人民法院指定清算组成员的同时,应当根据清算组成员的推选,或者依职权,指定清算组负责人。清算组负责人代行清算中公司诉讼代表人职权。 3. 公司强制清算中的清算组因清算事务发生争议的,应当经全体清算组成员过半数决议通过。与争议事项有直接利害关系的清算组成员可以发表意见,但不得参与投票;因利害关系人回避表决无法形成多数意见的,清算组可以请求人民法院作出决定。与争议事项有直接利害关系的清算组成员未回避表决形成决定的,债权人或者清算组其他成员可以自决定作出之日起60日内,请求人民法院予以撤销。
亲自办理事务	清算组成员应亲自办理清算事务,不应以任何形式将自己应当履行的职责全部或部分转给其他中介机构或个人,但经人民法院同意的部分委托或授权除外。
聘请工作人员	清算组可决定聘请必要工作人员协助履行清算组职责。清算组或企业应与被聘人员签订书面合同,但不应与被聘人员建立劳动合同关系。

[1]2023年《公司法》第234条规定了"清算组职权",与2018年《公司法》第184条的规定基本一致(除了个别用词上的变化),《上海市破产管理人协会强制清算案件清算组工作指引(试行)》第3条规定了"清算组职责"。目前,在上海地区,公司强制清算案件的主要受理法院上海市第三中级人民法院和上海市浦东新区人民法院在指定管理人决定书中均使用的是"清算组职责";在内容上,上海市第三中级人民法院基本上采用的是《上海市破产管理人协会强制清算案件清算组工作指引(试行)》第3条的规定,上海市浦东新区人民法院则是在此基础上对用词进行了微调。

推荐理由

《公司法》第232条规定,公司因《公司法》规定而解散的,应当清算。董事为公司清算义务人,应当在解散事由出现之日起15日内组成清算组进行清算。在公司进入清算程序后,由清算组管理公司事务、清理公司财产、代表公司对外参加诉讼。清算组居于清算活动的核心地位,其职能表明清算组是公司清算阶段的执行机构,而非议事决策机构。清算组是依法对公司的资产、债权、债务等执行清算任务的临时性机构。在清算期间,原公司的法人机关董事会停止行使职权,公司的财产管理权、必要的业务经营权由清算组行使,对外代表公司的权利也由清算组行使。

法律适用

☐《公司法》第 234 条、第 238 条

☐《最高人民法院关于审理公司强制清算案件工作座谈会纪要》第 23 条、第 24 条、第 25 条、第 26 条

☐《上海市破产管理人协会强制清算案件清算组工作指引(试行)》第 3 条、第 10 条、第 12 条、第 15 条、第 99 条

以案析法

案件信息:上海市第二中级人民法院(2015)沪二中民四(商)终字第 569 号——周某诉新汇公司公司决议效力确认纠纷案

基本案情

新汇公司于 2004 年 9 月 30 日成立,股东为周某(持股比例 6%)、文汇公司(持股比例 90%)及王某(持股比例 4%)。经营期限为 2004 年 9 月 30 日至 2014 年 9 月 29 日。2014 年 9 月 29 日,新汇公司召开股东会,周某、王某、文汇公司代表到会,形成如下决议:(1)新汇公司自章程规定的营业期限届满之日(2014 年 9 月 29 日)解散,进

入清算阶段;(2)成立清算组,清算组成员为程某、李某(两人系文汇公司指派)和王某,王某担任清算组负责人;(3)清算组在成立之日起10日内应当将清算组成员、清算组负责人名单向公司登记机关办理备案;(4)清算组应在成立之日起10日内通知债权人,并于60日内在报纸上公告,在清理公司财产、编制资产负债表和财产清单后,及时制订清算方案,报股东会确认;(5)清算结束后,清算小组应制作清算报告,报股东会确认。对于上述第2项决议内容(清算组成员组成),表决结果为同意股东占总股数94%,不同意股东占总股数6%(周某不同意)。周某在该决议中表明该决议剥夺了其参加清算组的权利,违反公司法规定,表示反对。

周某起诉至上海市虹口区人民法院,其认为,我国《公司法》规定"有限责任公司的清算组由股东组成"[1],表明清算组应由全体股东组成,股东参与清算组为股东的固有权利,除非股东自愿放弃。而本案上述股东会决议剥夺了其成为清算组成员的权利,应为无效。基于此,周某请求法院判令:确认新汇公司于2014年9月29日作出的股东会决议第2项至第5项无效。上海市虹口区人民法院判决驳回周某的全部诉讼请求。周某不服,提起上诉,上诉法院判决驳回上诉,维持原判。

裁判要旨

第一,我国2013年《公司法》第183条[2]的规定系对清算组的组成人员身份作出规定,而非对股东的权利作出规定,同时也并未规定必须由全体股东参与;第二,根据法律规定,清算组须专门成立,且股

---

[1] 2013年《公司法》第183条。
[2] 现相关内容规定在《公司法》第234条、第238条。

东会职权范围包括对公司清算相关事宜作出决议,因此,股东会作为公司的权力机构,在公司解散后有权对清算组的组成作出决议。

案例评析

根据 2013 年《公司法》第 183 条的规定,公司应当在解散事由出现之日起 15 日内成立清算组进行清算。有限公司自行解散的,应由其股东组成清算组,但对于是否必须由全体股东都参加清算组,该条文义的规定并不明确。本案中,公司以占总股数 94% 的股东同意通过的股东会决议,虽然排除了小股东成为公司清算组的成员,不符合该小股东的意志,但是该股东会决议是合法有效的,代表了占资本多数的股东的意志。未参与清算组的小股东,可以通过参加股东会,审议财产分配方案和清算报告,来积极表达自己对公司清算事宜的意见并行使表决权,以维护自身利益。所以,有限公司在解散时可以通过股东会的形式组成清算组,而清算组成员并不必然包含全部股东。

92 公司解散之债权申报与审查

关键词

通知和公告债权人、公告平台、债权人申报债权、非书面债权申报的处理、接受债权申报、对审查结果异议、利息债权的审核、债权的补充申报

第十二部分　企业清算及退出

实务要点

要点		具体内容	
通知和公告债权人	区别内容	强制清算	破产清算
	通知和公告债权人的主体	法律规定主体为清算组；实务中，存在人民法院代为公告的情形[1]	法律规定主体为法院；实务中，一般公告法院发，但由管理人协助通知
	公告发布期	清算组成立起60日内	受理之日起25日内
	通知已知债权人	清算组成立起10日内	自破产裁定作出之日起10日内
	公告债权申报期	公告之日起45日内	法院确定，30日~3个月，简化审理的，申报期为30日
	债权申报期	收到通知起30日内	—
公告平台		1.《公司法》第235条第1款规定：在报纸上或者国家企业信用信息公示系统公告。 2.《公司法司法解释（二）》第11条第1款规定：根据公司规模和营业地域范围在全国或者公司注册登记地省级有影响的报纸上进行公告。 3.《上海市破产管理人协会强制清算案件清算组工作指引（试行）》第38条第2款规定：根据企业规模和营业地域范围在全国或企业注册登记地省级有影响的报纸上或者全国企业破产重整案件信息网进行公告，人民法院、清算组在破产重整案件信息网发布的公告具有法律效力。	
债权人申报债权		债权人申报债权，应当说明债权的有关事项，并提供证明材料。清算组应当对债权进行登记。在申报债权期间，清算组不得对债权人进行清偿。	
非书面债权申报的处理		清算组对债权人以口头、电话等非书面形式申报的债权，应当要求其提供书面文件。对于以书面形式申报确有困难的债权人，清算组可以通过制作笔录或者经债权人同意进行录音的方式对其债权申报的相关事项予以明确。	
接受债权申报		清算组接受债权申报不构成对债权人享有债权及债权金额的确认，亦不产生对已超过诉讼时效债权的重新确认等法律后果。	

续表

要点		具体内容	
对审查结果异议	程序	法律或相关文件规定	
	强制清算	《上海市破产管理人协会强制清算案件清算组工作指引(试行)》第46条:债权人或者其他利害关系人对审查结果提出异议的,清算组应进行复核,并将复核结果告知异议人。清算组对异议不予确认的,应同时告知异议人相关权利救济途径。	《公司法司法解释(二)》第12条:公司清算时,债权人对清算组核定的债权有异议的,可以要求清算组重新核定。清算组不重新核定或者债权人对重新核定的债权仍有异议,债权人以公司为被告向人民法院提起诉讼请求确认的,人民法院应予受理。
	破产程序	《上海市破产管理人协会破产案件管理人工作指引(试行)》第60条第1款:债务人、债权人对债权表有异议的,管理人应当与异议人进行沟通。异议不成立的,管理人应将审核意见向异议人反馈,并将异议意见和是否起诉的情况向人民法院和债权人会议报告。	《破产法司法解释(三)》第8条:债务人、债权人对债权表记载的债权有异议的,应当说明理由和法律依据。经管理人解释或调整后,异议人仍然不服的或者管理人不予解释或调整的,异议人应当在债权人会议核查结束后15日内向人民法院提起债权确认的诉讼。当事人之间在破产申请受理前订立有仲裁条款或仲裁协议的,应当向选定的仲裁机构申请确认债权债务关系。
利息债权的审核		1. 债权人申报的债权涉及利息的,经债权人同意,可在人民法院受理强制清算申请时起,对其停止计息。 2. 不符合停止计息条件的债权,利息应当继续计算。清算组在记录继续计息债权时,可以将利息暂时计算至案件裁定受理强制清算之日前一日,并注明继续计息的标准。	

第十二部分 企业清算及退出

续表

要点	具体内容
债权的补充申报	1. 债权人在规定的期限内未申报债权,在公司清算程序终结(公司清算程序终结是指清算报告经股东会或者人民法院确认完毕)前补充申报的,清算组应予登记。 2. 债权人补充申报的债权,可以在公司尚未分配的财产中依法清偿。公司尚未分配财产不能全额清偿,债权人主张股东以其在剩余财产分配中已经取得的财产予以清偿的,人民法院应予支持;但债权人因重大过错未在规定期限内申报债权的除外。 3. 债权人或者清算组,以公司尚未分配财产和股东在剩余财产分配中已经取得的财产,不能全额清偿补充申报的债权为由,向人民法院提出破产清算申请的,人民法院不予受理。 4. 债权人补充申报债权的,清算组可要求补充申报人承担审查和确认补充申报债权的费用。

[1]《公司法》第 235 条和《公司法司法解释(二)》第 11 条规定由清算组发布公告。《上海市破产管理人协会强制清算案件清算组工作指引(试行)》第 38 条规定,(1)人民法院发布债权申报公告的:清算组应当及时查阅并核实相关公告内容的准确性。(2)人民法院未发布申报公告的:清算组应当进行公告。

推荐理由

公司清算是对存续期间发生的所有债权债务进行清理,但清算并不意味着所有债权都可以被终结,清算组需要通知债权人申报债权,发布债权申报公告,并及时对申报的债权进行审查。

法律适用

☐《公司法》第 235 条

☐《最高人民法院关于适用〈中华人民共和国公司法〉若干问题的规定(二)》(2020 修正)第 11 条、第 12 条、第 13 条、第 14 条

☐《上海市破产管理人协会强制清算案件清算组工作指引(试

行)》第38条、第43条、第44条、第46条、第49条、第51条

□《最高人民法院关于适用〈中华人民共和国企业破产法〉若干问题的规定（三）》（2020修正）第8条

□《上海市破产管理人协会破产案件管理人工作指引（试行）》第60条

以案析法

案件信息：福建省厦门市中级人民法院（2020）闽02民终4598号——易方达公司诉东区公司股东损害公司债权人利益责任纠纷案

基本案情

案外人友益公司由东区公司与美国友益公司共同出资设立。2004年10月29日，易方达公司与友益公司签订商品房买卖合同，约定易方达公司向友益公司购买友益公司开发建设的菡菁大厦4楼，其后双方履约完毕。2010年5月4日，友益公司召开董事会，决议同意公司依法清算解散，2011年11月8日注销了友益公司的地方税务登记及社保登记。2013年1月8日，友益公司召开股东会研究清算关闭有关事项，并形成决议。至公司清算截止日（2012年11月30日），公司的实际结余净利润为4,112,501.70元，按照合资双方股权比例进行分配，合作公司剩余的债权债务皆由美国友益公司负责承担；其他合作公司清算关闭后的未尽事宜（如菡菁大厦4楼产权纠纷及产权登记等问题）仍由双方按照股权比例承担和享有，协商解决。

2017年3月，易方达公司向厦门仲裁委员会申请仲裁，裁决解除

商品房买卖合同，要求友益公司向易方达公司支付购房款、可得利益损失、装修损失、律师费损失、仲裁费用共计 9,979,069.8 元。裁决生效后，于 2018 年 1 月申请强制执行，法院未能查到可供执行财产，遂作出终结该次执行程序裁定。

易方达公司对东区公司提起诉讼，请求判令：(1)东区公司对仲裁裁决书项下友益公司应支付给易方达公司的购房款、可得利益损失、装修损失、律师费、仲裁费以及迟延履行债务利息承担连带清偿责任；(2)东区公司承担案件受理费及保全费。

东区公司辩称：东区公司已履行清算义务。友益公司已于 2013 年 1 月完成清算，虽因外方股东美国友益公司的原因未能办理注销登记，但友益公司的清算组已经完成公司财产的清理、资产负债表和财产清单的编制，且清算报告业经股东会批准，根据《公司法》关于清算的规定，应当认定友益公司清算结束，即东区公司已依法履行了清算义务。友益公司清算期间，截至清查基准日，友益公司的账面资产总计为 27,196,506.64 元，高于 1999 年年检报告记载的账面资产总数 2637.1 万元，不存在减损。友益公司于 2013 年 1 月清算结束，易方达公司涉案债权形成于 2017 年，该债权未能得到清偿显然与清算行为之间没有因果关系。

一审法院厦门市海沧区人民法院经审理认为东区公司应当在分配取得友益公司清算资产的范围内清偿易方达公司在仲裁裁决书项下的债权，即东区公司以 5,391,750.51 元为限对裁决书项下友益公司对易方达公司的全部债务 9,979,069.8 元及其迟延履行期间的债务利息承担连带清偿责任。东区公司不服一审判决，向厦门市中级人民法院提起上诉。厦门市中级人民法院判决驳回上诉，维持原判。

裁判要旨

公司清算分配后新确定的债权在本质上与补充申报的债权相当,股东无对价取得清算分配财产,如遇公司清算并分配全部剩余资产后出现新债务的情形,可类推适用《公司法司法解释(二)》第14条第1款和《最高人民法院关于民事执行中变更、追加当事人若干问题的规定》第22条的相关规定,股东应以分配中已经取得财产的范围为限进行清偿。

案例评析

《公司法司法解释(二)》第14条对遗漏债权处置进行了规定,债权人补充申报的债权,可以在公司尚未分配的财产中依法清偿;公司尚未分配财产不能全额清偿,债权人主张股东以其在剩余财产分配中已经取得的财产予以清偿的,人民法院应予支持;但债权人因重大过错未在规定期限内申报债权的除外。本案债权本质上与补充申报的债权相当,公司股东未留存或未足额留存财产对该债务进行清偿,债权人可以要求股东以无偿获得的公司财产承担清偿责任。如果公司股东为多个,债权人可以向任意股东追索,各股东应在无偿取得分配财产的限度内对债权人承担连带清偿责任。承担有关债务的股东如超出应承担的份额,可以依据有关规定及约定向其他参与分配清算财产的股东进行追偿。

第十二部分　企业清算及退出

93 公司解散之清算财产

关键词

追缴出资、对外股权投资处置、保全措施、清算方案、放弃财产

实务要点

要点	具体内容
追缴出资	1. 清算组发现存在股东尚未缴纳的出资的,应当综合判断企业的债务清偿能力,并考虑股东间利益的平衡以及股东权益的保护,必要时对股东尚未缴纳的出资予以追收。[1] 2. 清算组应将股东尚未缴纳的出资作为清算财产。股东尚未缴纳的出资,包括到期应缴未缴的出资以及尚未届满缴资期限的出资。清算组发现存在抽逃出资的,参照股东尚未缴纳的出资处理。[2] 3. 公司财产不足以清偿债务时,债权人主张未缴出资股东以及公司设立时的其他股东或者发起人在未缴出资范围内对公司债务承担连带清偿责任的,人民法院应依法予以支持。[3]
对外股权投资处置	1. 清算组可采取以下方式处置对外股权投资: (1) 具备转让条件的,可通过网络拍卖、变卖对股权进行变价; (2) 依法依规推动被投主体自行清算、行政注销; (3) 依法申请被投主体进入企业强制清算、破产程序。 2. 清算组在处置企业对外股权投资时,不得自行以该投资价值为负或为零而决定不予处置。 3. 人民法院裁定受理被投主体强制清算或者破产的,清算组可以向受理案件的人民法院提议指定清算组担任被投主体的清算组或者管理人。

续表

要点	具体内容
保全措施	1. 人民法院受理强制清算申请后,公司财产存在被隐匿、转移、毁损等可能影响依法清算情形的,人民法院可依清算组或者申请人的申请,对公司财产采取相应的保全措施。[4] 2. 清算组发现企业财产被采取保全措施,影响清算工作进行的,可以与受理强制清算的人民法院、采取保全措施的人民法院、相关保全的申请人积极沟通协调处理。[5]
清算方案	1. 清算组在清理公司财产、编制资产负债表和财产清单后,应当制订清算方案,并报股东会或者人民法院确认。[6] 2. 清算方案可包含以下内容: (1)企业接管情况; (2)企业资产和负债情况; (3)企业职工工资、社保和安置情况; (4)债权申报、审核情况; (5)财产变价方案; (6)财产分配方案; (7)其他需要载明的内容。[7] 3. 企业财产分配应优先采用货币形式分配,经征求股东或出资人意见后,可进行实物分配。[8] 4. 强制清算过程中,清算组在执行清算方案时,因客观情况变化,确有必要变更清算方案的,应将变更内容报人民法院确认。[9]
放弃财产	清算组认为难以追收、追收成本过高或明显没有追收价值的财产,经清算组决议,可以不予追收。清算组作出决议前,应听取股东或出资人的意见,并向人民法院报告。

[1]《上海市破产管理人协会强制清算案件清算组工作指引(试行)》第57条第1款。

[2]《公司法司法解释(二)》第22条第1款有类似规定(《上海市破产管理人协会强制清算案件清算组工作指引(试行)》第57条第2、3款)。

[3]《公司法司法解释(二)》第22条第2款。

[4]《最高人民法院关于审理公司强制清算案件工作座谈会纪要》第27条。

[5]《上海市破产管理人协会强制清算案件清算组工作指引(试行)》第63条第2款。

[6]《公司法》第236条第1款。

[7]《上海市破产管理人协会强制清算案件清算组工作指引(试行)》第74条第3款。

[8]《上海市破产管理人协会强制清算案件清算组工作指引(试行)》第80条第4款。

[9]《上海市破产管理人协会强制清算案件清算组工作指引(试行)》第74条第2款。

第十二部分 企业清算及退出

推荐理由

公司清算时,清偿债务后的剩余财产的分配,一般应按合同、章程的有关条款处理,公平对待、照顾各方利益。清算后各项剩余财产的净值,不论实物或现金,应按投资各方的出资比例或者合同、章程规定分配。其中,有限责任公司,除公司章程另有规定者外,按投资各方出资比例分配。股份有限责任公司,按照优先股股份面值对优先股股东分配;优先股股东分配后的剩余部分,按照普通股股东的股份比例进行分配。

法律适用

□《公司法》第236条

□《最高人民法院关于适用〈中华人民共和国公司法〉若干问题的规定(二)》(2020修正)第15条、第22条

□《最高人民法院关于审理公司强制清算案件工作座谈会纪要》第27条

□《上海市破产管理人协会强制清算案件清算组工作指引(试行)》第57条、第63条、第74条、第76条、第77条、第79条、第80条

以案析法

案件信息:山东省青岛市中级人民法院(2020)鲁02民终12403号——许某某、常州市通舜机械制造有限公司、周某某与青岛铸鑫公司加工合同纠纷案

基本案情

2017年5、6月,青岛铸鑫公司(供方)与常州铸仓公司(需方)签

订两份机器设备购销合同。常州铸仓公司支付了定金，青岛铸鑫公司将设备安排托运，常州铸仓公司于当年7月接收设备后，青岛铸鑫公司安排人员对设备进行了安装、调试。2017年9月29日，常州铸仓公司的股东周某某、庄某某、通舜公司、常州市吉瑞电梯部件制造有限公司分别将其在铸仓公司的全部认缴出资额90万元、60万元、90万元、60万元（出资均未实缴）无偿转让给许某某，许某某成为常州铸仓公司唯一股东和法定代表人，常州铸仓公司变更为自然人独资的有限责任公司。同年11月6日常州铸仓公司注册资本由300万元增加至1000万元。2018年5月15日，许某某申请注销常州铸仓公司，常州市武进区行政审批局于2019年7月3日对该公司予以注销。截至青岛铸鑫公司起诉时，常州铸仓公司尚欠设备款245,360元未付。

一审法院判令许某某向青岛铸鑫公司支付设备款及违约金共计355,932.8元，通舜公司在90万元范围内承担连带清偿责任，周某某在90万元范围内承担连带清偿责任。二审法院维持原判。

裁判要旨

关于许某某即常州铸仓公司现股东是否应对本案所欠货款承担连带责任。许某某在受让了常州铸仓公司的股权后，常州铸仓公司成为一人有限公司，本案许某某作为常州铸仓公司的唯一股东，未提交证据证明其财产独立于公司财产，故根据2018年《公司法》第63条[①]的规定，其应当对本案债务承担连带责任。

关于通舜公司、周某某即常州铸仓公司原股东是否应对本案所欠货款在其应出资范围内承担相应责任的问题。当债权形成于前股东

---

① 2023年《公司法》已删去该条。

持股之时，公司未到出资期限即注销的情况下，依据《公司法司法解释（二）》第22条第2款和《合同法》（已失效）第65条[①]之规定，前股东应当在其出资范围内承担连带清偿责任。首先，从时间点来说，本案所涉合同之债发生于上诉人通舜公司、周某某持股之时。本案通舜公司、周某某是被上诉人与常州铸仓公司发生涉案设备买卖合同之时的股东，两股东享有涉案买卖合同为目标公司所带来的利益，在涉案股权转让之时，其对于公司所欠债务应为明知。其次，在公司注销的情况下，通舜公司与周某某因转让股权而被免除的出资义务应予以回转。主要理由有3方面内容。

第一，在公司认缴制度下，股东出资义务系其对公司附期限的契约。股东对于公司的认缴出资义务应是股东对公司的附期限的承诺。通过认缴，股东成为出资契约中的债务人，公司则成为出资契约中的债权人。

第二，公司注销后，公司可依据《合同法》（已失效）第65条的规定向前股东主张权利。本案债务发生于上诉人通舜公司与周某某持股之时，前股东与公司之间存在认缴资本的合同义务，股权发生转让之时，因该资本认缴期限未届满，到期出资义务随股权的转让而转让。但是，在本案中，后股东许某某已注销公司，其出资义务加速到期，其并未出资。依据《合同法》（已失效）第65条之规定，当事人约定由第三人向债权人履行债务的，第三人不履行债务或者履行债务不符合约定，债务人应当向债权人承担违约责任。在公司法框架下，股东转让股权，无须目标公司同意，公司的资本认缴出资的合同义务转让给股

---

① 现为《民法典》第523条。

权的后股东(受让人)后,前股东未按期出资即注销公司的行为,使后股东对于公司负有因出资期限届满向公司支付出资的合同义务,在其未履行的情况下,符合上述法律规定中第三人不履行债务的情形,因此,公司得向前股东(债权人)主张违约责任。

第三,公司解散时,债权人可依据《公司法司法解释(二)》第22条的规定,向前股东主张在其出资范围内承担连带责任。依据《公司法司法解释(二)》第22条第2款的规定,公司解散时,在公司财产不足以清偿债务时,债权人主张未缴出资股东以及公司设立时的其他股东或者发起人在未缴出资范围内对公司债务承担连带清偿责任的,人民法院应予支持。本案中,公司已经解散并注销,债权人亦有权要求前股东在其出资范围内对公司债务承担连带责任。

案例评析

在常州铸仑公司清算案中,法院审理涉及公司解散清算阶段中原股东责任的法律议题。核心争议焦点为,原股东在转让其股权且公司资产不足以清偿全部债务的情形下,是否应继续承担责任。根据《公司法》的相关规定,法院认定,原股东在股权转让后,如公司清算资产不足以偿还债务,原股东仍可能根据法律规定承担连带责任。

在司法实践中,法院对原股东是否继续承担公司债务的责任的问题,将依据股权转让协议的具体条款、受让股东的偿债能力与资质,及股权转让行为是否符合法律法规的要求等因素,作出综合判断。

该案突显了在股权转让交易中应密切注意的关键法律风险,尤其是债务处理的合法性及受让人资质的重要性。同时,案例反映了法院在清算程序中保护债权人权益的一贯立场。通过此案,股东在公司清算过程中的法律责任得到进一步明确,尤其在涉及股权转让的情形下,股东应充分认识到,在法定出资额度内可能面临的补充责任。此判决对债权人而言,是一项积极的裁决,明确了对其股权变动后的权益保护。

综上所述,常州铸仑公司清算案为处理股权转让与公司清算中资不抵债问题提供了重要的司法指导和参考,突显了股东在进行股权转让时应审慎行事,以防在清算过程中承担超出预期的法律责任。案例强调,股权转让不得作为逃避法律责任的手段,原股东在转让其股权时,必须遵循法律法规的严格要求,以避免在公司清算阶段承受进一步的风险。

94 公司解散之清算程序

关键词

财产变价、财产分配、清算方案、提存分配权的消灭、清算报告、清算期限、强制清算程序参照适用破产程序、强制清算案件的申请费、注销手续、档案移交与保存、浦东新区强制清算案件的特别规定

实务要点

要点	具体内容
财产变价	1. 清算组可参照《企业破产法》及相关法律规定的破产财产的变价要求制订清算财产变价方案,必要时可以听取债权人、股东或出资人、其他利害关系人对变价方案的意见。 2. 清算财产一般采用网络拍卖方式变价。经征求股东或出资人意见或报人民法院同意,清算组可以采用变卖或协议转让等其他方式对财产进行变价。
财产分配	1. 人民法院受理强制清算申请后,公司财产存在被隐匿、转移、毁损等可能影响依法清算情形的,人民法院可依清算组或者申请人的申请,对公司财产采取相应的保全措施。 2. 清算组发现企业财产被采取保全措施,影响清算工作进行的,可以与受理强制清算的人民法院、采取保全措施的人民法院、相关保全的申请人积极沟通协调处理。
清算方案	1. 公司财产在分别支付清算费用、职工的工资、社会保险费用和法定补偿金,缴纳所欠税款,清偿公司债务后的剩余财产,有限责任公司按照股东的出资比例分配,股份有限公司按照股东持有的股份比例分配。[1] 2. 清算期间,公司存续,但不得开展与清算无关的经营活动。公司财产在未依照前款规定清偿前,不得分配给股东。[2] 3. 企业财产分配应优先采用货币形式分配,经征求股东或出资人意见后,可进行实物分配。[3]
提存分配权的消灭	债权人、股东领取提存分配额的权利,自提存之日起5年内[4]不行使而消灭,提存分配额扣除提存费用后归国家所有。但是,债权人、股东未履行对企业的到期债务,或者债权人、股东向清算组书面表示放弃领取提存分配额权利的,清算组在扣除提存费用后有权取回提存分配额,并依照法律和清算方案向其他债权人、股东进行分配。[5]
清算报告	1. 公司清算结束后,清算组应当制作清算报告,报股东会或者人民法院确认,并报送公司登记机关,申请注销公司登记。[6] 2. 清算报告可包含以下内容: (1)企业解散原因、清算组成立的时间和组成人员; (2)通知和公告债权人的情况; (3)企业财产状况和财产清单; (4)债权申报和审核情况; (5)财产追收情况;

第十二部分　企业清算及退出

续表

要点	具体内容
清算报告	（6）财产变价和分配情况； （7）清算组代表企业参加诉讼、仲裁和其他法律程序情况； （8）人民法院认为应当载明的其他事项。 3.清算报告经人民法院确认完毕后，企业清算程序终结。
清算期限	人民法院组织清算的，清算组应当自成立之日起6个月内清算完毕。因特殊情况无法在6个月内完成清算的，清算组应当向人民法院申请延长。
强制清算程序参照适用破产程序	清算组在行使职权时，应适用《公司法》及其相关规定，并在《公司法》及其相关规定未明确的情形下，参照适用《企业破产法》及其相关规定。
强制清算案件的申请费	1.公司强制清算案件的申请费以强制清算财产总额为基数，按照财产案件受理费标准减半计算，人民法院受理强制清算申请后从被申请人财产中优先拨付。 2.因财产不足以清偿全部债务，强制清算程序依法转入破产清算程序的，不再另行计收破产案件申请费；按上述标准计收的强制清算案件申请费超过30万元的，超过部分不再收取，已经收取的，应予退还。 3.人民法院裁定受理强制清算申请前，申请人请求撤回申请，人民法院准许的，强制清算案件的申请费不再从被申请人财产中拨付；人民法院受理强制清算申请后，申请人请求撤回申请，人民法院准许的，已经从被申请人财产中优先拨付的强制清算案件申请费不予退回。
注销手续	1.清算程序终结后，清算组应当持人民法院指定清算组的决定书和终结清算程序的裁定书，按照《公司法》和其他法律规定及时办理企业银行、证券、社保、税务和工商登记的注销手续。 2.非清算组原因无法顺利完成上述注销手续的，清算组可将相关情况向人民法院报告，并申请人民法院协调解决。协调后仍无法解决的，清算组应形成相关书面报告报人民法院备案。
档案移交与保存	清算组依法终止执行职务前，应当将所接管的企业账簿、文书等资料移交企业股东或出资人、实际控制人或上级单位保管。如前述人员或机构拒绝接收的，清算组可将相关资料交由档案馆或其他机构保管，并告知企业股东或出资人。

续表

要点	具体内容
浦东新区强制清算案件的特别规定	1. 网络查控系统。强制清算案件受理后,清算组可以申请通过人民法院执行网络查控系统查询、控制企业的存款、车辆、不动产、证券、对外投资等财产。 2. 被查封财产的先行处置。财产处置方案经人民法院审核后,清算组可以先行处置被查封的清算财产,处置后依据人民法院出具的法律文书办理解封和资产过户、移交手续。 3. 清算财产的处置。清算组处置清算财产时,经债权人、股东同意可以直接变价处理,不适用拍卖程序。确需进行拍卖的,由清算组确定起拍价,并优先通过网上拍卖平台进行。拍卖应在规定的最短期限内完成。法律法规对特定财产处置方式有特别规定的,从其规定。

［1］《公司法》第236条第2款。实务中,经常出现公司章程中有"优先清算权"的约定,即在对处分公司的资产所得的收益在支付全部应付费用和金额后的剩余可分配财产进行分配时,某投资者有权优先于公司实际控制人获得按照一定公式计算得出的"优先清算金额"的财产分配。对此,《上海市破产管理人协会强制清算案件清算组工作指引(试行)》第80条第2款规定:公司财产在分别支付清算费用、职工的工资、社会保险费用和法定补偿金,缴纳所欠税款,清偿公司债务后的剩余财产,有限责任公司按照股东的出资比例分配,股份有限公司按照股东持有的股份比例分配,企业章程另有约定的按约定执行;其他企业按照相关法律规定或出资人之间的约定分配。关于优先清算权是否与《公司法》的规定存在直接冲突,尚存在争议。

［2］《公司法》第236条第3款。

［3］《上海市破产管理人协会强制清算案件清算组工作指引(试行)》第80条第4款。

［4］《企业破产法》第119条规定:"破产财产分配时,对于诉讼或者仲裁未决的债权,管理人应当将其分配额提存。自破产程序终结之日起满二年仍不能受领分配的,人民法院应当将提存的分配额分配给其他债权人。"《民法典》第574条第2款规定:"债权人领取提存物的权利,自提存之日起五年内不行使而消灭,提存物扣除提存费用后归国家所有。但是,债权人未履行对债务人的到期债务,或者债权人向提存部门书面表示放弃领取提存物权利的,债务人负担提存费用后有权取回提存物。"从以上规定可知,上海市破产管理人协会对提存分配权消灭期限的规定采用的是《民法典》的规定期限。

［5］《上海市破产管理人协会强制清算案件清算组工作指引(试行)》第84条。

［6］《公司法》第239条第1款。

推荐理由

公司清算是一个过程,法律设置了严格的清算程序,涉及对公司的财产、债务进行处理、分配、清理。其中,对公司未了结的业务、财产及享有的债权等进行清理是涉及股东根本利益的重要内容。

法律适用

☐《公司法》第236条、第239条

☐《最高人民法院关于适用〈中华人民共和国公司法〉若干问题的规定(二)》(2020修正)第15条、第16条

☐《最高人民法院关于审理公司强制清算案件工作座谈会纪要》第20条、第21条

☐《上海市破产管理人协会强制清算案件清算组工作指引(试行)》第2条、第75条、第80条、第84条、第85条、第91条、第92条、第93条、第102条、第103条、第104条

以案析法

案件信息：浙江省舟山市中级人民法院(2017)浙09民终22号——新开元经营部与天下名都公司买卖合同纠纷案

基本案情

2013年下半年，天下名都公司因经营场所装修，向新开元经营部购买灯具等材料。新开元经营部将材料送至天下名都公司经营场所，由现场施工人员验收后签名收货。经计算，新开元经营部共计向天下名都公司提供总价款为64,917元的灯具等材料。天下名都公司共支付4万元货款，尚欠24,917元。

新开元经营部向浙江省舟山市定海区人民法院对天下名都公司提起诉讼。一审法院判决被告天下名都公司支付原告货款24,917元。天下名都公司不服，提起上诉。上诉期间，天下名都公司办理了注销登记。

二审法院舟山市中级人民法院得知后,通知原天下名都公司的股东邵某某、陈某某参加诉讼。该公司在提交给工商部门的清算报告中载明,清算后天下名都公司尚有净资产10万元(按股东出资比例分配)。遂变更一审判决为:由邵某某、陈某某支付新开元经营部货款24,917元。

裁判要旨

公司在诉讼期间注销的,公司股东应接替公司参加诉讼。如果公司清算报告载明的公司剩余财产足以清偿债务,可以直接判决股东清偿;如果公司清算报告载明的公司剩余财产不足以清偿债务,应允许债权人变更诉讼请求,追究股东不依法履行清算义务的侵权责任。

公司注销后,应由公司股东参加诉讼。公司注销后即丧失民事主体资格,需要由适格的主体继承公司的诉讼地位。股东是继承公司诉讼地位的主体。一方面,公司注销后,股东分配了公司的剩余财产,所以应对公司尚未清偿的债务承担责任。根据我国《公司法》的规定,公司财产在分别支付清算费用、职工的工资、社会保险费用和法定补偿金,缴纳所欠税款,清偿公司债务后的剩余财产,有限责任公司按照股东的出资比例分配,股份有限公司按照股东持有的股份比例分配。另一方面,股东未依法履行清算义务即将公司注销,依据《公司法司法解释(二)》第19条、第20条的规定,股东应向公司债权人承担相应责任。

法院审理范围的变化。在公司还没有注销以前,法院审理的是公司与债权人之间的法律关系。在公司注销后,股东代替公司参与到诉讼中,此时法院仍将继续审理原公司与债权人之间的法律关系。股东因未履行清算义务而向债权人承担责任也可能会纳入法院的审理范围。这一般发生在公司剩余财产不足以清偿债权人全部债权的情况下,此时应允许债权人变更诉讼请求,援引《公司法司法解释(二)》

第19条、第20条的规定,追究股东不依法履行清算义务的侵权责任。

公司注销发生在二审期间对程序的影响。公司注销登记发生在二审期间,债权人变更诉讼请求后,如果公司股东同意在二审程序中审理,二审法院可以直接审理。如果公司股东不同意在二审程序中审理,因对于股东不履行清算义务应承担的侵权责任在一审中没有审理,为了保护公司股东的审级(两审终审)利益,二审法院应当撤销原判,发回重审。一审法院重审时,审理范围一般限于股东不履行清算义务应承担的侵权责任。

案例评析

作为公司退出的必经程序,清算制度一直是公司立法中不可或缺的一个组成部分。然而在现实中经常发生遗留债务问题,即因各种原因未能在公司的解散清算程序中得到清偿,而在公司注销后继续存在的债权债务关系。遗留债务出现的主要原因是清算义务主体未能严格履行法定的清算程序,包括清算义务人虚假清算、清算组成员未履行通知和公告义务、公司股东基于逃债目的而通过简易注销程序直接注销公司等,这些情形严重侵害了债权人权益。我国《公司法》及其司法解释中规定了公司清算相关问题,包括相关遗留债务承担义务的主体范围、义务内容以及不同义务违反情境下对应的民事责任。本案中,天下名都公司的清算报告载明的公司剩余财产足以清偿债务,二审法院采信清算报告,判决股东清偿该债务。但当公司的清算报告载明的公司剩余财产金额不足以清偿债权人的全部债权时,债权人一般会援引《公司法司法解释(二)》第19条、第20条的规定,要求追究股东不依法履行清算义务的责任。

95 公司解散之清算不能

关键词

程序衔接、管理人衔接、效力衔接、强制清算程序的终结

实务要点

要点		具体内容
程序衔接	自行清算与强制清算的衔接	董事为公司清算义务人,应当在解散事由出现之日起15日内组成清算组进行清算。逾期不成立清算组进行清算或者成立清算组后不清算的,利害关系人可以申请人民法院指定有关人员组成清算组进行清算。人民法院应当受理该申请,并及时组织清算组进行清算。公司因被吊销营业执照、责令关闭或者被撤销而解散,作出吊销营业执照、责令关闭或者撤销决定的部门或者公司登记机关,可以申请人民法院指定有关人员组成清算组进行清算。[1]
	自行清算与破产清算的衔接	清算组在清理公司财产、编制资产负债表和财产清单后,发现公司财产不足清偿债务的,应当依法向人民法院申请破产清算。[2]
	强制清算与破产清算的衔接	人民法院指定的清算组在清理公司财产、编制资产负债表和财产清单时,发现公司财产不足清偿债务的,可以与债权人协商制作有关债务清偿方案。债务清偿方案经全体债权人确认且不损害其他利害关系人利益的,人民法院可依清算组的申请裁定予以认可。债权人对债务清偿方案不予确认或者人民法院不予认可的,清算组应当依法向人民法院申请宣告破产。[3]

第十二部分　企业清算及退出

续表

要点	具体内容
管理人衔接	1. 公司强制清算转入破产清算后，原强制清算管理人名册中的中介机构或者个人，除存在与本案有利害关系等不宜担任管理人或者管理人成员的情形外，法院可指定该中介机构或者个人作为破产案件的管理人或者吸收该中介机构作为新成立的清算组管理人的成员。 2. 上述中介机构或者个人在公司强制清算和破产清算中取得的报酬总额，不应超过按照企业破产计付的管理人或者管理人成员的报酬。
效力衔接	公司强制清算中已经完成的清算事项，如无违反《企业破产法》或者有关司法解释的情形的，在破产清算程序中应承认其效力。[4]
强制清算程序的终结	1. 公司清算结束后，清算组应当制作清算报告，报股东会或者人民法院确认，并报送公司登记机关，申请注销公司登记。[5] 2. 公司强制清算中，有关权利人向人民法院另行提起破产申请的，人民法院应当依法进行审查。权利人的破产申请符合《企业破产法》规定的，人民法院应当依法裁定予以受理。人民法院裁定受理破产申请后，应当裁定终结强制清算程序。[6] 3. 公司因公司章程规定的营业期限届满或者公司章程规定的其他解散事由出现，或者股东会、股东大会决议自愿解散的，人民法院受理债权人提出的强制清算申请后，对股东进行剩余财产分配前，公司修改章程或者股东会、股东大会决议公司继续存续，申请人在其个人债权及他人债权均得到全额清偿后，未撤回申请的，人民法院可以根据被申请人的请求裁定终结强制清算程序，强制清算程序终结后，公司可以继续存续。[7] 4. 无法清算或无法全面清算。[8] （1）对于被申请人主要财产、账册、重要文件等灭失，或者被申请人人员下落不明的强制清算案件，经向被申请人的股东、董事等直接责任人员释明或采取罚款等民事制裁措施后，仍然无法清算或者无法全面清算，对于尚有部分财产且依据现有账册、重要文件等，可以进行部分清偿的，应当参照《企业破产法》的规定，对现有财产进行公平清偿后，以无法全面清算为由终结强制清算程序；对于没有任何财产、账册、重要文件，被申请人人员下落不明的案件，应当以无法清算为由终结强制清算程序。 （2）对于没有任何财产、账册、重要文件，企业人员下落不明的案件，清算组应当以无法清算为由申请终结清算程序。 （3）企业无法清算或无法全面清算的，清算组仍应制作清算报告并报人民法院确认。

[1]《公司法》第232条、第233条。

[2]《公司法》第 237 条。
[3]《公司法司法解释(二)》第 17 条。
[4]《最高人民法院关于审理公司强制清算案件工作座谈会纪要》第 35 条。
[5]《公司法》第 239 条。
[6]《最高人民法院关于审理公司强制清算案件工作座谈会纪要》第 33 条。
[7]《最高人民法院关于审理公司强制清算案件工作座谈会纪要》第 37 条。
[8]《上海市破产管理人协会强制清算案件清算组工作指引(试行)》第 88 条。

推荐理由

当公司清算过程中发现自身无力偿还债务时,必须向法院申请宣告破产,以便通过专业的破产清算流程来解决公司的财务困境。如果清算组能够制订一个有效的债务清偿方案并获得全体债权人的确认,且这个方案不会损害其他利害关系人的利益,并且得到人民法院的认可,则可能不需要直接进入破产程序。在实践中,公司清算程序的终结包括两种形态:一种是经过正常清算后清算程序的终结;另一种是无法清算时清算程序的终结。无法清算又包括完全无法清算和无法全面清算两种情形。对此,有关权利人可以依据《最高人民法院关于审理公司强制清算案件工作座谈会纪要》寻求救济。

法律适用

□《公司法》第 232 条、第 233 条、第 237 条、第 239 条

□《最高人民法院关于适用〈中华人民共和国公司法〉若干问题的规定(二)》第 7 条、第 17 条

□《最高人民法院关于审理公司强制清算案件工作座谈会纪要》第 28 条、第 32 条、第 33 条、第 34 条、第 35 条、第 36 条、第 37 条

□《上海市破产管理人协会强制清算案件清算组工作指引(试行)》第 85 条、88 条

第十二部分　企业清算及退出

📝 **以案析法**

案件信息：国旅贸易公司与长江农业公司强制清算案[①]

✏️ **基本案情**

2002年，国旅贸易公司起诉长江农业公司要求其偿还借款本金670万元及利息。2002年12月17日，北京市第二中级人民法院（以下简称北京市二中院）判决长江农业公司返还国旅公司670万元。判决生效后，国旅公司向法院申请执行。2013年9月16日，北京市二中院裁定中止执行。

国旅贸易公司得知长江农业公司因未参加企业年检，已于2002年被原国家工商行政管理总局吊销营业执照，且在此之后，长江农业公司并未依法组成清算组进行清算。国旅贸易公司遂于2011年4月向北京市二中院申请对长江农业公司进行强制清算。北京市二中院认为：长江农业公司不能清偿到期债务并且明显缺乏清偿能力，应当认定其具备破产原因。长江农业公司未向国旅贸易公司清偿生效判决所确定的债务，经人民法院强制执行，仍无法清偿债务，应当认定其明显缺乏清偿能力。据此，长江农业公司已具备破产条件。依照《企业破产法》第2条第1款、《破产法司法解释（一）》第4条之规定，北京市二中院作出（2011）二中法特清预初字第9373号民事裁定，裁定不予受理国旅贸易公司对长江农业公司的强制清算申请。国旅贸易公司不服，遂上诉至北京市高级人民法院。北京市高级人民法院经审理后作出了（2011）高法特清预终字第4308号民事裁定书，裁定驳回国

[①] 参见《最高人民法院商事审判指导案例解析》，人民法院出版社2015年版，第29号案。

457

旅贸易公司的上诉,维持原裁定。国旅贸易公司,向最高人民法院申请再审。最高人民法院裁定:指令北京市高级人民法院再审本案。

📝 裁判要旨

关于债权人的强制清算申请是否符合法律规定的问题。

根据2005年《公司法》第184条[①]关于"公司因本法第一百八十一条第(一)项、第(二)项、第(四)项、第(五)项规定而解散的,应当在解散事由出现之日起十五日内成立清算组,开始清算。有限责任公司的清算组由股东组成,股份有限公司的清算组由董事或者股东大会确定的人员组成。逾期不成立清算组进行清算的,债权人可以申请人民法院指定有关人员组成清算组进行清算。人民法院应当受理该申请,并及时组织清算组进行清算"的规定,以及《公司法司法解释(二)》第7条第2款第1项关于"公司应当依照……公司法第一百八十三条的规定,在解散事由出现之日起十五日内成立清算组,开始自行清算。有下列情形之一,债权人……申请人民法院指定清算组进行清算的,人民法院应予受理:(一)公司解散逾期不成立清算组进行清算的;(二)虽然成立清算组但故意拖延清算的;(三)违法清算可能严重损害债权人或者股东利益的"的规定,长江农业公司解散后逾期未成立清算组进行清算,国旅贸易公司作为债权人可以申请人民法院指定有关人员组成清算组进行强制清算,其申请符合《公司法》的有关规定,人民法院应当受理该申请,并及时组织清算组进行清算。

关于破产原因和强制清算原因竞合时债权人是否享有选择权问题。

一审、二审法院依据《破产法司法解释(一)》的规定,认定长江

[①] 现为2023年《公司法》第234条。

第十二部分　企业清算及退出

农业公司不能清偿到期债务且明显缺乏清偿能力,已具备破产原因,不予受理国旅贸易公司对长江农业公司提出的强制清算申请,不符合法律规定。虽然《企业破产法》规定企业法人不能清偿到期债务且明显缺乏清偿能力系债务人的破产原因之一,但在企业法人解散但未清算、破产原因和强制清算原因竞合的情况下,债权人对是向人民法院直接申请债务人破产清算还是申请强制清算依法享有选择权。债权人依法申请强制清算后,如经清算,债务人财产足以偿还全部债务,人民法院应当在债务人财产清偿完毕全部债务并分配剩余财产给出资人后依法裁定终结强制清算程序;如经清算,债务人财产不足以清偿全部债务的,除清算组依据《公司法司法解释(二)》第17条关于"人民法院指定的清算组在清理公司财产、编制资产负债表和财产清单时,发现公司财产不足清偿债务的,可以与债权人协商制作有关债务清偿方案。债务清偿方案经全体债权人确认且不损害其他利害关系人利益的,人民法院可依清算组的申请裁定予以认可。清算组依据该清偿方案清偿债务后,应当向人民法院申请裁定终结清算程序。债权人对债务清偿方案不予确认或者人民法院不予认可的,清算组应当依法向人民法院申请宣告破产"的规定,按照其与全体债权人协商确定的清偿方案清偿债务的外,清算组应当依据2005年《公司法》第188条①关于"清算组在清理公司财产、编制资产负债表和财产清单后,发现公司财产不足清偿债务的,应当依法向人民法院申请宣告破产。公司经人民法院裁定宣告破产后,清算组应当将清算事务移交给人民法院"的规定,以及《企业破产法》第7条关于"债务人有本法第

---

① 现为2023年《公司法》第239条。

二条规定的情形,可以向人民法院提出重整、和解或者破产清算申请。债务人不能清偿到期债务,债权人可以向人民法院提出对债务人进行重整或者破产清算的申请。企业法人已解散但未清算或者未清算完毕,资产不足以清偿债务的,依法负有清算责任的人应当向人民法院申请破产清算"的规定,向人民法院申请破产清算。反之,如果债权人在上述情况下径行选择了破产清算,在清理债务人财产后,发现债务人财产足以清偿全部负债,最终在理论上还存在由破产清算向强制清算的转化,即仍应对清偿完毕债务人对外债务后的剩余财产进行分配后终结相关清算程序。

案例评析

本案的关键争议点在于破产条件与强制清算条件并存时的债权人选择权。最高人民法院的裁决明确了债权人在面对破产与清算的条件竞合时拥有的选择权,对这种选择权的确认有利于债权人根据自身权益和债务人财务状况作出更为合理的选择。

同时,最高人民法院对清算与破产的关系作出进一步的阐释。清算程序不必然导向破产程序,而是取决于债务人财产状况。当财产足以偿债时,应当停止清算或破产程序,恢复常态;而当财产不足时,则应进入破产程序,以分配债务人剩余财产,确保债权人按比例得到实现。

此外,本案亦体现了对提高债权人执行效率的支持。通过允许债权人选择更为直接有效的强制清算途径,最高人民法院在实践中为债权人提供了更为快捷的权利救济手段,从而提升了债权实现的效率。

第十二部分　企业清算及退出

96　公司解散之清算义务人的法律责任

关键词

清算义务人怠于履行义务的清算责任、清算义务人恶意清算的清算责任、未经清算即注销的清算责任、注销承诺的责任承担、强制注销下的相关责任、清算组成员的清算责任、按份清算责任的追偿

实务要点

要点	具体内容
清算义务人怠于履行义务的清算责任	1. 概括规定。 董事为公司清算义务人，应当在解散事由出现之日起 15 日内组成清算组进行清算。清算义务人未及时履行清算义务，给公司或者债权人造成损失的，应当承担赔偿责任。[1] 2. 财产损失的赔偿责任。 (1) 有限责任公司的股东、股份有限公司的董事和控股股东未在法定期限内成立清算组开始清算，导致公司财产贬值、流失、毁损或者灭失，债权人主张由上述股东在造成损失范围内对公司债务承担赔偿责任的，人民法院应依法予以支持。 (2) 上述情形系实际控制人造成，债权人主张实际控制人对公司债务承担相应民事责任的，人民法院应依法予以支持。 3. 无法清算的赔偿责任。 (1) 有限责任公司的股东、股份有限公司的董事和控股股东怠于履行义务，导致公司主要财产、账册、重要文件等灭失，无法进行清算，债权人主张其对公司债务承担连带清偿责任的，人民法院应依法予以支持。 ①在法定清算事由出现后，公司债权人知道或者应当知道公司无法进行清算之日起即可依据该规定主张赔偿，但不能在破产程序中或破产终结后主张赔偿。 ②依据该规定，清算义务人对公司债务向债权人承担连带清偿责任，属于个别清偿(不同于破产程序中的集体清偿)。

续表

要点	具体内容
清算义务人怠于履行义务的清算责任	③怠于履行清算义务的认定。对于有限责任公司，这里的"怠于履行义务"，是指有限责任公司的股东在法定清算事由出现后，在能够履行清算义务的情况下，故意拖延、拒绝履行清算义务，或者存在过失导致无法进行清算的消极行为。股东举证证明其已经为履行清算义务采取了积极措施，或者小股东举证证明其既不是公司董事会或者监事会成员，也没有派人员担任该机关成员，且从未参与公司经营管理，以不构成"怠于履行义务"为由，主张其不应当对公司债务承担连带清偿责任的，人民法院应依法予以支持。 ④因果关系抗辩。有限责任公司的股东举证证明其"怠于履行义务"的消极不作为与"公司主要财产、账册、重要文件等灭失，无法进行清算"的结果之间没有因果关系，主张其不应对公司债务承担连带清偿责任的，人民法院依法予以支持。 ⑤诉讼时效。公司债权人请求股东对公司债务承担连带清偿责任，股东以公司债权人对公司的债权已经超过诉讼时效期间为由抗辩，经查证属实的，人民法院依法予以支持。诉讼时效期间自公司债权人知道或者应当知道公司无法进行清算之日起计算。 （2）上述情形系实际控制人造成，债权人主张实际控制人对公司债务承担相应民事责任的，人民法院应依法予以支持。 （3）终结裁定的载明要求。债权人申请强制清算，人民法院以无法清算或者无法全面清算为由裁定终结强制清算程序的，应当在终结裁定中载明，债权人可以另行依据上述规定，要求被申请人的股东、董事、实际控制人等清算义务人对其债务承担偿还责任。股东申请强制清算，人民法院以无法清算或者无法全面清算为由作出终结强制清算程序的，应当在终结裁定中载明，股东可以向控股股东等实际控制公司的主体主张有关权利。
清算义务人恶意清算的清算责任	有限责任公司的股东、股份有限公司的董事和控股股东以及公司的实际控制人在公司解散后，恶意处置公司财产给债权人造成损失，或者未经依法清算，以虚假的清算报告骗取公司登记机关办理法人注销登记，债权人主张其对公司债务承担相应赔偿责任的，人民法院应依法予以支持。
未经清算即注销的清算责任	公司解散应当在依法清算完毕后，申请办理注销登记。公司未经清算即办理注销登记，导致公司无法进行清算，债权人主张有限责任公司的股东、股份有限公司的董事和控股股东以及公司的实际控制人对公司债务承担清偿责任的，人民法院应依法予以支持。

第十二部分　企业清算及退出

续表

要点	具体内容
注销承诺的责任承担	1. 公司未经依法清算即办理注销登记,股东或者第三人在公司登记机关办理注销登记时承诺对公司债务承担责任,债权人主张其对公司债务承担相应民事责任的,人民法院应依法予以支持。 2. 公司在存续期间未产生债务或者已清偿全部债务的,经全体股东承诺,可以按照规定通过简易程序注销公司登记;股东承诺不实的,应当对注销登记前的债务承担连带责任[2]。
强制注销下的相关责任	公司被吊销营业执照、责令关闭或者被撤销,满3年未向公司登记机关申请注销公司登记的,公司登记机关可以通过国家企业信用信息公示系统予以公告,公告期限不少于60日。公告期限届满后,未有异议的,公司登记机关可以注销公司登记。据此注销公司登记的,原公司股东、清算义务人的责任不受影响。
清算组成员的清算责任	1. 清算组成员的义务。清算组成员履行清算职责,负有忠实义务和勤勉义务。 2. 清算组成员的赔偿责任。 (1)对公司的赔偿责任:清算组成员怠于履行清算职责,给公司造成损失的,应当承担赔偿责任。 (2)对债权人的赔偿责任:清算组成员因故意或者重大过失给债权人造成损失的,应当承担赔偿责任。
按份清算责任的追偿	按照《公司法司法解释(二)》第18条和第20条第1款的规定应当承担责任的有限责任公司的股东、股份有限公司的董事和控股股东,以及公司的实际控制人为二人以上的,其中一人或者数人依法承担民事责任后,主张其他人员按照过错大小分担责任的,人民法院应依法予以支持。

[1]《公司法》第232条第1款和第3款。
[2]《公司法》第240条第1款、第3款。股东因简易注销公司应当对债权人承担的责任属于侵害债权后应当承担的侵权责任,"全体投资人承诺书"只是投资人对"守信"行为的一种道德宣示,可以用其证明股东作出的虚假承诺行为。参见王毓莹:《新公司法二十四讲:审判原理与疑难问题深度释解》,法律出版社2024年版,第152页。

推荐理由

　　清算,是终结现存的法律关系,处理企业剩余财产,使之归于消灭的程序。清算是一种法律程序,企业注销时,必须进行财产清算,未经清算就自行终止的行为是没有法律效力的,不受法律保护。清算

463

制度之所以能够行之有效,保障公司合法退市制度,是因为对于相关主体有一定的职责制约,所以能够督促相关义务主体依照法定程序严格履行清算义务。

法律适用

□《公司法》第232条、第238条、第240条、第241条

□《最高人民法院关于适用〈中华人民共和国公司法〉若干问题的规定(二)》第18条、第19条、第20条、第21条

□《最高人民法院关于审理公司强制清算案件工作座谈会纪要》第29条

□《上海市高级人民法院研究室关于理解与把握〈九民会纪要〉第118条若干问题的解答》

□《全国法院民商事审判工作会议纪要》第14条、第15条、第16条

以案析法

案件信息:湖南省张家界市中级人民法院发布的中小投资者权益保护典型案例——张某开发公司与陈某某、胡某某、张某买卖合同纠纷执行异议案

基本案情

鲵某租赁公司由股东张某开发公司、胡某某注册登记设立。陈某某与鲵某租赁公司、张某买卖合同纠纷一案,根据某仲裁委员会制作的仲裁调解书,鲵某租赁公司应向陈某某支付购车款、过户费及逾期

利息共计265万元,由张某承担连带清偿责任。因鲵某租赁公司及张某未履行仲裁调解书所确定的义务,陈某某于2021年7月向法院申请执行。在执行过程中,执行法院经过财产调查,未发现被执行人鲵某租赁公司及张某可供执行的财产。2021年9月,鲵某租赁公司未经清算便在市场监督管理部门办理了注销登记。申请执行人陈某某向执行法院申请追加鲵某租赁公司的股东张某开发公司、胡某某为被执行人,对本案债务承担连带清偿责任。张家界市中级人民法院作出执行裁定,裁定追加张某开发公司、胡某某为被执行人,对鲵某租赁公司的本案债务承担连带清偿责任。

裁判要旨

有限责任公司以公司全部资产对外承担责任,而股东仅需以认缴的出资额为限对外承担责任。如果要注销公司,负有清算责任的公司股东应当依法对公司进行清算,清偿公司债务后,才能注销公司。公司财产不足以清偿债务的,应当申请破产,通过清算程序清偿债务、注销公司。《公司法司法解释(二)》第20条第2款规定:"公司未经依法清算即办理注销登记,股东或者第三人在公司登记机关办理注销登记时承诺对公司债务承担责任,债权人主张其对公司债务承担相应民事责任的,人民法院应依法予以支持。"《最高人民法院关于民事执行中变更、追加当事人若干问题的规定》第21条规定:"作为被执行人的公司,未经清算即办理注销登记,导致公司无法进行清算,申请执行人申请变更、追加有限责任公司的股东、股份有限公司的董事和控股股东为被执行人,对公司债务承担连带清偿责任的,人民法院应予支持"。

案例评析

本案是一起涉及公司注销和股东清算责任的典型案件。鲵某租赁公司作为被执行人,在未清偿债务且未经过合法清算程序的情况下即办理注销登记。此行为直接阻断了后续清算的可能性,严重影响了债权人的合法权益。

根据《公司法司法解释(二)》和《最高人民法院关于民事执行中变更、追加当事人若干问题的规定》,公司若未经清算即注销导致无法清算,其股东需承担连带清偿责任。本案基于此裁定追加张某开发公司和胡某某为被执行人,对鲵某租赁公司的债务承担责任。

本案的裁判要旨明确指出了有限责任公司股东的责任界限,并强调了公司注销前依法清算的重要性。若公司未经清算即注销,将严重影响债权人的合法权益,并可能导致股东对公司债务承担连带责任。

从实务角度来看,本案提醒企业在注销前必须依法清算,确保公司债务的清偿,避免因违规操作而承担法律责任。同时,本案也为债权人在面对公司注销但债务未清的情况时提供了一种法律救济途径,即通过追加未履行清算义务的股东为被执行人,以保障其权益。

(97) 公司解散之注销登记

关键词

清算公示、期限要求、普通注销流程、简易注销流程、强制注销登记、特殊情况的处理

第十二部分　企业清算及退出

实务要点

要点	具体内容
清算公示	市场主体注销登记前依法应当清算的,清算组应当自成立之日起10日内将清算组成员、清算组负责人名单通过国家企业信用信息公示系统公告。清算组可以通过国家企业信用信息公示系统发布债权人公告。
期限要求	市场主体向登记机关申请注销登记,依法需要清算的,应当自清算结束之日起30日内申请注销登记;依法不需要清算的,应当自决定作出之日起30日内申请注销登记。
普通注销流程	申请注销税务登记[1]

	情形	处理
	纳税人未办理过涉税事宜	税务部门根据纳税人提供的营业执照即时出具清税文书。
	资料齐全的。	税务部门即时出具清税文书。
	办理过涉税事宜但未领用发票(含代开发票)、无欠税(滞纳金)及罚款且没有其他未办结事项的纳税人。	若资料不齐,可在作出承诺后,税务部门即时出具清税文书,纳税人应按承诺的时限补齐资料并办结相关事项。
纳税人符合容缺即时办理条件	未处于税务检查状态、无欠税(滞纳金)及罚款、已缴销增值税专用发票及税控设备,且符合下列情形之一的纳税人: (1)纳税信用级别为A级和B级的纳税人; (2)控股母公司纳税信用级别为A级的M级纳税人; (3)省级人民政府引进人才或经省级以上行业协会等机构认定的行业领军人才等创办的企业; (4)未纳入纳税信用级别评价的定期定额个体工商户; (5)未达到增值税纳税起征点的纳税人。	税务部门即时出具清税文书。

467

续表

要点	具体内容	
普通注销流程	不符合承诺制容缺即时办理条件(或虽符合承诺制容缺即时办理条件但纳税人不愿意承诺)	税务部门向纳税人出具《税务事项通知书》(告知未结事项),纳税人先行办理完毕各项未结事项后,方可申请办理税务注销。
	经人民法院裁定宣告破产或强制清算的企业	管理人持人民法院终结破产程序裁定书或强制清算程序的裁定申请税务注销的,税务部门即时出具清税文书。
	申请注销企业登记	
	1.清算组向登记机关提交: (1)注销登记申请书; (2)依法作出解散、注销的决议或决定,或者被行政机关吊销营业执照、责令关闭、撤销的文件; (3)清算报告、负责清理债权债务的文件或者清理债务完结的证明; (4)税务部门出具的清税证明。 人民法院指定清算人、破产管理人进行清算的,应当提交人民法院指定证明;合伙企业分支机构申请注销登记,还应当提交全体合伙人签署的注销分支机构决定书。 2.国有独资公司申请注销登记,还应当提交国有资产监督管理机构的决定,其中,国务院确定的重要的国有独资公司,还应当提交本级人民政府的批准文件。 3.企业申请注销登记前,应当依法办理分支机构注销登记,并处理对外投资的企业转让或注销事宜。	
	申请注销社会保险登记	
	企业应当自办理企业注销登记之日起30日内,向原社会保险登记机构提交注销社会保险登记申请和其他有关注销文件,办理注销社会保险登记手续。企业应当在结清欠缴的社会保险费、滞纳金、罚款后,办理注销社会保险登记。	
	申请注销海关报关单位备案	
	1.涉及海关报关相关业务的企业,可通过"中国国际贸易单一窗口"(http://www.singlewindow.cn)、"互联网+海关"(http://online.customs.gov.cn)等方式向海关提交报关单位注销申请,也可通过市场监管部门与海关联网的注销"一网"服务平台提交注销申请。 2.对于已在海关备案,存在欠税(含滞纳金)、罚款及其他应办结的海关手续的报关单位,应当在注销前办结海关有关手续。报关单位备案注销后,向市场监管部门申请注销企业登记。	

第十二部分 企业清算及退出

续表

要点	具体内容
简易注销流程	**适用对象** 1. 市场主体未发生债权债务或者已将债权债务清偿完结,未发生或者已结清清偿费用、职工工资、社会保险费用、法定补偿金、应缴纳税款(滞纳金、罚款),并由全体投资人书面承诺对上述情况的真实性承担法律责任的,可以按照简易程序办理注销登记。申请办理简易注销登记,应当提交全体投资人承诺书。 2. 有下列情形之一的,市场主体不得申请办理简易注销登记: (1)在经营异常名录或者市场监督管理严重违法失信名单中的; (2)存在股权(财产份额)被冻结、出质或者动产抵押,或者对其他市场主体存在投资的; (3)正在被立案调查或者采取行政强制措施,正处在诉讼或者仲裁程序中的; (4)被吊销营业执照、责令关闭、撤销的; (5)受到罚款等行政处罚尚未执行完毕的; (6)尚持有股权、股票等权益性投资、债权性投资或土地使用权、房产等资产的; (7)未依法办理所得税清算申报或有清算所得未缴纳所得税的; (8)法律、行政法规或者国务院决定规定在注销登记前需经批准的; (9)不适用企业简易注销登记的其他情形。 3. 符合市场监管部门简易注销条件,未办理过涉税事宜,办理过涉税事宜但未领用发票(含代开发票)、无欠税(滞纳金)及罚款且没有其他未办结涉税事项的纳税人,免予到税务部门办理清税证明,可直接向市场监管部门申请简易注销。 **办理流程** 1. 符合适用条件的企业登录注销"一网"服务平台或国家企业信用信息公示系统"简易注销公告"专栏主动向社会公告拟申请简易注销登记及全体投资人承诺等信息,公示期为20日。 2. 公示期内,有关利害关系人及相关政府部门可以通过国家企业信用信息公示系统"简易注销公告"专栏"异议留言"功能提出异议并简要陈述理由。超过公示期,公示系统不再接受异议。 3. 税务部门通过信息共享获取市场监管部门推送的拟申请简易注销登记信息后,应按照规定的程序和要求,查询税务信息系统核实相关涉税、涉及社会保险费情况,对经查询系统显示为以下情形的纳税人,税务部门不提出异议:一是未办理过涉税事宜的纳税人;二是办理过涉税事宜但未领用发票(含代开发票)无欠税(滞纳金)及罚款且没有其他未办结涉税事项的纳税人;三是查询时已办结缴销发票、结清应纳税款等清税手续的纳税人;四

续表

要点	具体内容
简易注销流程	是无欠缴社会保险费、滞纳金、罚款的纳税人。 4. 公示期届满后,在公示期内无异议的,企业应当在公示期满之日起20日内向登记机关办理简易注销登记。期满未办理的,登记机关可根据实际情况予以延长时限,宽展期最长不超过30日。
强制注销登记	1. 公司被吊销营业执照、责令关闭或者被撤销,满3年未向公司登记机关申请注销公司登记的,公司登记机关可以通过国家企业信用信息公示系统予以公告,公告期限不少于60日。公告期限届满后,未有异议的,公司登记机关可以注销公司登记。 2. 依照法律规定注销公司登记的,原公司股东、清算义务人的责任不受影响。
特殊情况的处理	1. 无法登录国家企业信用信息公示系统发布清算组信息和债权人公告。 在办理注销登记中,未在登记机关取得登记联络员备案的企业,可以向登记机关进行联络员备案后,登录国家企业信用信息公示系统发布清算组信息和债权人公告。企业登记联络员变更的,应当及时进行变更备案。吊销企业存在类似问题的,也可以采取备案联络员的方式通过国家企业信用信息公示系统发布公告。 2. 营业执照、公章遗失。 企业向登记机关、税务机关申请办理注销,存在营业执照、公章遗失的情况,按以下要求办理: (1) 对于营业执照遗失的企业,在国家企业信用信息公示系统或公开发行的报纸进行执照遗失公告,无须申请补发营业执照。 (2) 非公司企业法人公章遗失的,由其上级主管单位法定代表人签字并加盖上级主管单位公章进行确认,相关注销材料可不盖公章。 (3) 公司公章遗失的,由符合《公司法》和章程规定表决权要求的股东签字盖章进行确认,相关注销材料可不盖公章。农民专业合作社(联合社)有此种情况的,可参照执行。 (4) 合伙企业和个人独资企业公章遗失的,由全体合伙人签字盖章、投资人签字进行确认,相关注销材料可不盖公章。 3. 股东(出资人)已注销、死亡。 股东(出资人)已注销却未清理对外投资,导致被投资主体无法注销的,其股东(出资人)有上级主管单位的,由已注销主体的上级主管单位依规定办理相关注销手续;已注销企业有合法继受主体的,可由继受主体依有关规定申请办理;已注销企业无合法继受主体的,由已注销企业注销时登记在册的股东(出资人)申请办理。自然人股东死亡,导致其出资的企业难以办

第十二部分 企业清算及退出

续表

要点	具体内容
特殊情况的处理	理注销登记的,可以由其有权继承人代为办理注销。有权继承人需提交身份证明和有关继承证明材料。 4.分支机构隶属企业已注销。 企业申请注销登记前,应当依法办理分支机构注销登记。隶属企业已注销却未办理分支机构注销登记,导致分支机构无法注销的,已注销企业有合法的继受主体的,可由继受主体依有关规定申请办理;已注销企业无合法继受主体的,由已注销企业注销时登记在册的股东(出资人)申请办理。 5.法定代表人宣告失踪、死亡或不配合办理注销登记。 (1)公司存在法定代表人宣告失踪、死亡或不配合等情况需办理简易注销登记的,凭法定代表人任免职有关文件,同步办理法定代表人变更登记,由新法定代表人签署《企业注销登记申请书》。合伙企业、农民专业合作社(联合社)参照执行。 (2)非公司企业法人存在法定代表人宣告失踪、死亡或不配合等情况需办理注销登记的,凭法定代表人任免职有关文件,同步办理法定代表人变更登记,由新法定代表人签署《企业注销登记申请书》。 6.已吊销企业办理注销。 (1)对于尚未更换加载统一社会信用代码营业执照即被吊销的企业(个体工商户除外),市场监管部门已就此类企业进行了统一社会信用代码赋码,企业在相关部门办理注销业务时可使用其统一社会信用代码办理,无须更换加载统一社会信用代码的营业执照。吊销未注销企业,无法出具吊销证明文件原件的,可提交吊销公告的网站截图、国家企业信用信息公示系统截图或登记机关出具的企业查询单。若登记机关可以自主查询到企业的吊销状态,可不再要求企业提供上述材料。 (2)纳税人被登记机关吊销营业执照或者被其他机关撤销登记的,应当自营业执照被吊销或者被撤销登记之日起 15 日内,向原税务登记机关申报办理税务注销。 7.处于税务非正常状态的税务注销。 处于税务非正常状态纳税人在办理税务注销前,须先解除非正常状态,补办纳税申报手续。符合以下情形的,税务机关可打印相应税种和相关附加的《批量零申报确认表》,经纳税人确认后,进行批量处理: (1)非正常状态期间增值税、消费税和相关附加需补办的申报均为零申报的; (2)非正常状态期间企业所得税、个人所得税月(季)度预缴需补办的申报均为零申报,且不存在弥补前期亏损情况的。

[1]纳税人办理税务注销前,无须向税务机关提出终止"委托扣款协议书"申请。税务机关办结税务注销后,委托扣款协议自动终止。

清算与破产实务 100 点

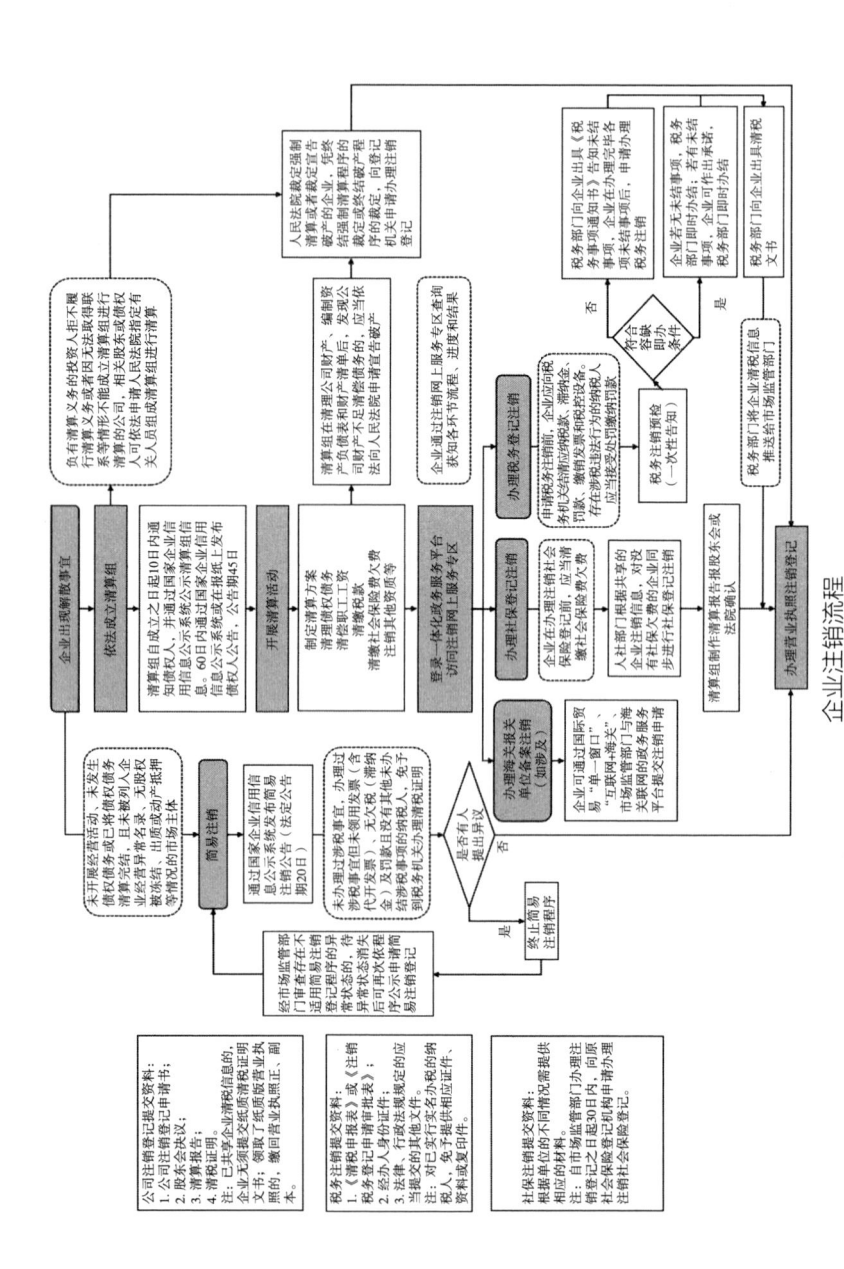

第十二部分　企业清算及退出

推荐理由

市场主体的"一进一退",关乎市场经济"新陈代谢"。在企业进入生命周期最后一环时,应该让其"退得容易",增强企业办事的透明度和可预期性。企业设立解决的是出生的问题,而企业注销解决的是死亡的问题。企业设立是从零到有,不涉及其他法益,因而是便捷的。企业注销则不同,由于企业在多年运营中,形成了大量法律关系,牵涉了诸多主体,企业注销的主体价值应当是平衡保护各方利益,然后才是追求效率。因而,世界银行评估"办理破产"环节的问卷,就有大量关于债权人保护的规范,包括员工工资、债权人欠款、缴清社保并清结税款、了结诉讼、注销公司账户、注销印章,只有上述内容结清,方可到市场监管部门注销营业执照,完成注销手续。因而,改革要推进的是,如何在不伤害公益与私益的情况下,优化流程、提升企业注销效率。

法律适用

□《公司法》第 240 条、第 241 条

□《市场主体登记管理条例实施细则》第 44 条、第 45 条、第 46 条、第 47 条、第 48 条、第 49 条

□《市场主体登记管理条例》第 33 条、第 34 条

□《上海市市场监督管理局、上海市高级人民法院关于企业注销若干问题的会商纪要》

□《企业注销指引(2023 年修订)》

□《国家税务总局关于简化办理市场主体歇业和注销环节涉税事项的公告》

以案析法

案件信息：最高人民法院（2021）最高法执监261号——江苏某建设公司与北京某投资公司执行监督案

基本案情

关于北京某投资公司与江苏某建设公司借款合同纠纷一案，江苏省泰州市中级人民法院（以下简称泰州中院）作出（2007）泰民二初字第22号民事调解书，已经发生法律效力。因江苏某建设公司未履行法律文书确定的义务，北京某投资公司向泰州中院申请执行。2008年12月16日，泰州中院作出（2007）泰执字第197号民事裁定，对泰州中院（2007）泰民二初字第22号民事调解书终止执行。如发现被执行人确有可供执行的财产，申请执行人可以向泰州中院重新申请强制执行。2013年8月12日，北京某投资公司向泰州中院申请恢复执行。2016年12月14日，泰州中院作出（2016）苏12执恢52号执行裁定，将该案交由江苏省泰兴市人民法院执行。江苏某建设公司不服，向泰州中院提出异议，认为北京某投资公司主体资格已消灭，其债权债务也应归于消灭，泰州中院裁定恢复执行不当，请求终结泰州中院（2016）苏12执恢52号执行裁定书的执行。

2018年2月8日，泰州中院作出（2018）苏12执异2号执行裁定，驳回江苏某建设公司的异议请求。江苏某建设公司不服，提请复议。2018年8月3日，江苏省高级人民法院作出（2018）苏执复68号执行裁定，驳回江苏某建设公司的复议申请，维持泰州中院（2018）苏12执异2号执行裁定。江苏某建设公司不服，向最高人民法院申诉。2021年11月24日，最高人民法院作出（2021）最高法执监261号执行裁定,驳回江苏某建设公司的申诉请求。

📝 裁判要旨

依照《公司法司法解释(二)》第 10 条第 1 款规定:"公司依法清算结束并办理注销登记前,有关公司的民事诉讼,应当以公司的名义进行。"公司清算程序终结但未注销的,并不丧失诉讼主体资格,应以公司名义参加诉讼。本案中,虽然北京市西城区人民法院于 2015 年 12 月 10 日在另案中裁定终结对北京某投资公司的强制清算程序,但由于北京某投资公司尚未办理注销登记,北京某投资公司仍有权以公司名义参加诉讼活动,申请恢复执行。江苏某建设公司作为本案被执行人,应按照生效民事调解书的内容依法履行其法定义务。北京某投资公司在清算程序终结后申请恢复执行,并未加重江苏某建设公司应承担的法定清偿责任。因此,江苏某建设公司引用另案裁定认为关于北京某投资公司的民事主体资格已经消灭,无权申请恢复执行,执行法院应当终结执行的主张,于法无据,不予支持。

📝 案例评析

所谓清算,就是通过一定程序了结公司对外所有的法律关系,并在清偿所有债务后将公司剩余财产分配给公司股东的程序。而注销登记是指登记机关依法对因解散、歇业、被撤销、宣告破产、被责令关闭或者其他原因终止营业的企业,收缴营业执照、公章等,撤销其注册号,取消其法人资格。因此,只有注销登记后,公司才告终止,公司清算程序终结但未注销的,并不丧失诉讼主体资格,应以公司名义参加诉讼。

98 合伙企业的清算程序

关键词

解散事由、清算人、剩余财产的分配

实务要点

要点	具体内容
解散事由	合伙企业有下列情形之一的,应当解散: (1) 合伙期限届满,合伙人决定不再经营; (2) 合伙协议约定的解散事由出现; (3) 全体合伙人决定解散; (4) 合伙人已不具备法定人数满 30 天; (5) 合伙协议约定的合伙目的已经实现或者无法实现; (6) 依法被吊销营业执照、责令关闭或者被撤销; (7) 法律、行政法规规定的其他原因。
清算人	1. 合伙企业解散,应当由清算人进行清算。 2. 清算人由全体合伙人担任;经全体合伙人过半数同意,可以自合伙企业解散事由出现后 15 日内指定一个或者数个合伙人或者委托第三人担任清算人。 3. 自合伙企业解散事由出现之日起 15 日内未确定清算人的,合伙人或者其他利害关系人可以申请人民法院指定清算人。
剩余财产的分配	合伙企业财产在支付清算费用和职工工资、社会保险费用、法定补偿金以及缴纳所欠税款、清偿债务后的剩余财产,按照合伙协议的约定办理;合伙协议未约定或者约定不明确的,由合伙人协商决定;协商不成的,由合伙人按照实缴出资比例分配;无法确定出资比例的,由合伙人平均分配。

第十二部分　企业清算及退出

💬 推荐理由

鉴于公司强制清算与破产清算适用的法律不同,但在具体程序操作上有相似性,强制清算时法律法规及司法解释未予涉及的情形,可参照《企业破产法》及其司法解释的有关规定处理。合伙企业属于非法人组织,其清算可参照法人清算的有关规定。清算组在行使职权时,应适用《公司法》及其相关规定,并在《公司法》及其相关规定未明确的情形下,参照适用《企业破产法》及其相关规定。

⚖️ 法律适用

□《合伙企业法》第31条、第85条、第86条、第89条

📋 以案析法

案件信息：江苏省无锡市中级人民法院发布的破产审判典型案例——金峰投资企业（有限合伙）强制清算案

✏️ 基本案情

金峰投资企业（有限合伙）（以下简称金峰合伙）因经营期限届满,且合伙人就延期未达成有效意见,发生解散事由。出现解散事由后,金峰合伙未能在15日内成立清算组自行清算。2019年11月25日,无锡市滨湖区人民法院（以下简称滨湖法院）根据有限合伙人的申请裁定受理对金峰合伙的强制清算申请。鉴于合伙人因互相之间出现矛盾冲突已不适宜担任清算组成员,滨湖法院指定某律所组成清算组。

✏️ 裁判要旨

该案审理过程中,滨湖法院指导清算组适用《合伙企业法》,并

477

参照《公司法》《企业破产法》《最高人民法院关于审理公司强制清算案件工作座谈会纪要》等相关规定精神,有序进行通知公告、财产接管、债权债务清理、财务审计、衍生诉讼处理、清算方案制订等工作。2020年8月25日,滨湖法院裁定批准清算方案。在清算方案执行过程中,因金峰合伙主要资产为股权投资,处置难度大,且各合伙人的变现期望也有较大差异。为妥善实现股权投资变现,滨湖法院指导清算组制订了有针对性的处置方案,协调所投企业其他股东及其他意向投资人收购股权,最终该企业股权投资均顺利拍卖成交。

此外,对普通合伙人的管理费用的收取期间及计算基数是普通合伙人与有限合伙人之间的主要矛盾之一。为此,滨湖法院指导清算组严格依照合伙协议的相关约定计算出普通合伙人管理企业期间应当获得的管理费用,并通过诉讼向普通合伙人追回其多收取的管理费,同时,积极向各合伙人释法,弥合各方分歧,最终使各方均接受法院判决结果。2021年1月29日,滨湖法院裁定批准清算报告并终结清算程序。

案例评析

金峰合伙的强制清算案涉及合伙企业因经营期限届满且合伙人之间就延期未能达成共识而解散,未能自行成立清算组的情况。滨湖法院通过指定律师事务所组建清算组,借鉴《公司法》与《企业破产法》的相关规定,有效地处理了清算事务。

法院的裁定体现了对合伙企业法律特性的适用与创新,确保了清算过程的中立和效率。在股权变现和合伙人管理费用争议上,法院展现了高效的问题解决能力和利益调节能力。本案的做法为处理未来有限合伙企业清算问题提供了法律依据和实务操作的参考,同时也突显了法律适用中的空白需要进一步的立法或司法解释来填补的必要性。

第十二部分　企业清算及退出

99 破产程序中相关主体的法律责任

关键词

债务人责任、债务人有关负责人的责任、管理人的赔偿责任、严厉打击恶意逃废债行为、无法清算案件的审理与责任承担、浦东新区案件的特别规定

实务要点

要点	具体内容
债务人责任	有限责任公司的股东、股份有限公司的董事和控股股东怠于履行义务,导致公司主要财产、账册、重要文件等灭失,无法进行清算,债权人主张其对公司债务承担连带清偿责任的,人民法院应依法予以支持。[1]
债务人有关负责人的责任	1. 企业董事、监事或者高级管理人员违反忠实义务、勤勉义务,致使所在企业破产的,依法承担民事责任。 2. 有前述规定情形的人员,自破产程序终结之日起3年内不得担任任何企业的董事、监事、高级管理人员。 3. 管理人可以凭人民法院破产案件受理裁定书、指定管理人决定书申请对相关人员进行任职限制登记,市场监管部门按规定受理,在监管预警系统中设置预警提示,并推送到登记系统实施任职资格限制。

479

续表

要点	具体内容
管理人的赔偿责任	1. 违反勤勉、忠实义务的赔偿责任。 （1）管理人没有勤勉尽责，未忠实执行职务的，人民法院可以依法处以罚款；给债权人、债务人或者第三人造成损失的，依法承担赔偿责任。 （2）管理人团队成员没有勤勉尽责，未忠实执行职务，给债权人、债务人或者第三人造成损失的，该成员行为视为管理人行为。 （3）律师违法执业或者因过错给当事人造成损失的，由其所在的律师事务所承担赔偿责任。律师事务所赔偿后，可以向有故意或者重大过失行为的律师追偿。 （4）管理人聘请的机构、工作人员没有勤勉尽责，未忠实执行职务，给债权人、债务人或者第三人造成损失的，由该机构、工作人员依法承担赔偿责任。 2. 执行职务导致他人损害的赔偿责任。 （1）管理人或者相关人员在执行职务过程中，故意或者重大过失不当转让他人财产或者造成他人财产毁损、灭失，导致他人损害进而产生的债务作为共益债务，由债务人财产清偿但不足以弥补损失，权利人向管理人或者相关人员主张承担补充赔偿责任的，人民法院应予支持。 （2）上述债务作为共益债务由债务人财产随时清偿后，债权人以管理人或者相关人员执行职务不当导致债务人财产减少给其造成损失为由提起诉讼，主张管理人或者相关人员承担相应赔偿责任的，人民法院应予支持。
严厉打击恶意逃废债行为	人民法院要准确把握违法行为入刑标准，严厉打击恶意逃废债行为。企业法定代表人、出资人、实际控制人等有恶意侵占、挪用、隐匿企业财产，或者隐匿、故意销毁依法应当保存的会计凭证、会计账簿、财务会计报告等违法行为，涉嫌犯罪的，人民法院应当根据管理人的提请或者依职权及时移送有关机关依法处理。
无法清算案件的审理与责任承担	1. 债权人对人员下落不明或者财产状况不清的债务人申请破产清算，符合《企业破产法》规定的，人民法院应依法予以受理。人民法院应当依据《企业破产法》的有关规定指定管理人追收债务人财产；经依法清算，债务人确无财产可供分配的，应当宣告债务人破产并终结破产程序；破产程序终结后2年内发现有依法应当追回的财产或者有应当供分配的其他财产的，债权人可以请求人民法院追加分配。 2. 债务人的有关人员不履行法定义务，人民法院可依据有关法律规定追究其相应法律责任；其行为导致无法清算或者造成损失，有关权利人起诉请求其承担相应民事责任的，人民法院应依法予以支持。

第十二部分 企业清算及退出

续表

要点	具体内容
无法清算案件的审理与责任承担	（1）管理人或个别债权人依据上述规定提起诉讼，要求破产企业相关人员承担破产申请及配合责任的，应当限定于破产程序中。 （2）个别债权人以管理人不提起诉讼为由，以自己的名义提起诉讼，应当履行前置程序，即个别债权人首先要求管理人提起该诉讼，并保留相关证据材料，在管理人不提起诉讼时，个别债权人方可提起诉讼。 （3）在破产程序中依据上述规定提起针对债务人相关人员的侵权诉讼，较多出现在"三无"企业破产案件中，由于查找相关人员较为困难，可能会影响破产案件的进程。对此，可以采用变通做法，即管理人或个别债权人在破产程序中提起诉讼的，并不影响破产程序终结，法院可按照破产案件审理进程及时终结破产程序。在破产程序终结后，侵权诉讼案件执行得到的财产，可按照债权人会议已经通过的破产财产分配方案进行追加分配。
浦东新区案件的特别规定	1. 破产申请义务制度。企业董事、高级管理人员知道或者应当知道本企业出现《企业破产法》第2条规定的情形的，应当及时采取启动重组、向债权人披露经营信息、提请企业申请预重整或者破产重整、和解、清算等合理措施，避免企业状况继续恶化和财产减损。企业董事、高级管理人员因故意或者重大过失违反前述规定造成企业财产损失，管理人或者债权人主张其在造成损失范围内向企业承担赔偿责任的，人民法院应当予以支持。 2. 破产涉刑案件。发现虚假破产、妨碍清算、侵占公司财物或者虚假诉讼的犯罪线索的，管理人可以依法向有关机关控告或者举报。有关机关对管理人的控告、举报应当依法处理。

［1］《公司法司法解释（二）》第18条第2款。

💬 推荐理由

破产法律责任是为维护破产法律秩序、遏制破产违法行为而由法律设立的对相关人员的制裁机制，在破产前或者破产后，破产人及其相关人员对其不正当行为及阻碍破产程序进行所应当承担的经济责任、行政责任和刑事责任。现代各国的立法趋势，是强化对破产违法行为的制裁,我国破产责任制度虽有不足,但也发挥了重要作用,完善的、科学的破产责任法律制度将更能促使破产法发挥其应有的功效,促使企业增强活力、合理调节资源配置,促使社会秩序向着规范化的方向发展。

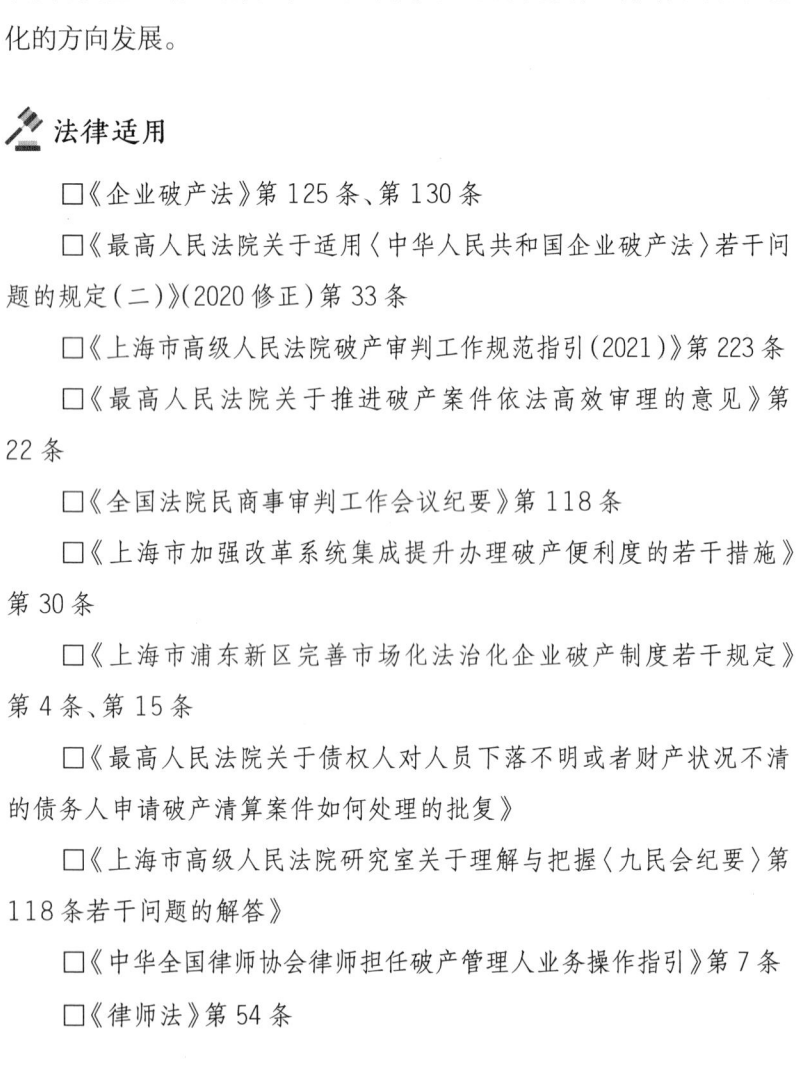

法律适用

☐《企业破产法》第125条、第130条

☐《最高人民法院关于适用〈中华人民共和国企业破产法〉若干问题的规定(二)》(2020修正)第33条

☐《上海市高级人民法院破产审判工作规范指引(2021)》第223条

☐《最高人民法院关于推进破产案件依法高效审理的意见》第22条

☐《全国法院民商事审判工作会议纪要》第118条

☐《上海市加强改革系统集成提升办理破产便利度的若干措施》第30条

☐《上海市浦东新区完善市场化法治化企业破产制度若干规定》第4条、第15条

☐《最高人民法院关于债权人对人员下落不明或者财产状况不清的债务人申请破产清算案件如何处理的批复》

☐《上海市高级人民法院研究室关于理解与把握〈九民会纪要〉第118条若干问题的解答》

☐《中华全国律师协会律师担任破产管理人业务操作指引》第7条

☐《律师法》第54条

第十二部分 企业清算及退出

📋 **以案析法**

案件信息：宁夏回族自治区吴忠市中级人民法院（2021）宁03民终955号——冯某请求A公司变更公司登记纠纷

✏️ **基本案情**

2016年11月11日，A公司召开第一次股东会议，决定出资设立A公司，由中海外公司和科瑞环境公司及恒汇公司分别出资50%、43%、7%共同成立，并同意制订公司章程。2016年12月1日制订公司章程，公司设董事会，其成员为5人，设董事长一人由中海外公司委派的人员担任。董事长为公司的法定代表人。冯某于2016年4月26日在中海外集团（中海外公司的母公司，100%持股中海外公司）担任副总经理，由中海外公司委派到A公司担任董事长，同时成为法定代表人。自2019年起，A公司在资金上出现重大问题且与他人的经济纠纷不断，导致员工纷纷离职，无法召集董事会、股东会，公司的决策机制完全丧失，长期处于歇业状态。冯某于2020年12月31日解除与中海外集团的合同关系，并于2021年向法院提起诉讼，请求判令A公司办理法定代表人变更手续。2021年4月20日，法院裁定受理了A公司破产清算一案，并指定了破产管理人。

一审法院判决A公司至市场监督管理部门申请变更法定代表人登记，原告冯某应予以配合。A公司不服，提起上诉。二审判决撤销一审判决，驳回冯某的全部诉讼请求。

✏️ **裁判要旨**

二审法院认为，《企业破产法》第15条规定："自人民法院受理破产申请的裁定送达债务人之日起至破产程序终结之日，债务人的有

483

关人员承担下列义务：(一)妥善保管其占有和管理的财产、印章和账簿、文书等资料；(二)根据人民法院、管理人的要求进行工作，并如实回答询问；(三)列席债权人会议并如实回答债权人的询问；(四)未经人民法院许可，不得离开住所地；(五)不得新任其他企业的董事、监事、高级管理人员。前款所称有关人员，是指企业的法定代表人；经人民法院决定，可以包括企业的财务管理人员和其他经营管理人员。"第125条第1款规定："企业董事、监事或者高级管理人员违反忠实义务、勤勉义务，致使所在企业破产的，依法承担民事责任。"按照上述法律规定，公司的法定代表人、经理和董事长作为公司的高级管理人员，对公司负有忠实、勤勉义务，在公司进入破产程序中，亦负有配合破产程序进行的法定义务。同时，考虑到法定代表人和其他相关人员可能因自身行为损害债权人利益，限制在破产程序中随意变更法定代表人及相关人员，以防止其规避所应承担的责任。

综上所述，在A公司已进入破产程序的情形下，冯某要求变更法定代表人的诉请缺乏事实和法律依据，其诉请不能成立。

案例评析

在企业濒临破产的关键时刻，法定代表人、经理、董事长等高级管理人员站在风口浪尖。他们肩负着公司运营的重担，同时在破产程序中承担着确保债权人利益的重大责任。他们的决策和行动将直接影响债权人和其他利益相关者的合法权益。本案的裁决强化了在公司破产时，管理层不得擅自改变其在破产程序中的职责和地位。这一点是确保破产清算过程中不受不必要干扰的关键。法院的判决也体现了《企业破产法》对高级管理人员在公司经营危机中的行为设定的约束，旨在防止其逃避责任，并确保公司的破产清算能够公正、有序地进行,保护债权人的权益。

此案也暴露了现行《企业破产法》在界定管理层责任方面的不足。虽然法院的裁定坚决支持了法律原则的实施,但我们必须认识到,在司法实践中如何准确划分法定代表人和高级管理人员的责任,以及如何确保个人权益和债权人权益之间的合理平衡,依然是复杂而微妙的问题。这需要在立法和司法解释层面对《企业破产法》进行进一步的细化和完善,以确保法定代表人和高级管理人员在公司破产过程中的行为得到有效监管,同时确保他们的合法权益不遭受不当侵害。

100 上海市浦东新区市场主体退出规定

关键词

适用的主体、退出类型的对比、注销后续事宜的处理、清算义务、强制清算和破产注销登记的办理

实务要点

要点	具体内容
适用的主体	在浦东新区的市场监督管理部门注册登记的有限责任公司、非公司企业法人、合伙企业和个人独资企业等市场主体。

续表

要点		具体内容			
退出类型的对比	市场主体退出的种类	适用情形	公示期	不适用的情形	法律后果
	简易注销	市场主体未发生债权债务、已将债权债务清偿完结或者具有国家规定的其他情形的,可以适用简易注销程序。	10日公示期	不适用的情形:市场主体注销依法须经批准或者市场主体存在股权(财产份额)被冻结、出质,有正在被立案调查或者采取行政强制、司法协助以及国家规定的其他情形的。	—
	承诺制注销	市场主体决议解散后无法完成清算,具备下列条件的,可以适用承诺制注销:(1)非公司企业法人主管部门(出资人)、合伙企业全体合伙人等承诺对市场主体的所有债务依法承担责任,并对因市场主体未清算造成的损害承担连带责任;(2)市场主体的债务有担保的,担保人承诺继续承担责任。	45日公示期	不适用的情形:同简易注销。	—

第十二部分 企业清算及退出

续表

要点		具体内容		
退出类型的对比	强制除名	市场主体被吊销营业执照、责令关闭或者撤销的,清算义务人应当依法组织清算;满6个月未办理清算组公告或者申请注销登记的,登记机关可以作出强制除名决定。	60日公示期	—	强制除名决定生效后,产生以下法律后果:(1)市场主体的营业执照(正本、副本)作废;(2)以统一社会信用代码(注册号)代替市场主体的名称;(3)除统一社会信用代码(注册号)、被强制除名时间和原因等信息外,市场主体的其他信息不再向社会公示;(4)不再作为市场主体统计基数;(5)对市场主体状态作相应标记。
	强制注销	强制除名决定生效届满6个月,市场主体仍未办理清算组公告或者申请注销登记的,登记机关应当通过国家企业信用信息公示系统或者政府网站催告,并启动强制注销程序。市场主体不存在股权(财产份额)被冻结、出质以及投资设立其他市场主体的情况,不涉及审理、办理或者执行中的案件、拖欠职工工资、欠缴社会保险、欠缴税款及未结涉税事项等情形以及不动产权利登记情况。	60日公示期	公告期满,登记机关应当作出强制注销决定,并向社会公布,但是公告期内有下列情形之一的除外:(1)市场主体办理清算组公告或者申请注销登记的;(2)利害关系人或者相关政府部门提出异议的。	强制注销决定生效后,市场主体资格终止。除因登记机关违反本规定的条件和程序作出决定外,强制注销决定不予撤销。

487

续表

要点	具体内容
注销后续事宜的处理	1.市场主体已经注销导致其分支机构或者其出资的市场主体无法办理注销等相关登记的,可以由该已经注销市场主体的继受主体或者投资人代为办理。 2.市场主体之外的其他主体已经撤销或者注销导致其管理或者出资的市场主体无法办理注销等相关登记的,可以由该已经撤销或者注销主体的继受主体或者上级主管单位代为办理。
清算义务	市场主体未经清算被依法注销的,其清算义务人承担的组织清算义务不变,有关利害关系人认为其合法权益受到侵害的,有权通过民事诉讼向市场主体的投资人或者清算义务人等追究民事责任。
强制清算和破产注销登记的办理	人民法院作出终结强制清算程序或者终结破产程序的裁定的,登记机关应当依据申请办理注销登记。

推荐理由

按照《公司法》的规定,企业必须清算后才能注销。而《上海市浦东新区市场主体退出若干规定》(以下简称《浦东市场主体退出规定》)遵循"行政适当干预、减少司法负担、推动市场出清"的思路,作了变通,创设了强制除名和强制注销制度,对于无人清算、无力清算、无法清算的市场主体,通过行政力量的适当介入,引导或者强制其依法有序退出。

法律适用

□《上海市浦东新区市场主体退出若干规定》

第十二部分 企业清算及退出

以案析法

案件信息:《上海市浦东新区市场监督管理局强制除名决定公告》

公告内容

上海市浦东新区市场监督管理局强制除名决定公告

根据《上海市浦东新区市场主体退出若干规定》第六条第一款的规定,我局对被吊销营业执照后,满六个月未依法办理清算组公告或者申请注销登记的上海▇▇▇▇发展有限公司、上海▇▇▇▇开发咨询有限公司、上海▇▇▇▇农产品有限公司依法作出强制除名决定自本公告发布之日起经过六十日,即视为送达。

如不服本强制除名决定,可以自送达之日起六十日内申请行政复议,也可以在六个月内依法直接向人民法院起诉。

上海市浦东新区市场监督管理局
二〇二三年二月五日

上海市浦东新区市场监督管理局强制除名决定公告

公告评析

针对当前大量僵尸企业难以及时清退出市场的问题,《浦东市场主体退出规定》第6条和第8条不仅强化市场主体履行法定义务,及时引导或强制此类市场主体依法有序退出,为清退僵尸企业开启加速键,便利司法破产程序畅通对外投资企业清理的渠道,从而有助于提高法院办理破产案件的质量和效率。

《浦东市场主体退出规定》实施后,浦东新区市场监督管理局已陆续启动对吊销营业执照企业和撤销登记企业的强制除名程序。强制除名决定生效后,它们用统一社会信用代码代替市场主体名称,但其市场主体资格仍然存在,对其应承担的法律义务不产生影响,这有助于降低市场整体交易成本,提高政府治理效能,激发市场活力。